真田啓介ミステリ論集

古典探偵小説の愉しみ I

増補版

フェアプレイの文学

MADA Keisuke

真田啓介

論創社

目次

〈1〉アントニイ・バークリーの章

〈2〉英国余裕派の作家たちの章

本文中の「★★★『作品名』」の表示は、それ以降の文章において当該作品の結末や細部にふれている旨のサインです。この警告は次の「☆☆☆」で解除されます。

【編集部から】初出書籍・掲載誌は各タイトルスペースに記載しました。最低限の用字・用語の統一と校正は行いましたが、基本的には初出原稿のまま収録しています。

〈1〉アントニイ・バークリーの章

国書刊行会（1994）

黄金時代の英国探偵小説を代表する作家の一人であり、クリスティー、クイーン、カーらこのジャンルの巨匠たちと肩を並べる存在のバークリーですが、わが国への紹介はだいぶ遅れをとりました。四半世紀前、国書刊行会〈世界探偵小説全集〉の第一回配本として『第二の銃声』が刊行された時点で、出ていた邦訳は別名義を含めほんの数冊。その後この全集の成功とともに盛んになったクラシック・ミステリの発掘ブームの中で、主要作品の紹介はほぼ果たされましたが、それにあたり訳書の解説等でささやかながらも寄与できたことは筆者の大きな喜びです。しかし、まだようやく邦訳テキストがおおむね揃ったという段階。この作家の本格的な研究批評はこれからの課題として残されています。

バークリー以前
―ユーモア作家A・B・コックス
コックス『黒猫になった教授』解説

初出：同書（論創社　2023年9月）

アントニイ・バークリーは、雑誌や新聞への寄稿家としてその文筆歴を開始した。探偵作家としてのデビュー作は一九二五年刊の『レイトン・コートの謎』（初刊時の発表名義は「？」）だが、その前後の数年間に、主にA・B・コックス名義で（本名はAnthony Berkeley Cox）大量のスケッチや短篇小説を書いている。

スケッチというのは、英国で独特の発達をみたユーモラスな小品のこと。短篇小説（掌篇が多数を占める）も全体にユーモアと諷刺を基調にした作品が多いが、怪奇小説やサイエンス・ファンタジー、時事的な話題を扱ったものやシリアスな問題作などもあり、作風の幅はきわめて広い。その数は二百数十篇にものぼるが、このうち邦訳されたものはごくわずかで、筆者の知る限りでは次の十四篇がそのすべてである（邦訳年代順）。

①　My Detective Story「発端」〈抄訳〉（宮園義郎訳、「新青年」三八年夏期増刊）
②　The Author's Crowning Hour「作家、その栄光の時」（訳者不詳、「HMM」八二年三月号）
③　A Story Against Reviewers「書評家連中」（同右）
④　Holmes and the Dasher「ホームズと翔んでる女」（中川裕朗訳、エラリイ・クイーン編『シャーロッ

ク・ホームズの災難／上』ハヤカワ文庫）／「文体の問題、あるいはホームズとモダンガール」（岩永正勝・小山太一訳、ウッドハウス『エムズワース卿の受難録』文藝春秋）

⑤ The Sweets of Triumph 「成功の菓子」（久坂恭訳、「ＥＱ」九七年九月号）

⑥ The Right to Kill 「殺しの権利」（深町真理子訳、同右）

⑦ The Tale of "Little Bo-Peep" as Conan Doyle Would Have Written It 「ボー・ピープのヒツジ失踪事件」（北原尚彦訳、同編『シャーロック・ホームズの栄冠』論創社）

⑧ The Detective Story 「探偵小説講義」（小林晋訳、「ＨＭＭ」〇八年一一月号）

⑨ Bitter Almonds 「苦いアーモンド」（同右）

⑩ Over the Telephone 「電話にて」（白須清美訳、山口雅也編『奇想天外［21世紀版］アンソロジー』南雲堂）

⑪ The Woman Who Would Not Be Startled 「驚かない女」（同右）

⑫ The Gentle Art of Tail-Salting 「両大陸の探偵を途方に暮れさせた謎」〈抜粋〉（森英俊訳、同編『アントニー・バークリー　ミニミニ　ユーモア・ミステリ集』盛林堂）

⑬ The Sleuth 「もしもホームズだったら」（同右）

⑭ Detective Marion 「奥さまは名探偵」（同右）

いくつかの作品を簡単に紹介しておこう。

「**書評家連中**」は、作品自体を読まずに「批評」するプロの書評家の面々を諷刺したスケッチ。シリアスな小説『麻酔』の見本刷が、手違いでセンセーショナルな探偵小説のジャケットを着せられて書評家たちに送られた。連中は、ジャケットの袖に記されたあらすじを引用しながら探偵小説『麻酔』の書評をでっちあげるのだった。「昨今の無念なる体験に想を得て」という副題からすると、作者自身これに類する経験をしたものらしい。

「**ホームズと翔んでる女**」は、「Ｐ・Ｇ・ウッドハウスの文体による」というふれこみのホームズ・パロディ。エラリイ・クイーン編『シャーロック・ホームズの災難』にも収録されたため有名になっているが、パロディとしてそれほど出来の良い作品とは思えない。少なくとも、ウッドハウス本人が書けばもっと面白いものができたはずだ。「ボー・ピープのヒツジ失踪事件」もホームズ・パロディだが、これらを含め、作者は有名作家の文体模写を試みた一連の作品を書いている。

「**成功の菓子**」では、売れない作家のグリグスビー氏のもとに毒入りチョコレートが届き、それがマスコミに取り上げられたために、氏の新作『シリアの冒険』は飛ぶような売れ行きを見せる。バークリー探偵小説の代表作とは何ら関係がないが、その先触れとして読みたくなる一篇。

「**殺しの権利**」は、後年のフランシス・アイルズ名義の犯罪心理小説の萌芽を思わせる作品である。麻酔医のアーバスノットは、手術台で若い友人のカウリーのうわごとを聞いた。それは妻との不倫を物語っていた。彼は麻酔薬を追加してカウリーを殺そうとしたが……。

「**探偵小説講義**」は、探偵小説の書き方を指南するユーモア・エッセイ。講師お手製の実作をサンプルに掲げながら「探偵小説制作術の罪深い秘密」が語られる。冗談めかしたおしゃべりの中に作者のホンネもかいま見え、初期のバークリー探偵小説の理解にも資すると思われる。

これらのスケッチや短篇は大部分が雑誌等に掲載されたままだが、本の形にまとめられたものが二冊ある。その一冊で作者の初めての著書となったのが、『**Brenda Entertains**』（一九二五）。七歳のおしゃまな少女ブレンダを主人公にしたユーモア小説集である。このシリーズの邦訳はまだない。ブレンダは、満たされない知識欲に促されるまま周囲の人々を質問攻めにして悩ませる。その最大の犠牲者は彼女の姉に思いを寄せるスミス君だったが、彼の労にも報いてくれるブレンダだった。

もう一冊は『**Jugged Journalism**』（一九二五）で、これは実作入り短篇小説作法というスタイルのユーモア・エッセイ集である。レッスンⅠからⅩⅩまでの二十章から成っており、第一講で「短篇小説の分析」と題してあらゆるタイプの短篇小説に共通する問題について語った後、第二講から第十九講までは各論として個別のタイプの小説なり記事なりを扱い、最後の第二十講では書き上げた原稿の雑誌社への売り込み方について述べている。前記「探偵小説講義」はその第三講にあたり、「苦いアーモンド」は第十三講「残酷小説」の、「ホームズと翔んでる女」は第十九講「文体」の実作例として収められたものである。著名作家の文体模写を含めて多様な作風をやすやすと書き分ける筆力のたくましさは並大抵のものではなく、エラリイ・クイーンは作者のこの側面を評して「ジャーナリズムの古強者」と呼んでいる。

※

A・B・コックス名義の作品はスケッチ等の小品ばかりではなく、長篇小説も四作ある。ユーモア小説が三冊と探偵小説一冊であり、別名義で発表されたロジャー・シェリンガム物の探偵小説第二作『ウィッチフォード毒殺事件』(一九二六)、第三作『ロジャー・シェリンガムとヴェインの謎』(一九二七)と同じ時期に発表された。この筆名混在の時期を経て、主たる発表名義が「A・B・コックス」から「アントニイ・バークリー」へと移行したのだ。『プリーストリー氏の問題』などは、初めコックス名義で刊行されたものが再刊時にはバークリー名義とされている。

コックスのユーモア小説トリオの第一作、『**The Family Witch**』(一九二六)はユーモア・ファンタジーで、これも作者の手になる同題のミュージカル・コメディを小説化したものである。ガーストリー村にあるスティグズビー氏の居宅を訪問したチャールズ卿は、娘のパメラと相愛の仲になり、ぎこちないプロポーズは受け入れられたが、父親からは条件がつけられた。一族にまつわる幽霊の存在が必要だと。富裕なアメリカ人実業家のスティグズビー氏は、すべてにおいて最上等のものでないと満足できないが、英国の最高の家系には幽霊がつきものだからというのだ。チャールズは、幽霊はいないが魔女ならいると答えてしまい、その存在を証明しなければならなくなる。家から中世の魔女のことが記された古文書を持ち出してきて降霊会を催すことになり、友人に魔女の代役の手配を頼んだはずだったが、そこに出現したのは本物の魔女だった……。

五千年も生きているが若さと美貌を保っている魔女が、一同にかけた魔法は恋のイタズラ。三組のカップルの間に混乱が持ち上がるが、魔女が魔法を解く呪文を忘れてしまい、自ら魔法にかかるに及んで混乱はさらに村の住人たちにまで広がり、収拾のつかない事態に至る。滑稽な場面の続出に随所で破顔させられずにはいない、ファンタジー仕立ての恋愛喜劇であり、これも邦訳紹介の価値は十分にあると思われる。

第二作『**黒猫になった教授**(**The Professor on Paws**)』(一九二六)は、SF風ユーモア小説(ただし、SF的な設定を除けば全体にSF風味はあまりない)。著名な生物学者のリッジリー教授は、助手のカントレルとともに長年脳の研究に打ち込んでいたが、死亡直後の脳の一部を移植することにより、その記憶や知的能力を別の生体の脳に付加することが可能と信じるに至った。ある日教授は急死し、その驚くべき理論を実証する機会が訪れた。生前の約束に従いカントレルが脳の移植手術を施したのは、雌の黒猫。手術は成功し、猫は教授の口調で話し始めた！

教授の遺言状には、娘のマージョリーがカントレルと結婚することを条件に多額の財産を相続できる旨記されていたが、彼女にはティムという婚約者がいる。ろくに収入もなく教授から結婚を反対されていたティムは、名声と財産への野心を抱くカントレルを向こうに回して金を稼がねばならなくなった。一方、猫の姿となった教授は、散歩の途中悪童連に捕まって犬をけしかけられ、全力で逃げ回った末にさる家の窓から飛び込むハメに……。かくして、猫の教授をめぐる関係者たちの思惑が交錯し、コックス一流のドタバタ喜劇が展開された末に、教授をはじめ各人は――敵役のカントレルも含めて――それぞれに満足のいく結末を迎える。何とも後味の良いハッピーエンドである。コックスの諸作のうちアメリカでも出版されたのは、本書と次作『プリーストリー氏の問題』の二作だけだが、これは作品の出来栄えが反映された結果といえよう。

第三作『**プリーストリー氏の問題**（**Mr. Priestley's Problem**）』（一九二七）は、クライム・ノヴェルとして探偵小説と同列に扱われることがあるが、謎解きの要素はほとんどない。ユーモア・ミステリではなく、ミステリ風ユーモア小説なのである。主人公のプリーストリー氏は、三十六歳で独身。生計のために働く必要もなく、書物と陶磁器と嗅ぎ煙草入れのコレクションに囲まれて、静かで気ままな生活を楽しんでいる。それと対照的に若い友人のドイルは活動的で、動きのない狭い世界に安住しているプリーストリー氏が歯がゆくてたまらず、「冒険をしろ、恋をしろ」とけしかけていた。あるときドイルの仲間内のパーティで、彼の趣味の犯罪学談義で盛り上がり、「普通の人間は自分が人を殺してしまったと思ったら何を考え、どんな行動をとるのか」実験してみようという話になる。そして実験台に選ばれたのが――。

その晩、平生の習慣を破ってレストランで外食したプリーストリー氏は、帰りがけにピカデリー・サーカスで見知らぬ美女から声をかけられる。成り行きで冒険に身を委ねることにした氏の前には、思いもよらぬ展開が待ち受けていた。ドイルたちの仕組んだ企みにはまった彼は、本物の警官が登場するハプニングもからんで、美女と手錠でつながれて逃げ回るはめになるのだった……。ヒッチコック「三十九夜」、F・キャプラ「或る夜の出来事」などの映画作品にも影響を与えたと見られるスクリューボール・コメディの傑作。

A・B・コックス名義で発表された唯一の探偵小説**『The Wintringham Mystery』**（一九二六）は、「デイリー・ミラー」紙に謎解き懸賞付きで連載されたものだが、翌年これが貸本系出版社のジョン・ロング社から単行本化された際には、作者名とタイトル、さらに登場人物の名前も変えられたうえで、A・モンマス・プラッツ作**『シシリーは消えた（Cicely Disappears）』**として刊行された。「デイリー・ミラー」との出版契約上の制約からそのような（『The Wintringham Mystery』とは別の作品に見せかける）措置がとられたものと推測されている。ちなみに、作者名義は、母方のアイルズ家の資産で後にバークリーが受け継いだモンマス・ハウスとプラッツという隣り合った建物の名に基づいており、用いられたのはこの一作限りである。

かなりの稀覯書である改題単行本には幸い邦訳があるので、これによって内容を紹介しておこう。財産を使い果たして働かねばならなくなったマンロー青年は、レディ・スーザンのお屋敷ウィントリンガム・ホールの従僕の職を得た。解雇した従者も今は同僚の庭師になっている。マンローが恋していた娘ポーリンは裕福な実業家と婚約し、ある日の晩餐会にはその二人も招待されていた。席上マンローの旧友の発案で、降霊会を行うことに話がまとまった。会が始まり、ラップ音や声が聞こえる中でおかしな気配があり、電燈をつけると客の一人のシシリー嬢の姿が見えない。彼女はなぜ、どのようにして消えたのか？　翌日、シシリーから「また降霊会を開いて呼び戻して」と電話がかかってきた……。もとコックス名義で発表されただけあって、バークリー探偵小説のひねりの利いたテイストとは異なり、ロマンスとユーモアの彩りが濃い。謎解きの妙味には欠けるところがあるが、オーソドックスでさわやかな味わいが楽しめる佳品である。

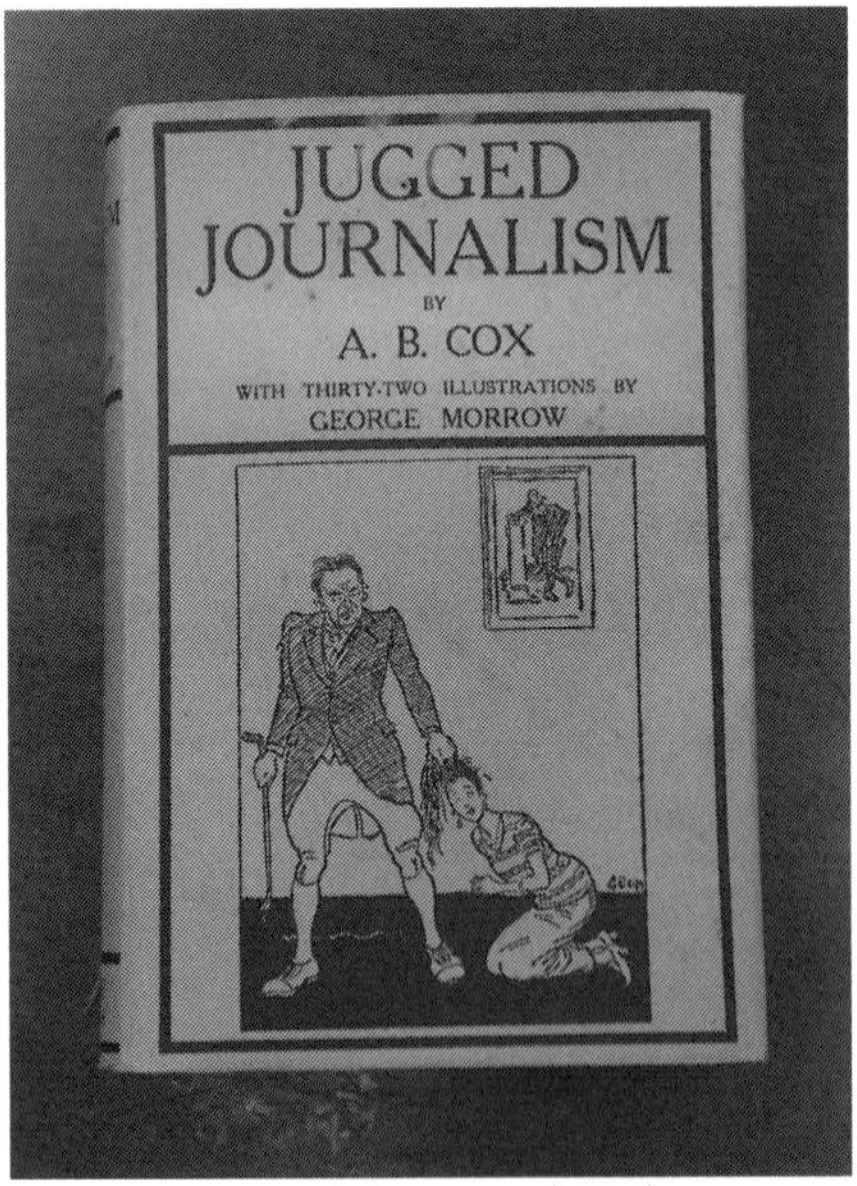

Herbert Jenkins（1925）

A・B・コックス
『Jugged Journalism』
ご紹介

初出：「ROM」第82号（1992年1月）
※同人誌「Revisit Old Mysteries」

A

本書『Jugged Journalism』（1925）はA・B・コックスのエッセイ集（と、ひとまず言っておこう）である。

A・B・コックス、すなわちアントニイ・バークリー・コックスとは、いうまでもなくバークリーないしアイルズの本名であるが、わが国ではバークリー／アイルズの筆名ばかりが有名で、一般にコックスの名にはなじみが薄いと思われる。筆者の知る限り、コックス名義の作品で邦訳があるのは、HMM（ハヤカワミステリマガジン）№311掲載のユーモア・スケッチ二篇と、ホームズもののパロディ「ホームズと翔んでる女」（ハヤカワミステリ文庫／E・クイーン編『シャーロック・ホームズの災難』〔上〕所収）だけであり、(注)しかも、いずれも作者名は「アントニイ・バークリイ」と表記されている。一部にはAnthony Berkeleyこそこの作家の本名であると誤解している向きもあるようで、HMM№326に掲載されたバークリーの短篇「警官は一度だけ肩を叩く」に付された囲みの解説記事は、「A・B・コックス、フランシス・アイルズの筆名をもつアントニイ・バークリイ……」と書き出されている始末である。誤りは人の常とはいえ、このような基本的なミスは、いやしくもミステリ専門誌に掲載された文章としては赤面ものというほかあるまい。

先に「わが国では」と書いたが、海外においてもコックスの名になじみが薄いという事情は同様と見受けられる。BOOKS IN PRINT を引くと、バークリー／アイルズの本は載っていても（それとてごくわずかであるが）、コックス名義の本は一冊も見当たらないのである。ことほどさように忘れられた作家であるコックス氏の本をここでご紹介することにしたのは、貴重なる原書を入手できた筆者の幸運を自慢したいからでもあるが、この時期の著作を読むことは、その後のバークリー／アイルズ作品の理解にも資するところがあると信ずるからである。

（注）本稿脱稿後、塚田よしと氏から「新青年」の昭和一三年夏期増刊号（探偵小説傑作集）にA・B・コックスの「発端」（宮園義郎訳）という作品が掲載されていることを教えられた。また、その後、長篇ユーモア小説『プリーストリー氏の問題』（晶文社）が小林晋氏の訳により刊行された。

B

タイトルにもあるように本書の主題はジャーナリズムであるが、正面切ったジャーナリズム論というわけではなく、そこで成功するための秘訣を述べた、言ってみればハウツーもの（！）なのである。ここでいうジャーナリズムとは、具体的には主として雑誌を指しており、雑誌に売れる小説なりその他の記事の書き方を伝授するというのがその内容である。したがって、

①その形式において、小文の集成ではなく、一貫したテーマによる長篇と見られること

②その内容において、エッセイというよりむしろ実用的文章と見られること

からして、「エッセイ集」という言い方は正しくないようにも思われるが、あながちそうとも言い切れない。

①については、あるテーマのもとに編集された小文集と見ることもできるし（本書は「パンチ」誌に掲載された一連の文章に加筆修正して成ったものであることが序文で明らかにされているから、成り立ちにおいてはまさにそのとおりなのである）、②についても、実用書のスタイルで書かれたエッセイと見ることもできる。①については、どちらの見方をとろうと大差ないが、②については真正直に本書をハウツー書と考えたりしたら著者に大笑いされることになろう。ジャーナリズムをサカナにしての著者の皮肉とユーモア、機知とからかいの手つきをすっかり見落としてしまうことになるからで、それこそ

が本書の生命なのだ。

『Jugged Journalism』というタイトルは非常に訳しにくくて、直訳すれば「煮込んだジャーナリズム」ということになるが、それでは何のことか分からない。内容に即して「ジャーナリズム二十講」、——おふざけの気分を加えて「じゃあなりずむ二十講」、とでもすれば無難であろうか。

C

本書はLESSON IからXXまでの二十章から成っており、第一講で「短篇小説の分析」と題してあらゆるタイプの短篇小説に共通する問題について語った後、第二講から第十八講までは個別のタイプの小説なり記事なりを扱い、次いで「文体」を論じ、最後に書き上げた原稿の雑誌社への売り込み方について述べている。参考までに各章のタイトルを次に掲げておく。

The Short Story Analysed／The Simple Little Love Story／The Detective Story／The Mystery Story／The Soulful Story／The Business Story／The Tense Story／The Nature Story／The Married Love Story／The Children's Story／The Strong Man Story／The Story with a Purpose／The Gruesome Story／Some Other Stories／Newspaper Work／The Topical Article／Verse and Poetry／The Essay／Literary Style／The Practical Side

第一講は「今や雑誌の時代である」という一文で始まり、誰もがstoryを書いているか、その書き方を学んでいるか、その書き方を教えているが、自分では書けないし、誰も教えてもくれないから、「自分でできないときの次善の策は他人にやり方を教えることだ」というわけで、この講座を開始することにしたと述べられている。著者一流の人を食った書出しである。

さて、成功する（という意味は、読者がついて金をかせげるということだ）storyの条件としてまず挙げられているのが、「イラストを付けること」である。読者はイラストにつられてついでに文章も読んでしまうかもしれないから、というのである。著者は自らの著書においてもこの教えを実践しており、本書にはジョージ・モロウによるイラスト三十二葉が付されている。その後、書出しと終り方、それにプロットが重要という、案外まともなレクチャーがサンプルを示しながら講ぜられて第一講は終る。

以下、第二講から個別のタイプごとの講義が始まるわけだが、まず総論からはいり、次いでサンプルを示しながらの技術指導というパターンは変らない。ここでは個々の紹介はしないが、「LESSON Ⅲ　The Detective Story」の全訳を以下に掲げるので、その趣を味わっていただきたい。

○

第三講　探偵小説

探偵小説（detective story）の制作にあたって考慮さるべき重要なポイントが二つある。一つは探偵（detective）であり、もう一つは物語（story）である。犯罪者は少しも重要ではない。最後か、その前の節にくるまでに犯罪者が姿を現すことはめったにないのだから。

さて、真に偉大な探偵の第一の特徴というのは、もちろん、その風貌がこの世の誰にも似ていないということである。平凡な風采の人間には、決して探偵になれる見込みはない。名探偵はまた、数多くの奇妙な習慣やくせを持っている。特に感情を表現する場合のやり方ときたら独特で、名探偵がふつうの方法で感情表現をすることはない。彼にはそれができないのだ。

二、三年前のはやりのタイプというのは、鷹のような目とカミソリのような顔つきをした探偵、頭脳がすべてで肉体は無、眠っている間も探偵でしかいられない――こんなふうに見えたものだが、今ではすべてが変ってしまった。

きょう日、作品を印刷に付してもらいたいと思ったら、作中探偵は、探偵以外のものに見えるようにしないと駄目である。彼はたいへん太ってどっしりしており、間の抜けた顔で、鱈のような鈍い目つきをしているべきだし、のっそりと、おだやかで、愛想のよい物腰であるべきだ。もちろん誰もが、彼が自分のことを探偵だなどと考えていることに大笑いするだろう。そしてこのことが、先に何が起きるかすっかりお見通しの読者にとても愉快な感じを抱かせるのだ。読者は優越感を味わうのだ。読者は優越感を味わうのが好きなのである。

探偵がその中で遊び戯れる物語に関しては、ことはまったく単純である。まず初めに、殺人を考える（場合によっては、多くの名を持つ高価な宝石の強盗でもよかろうが、生々しい殺人に及ぶものはない）。次に、犯行は不可能だったという状況を案出する。犠牲者の周囲に、殺害の動機は十分だが犯行は可能でなかったという人間を何人か配置する。そして、先に進めばよい。

書出しの数節は、例によって、生き生きとしたものでなければならない。たとえば、こんな具合に――


ブラッドフォードの工場主である大富豪、アルジャーノン・ディンウィッディ氏の厳格な顔には、この数日、それと不似合いな追いつめられた表情が見られたが、彼が書斎に鍵をかけて閉じこもり、鎧戸を注意深く閉ざし、鍵穴にハンカチを押し込み、通風管も厳重にふさいでしまうと、その表情はさらにきわだって見えた。

「やれやれ、ここなら安心だ」彼は安堵のため息をつきながら呟いた。

次の瞬間、ドシンと音を立てて彼は床に崩れ落ちた。


その後は一息入れて、落ち着いてディンウィッディ氏の家族の描写を続けることができる。ここで、誰もがかわいそうなディンウィッディ氏の死を望む理由をもっていることが示される。次いで所轄署の警部が登場し、やがてロンドン警視庁から人がやってくることになる。

よく知られているように、このロンドン警視庁の人間というのは、あらゆる愚かさを一身に集めたような人物でなければならない。事件の捜査中、彼は考えられる限りの失策をしでかす。彼はまたたいへん怒りっぽく、ひどくうぬぼれていて、自分以外の人間のすることはすっかり馬鹿にしてかかる。もし彼がこうした人物でなかったら、作者創るところの探偵が結末において圧倒的な勝利を収めることはできなくなるし、それでは読者はひどく失望してしまう。読者を失望させてはいけない。

さて、われらが探偵の登場する段になった。彼はなにげなく紹介されねばならず（近所で釣りをしていたり、干し草作りをしていたり、鳥の巣を観察していたり、といったことが都合よく起きる）、ちょっとした知り合いである被害者の友人に説得されて、しぶしぶながら事件に関与することになる。かくして作者はこの友人を、有能な探偵が自分の考えを明かすのを拒む際にいてもらわなくてはならない間抜けな人間として利用できることになったわけだ。

他にもう二つ。探偵はほとんど常にアマチュアであるし、いつも決まって通常の姓と名の代わりに二つ重ねの姓をもっている。

ダグデイル・クレインは、いつもの重々しい足取りで書斎にはいった。そのくだけた様子からして、映画館の控室とでも思っているようだった。

「それじゃあ、ここが犯行現場というわけですね」彼はずんぐりした大きな手をこすり合わせながら、騒々しい声で愛想よく言った。

「その通り」ピフキン警部がぴしゃりと言った。

「ああ、そしてあれが死体ですね」

「さよう」

ダグデイル・クレインは、小さな魚のような目をねじれた死体に向けて、しばらくのあいだ興味なさそうに見つめていた。

「警部さん、死体は調べられたと思いますが」

「わしは死体を調べたりなぞせんわい」警部は軽蔑のこもった口調で吐き捨てるように言った。

ダグデイル・クレインは、警部の言葉をじっと考えているようだった。

「調べないんですか」がらがらした声でやっと彼は言った。「まあ、やり方は人によって違いますからね」

彼は重々しく片ひざをついて被害者のポケットを調べ始めた。胸ポケットから、書き物に使われたことが明らかな一枚の便せんを引っぱり出した。それに文字が書かれていることはピフキン警部にもはっきり分かった。ダグデイル・クレインはそれを注意深く読んだ。すると左の耳たぶがかすかに動いたが、それが彼の示した唯一の感情の印だった。

彼は便せんを警部の方に差し出した。

「ご覧になりたいでしょう、警部さん」彼はぜいぜい息をしながら快活に言った。「たぶん捜査の役に立つでしょう」

「しろうとの助けなど借りん」警部はかみつくようにわめいた。

「お好きなように」ダグデイル・クレインは便せんを折りたたんで手帳の間にしまった。彼の鈍い目はぼんやりとして焦点が合っていないようだった。「被害者は毒殺されたんです」長い沈黙の後、愛想のよい調子で彼は言った。

「馬鹿な」警部が叫んだ。「彼はのどを切られたんだ」

「でもそれなら、きっと何か跡が見つかるはずじゃありませんか」クレインは弁解でもしているように小声で言った。

「そんなことがあるものか」ピフキン警部がどなった。彼は微妙なやり方でクレインがその場にいることを憤っているようだった。「安全カミソリでやったのさ。皮膚を傷つけない保証付きだ。わしは浴室でそのカミソリを見つけた。事態は明白だ」

等々、といったことが、逆上した警部が劇的な逮捕をやってのけるまで続く。

　さて、短篇小説中の警部が行った逮捕が正しかったためしはない。それゆえ読者はすぐに、誰が犯罪を犯したにせよ、とにかく逮捕された人間がやったのではないことを知るのである。容疑者の範囲は一人狭められることになる。

　しかし、この時までにはダグデイル・クレインが多くの謎めいた行動を取り始めていて、探偵小説を読みなれた読者には、彼が手がかりを追うのに熱中しているのが分かる。だがクレイン以外の人間の目には、依然として事件は解決不能のままであるように見える。どうすればこういう状況をつくれるのか。諸君、ご注意あれ、――筆者はいま探偵小説制作術の罪深い秘密を暴露しようとしているのだから。

　事件のしょっぱなにダグデイル・クレインは途方もない手がかりを発見したのだが、それについて読者は何ひとつ知らされなかったのだ。

　おわかりかな。まったくもって簡単なことですな。

　この事件の場合、その手がかりはクレインがディンウィッディ氏の上着から見つけた紙切れだった。

　ダグデイル・クレインがウォッピングの船乗りを無事逮捕させ、その告白にやさしく耳を傾けた後で、例の間抜けの友人がクレインをわきに連れて来て、いったいどうしてわかったのか説明してくれるよう頼む。その結果、クレインはすぐにすべてをぶちまけ、本来の姿であるいかさま師ぶりを露呈して、彼もまた友人に劣らぬ大変な間抜けであることを証明し始めるのである。

「この興味深い事件には、当初、私をたいそう困惑させた点がいくつかあった」クレインは重々しく言った。「だが、早い時期に運よく貴重な手がかりに出くわした。ピフキン先生は不思議なことに見逃してしまったようだがね。被害者のポケットから見つけた手紙のことだよ。君に読んで聞かせよう。

　　　　グリーン・ストリート一四七番地
　　　　ウォッピング

　拝啓　ディンウィッディさん、――あんたは俺を破滅させた。だから、俺はあんたを殺してやる。ちょっとした贈り物にチョコレートを一箱送ってやるからな。

　　　　敬具
　　　　アルフレッド・ブラウン

「この手紙が事件の解明に大きな力となったことは、君にもすぐに見て取れるだろう」ダグデイル・クレインは単調な声で言った。「私はディンウィッディの机からチョコレートの残りを発見して分析させた。どのチョコレートにも、青酸が一オンスはいっていたよ。だから、誰にせよ、チョコレートを送った人間がディンウィッディによからぬ企みを抱いていたことは、私には明白だった。この手紙の内容をも考え合わせて、私は、たぶんこのアルフレッド・ブラウンが……」

おやおや。さて、諸君も腰を落ち着けて探偵小説をお書きになるがよい。

X

以上がLESSON Ⅲの試訳である。引き続き「LESSON Ⅳ The Mystery Story」も訳してお目にかけたいところだが、あまり長くなるので今は控えたい。ここでMystery Storyというのは、我々がやや軽蔑的に「スリラー」と呼ぶところのもので、世界支配をもくろむ大犯罪者とそれに対峙する大探偵、謎の美女等がくりひろげる破天荒な物語のことである。サンプルとして掲げられている小品「凍った牙」(THE FROZEN FANG)には、「エドガー・ローマー&サックス・ウォーレス」という、どこかで聞いたような作者名が付されている。

この「凍った牙」も含めて各章に掲げられている作品見本は、もちろん講師コックス氏のお手製であるが、その中でよく知られているのが、「第十九講 文体」の章に含まれている「ホームズと翔んでる女」(HOLMES AND THE DASHER)である。これはP・G・ウッドハウスの文体によるホームズ物語の試みで、作者は「卑屈にも他の作家の文体をまねるようなことをしてはならない、というのは文芸作法上の初等法則の一つである」などと訓戒を垂れながら、おもむろにウッドハウスの文体模写にとりかかるのである。

この作は先述のようにE・クイーン編『シャーロック・ホームズの災難』に収録されたために有名になっているが、作品じたいは特にすぐれたものとも思えない。パロディ作品としては、あえて「P・G・ウッドハウスの文体による」と前置きするほど面白おかしい内容ではないからである。邦訳は訳文にも問題があるように思うが、それを割り引いて考えても評価は変らない。もっとも、ここでは「文体」に主眼があるわけだが、筆者には文体模写がどの程度成功しているかの判定はできない。

いずれにせよ、これだけ多様なタイプの作品をやすやすと書き分ける作者の技量は見事というほかない。クイーンはこの側面における作者を「ジャーナリズムの古強者」と評しているが、まことコックス氏は筆の立つ作家であった。作家としての基礎体力ともいうべきこの筆力があったればこそ、後に我々に目を見張らせることになった数多のウルトラCも達成可能だったのである。

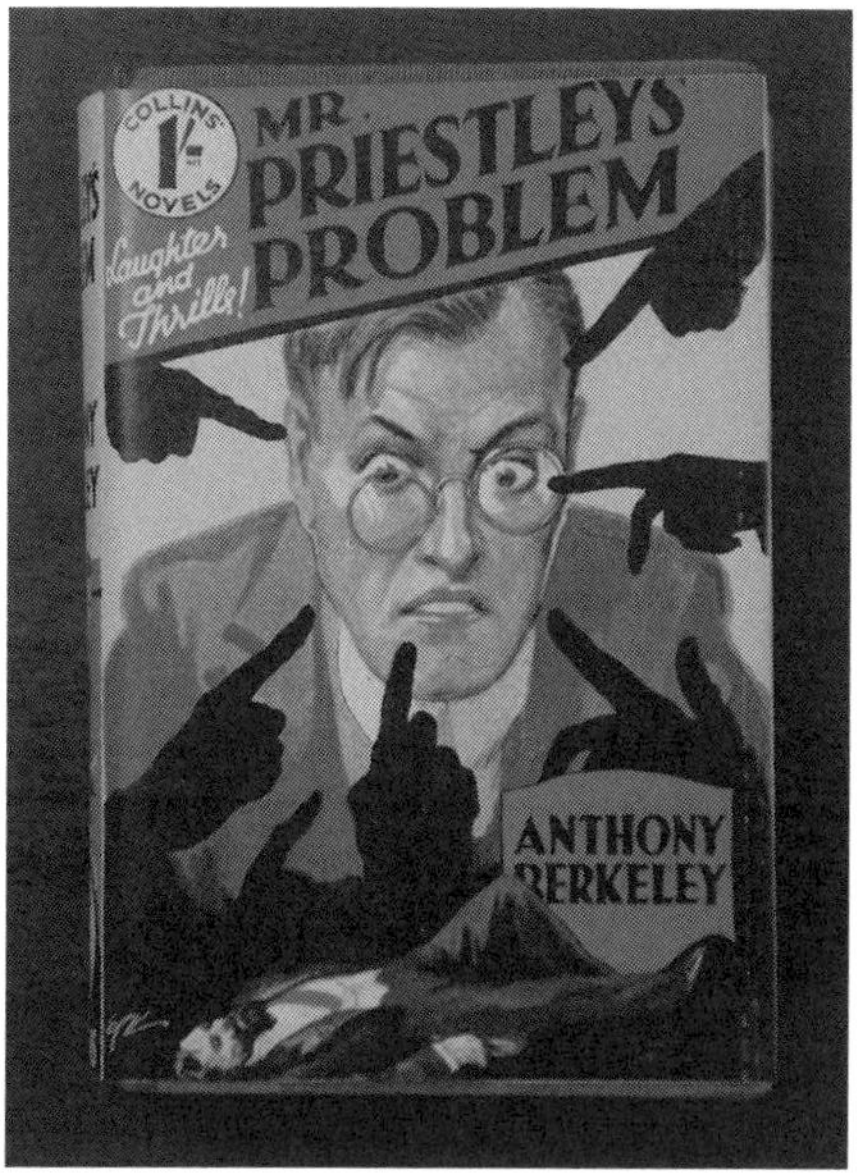

Collins（1930）

A・B・コックス

『Mr. Priestley's Problem』

ご紹介

初出：「ROM」第82号（1992年1月）

He

「あんたはキャベツだ！　カブだ！　カボチャだ！
――カタツムリだ！」

この隠喩表現による（しかし相当にあからさまな）人物批評をもって、この小説は始まる。「カボチャだ」と言ってから「カタツムリだ」と言うまでちょっと間が空いたのは、人間をなぞらえる相手としては、やはり植物よりは動物の方が適当である、と評者が思い直したためであろう。

ここでカタツムリに喩えられた人物こそ、本書の主人公、マシュー・プリーストリー氏である。プリーストリー氏は三十六歳。生計のために働く必要もなく、書物と陶磁器と嗅ぎ煙草入れのコレクションに囲まれて、静かで気ままな独身生活を送っている。傍目には単調な毎日に見えるけれども、氏は今の生活が気に入っており、このままで十分に幸福なのである。

そんなプリーストリー氏をカタツムリ呼ばわりしたのは、氏の年若い友人、パット・ドイルである。ドイルはフリーランスのジャーナリストで、プリーストリー氏とは対照的な、慌ただしく活気に満ちた毎日を送っている。そんな彼の目には、動きのない狭い世界に安住しているプリーストリー氏が歯痒く見えるのである。しかも彼は最近婚約したばかりなので、自分のバラ色の世界を他人にもわけてあげたくて仕方がないのだ。そこで、カタツムリ発言となった次第。「三十六歳どころか六十五歳にしか見えませんよ。もっと動き回りなさい。人生を見つめなさい。冒険をしてみなさい。恋をしてみなさい」とけしかける。しかし、プリーストリー氏が目覚めるには、ドイルの言葉だけでは足りなかったのである。

ある晩、ドイルは、婚約者のドーラ・ハワードとともにネズビット家のパーティに招かれた。他の客は、ドーラの兄のジョージと、妹のローラ。ネズビット家の主人ガイとハワード兄妹は昔なじみだし、ガイの妻シンシアはドーラの親友という間柄で、ハワード家とネズビット家のメンバーは気心の知れた仲間同士なのである。パーティの席では元気者のドイルとローラが丁々発止のやり取りを交わしたりするが、やがて話題がたまたま犯罪学に及んだところ、ガイとドイルがいずれ劣らぬ犯罪学フリークであることが分かり、しばらくは二人の間で熱心な犯罪学談義が続けられる。

ドイルは、「普通の人間は、自分が人を殺してしまったと思ったら何を考え、どんな行動をとるのか」という問題にとても興味があると語る。「自首するだろう」

と考えるのはガイ、「逃げるだろう」というのはドイル。犯罪学には何の興味もないジョージが何げなく「実験してみたらどう?」と言うのを聞いて、二人の目は輝く。とりわけ光を増したのは、ドイルの目である。彼には実験台のあてがあったのだ。

　プリーストリー氏は、先日のドイルの言葉に動かされたわけではないが、自分がカタツムリではないことを証明しようとして、平生の習慣を破ってある夜レストランで外食することにした。ブランデーをきこしめしてほろ酔い加減でピカデリー・サーカスにやってきたところが、背後から若い女性の声、「やっと見つけたわ、遅かったじゃないの」。人違いのはずだが? 振り返ると、pretty, flower-like face が見つめている。プリーストリー氏の口をついて出た言葉は、「すいません、遅れちゃって」――カタツムリは冒険に身を委ねることにしたのである。

　その女性、ミス・スペティギュー（とは仮の名で、実はローラ・ハワード）と「マリンズ氏」と「人違い」されたプリーストリー氏は、ピカデリー・パレス・ホテルのラウンジで話をする（その夜、アンブローズ・チタウィック氏は来ていなかったであろうか）。ところが何と、ミス・スペティギュー＝ローラは、押し込み強盗を働いてもらうためにマリンズ＝プリーストリー氏を雇ったのだと言うので、氏は肝をつぶす。しかし、よくよく事情を聞いてみると、彼女は分別のなかった昔に書いた手紙をネタにある男に脅迫されており、その手紙を盗み出してほしいのだという。彼女に同情し、卑劣な脅迫者に義憤を感じたプリーストリー氏は、ローラの頼みをきいて犯罪に手を染める決心をする。

　ローラに導かれてプリーストリー氏は首尾よく脅迫者の家（実はネズビット家）に押し入ることができたが、書斎で手紙を探しているところに奇妙な風体の大男（実はジョージ・ハワード）が現れたのでびっくり仰天、ローラから手渡されていたピストルを発射してしまう。ローラからは装弾されていないと聞いていたので、空砲でおどかして逃げようとしたのである。ところが、大男は胸から赤いものを流してくずおれてしまったのだ。あわわ、空砲のはずだったのに――！（もちろん実際は空砲で、「射殺」されたのはジョージの演技なのである。）ここまでは、ガイとドイルの仕組んだ筋書のとおり。さて、殺人を犯したと思い込んだプリーストリー氏の反応やいかに?

　だが、そこに予定外の事態が発生する。銃声を聞きつけて警官（本物の）がやってきてしまったのだ。グレイヴズ巡査は、隙をついて逃げようとしたプリーストリー氏とローラに手錠をかけて二人をつないでしまう。ここでアメリカ映画のような一幕。何と、プリーストリー氏はすばやい動きで巡査からレボルバーを奪って彼を食器戸棚の中に閉じ込め、庭に面したフランス窓からローラを連れて逃走してしまうのだった。

庭の物陰から一部始終を観察していたガイとドイルは、思わぬ展開にびっくりするやら嬉しがるやら。隠れ場所から出てきて話を聞いたドーラも大喜び。こうなったらもう、トコトンやっちまおうというわけで、ガイとドイルは閉じ込められた巡査に聞かせるため死体（ならぬ寝そべったジョージ）を引きずる音を立てたり、怪しげな外国語（？）で喋り合ったり。さらに庭に足跡をつけたり、果てはドイルが手首を傷つけてとった血で染めたハンカチを落としておいたりまでするというのだから、なかなかどうして、ハンパじゃない。ドーラはドーラで、外を通りかかった近在のフォスター氏に途方もない作り話を聞かせる。某国皇太子が'The Man with the Broken Nose'を首領とする暗殺団の手にかかって倒れたという話を（どうやらドーラはエドガー・ウォーレスの愛読者だったと見える）。

一方、ジョージの車に乗ったプリーストリー氏とローラは、深夜の逃避行を続ける。とにかく手錠を外さねばならないというので、宿屋に寄ってヤスリを借りようとしたが、一軒目――「いま何時だと思ってるんだ！」、二軒目――無言なれど、二階の窓から水がドバッ、二人はずぶぬれに。三軒目でようやく車の修理にかこつけてヤスリを借りることができたが、手錠との戦いにおいてスリ減っていったのはヤスリの方であった。途方にくれるプリーストリー氏。ともあれ、食事と暖をとる必要がある。手錠につながれたまま宿にはいった二人であったが……。

ここまでで物語の三分の一程度である。おあとはいかになりゆくか、それは読んでのお楽しみ。

Who

まず、本書のタイトルについて。『Mr. Priestley's Problem』というのは英国版のタイトルで、アメリカでは英国版刊行の翌年（一九二八年）に、『The Amateur Crime』の題で刊行された。筆者は米国版のテキストで読んだのだが、正式なタイトルと考えられる英国版の方を掲げることにした。プリーストリー氏のと、ガイ・ドイルたちのと、二種類の「Crime」を含意していると見られる米国版のタイトルも悪くはないが、英国版の方の

「Problem」にはプリーストリー氏の当面の難局と、より大きな、氏の性格に根ざした問題との二重の意味が込められているように思われ、筆者としては後者の方をよしとしたい。

前節のあらすじを読んでいただけばお分かりのように、この作品は探偵小説ではない。物語の興味は「これからどうなるのか」であって（登場人物たちも口々に「この先どうなる」ともらしている）、「過去に何が起こったか」ではないのである。そこには解かれるべき謎はなく、したがって、それを解く論理もない。結末に待ち構えるのは「驚くべき真相」ではなく、読者の期待どおりのハッピーエンドである。

小林晋氏は、本書について「ミステリ風ユーモア小説」と書いておられるが、まさにそうした種類の小説なのである。ただし、「ミステリ風」という表現はかなり薄めた意味合いで受け取る必要がある。本書がミステリと関係づけられるのは、先述の二種類の「しろうとの犯罪」を描いている限りにおいてであって、ミステリの本質である謎解きの要素は皆無といってよいからである。「ミステリ風ユーモア小説」という言葉で筆者の頭にまず浮かんだのは、P・G・ウッドハウスの『スミスにおまかせ』だが、コックスのこの作品は、『スミスにおまかせ』よりもさらにミステリ風味は希薄である。むしろ本書の風味となっているのは love comedy 的な要素で、プリーストリー氏とローラがドタバタ騒ぎを経て結ばれるまでの風変りな恋の物語としても読めるのである。

したがって、本書が『Encyclopedia of Mystery and Detection』において comic mystery novel と呼ばれていたり（いうとすれば mystery-like comic novel か）、『Twentieth Century Crime and Mystery Writers』においてCrime Publication として他のミステリ作品と同列に扱われたりしていることには疑問がある。

上述のような性格からして、本書は物語られてゆく場面場面を楽しめばよい作品なので、前後のつじつまがどうのと野暮なことを言うつもりはないのだが、一つだけ気になるところがあった。物語の結末近く、プリーストリー氏が刑事に変装して joke の首謀者たちに仕返しをする場面がある。そこでの氏の変装は付け髭に眼鏡というだけの安直なものなのだが、それに（ガイたちは仕方がないとしても）ドイルまでが騙されてしまうというのはいかがなものか。この作品はユーモア小説とはいっても、描写は real で probable なのだから、この場面ではいささか物語の都合が優先しすぎる気がしたのである。

Me

本書がミステリでないことは一読すれば明らかで、くどくど述べ立てる必要もないことだが、もう一つ別の観点からもこのことを確認しておきたい。本書が作者の本名のA・B・コックス名義で発表されていることに関してである。

コックス氏は、作品を発表するにあたって様々な名義を使い分けているが、それらを列挙してみると次のようである（主として『Detective Fiction/The Collector's Guide』及びジェイムズ・サンドーによる注釈付著作目録を参照した）。

① A. B. Cox／Anthony Berkeley Cox（本名）
　ユーモア小説、ユーモア・スケッチ、エッセイ等の発表名義

② ？
　探偵小説第一作『The Layton Court Mystery』（1925　英国版）の発表名義

③ the author of "The Layton Court Mystery"
　探偵小説第二作『The Wychford Poisoning Case』（1926　英国版）の発表名義

④ Anthony Berkeley
　探偵小説第三作『Roger Sheringham and the Vane Mystery』（1927）以降の大部分の探偵小説の発表名義

⑤ A. Monmouth Platts
　探偵小説第四作『Cicely Disappears』（1927）の発表名義

⑥ Francis Iles
　『殺意』（1931）以下三冊の犯罪心理小説の発表名義。また、この名義により探偵小説の書評も執筆した。

⑦ A・B・C
　私家版の戯詩集『A Pocketbook of One Hundred New Limericks』（1959）及び『A Pocketbook of One Hundred More Limericks』（1960）の名義

一見するとずいぶん多くの名前をでたらめに使い分けていたようだが、それは探偵小説の発表名義をAnthony Berkeley に定めるまでに trial and error があったためにそう見えるだけで、基本的には次の三つのパターンに整理できる。

Ⅰ　本名（①、⑦）　ユーモア小説、ユーモア・ス

ケッチ、エッセイ、戯詩等

Ⅱ Anthony Berkeley ほか（②、③、④、⑤） 探偵小説

Ⅲ Francis Iles 犯罪心理小説、書評

Ⅰはユーモラスな作風のもの、Ⅲはシリアスなもの、中間に位置するⅡはハーフ・シリアスなもの、と言ってはあんまり大雑把でこじつけ気味の分類になるが、三つのタイプの作品群の間にかなり明瞭な作風の相違があることは確かである。こうして整理してみると、でたらめどころか、むしろ作者は作品の性質に応じて相当厳格に名義を使い分けていたことが見てとれるだろう。この分類に本書の発表名義をあてはめてみれば、作品の性質は自ずから明らかになるのであって、これが探偵小説でないことは中身を読まなくとも推測できるのである。

Your

先にP・G・ウッドハウスの名を持ち出したのは、故あってのことである。『スミスにおまかせ』と本書。ウッドハウスとコックス。いずれも素晴らしく面白いユーモア小説であり、その書き手であったという以上に、両者のユーモアの性質がよく似ているように思うのである。

ここでユーモア小説論を展開するだけの準備は筆者にないのだが、ひとしくユーモア小説とはいっても、そのユーモアの種類、性格はさまざまであり、作者の数だけユーモアの種類もあるといえるのではないかと思う。ユーモアという言葉がもともと体液（フモール）に由来しているのであってみれば、それも異とするに足らないかもしれない。思いつくままに並べてみても、ロレンス・スターンの人を食った話術、スウィフトの攻撃的な笑い、ディケンズの性格喜劇、ジェローム・K・ジェロームのゆったり、のんびり、ほのぼのしたユーモア、イヴリン・ウォーのブラック・ユーモア、ラブレーの豪放磊落な笑い、カミのナンセンス、トリスタン・ベルナールの軽妙なコント、マーク・トウェインのホラ話、ジェイムズ・サーバーのほろ苦い笑い、デイモン・ラニアンの下町の哀感漂うユーモア、ゴーゴリの奇想とペーソスにあふれた笑い、セルバンテスの至純の空想人が呼ぶ笑い、映画にまで話を広げれば、チャップリンのセンチメンタルでウェットな笑いに対するにキートンのシュールでドライな笑い……等々といった具合である。

そんな中でウッドハウスはといえば、春の陽光にもたとえるべき、明るく、あたたかく、上品で、心の底から笑いがこみあげてくるようなユーモアである。読んでい

るあいだ笑うだけ笑って、読み終えたら後には何も残らない。けれども心のモヤモヤはきれいに取り払われ、特に出来のよい作品であれば、人生というのも満更捨てたものではないな、といった気分にさせられることもある。これぞユーモア小説中のユーモア小説であって、筆者としては翻訳の少ないのを嘆くことしきりである。

そして我がコックス氏であるが、筆者には、そのユーモアの性質がウッドハウスによく似ているように思われるのである。といってももちろん何から何まで似ているわけではなく、コックスの方がより描写が現実的でソフィスティケートされている、といった違いはあるが、広大なユーモアの森の鳥瞰図の上では、筆者の知る限りのどの作家よりもウッドハウスのユーモアに近い位置を占めている。もっと二人の作品を読み比べてみなければ確かなことは言えないが、その類似性のよってきたるゆえんは、そのユーモアの源泉が、いずれも人間の性格と、特定の状況における人間の行動の面白さにあるためであろうと思われる（これは、より広く英国のユーモアに共通する性格かもしれない）。

このユーモアの性質の類似性のほかにも、コックスをウッドハウスに結びつける手がかりは幾つかある。筆者の気付いていることを以下に列挙してみると、

①二人とも「パンチ」誌を舞台にユーモア作品を書いたこと
②コックスの「ホームズと翔んでる女」は、ウッドハウスの文体によるホームズ物のパロディという趣向の作品であること
③『ピカデリーの殺人』に登場する、チタウィック氏の恐れる伯母のミス・チタウィックは、ウッドハウスの作品におけるバーティ・ウースターの伯母をモデルにしていると見られること
④『レディに捧げる殺人物語（犯行以前）』の女主人公リナの愛読書の一つはウッドハウスであること
⑤『トライアル&エラー（試行錯誤）』はウッドハウスに捧げられていること

①はまあ漠然とした状況証拠的なものであるが、②〜⑤はコックスがウッドハウスの作品を愛読し、ユーモア小説家として先達ウッドハウスをかなり意識していたことをうかがわせるに足りるだろう。⑤からすれば二人は交友関係にあったと思われるが、その辺の事情を知る手立てがないのが残念である。

Its

本書を読んでいるうちに筆者の頭に浮かんできたのは、

「犯罪学と人間性」という言葉である。これでもって本書のモチーフが的確にとらえられるのではあるまいか。

犯罪学と人間性――これは筆者が自分でヒネリ出した言葉ではなく、作者自身の文章中に見えるものである。本書とは何の関係もないが、『Dead Mrs. Stratton』(一九三三、『Jumping Jenny』の米版)に付された作者によるロジャー・シェリンガムの略伝の末尾に次の一文がある。

「彼の人生における主要な関心事は、犯罪学、人間性、それにうまいビールの三つだが、それさえあれば彼は申し分なく幸せなのである。」

ここで彼というのはもちろんシェリンガムのことだが、ビールを除けば、もう一人のレギュラー探偵アンブローズ・チタウィック氏について述べているものといっても差し支えないし、おそらくはA・B・コックス氏自身にもそのままあてはまるのではないだろうか(ビールについては確かめようがないので、ひとまず保留してもよい)。シェリンガムの人物造形に作者自身の経歴が影を落としているということも一つの傍証になるが、より端的に、「犯罪学と人間性」という言葉で、その多彩な作品群のかなりの部分をカバーできるからである。そのカバーしている作品の範囲は、バークリー名義の探偵小説を中心として、『レディに捧げる殺人物語』のような犯罪心理小説から本書のようなユーモア小説にまで及んでいる。「犯罪学と人間性」はまさに作者の主要な関心事であったと思われる。

さらに言えば、犯罪学への関心も結局は人間性への関心にほかならないのだから(作者はガイ・ネズビットに「興味があるのは単なる殺人行為ではなく、殺人者の心の状態だ」と語らせている)、「人間性」こそが作者の最大の関心事なのだといってよかろう。ユーモアも犯罪も、人間性との関わりという一点を共通項として作者に結びつくわけである。

従来、バークリーの探偵小説とアイルズの犯罪心理小説はまったく別系統の作品とみなされ、ましてやコックスのユーモア小説などそれらと関係づけられたためしはなかったが、上述のような作者の関心事に視点を据えて見渡してみるならば、すべては「人間性」に対する関心の射程距離内にあることが明らかになってくるのではないだろうか。バークリー論の一つのポイントとして指摘しておきたいと思う。

最後に、映画との関係についてふれておこう。

あらすじに書いたプリーストリー氏とローラの逃避行から、ヒッチコック映画の有名なシーンを想起された方も多いと思われる。『三十九夜』でロバート・ドーナット扮するリチャード・ハネイが若い女（マデリン・キャロル）と手錠でつながれたまま逃走し、宿屋に泊るくだりがそれだが、このシーンは原作であるバカンの『三十九階段』にはないから、映画化に際してヒッチコック（ないし脚本家）が付け加えたものである。今回若干の文献を調べた限りでは確証は得られなかったが、次のような事情を考え合わせれば、そのアイディアは十中八九、本書からとられたと見てよいだろう。

①『三十九夜』は本書刊行の八年後の一九三五年の作品であること

②『レディに捧げる殺人物語』を『断崖』として映画化していることにもうかがわれるように、ヒッチコックはバークリー／アイルズ／コックス作品をよく読んでいたと考えられること（『映画術』としてまとめられたトリュフォーとの対談において、ヒッチコックは「フランシス・アイルズの本名はA・B・コックスというんだが、アントニー・バークリーという名でもミステリー小説を書いている。わたしはフランシス・アイルズの名で書かれた最初の小説『殺意』を何度も映画化したいと思ってきた」などと述べている）。

③『見知らぬ乗客』の急回転するメリー・ゴー・ラウンド上での格闘というラスト・シーンがエドマンド・クリスピンの『消えた玩具屋』からの借り物であるように、ヒッチコックには自分の気に入ったシーンを自由に作品に取り込むクセがあったと見られること

なお、本書は作者の手によって劇化されている（「Handcuffs for Two」というのがそのタイトルの一つ）ので、ヒッチコックが小説からではなく、この劇の方からアイディアを借りたということも考えられる。

このほか、小林晋氏が言及しておられるF・キャプラ監督の『或る夜の出来事』も、ソフィスティケートされたロマンチック・コメディとして本書の味わいに似たものをもっている（手錠でつながれてこそいないが、それまで無関係だった男女が毛布の城壁を境にして納屋で一夜を過ごすというシーンもある）が、もう一本、筆者が連想した映画がある。

災厄の一夜が明けた後、プリーストリー氏は寄る辺ない身の上（ということになっている）のローラを自宅にかくまうことにする。そして、ローラに引け目を感じさせまいとする配慮から自分の秘書としての仕事を与えようとするのだが、それにはまずラテン語を覚えてもらう必要があるというので、昔使った初等文法書を引っぱり出してきて、ローラにラテン語の特訓を開始する（紹介が遅れたが、氏は寝しなにテオクリトスをひもとくような教養人なのである）。ローラにとっては迷惑千万な話だが、自分のついた嘘にしばられて身動きがとれず、泣く泣くレッスンを受けるハメになる。――このくだりで筆者には、プリーストリー氏とローラの姿が、ヒギンズ教授とイライザに重なって見えてきた。そう、『マイ・フェア・レディ』である。

ラテン語の文法と英語の発音という違いはあるものの、いずれも教養ある独身男性が若く美しい（しかし必ずしも教養は高くない）女性にコトバを教えるというシチュエーションは同じである。そして、勉学の成果実ってローラがラテン語の動詞変化を自分で言えるようになり、プリーストリー氏が "Well, we've got it right at last." と叫ぶ瞬間が訪れるのだが、ここで思い出したのが「スペインの雨」。

イライザが初めて「スペインでは雨は主に広野に降る（The rain in Spain stays mainly in the plain.）」という例文を正しく発音できた夜、ヒギンズ教授は "She's got it!" と叫び、イライザは有名な「スペインの雨」を歌い出すのである。筆者は『マイ・フェア・レディ』が大好きな人間で、映画もビデオも繰り返し見たほか、オリジナル・サウンド・トラック盤のレコードも何度となく聴いたので、「スペインの雨」の途中でレックス・ハリスン演ずるヒギンズ教授が独特な声で "By George, she's got it!" と合の手を入れるのを耳で記憶していた。プリーストリー氏の "we've got it" を目にしたとたん、その声が耳によみがえったのである。

ところで、筆者はいま三歳になる娘にアイウエオを教えている。親に似て物覚えの悪い子で、道なお遠しという状況だが、この子が五十音を言えるようになったあかつきには、筆者も "We've got it!" と叫んでやろうかと思っている。

アントニイ・バークリー
『Roger Sheringham and the Vane Mystery』
ご紹介

初出：「ROM」第82号（1992年1月）

I

本書は、『The Layton Court Mystery』（1925）、『The Wychford Poisoning Case』（1926）に次いで一九二七年に発表されたバークリーの長篇探偵小説第三作である。と、書いたそばから注釈が必要になるのだが、「バークリーの第三作」という言い方は厳密にいうと正しくない。第一作は「?..」名義で、第二作は「the author of "The Layton Court Mystery"」名義で発表されており（後にバークリー名義に統一されたが）、「アントニイ・バークリー」の名が用いられたのは本書が初めてだからである。

これら初期作の発表名義を見ると、当初バークリーは探偵小説を続けて書く気があったのかどうか疑問に思われる（ずっと「?..」で通すつもりだったとは思えませんからねえ）。第一作、第二作が好評だったのでシリーズとして書き続ける気になり、遅ればせながら筆名も定めることにしたというのが真相ではなかろうか。

『Roger Sheringham and the Vane Mystery（ロジャー・シェリンガムとヴェイン家の秘密）』というのはこの作品の英国版のタイトルで、米国版は『The Mystery at Lovers' Cave（恋人たちの岩屋の秘密）』という。他に『The Vane Mystery』という別題もあるらしい。筆者はこの作品を米国版のテキストで読んだので、本稿の表題には米国版タイトルを採用すべきであったかもしれないが、英国の作家であるバークリーの作品の正式なタイトルはやはり英国版によるべきであろうと考えたことのほか、個人的に英国版タイトルの方が気に入っているので、そちらを表題に掲げることにした。

米国版タイトルは何か俗受けを狙ったような響きがある——作者は決して商業主義を否定してはいなかったと思うが——のみならず、「Lovers' Cave」というのがタイトルに取られるべき必然性をもってはいないからである。本書の第一の事件はヴェイン夫人の死で、彼女は海沿いの崖から誤って落ちたか、誰かに突き落とされたかして命を失う。捜査を進めていくと、その崖の下の方に人に知られぬ洞窟があって、作中のある男女の密会の場に使われていたことが明らかになる。それがタイトルに取り上げられているのだが、この洞窟は、たしかにそれなりに重要な役割は果たしている（ここで発見された物によって捜査が新たな展開を見せる）ものの、この場所を中心にメイン・プロットが構成されているわけでもなく、作品全体をくくるべきタイトルにはふさわしくないからである。

英国版タイトルからは、クロフツの『Inspector French and the Cheyne Mystery（フレンチ警部とチェインの謎）』（一九二六）が連想されるが、これを意識したものであろうか。あるいは特にクロフツということではなく、この時期に「探偵名プラス事件名」というパターンのタイトルが流行したのでもあったろうか。いずれにしろ、筆者としては英国版タイトルの古風な味わいの方が好もしく感じられる。

ちなみに、「Lovers' Cave」という言葉と、女性が崖から落ちて死ぬという事件の設定に覚えがあるような気がして、あれこれ記憶をかき回してみた結果、思い当ったのはカーター・ディクスンの『貴婦人として死す』である。同書には「恋人たちの岩屋」ならぬ「恋人たちの身投げ場（ラヴァーズ・リープ）」が出てきて、人目をしのぶ仲の男女がそこから飛び降り心中をしたかのような状況で物語の幕が開く。しかし、それ以上に両作のプロット、トリック等には似たところもなく、別に関係はないのだろう。

前二作同様、本書でもロジャー・シェリンガムが探偵役をつとめるが、彼の独り舞台ではなく、本書で初めて登場するロンドン警視庁のモーズビー警部と半ば協力、半ば競争しながら捜査を進めることになる。このアマチュアとプロフェッショナルの二人の探偵の協力的ライヴァル関係が本書の読みどころの一つであり、また、本書における作者の狙いに深く結びついている。作者の狙いについては、紹介文の性格上あまり立ち入ったことは言えないが、筆者の見るところそれは、「探偵小説批判」である。本書は探偵小説論を内包した探偵小説なのであり、さらに極端な言い方をすれば、探偵小説の形式で書かれた探偵小説論なのである。

少し話が先走りすぎたようだ。順序としてストーリーの紹介を先にすべきですな。

Ⅱ

物語は、ロジャー・シェリンガムが従弟のアントニイ・ウォルトンと一緒に二週間の休暇旅行に出かけようとしている場面から始まる。

ロジャーはこのとき三十六歳。小説家として成功し、ウィッチフォードの難事件を解決した実績によってロンドン警視庁にもしろうと探偵として知られている。アントニイ、二十五歳。スポーツは得意だがオツムはちょっと疑問符付きの好青年タイプである。二人は年齢も性格も趣味嗜好も相当に隔たっているのだが、どういうわけかウマが合うのである。そんな二人がダービシャーに休暇を過ごしに出かけようとしていたとき、ロジャーの部屋の電話が鳴る。大新聞〈クーリエ〉紙の編集長からだ。ロジャーは同紙に犯罪学関係の記事を寄稿しているのである。

編集長が言うには、ハンプシャーのラドマスという村に行ってくれないか。そこでヴェイン夫人という女性が崖から墜落死する事件が起こり、インクエストでは事故死の評決が出たのだが、その後〈クーリエ〉紙の地方記者が、モーズビー警部の姿を見かけたという。モーズビー警部といえばヤードの大物、これは何かあるに違いない。ついてはロジャーに〈クーリエ〉紙の特派員として現地に飛んでほしいという依頼なのである。amateur criminologist ロジャーとしては、犯罪学の実地検分を行う願ってもない好機。二つ返事で引き受けるや急遽予定を変更してラドマスに向かうことにした。ロジャーはアントニイにも同行を求める。「間抜けな友人というのが僕には必要なんだ。わかるだろ。名探偵というのはみんなそうなんだ」かくして我らが特派員とその助手は出立した。

ラドマスは南部海岸沿いの小さな村である。事件の日の午後、ヴェイン夫人は従妹のミス・クロスと散歩に出かけた。ミス・クロスの話によると、帰る途中、夫人は「寄るところがある」と言ってミス・クロスと別れたが、結局家には戻らなかった。二時間後、漁師が崖下の死体を発見して警察へ届けたのである。ヴェイン夫人は二十八歳のチャーミングな女性で、年配の夫ジョージとその秘書ミス・ウィリアムソン、それにミス・クロスとともに広壮な屋敷に暮らしていた。夫人の遺産一万ポンドは、遺言によりミス・クロスに贈られることになっていた。

ロジャーとアントニイは、村で唯一の宿屋に着くや直ちに空き部屋五室をすべて借りてしまう。他紙の記者の宿泊を阻止せんとするロジャーの深謀遠慮によるものなのだが、これは後に功を奏することになる。ロジャーはさっそく、現場を調べているはずのモーズビー警部をつかまえにいく。検死裁判で事故と評決された事件をわざわざ調べている以上、警部はきっと何かつかんでいるに違いないのだ。

事件が起こった時、モーズビー警部は、たまたまラドマスから数マイル離れたサンドシーという町で家族とともに休暇を過ごしていた。その警部が急遽ラドマスに呼び出されたのは、ヴェイン夫人の死には重大な疑惑があったからである。死体の手にはボタンが握られており、それはミス・クロスの上着についていたものだったのだ！　さらに、現場を調べてみると、ヴェイン夫人の足跡のほかに、もう一組の女の足跡が――。使用人の話では、ヴェイン夫人とミス・クロスはよくけんかをしていたという。警部の疑惑はいよいよ深まるのだった。

一方、アントニイはふとしたことからミス・クロスに出会い、その清楚な美しさにすっかり魅了されてしまう。マーガレット（ミス・クロスの名前）は、初めアントニイの助力の申出を拒んだが、自分の立場の困難さを知って、やはり助力を受けることにする。彼女は四カ月前までロンドンで殆ど無一文の状態で暮らしていたが、エルジー（ヴェイン夫人の名前）に救いの手を差し伸べられた。そして、夫人のコンパニオンという名目で屋敷に同居することになったが、エルジーの本性はチャーミングな見かけとは大違いで、マーガレットは召使い同然に使われていたのだという。彼女に一目惚れしてしまったアントニイは、その境遇に同情し、また現在の難しい立場を思いやって、ロジャー・シェリンガムに相談するよう勧める。

話を聞いたロジャーは、彼自身マーガレットがすっかり気に入ってしまい、彼女に対する疑惑を晴らすよう努力することを約束する。かくして三人のしろうと探偵団が結成されたのだ。もっとも、探偵らしいことをしたのはもっぱらロジャーで、あとの二人はいちゃついてばかりいたのだが。

ロジャーは現場を調べたとき、死体のあった場所のそばで紙切れを見つけていた。水につかっていたので文字は読めなくなっていたが、専門家に分析してもらえば何か分かるかもしれない。ロジャーはこの紙切れを取引材料にして、モーズビー警部に、今後事件に関する情報交換をしていくことを提案する。警部は難色を示したが、結局、記事にするのは警部の了解を得てからという条件でロジャーの提案をのむことにした。これ以降ロジャーとモーズビー警部は協調的競争関係にはいることになる。

紙切れをヤードで解読してもらった結果、それはコリンという人物からヴェイン夫人にあてられた手紙であることが分かった。その文面からして、夫人はコリンと密通していたらしい。モーズビー警部がコリンの正体を突きとめて尋問したところ、コリン・ウッドソープは密通の事実を認めた。夫人の落ちた崖の下に隠れた洞窟があり、そこで密会を続けていたのだという。ロジャーとアントニイは、モーズビー警部に先んじようとして、深夜洞窟を調べに出かける。……

この深夜の冒険が物語の中間地点に位置しているのだが、右の粗筋では端折っていることが随分あって、前半だけでももっと色々なことが起きているのである。出来事ばかりでなく、随所に見えるユーモラスな情景や会話となるとこれはもう粗筋では伝えようもなく、実際に読んで楽しんで下さいというほかない。

後半でも色々あったあとで――これでストーリーを紹介しているつもりかね――死体がもう一つ現れ、二つの死体をめぐってロジャーが見事な推理を展開する。これはロジャーが「ヤードの歴史上前例がない」と自負するプロットを含み、モーズビー警部も「こんなに頭のいい推理は聞いたことがない」と称賛を惜しまない名推理なのだ。ロジャー・シェリンガムは、まことに想像力に富んだ名探偵なのである。

と、こ、ろ、が。

物語はまだ終わらない。もう一章残っている。これがどういうことか、バークリーの読者にはお分かりであろう。

……そういうわけなのである。

Ⅲ

ロジャー・シェリンガムという人物は、わが国ではどのようなイメージでとらえられているだろうか。おそらく、イメージらしいイメージは形成されていない、というのが実情であろう。それも無理からぬことで、イメージを形成しようにも材料がまるで乏しいのである。シェリンガムが登場する邦訳作品としては、短篇を別とすれば、戦前訳の『第二の銃声』と『絹靴下殺人事件』、それに『毒入りチョコレート事件』があるだけである。『毒入りチョコレート事件』ではシェリンガムは六人のしろうと探偵のうちの一人としての役割が与えられているだけだし、戦前訳の二作は入手難でそもそも広く読まれてはいないが、この二作を読んでもシェリンガムの人となりについてそれほど多くのことが分かるわけではない。

筆者にしても、「私がむかし知っていたある無礼な人間をもととした、無礼な奴である」という作者のコメントや「フィリップ・トレントを真面目でなくした人物」というH・ダグラス・トムスンの人物評（共にヘイクラフトの探偵小説史からの孫引き）を記憶していたばかりで、具体的な表情を備えた人物像は頭の中になかった。今回作者による略伝を翻訳し、また、本書を読むことによって、初めてそのイメージがある程度生き生きとしたものになってきたというのが正直なところである。

もっとも、そのイメージは必ずしも「無礼な」とか「真面目でない」という形容に重なるものではなく、シェリンガムのどういう面をさしてそう言われているのかはまだよく分からない。読者がまともに受け取るようなので無礼な調子を下げねばならなかった、と作者のコメントの続きにあるから、前二作では実際無礼な調子で描かれていたのかもしれないが。少なくとも本書を読む限りでは、なかなか如才ない人間で、抜け目なく立ち回りすぎるきらいはあるが、好奇心旺盛で才能豊か、明るく生気にあふれ、機知とユーモアに富み、まずは愛すべき人物である。むしろ印象に残ったのは、彼のおしゃべり好きである。とにかくよくしゃべる。

ロジャー「や、あそこをやってくるのは英国南部で一番しつこいおしゃべり男だ」

アントニイ「あなたが北部にいるのならね」

というくらいのものだ。寡黙で謎めいた名探偵のイメージとは正反対の、溌溂とした探偵なのである。その口数の多さが時に彼を軽薄才子風に見せることがあって、たとえばフレンチ警部の実直さを愛する読者などからは好意を得られないかもしれないが、万人に愛される人間像というのはなかなか望みがたいものである。

読者のイメージが形成されていないという点では、モーズビー警部も同然であろう。邦訳作品で登場する回数こそシェリンガムより多いものの、その人物描写はシェリンガム以上に乏しいからである。その点、本書は警部が初登場する作品だけあって、その人となりについてかなり筆が費やされており、これを読んで初めて筆者は警部に対する親愛の情がわいてきた次第である。外見こそ人目をひくところはないが、その言動を見るに、モーズビー警部というのはまことにしっかりとした、頼りになる男なのである。ロンドン警視庁の大物といわれるだけあって、めったなことでは動じない、百戦錬磨の強者である。軽佻浮薄な気味のあるシェリンガムに比べるとなお一層その感を深くするのだ。

シェリンガムにしろ、モーズビー警部にしろ、従来の「名探偵」像、「ヤードから来た警部」像とは大幅に違っている。これはもちろん作者の意図するところで、従来の探偵小説における探偵／警察官のステロタイプに対する批判がこのような人物像を生み出したのである。この間の事情は、作者のエッセイ集『Jugged Journalism』中の「探偵小説」の章を読むと、一層よく理解できる。モーズビー警部は、そこに登場するピフキン警部とは似ても似つかぬ人物である。

もう一人、アントニイ・ウォルトンについてもふれておこうか。アントニイ君だけは従来の探偵小説におけると同様の「探偵の間抜けな友人」の役柄を与えられているわけだが、単なる狂言回しではなく、彼の存在は作品のプロット構成上かなり重要な役割（どういう役割かはここでは言えない）を果たしているのである。命名にあたって自分と同じ名を与えていることからしても、作者がこの好青年に抱いている気持はうかがわれよう。ちなみに、ウォルトンの綴り Walton は、何やら Watson と似ているような気がするが、これは偶然であろうか。

Ⅳ

先に「探偵小説論を内包した探偵小説」などと書いたために、本書を何かしら前衛文学的な匂いのする、神経症的で色青ざめた作品であるかのように受け取られた方があったとすれば、それは大きな誤解である。何よりもまず、本書はオーソドックスな探偵小説として十分に楽しめる作品である。生き生きとした人物、機知に富んだ会話、巧妙に仕組まれたプロット、大変に頭のよい推理——それらがユーモアあふれる文章でよどみなく語られるのであってみれば、これが面白くなかろうはずがない。豊かでカラフルな印象を残す本格探偵小説の佳品である。

しかし、この作品がオーソドックスな探偵小説の枠を踏み越えてしまっていることもまた事実である。「探偵小説論を内包した」というのがまさにその点なのだが、先にこれが作者の狙いであったと書いたのは適切ではなかったかもしれない。それは作者が意図したものというよりは、作者の強烈な批評精神が自ずから招いた結果であったようにも思われるのである。

本書には、探偵小説に関する議論が多量に含まれている。それは必ずしもストレートな形で表現されているとは限らず、むしろ多くの場合、人物描写やプロットの組立を通じて探偵小説論が行われているのである。たとえばシェリンガムやモーズビー警部の人物造形などにもそれは現れているが、その最大のものはこの作のプロットに仕組まれたもので、多少踏み込んでいうならば、想像力豊かな名探偵の独りよがりの推理というものが手厳しく批判されているのである。これはその後もバークリーの作品に繰り返し現れるテーマだが、それが既にこのような初期の作品において、それもかなり徹底的なやり方で追究されていたことに注目したい。自ら探偵小説について語る探偵小説はメタ探偵小説と呼ばれることがあるが、本書はメタ探偵小説の先駆的作品なのである。

本書の幕切れでモーズビー警部がシェリンガムに言うセリフは、このメタ探偵小説の結びとしてまことに適切かつ暗示的であるので、本稿もこれを引用して幕とすることにしよう。

「何がよくないのかお分かりですか。あんまりたくさん探偵小説を読みすぎるんですよ」

Collins（1930）

晶文社（2003）

探偵と推理のナチュラリズム

バークリー『ロジャー・シェリンガムとヴェインの謎』解説

初出：同書（晶文社　2003年4月）

1

第二次大戦までの探偵小説の歴史を扱ったハワード・ヘイクラフトの『娯楽としての殺人』において、バークリーは、『トレント最後の事件』を書いたE・C・ベントリーの自然主義を継承・発展させた作家として位置づけられている。ここにいう「自然主義」が文芸批評用語としてのそれなのかどうか、文学理論に暗い筆者にはよく分からないところがあるが、いずれにせよ、ヘイクラフトの本で初めてこの箇所の記述に接したときには、違和感を覚えずにはいられなかった。

バークリーが――自然主義作家？

当時はまだ創元推理文庫収録の数作くらいしか読んでおらず、バークリーといえば、『毒入りチョコレート事件』の多重解決の趣向や『トライアル&エラー（試行錯誤）』の華麗な叙述構成のせいで、たいへん技巧的な作家という印象が強かったから、筆者の素朴な理解による自然主義とは何ら結びつくところがなかったのである。

しかしその後、未訳の作品をぼちぼち読んでいくにつれて、なるほど自然主義とはこういう意味か、と納得できる部分が出てきた。自然主義――原語は naturalism であるが、この natural というのがバークリー作品の一つのキーワードであることに気づいたからである。

『レイトン・コートの謎』で初めて探偵仕事に手を染めることになったロジャー・シェリンガムは、ことあるごとに「不自然」(not natural／unnatural)という言葉を口にする。ワトスン役に勝手に指名したアレック・グリアスンと証拠の解釈等をめぐって議論しているときに、ロジャーが絶えず強調するのは、それが自然かどうかという観点である。しまいには、アレックの方から「不自然だよ、君のお得意の言い回しを借りればね」などと言われているくらいのものだ。

この「自然さ」はシェリンガムの口癖にとどまるものではなく、物語の進行の仕方、作中人物のふるまい等、作品のさまざまな側面において発揮されている。第二作『ウィッチフォード毒殺事件』では、事件そのものがnaturalだったりした(おっと、それ以上は口をつぐむべし)。父親への献辞の形をとった『レイトン・コートの謎』の序文に明らかなように、作者は自然な雰囲気(natural atmosphere)を作り出すことを目指していたのだから、このnaturalづくしは当然の結果であった。

なかでも作者が意を用いたのは、探偵役のキャラクターである。「例の鷹のような目をして、唇をきつく結び、静かに容赦なく物事の核心をずばりと突いて、一度たりともぐらついたり、偽のゴールを追ってわき道にそれることもないような輩を、僕はあまり信用していません」(同序文)。そんな人間は現実には存在しない、控え目に言って不自然だからだろう。作者がこの不自然を嫌った結果生み出されたのが、シェリンガムという、快活でおしゃべりで時には(というか、しばしば)間違いもしでかす人物なのだ。

この人間らしい探偵の創造というのは、かつてベントリーが行ったことの再現である。ベントリーもシャーロック・ホームズに代表される超人的名探偵像が気に入らず、人間的であまり重々しく見えない探偵役として、容疑者の女性に恋をし、事件の解決に失敗するフィリップ・トレントというキャラクターを作り出したのだった。

不自然なキャラクターといえば、従来の探偵小説でアマチュア名探偵の引き立て役にされていた間抜けな警察官もそうである。経験と知識を積み、組織力も背景にした犯罪捜査のプロが、いくら頭が良いにせよ一人の素人に常に打ち負かされるというのは、どう見てもおかしな話だ。それを可能とするには警察官を常人以下の愚物に仕立て上げねばならないが、やはりそれは不自然なのである。

レイトン・コートに捜査に訪れたマンスフィールド警

部の仕事ぶりを見て、シェリンガムはこんな感想をもらす――「小説なんて嘘っぱちばかりだな。この男はどこから見ても馬鹿じゃない」。本書で初登場し、以後いくつかの事件でシェリンガムと推理を競うことになるモーズビー警部は、さらに有能な人物である。シェリンガムよりよっぽど頼りになる名探偵なのだが、そんな彼も「なんの特徴もないごく普通の風貌で、ごくごく普通に振る舞う男だった」。あくまで natural なのだ。

ここで突然シェイクスピアを引用したりするのは不自然だろうか。だが、作者による自然さの強調、それを受けての作中人物の自然なふるまい、それらを通じた（一種メタ・レベルの）探偵小説論、といったものを見てきた筆者の頭に自然な連想として浮かんできたのが、ハムレットの次のセリフなのだ――「要するに、せりふにうごきを合わせ、うごきに即してせりふを言う、ただそれだけのことだが、そのさい心すべきは、自然の節度を越えぬということ。何事につけ、誇張は劇の本質に反するからな」。

これは、ハムレットが旅回りの役者に対して、芝居の前に演技の心得を説く場面のセリフだが、ここでは劇中人物の口を借りて作者自身が演技論ないし演劇批判を行っているものと見られる。その文脈と主張の内容において、右に見たバークリーの探偵小説論に通じるものがあるといえないだろうか。英国の探偵作家には、シェイクスピアに言及したり、何らかの想を借りたりした者は数多いが、バークリーは基本的な創作論のレベルでこの文豪と思いを同じくするところがあったようである。

ちなみに、先の引用に続くセリフが、「もともと、いや、今日でも変りはないが、劇というものは、いわば、自然に向って鏡をかかげ（to hold the mirror up to nature）、善は善なるままに、悪は悪なるままに、その真の姿を抉りだし、時代の様相を浮びあがらせる」という有名な演劇本質論である。ここで nature というのは、人間の自然すなわち人間性のこと。探偵小説といえども人間社会を写す鏡の一つであってみれば、バークリーがやがて人間性の謎の探究へと赴いていったのは、作者の個人的な資質以前に、事柄の本質において自然な成り行きであったというべきだろう。

2

「判明している事実がごくわずかしかない場合、その事実の好ましい解釈にだけ目を向けて、好ましくない解釈には目をつぶるだけで、ごく簡単に事実はねじ曲がってしまうのです。スコットランド・ヤードの警部がいつもヘマばかりやっていて、そしていくつかの事実から(ひとつではなく、いくつか、ですよ)導き出せる推理はたったひとつしかなく、しかもその推理は常に正しい、などというのは探偵小説のなかだけのことです」

本書におけるモーズビー警部のこの発言は、バークリー作品のエッセンスともいうべきもので、作者の探偵小説はすべてこの考え方を基本に組み立てられている。『毒入りチョコレート事件』におけるアンブローズ・チタウィック氏もまったく同じ見解を抱いていたし、彼らから、そして自身の経験から学んだのでもあろうか、『ジャンピング・ジェニイ』ではシェリンガムもまた同様の意見を述べるに至っている。

名探偵の導き出した推理が唯一可能な正しい解釈だなどということはあり得ない。モーズビーやチタウィックのような明敏な人物に教えられるまでもなく、普通の常識をわきまえた人間なら誰でも分かることだ。たとえばアレック・グリアスンにはそれが分かっていて、『レイトン・コートの謎』では、シェリンガムが確信的に語る推理を「まあ、合ってるかもしれないし、間違ってるかもしれない」と軽く受け流す。この事件では最終的にシェリンガムが真相に到達したわけだが、それをアレックは「真相に行き当たった」と表現する(『ウィッチフォード毒殺事件』)。

その言い方にシェリンガムは憤慨するが、やはり事態の正確な表現としてはそれが相当なのだ。探偵がいかに努力して誤りなきを期したところで、その推理が正解であるという保証はない。それは探偵の能力の問題ではなく、推理というものの性質からして必然の在り様なのである。

殺人事件の謎解きというのは、①現場の調査や関係者からの聞込みによる証拠事実の収集、②それらの事実の解釈(推理)という二段階の作業を経て事件を再構成することによって行われる。その各段階に解決を誤る原因がひそんでいる。

まず、証拠事実の収集であるが、これは少なすぎても多すぎてもいけない。材料が不足しては全体の絵柄を描けないし、逆に余分でも(というのはつまり事件と無関係な事実が混じっているということだ)、真相とは別の絵柄を描き出すことになってしまう。真相に的確に対応する範囲での必要十分な証拠事実が求められるわけだが、決定的な証拠が永久に闇に埋れてしまっていることだってあるだろう。そもそもある事実が真相の一部を構成するものであるかどうかは、真相が判明するまでは分かりようがないのだ。そうしたことを考えれば、探偵が適正な分量の事実を入手するというのは、ほとんど僥倖といってもよい出来事である。

その僥倖が得られたとして、第二段階に進むと、ここでは解釈の多様性という問題にぶつかる。先のモーズビー警部の発言のとおり、いくつかの事実のセットから導かれる推理は決して一通りではない。推論自体の論理的誤謬はこの際考えに入れないとしても、同等の蓋然性をもって成立する複数の可能な選択肢から選り分けていくとすれば、判断を誤る可能性は常にある。『毒入りチョコレート事件』は、素人探偵たちの誤れる推理の見本市である（別稿「『毒入りチョコレート事件』論」を参照）。

この後者の問題は、ある程度探偵の能力でクリアできる事柄でもあろう。しかし、適当な証拠事実を入手できるかどうかは、多分に偶然的な要素に左右される。やはり、探偵は真相に「行き当たる」ことしかできないのだ。ホームズを始めとする名探偵たちが、手がけた事件のほとんどで真相を看破できたのは驚くべきことである。この場合、驚くべきなのはもちろん名探偵の能力ではなく、運の良さであるが。

要するに、これまた不自然。探偵小説における最大の不自然というべきこの事態を、バークリーが見過ごしにするはずはなかった。ここにおいても naturalism が導入され、ありうべき探偵活動を行い、当然起こりうべき結果を招来したにすぎないシェリンガムは――不当にも――「迷探偵」の烙印を押されるはめになったのである。

3

★★★『ロジャー・シェリンガムとヴェインの謎』

一読ご了解いただけると思うが、本書は何よりまず、単純に読んで楽しい物語である。生き生きとした人物、機知に富む会話、巧妙に仕組まれたプロット、大変に頭の良い推理――それらがユーモアあふれる文章でよどみなく語られるのであってみれば、これが面白くなかろうはずがない。溌剌として、豊かで、カラフルな印象を残す本格探偵小説の佳品である。

だが、一方で本書には、オーソドックスな探偵小説とは言い難いところがあるのも事実である。そこには自らに向けられたトゲ――探偵小説に対する諷刺ないし批判が突き刺さっている。いわば、探偵小説論を内包した探偵小説――さらに極端な言い方をすれば、探偵小説の形式で書かれた探偵小説論ともいえる作品なのである。それは、先に述べた「探偵と推理のナチュラリズム」が存分に発揮されているという意味であるが、もう少し詳しく言えば次のようなことになる。

本書で行われている探偵小説論というのは、多くの不自然を抱え込み、陳腐化した旧式探偵小説のあり方に対する批判であり、具体的にやり玉に上げられているのは『死人の手』（と題されるべき架空の作品）である。探偵小説『死人の手』は、こういう物語だ。――海岸で崖から転落した死体が発見され、すべての証拠がある人物の犯行であることを示している。名探偵はこう考える。「おそらくこの人物は無実で、真犯人がそう見せかけようと細工したんだろう。もしぼくが人を殺すとしたら、絶対にそうするからな。だから真犯人が誰であれ、とにかくその人物でないことだけは確かだ」。ヤードから来た間抜けな警部は、その人物を疑っているようだがな」。やがて第二の死体が発見され、名探偵は沈思黙考、二人が相互に殺し合った（後者は「死人の手」が仕掛けたトリックで殺されたのだ）という事件の真相を看破する。警部「すばらしい！」。名探偵「ワッハッハ！」。おしまい。

独創的な相互殺人のプロットを思いついたとき、バークリー以前の探偵作家なら、それを『死人の手』のような作品に仕立て上げただろう（後の作家で実際そうした者もいる）。しかし、そこには常に勝利する名探偵、愚鈍を絵に描いたような警察官、唯一可能な正しい推理……いくつもの不自然があった。眼識ある批評家はその欠点を突き、「『死人の手』批判」を書くかもしれない。本書はこの『死人の手』と「『死人の手』批判」を統合し、それ自体を一篇の探偵小説の形に構成した作品なのである。そうした意味で、これは一種のメタ・ミステリでもある。

本書にはさらに、シェリンガムの口を借りた探偵の方法論――関係者の心理を重視すべしという主張も織り込まれている。これも旧式の探偵小説における物的証拠偏重主義への批判なのだが、それに対する反批判も同時に展開しているのがバークリーの一筋縄ではいかないところである。

モーズビー警部は再三「物事は得てして見えるままとは限らない」と繰り返し、これが物語の主題を暗示している。もちろん警部は犯人の女性の性格のことをほのめかしていたわけだが（警部が文学趣味の持主であれば、『ヴェニスの商人』にあるごとく「輝くもの、かならずしも金ならず」と言っていたかもしれない）、シェリンガムはもっと即物的な意味にとらえて、彼女を包囲する状況証拠のことと勘違いする。心理学を振り回す素人探偵が心理学（と称する直感）に裏切られ、物的証拠を重視する警察官の方が心理的洞察にもすぐれていたというアイロニーがきいている。それにしても、「もしぼくが心理学的に考察した通りの娘じゃなかったら、二度と人間の性格が理解できるなどと言わないよ！」などとうそぶいたシェリンガムは、いったい何枚の舌を持っていたのだろう。

こうした、探偵小説論を内包したという意味でのメタ性は、バークリー作品全般に見られる特徴だが、初期作の中では本書がとりわけその特色をきわ立たせている。このような形での批評というのは、当時にあっては斬新なスタイルであったに違いない。

しかし、その斬新な批評も何度か繰り返されると、やがてそれ自体が批評の対象となるのを免れない。本書から五年後、ドロシイ・セイヤーズは『死体をどうぞ』の中でハリエット・ヴェインに次のように語らせて、そのマンネリズムを揶揄した。――「たとえばロジャー・シェリンガム方式があるでしょ。Aが手を下したと、詳しく手の込んだ形で証明しておいて、最後に物語をもうひと振りし、新たな角を曲がらせ、真犯人はBだったと発見するの――それも最初に疑ったきり忘れてた人」。まるで本書を狙い撃ちにしたかのようなコメントだが、鋭利なる批評の刃も、「方式」と呼ばれるに至っては既になまくらと化していたと言わざるを得ない。

本書にはもう一つメタ的性格の趣向があって、アントニイ・ウォルトンの役割がそれである。シェリンガム、モーズビーが旧式探偵小説における名探偵と警察官のアンチテーゼとして造形されていたのに対して、アントニイだけは従来の「探偵の間抜けな助手」の役柄を踏襲している。同じワトスン役であっても、前二作に登場したアレック・グリアスンの場合は探偵役に匹敵する（あるいはそれ以上の）知性の持主であったのに、これはまたどうしたわけだろう。

その理由は、筆者の見るところこうである。この作におけるアントニイは、シェリンガムというより作者の助手なのだ（作者と同じ名が与えられていることにも注意）。すなわち、アントニイは、犯人の女性に一目惚れし、物語の進行中ずっと恋愛ごっこを続け、探偵を中心とするグループ、読者から見て「こちら側」の陣営に仲間入りさせることによって、彼女を読者の容疑圏外に置く働きをしている。彼は犯人のパートをカムフラージュしようとする作者の回し者なのである。以後の作品に彼には再度の出番がないことも、この推測の裏付けとなるだろう。

アントニイを手玉に取りつつ、何とか犯行を隠蔽しようとした犯人の画策は失敗に帰した。一万ポンドの遺産も手に入らないことになった。その彼女の骨折り損をシェリンガムは『空騒ぎ』と皮肉っているが（おや、またシェイクスピアだ）、それはすぐ自分自身にはね返ってこざるを得ない。彼の探偵ごっここそ、くたびれ儲けにほかならないのだから。

そうしてみると、本書は『空騒ぎ』と題されてもよかったはずだが、さすがにシェイクスピアをそのまま借りるわけにもいくまいし、探偵小説である以上手の内も見せられなかっただろう。作者は、ごくまっとうな題名を採用した。"Roger Sheringham and the Vane Mystery"——何の奇もないタイトルに見える。だが——Vane の音は vain に通じる。Vane Mystery は vain solution（虚しき解決）を、あるいは、vain man（うぬぼれ屋）の vain efforts（むだ骨折り）を暗示しているのではないか——というのは、シェリンガム流の過剰な読込みにすぎないだろうか。

☆☆☆

※引用テキスト——バークリー『レイトン・コートの謎』（巴妙子訳、国書刊行会）／同『ウィッチフォード毒殺事件』（藤村裕美訳、晶文社）／シェイクスピア『ハムレット』『ヴェニスの商人』（福田恆存訳、新潮文庫）／セイヤーズ『死体をどうぞ』（浅羽莢子訳、創元推理文庫）

『毒入りチョコレート事件』論
あるいはミステリの読み方について

初出：藤原編集室ウェブサイト「本棚の中の骸骨」（2002年9月）

1　多重解決——だろうか？

★★★『毒入りチョコレート事件』

『毒入りチョコレート事件』は、一つの事件に対して複数の解決が示される、いわゆる多重解決の趣向で知られる作品だが、より正確な見方をするならば、むしろ解決の不在こそがその最大の特徴であるといえるのではないか。

犯罪研究会の面々が順繰りに提示する「解決」は、彼らなりの事件の解釈ではあっても真相ではなかったのだし、真相であることの保証がないという意味では、最後のチタウィック氏の「解決」も同じことである。他のメンバー（ミス・ダマーズを除く）からの同意は得られても、それが真相であると作者が地の文で認めているわけではないのだ（ご不審の向きは、どうぞ最後の一ページを読み返してみていただきたい）。

チタウィック氏の解釈は、物語の構成上は真相であってもおかしくない場所で語られているし、氏は「確かに実証はできない。しかし、みじんも疑う余地はない。わたしには、どうしても、そうとしか考えられない」と呟きつつ、自分が真相を探り当てたことを確信しているのだが、そういう自信ならロジャー・シェリンガムの方が何倍も強かったはずなのである。チタウィック氏こそが真の探偵であるという保証はどこにもない。あるいは、真相は警察の公式見解のとおり、未知の偏執狂の仕業であったかもしれないのだ。

クリスチアナ・ブランドは、チタウィック氏の説をも否定して新たな解決を発表しているが、これも原作における真の解決の不在を前提としたものといえよう。少なくとも、作者に保証された解決が存在していれば、このような試みは困難だったはずである。

さて、「解決の不在」という観点から眺めてみると、『毒入りチョコレート事件』は、「本格探偵小説の古典的名作」といった従来の作品イメージとは大いに様相を異にした姿を現してくるように思われる。解決の不在は探偵の不在を意味し、それはまたゲームの不在をも物語る。黄金時代の真っ只中で書かれた本書は、探偵小説的技巧をきわめ尽くした末に、アンチ・ミステリの領域に突き抜けてしまった特異な作品だったのだろうか。

だが、そうした方向に議論を進める前に、もう少しこの作品の内実を見きわめておきたい。本書の特徴を「無解決」に求めるにしても、作品の構成上は解決篇が大部分を占めており、多くの「解決」が提示されているのもまた事実である。それら「解決」のありようを抜きにして、抽象的なテーマのみでこの作品を語ってみても、あまり意味はないであろうから。

2　解決の真と偽

ある事件に対して複数の解決が提示され、それらが同等の説得力を持つものであった場合、その真と偽を決めるものは何か。

それは（もちろん話を探偵小説に限ってのことだが）作者の意思以外のものではありえない。これが真相だと作者が決め、そのように表現したものが、絶対的にその事件の真相なのである。

この場合、作者以外の人間――探偵役その他の作中人物や、批評家その他作品の読者が、「いや、こちらの方がもっともらしい」とか「こっちの方が面白い」とか言ってみても無駄である。いくら面白くとも、もっともらしくとも、それは偽の解決なのである。

真偽の標準がそうであるとして、偽の解決は、真の解決とどこが違うのだろうか。――べつに哲学的な問いを立てているわけではなく、ここでの筆者の興味はもっぱら技術的な側面に関わるものである。

つまり、偽の解決が成り立つためには、真の解決と何かの点で違った――そこで間違えたということになる――立論がなされなければならないが、その相違するポイントは何なのだろうか。これは裏側からいえば、作者はどのようにして解決のヴァリエーションをこしらえるかというテクニックの問題にもなるわけだ。

それを知るには、素人探偵たちはどこで解決を誤ったかを、一人ひとりのメンバーの立論について検証してみればよい。解決発表の順番が最初になったチャールズ・ワイルドマン卿は、「もし、真相を解明する前に、他のいくつかの推論を検討して、その誤りを指摘することができたのなら、もっと興味深かっただろうに」と残念がっていたが、筆者はノートを取りながらその作業を行ってみて、チャールズ卿の代わりに大いなる楽しみを味わった。だが、その検討の詳細を記していてはくだくだしくなるばかりだから、ここでは検討結果を総括して報告せざるをえない。

そこで結論として言えるのは、偽の解決が生れる原因（すなわち多重解決のテクニック）は、①証拠事実の取捨選択の誤り、②証拠事実それ自体の誤り、そして③証拠事実の解釈（推論）の誤りの三点――その中でも特に①と③――に集約される、ということである。以下、それぞれの場合について見てみよう。

(1) 証拠事実の取捨選択の誤り

ある事件に関わる証拠事実としてA、B、C、D、Eの五つがある場合、解決はこれらすべてに基づいて立論されねばならない。そのいずれかを無視したり、逆にF、G等の事件とは関係のない事実を付け加えたりしてはならないのである。

こう言ってしまえば明白なことのように思われるが、正確な推理の前提となるこの条件が往々にして無視され、その結果、誤った結論が導かれることになる。

たとえば、チャールズ卿は、ユーステス・ペンファーザー卿の遺産の大半が夫人に贈られることになっているという、個人的に知り得た事実を付け加えてペンファーザー夫人犯人説を組み立てる一方、犯行に用いられた毒物、ニトロベンゼンのことなどは無視しているのである。

フィールダー・フレミング夫人の場合も同様で、召使い等からの聞き込みで知った、①ユーステス卿は金目当てでワイルドマン嬢と結婚しようとしていた、②ワイルドマン嬢の方はユーステス卿に首ったけだった、という付加事実を基礎にしてチャールズ卿を告発するが、彼女もニトロベンゼンのことにはふれていない。

彼らが恣意的な事実の取捨選択を行ってしまったのは、思い込みに目をくらまされた結果なのだが、推理作家のブラッドレーは、これを意図的に行っている。彼は、誰でも犯人であったと証明できることを示すために、自分が犯人であることを論証してみせるのだ。この作為的な証明のテクニックについて、彼はこう語っている。

「……お話ししたことは全部事実です。しかし、真相の全部をお話ししてはいません。技巧的な論証は、ほかの技巧的なものがすべてそうであるように、ただ選択の問題です。何を話し、何をいい残すかを心得ていさえすれば、どんなことでも好きなように、しかも充分に説得力をもって、論証することができるものですよ」

バークリーが多くの作品で多重解決の離れ業を演じることができたのは、このテクニックを自家薬籠中のものとしていたからであろう。たった一つの事実の省略、あるいは付加によって、事件の絵柄をまったく違ったものにすることができるのである。

したがって、逆にいえば、証拠事実の範囲がすっかり共通であれば、そこから解決のヴァリエーションを導き出すのは——まだ以下に見る手法があるから不可能ではないにしても——かなり困難だろう。この点に関する作者の予防線とも見られるのが、この「演習」を開始するにあたって犯罪研究会のメンバーの間で交わされた次の議論である。

会長であるロジャーが、この演習の趣旨を、各人が独立して推理を進め、独自の方法でそれを証明することにあると説明したのに対して、チャールズ卿が、証拠事実は共有すべきではないかという意見を述べる。「調査は各自独立して行なうにしても、各自の発見した新しい事実は、全員が自由に利用できるように、ただちに提出してはどうですかね」。しかし、この提案は、あまりはっきりしない理由で会長に退けられ、チャールズ卿が不満のようすなので投票にかけられるが、微妙なバランスで否決される。

ここでチャールズ卿の意見が通っては、作者は甚だやりにくいことになったに違いない。

(2) **証拠事実それ自体の誤り**

前項では、取捨選択の対象になる各事実それ自体は正しいものであることを前提にしていたのだったが、事実自体に誤りがあれば——立論の基礎としていた事実Aが実は存在していなかったり、事実Bが偽装されてAのごとく見えていたのであったりすれば、それに基づく推論は当然誤りとなる。

このタイプの誤りは、本書ではロジャーの推論の中にのみ見られる。自分の立てたベンディックス犯人説を裏付けるために、彼は中古タイプライター販売店の店員と印刷会社の女事務員にベンディックスの写真を見せて、見覚えがあるという証言を引き出すのだが、その証言は偽りだった。彼らは、あるいは商売心から、あるいは熱心なロジャーをがっかりさせたくないという気遣いから、悪気なく嘘をついたのである。それを（ミス・ダマーズに言わせれば）人間性への信頼が絶大なロジャーは、他愛なく事実と受け取ってしまったのだった。

これは証拠事実が存在しなかったという場合で、しかも誰の作為にもよらない、人間心理の交錯から生れた誤解なのだが、通常、証拠事実自体の誤りは、犯人の作為すなわち「トリック」によって生じる。密室、アリバイ、一人二役、……等々のトリックは、犯人が何らかの偽装を行うことにより、事実それ自体を誤認させようとするものだ。

『毒入りチョコレート事件』に限らず、バークリーの作品では、この種のトリックが用いられることはほとんどない。いろいろな意味で不自然さを嫌ったバークリーの嗜好の問題でもあったろうが、事実の取捨選択による多重解決の技巧を身につけた作者にとっては、事実それ自体の偽装などするまでもなかったのであろう。バークリー作品論の一つのポイントとして、正統的な本格ミステリの多くがトリックを中心に据えていることとの相違を注意しておきたい。

(3)　証拠事実の解釈（推論）の誤り

証拠事実の各々が正しいものであり、かつ、その範囲が的確であったとしても、各事実から引き出される推論に誤りがあれば、結論は当然誤りとなる。

ロジャーが得意満面で発表した推理の、全体を支える土台石の部分にこの誤りがあった。偶然のことから知った、ベンディックス夫人は芝居の犯人当ての「賭け」の前にその芝居を見ていたという事実（これまた証拠事実の付加）から、ロジャーは切れ味鋭い推論を展開する。――フェア・プレイを重んじる夫人が、答えを知ってい て賭けをしたはずがない。ゆえに、賭けは行われなかった。ゆえに、ベンディックスは嘘をついている。……

この推論の誤りを、ミス・ダマーズが指摘する。「シェリンガムさんは女性心理の解釈が寛大すぎます」（あぁ、人間性への信頼絶大なるロジャーよ！）。「わたくしが賭けから引き出した結論は、ベンディックス夫人が評判ほど貞淑ではなかったということでした」。ミス・ダマーズは実際に賭けが行われた証拠も握っているのだから、これはロジャーの負けである。「その賭けから引き出せた結論は、たったその二つきりでした。あなたは運わるく、間違ったほうをお取りになったんですわ」。

ここでの教訓は、ある事実から筋の通った推論が引き出せたとしても、それが直ちに正解であるとは限らないということである。それと同程度に筋道だった推論が、まだまだ引き出せるかもしれないのだから。しかし、人は往々にして自分の思いつきばかりを可愛がってしまうようだ。

最後に発表の機会を与えられたチタウィック氏は、各人がそれまでに発表した結論を比較対照した図表を示しながら、各メンバーの解答が、いかにその人自身の思考と性格の傾向を反映しているかを指摘する。個々の事実の解釈も人それぞれで、たとえば偽手紙が書かれた用紙一つとっても、六通りの推論が引き出されているし、毒物、タイプライター、小包の消印、毒の量の正確さ、等々の事実からも、同様に多くの異なった推理が導かれている。それらの組合せまで考えれば、事実の解釈にはほとんど無限のヴァリエーションがあるといってもよいだろう。

しかるに、大方の推理小説作家は、多様な解釈の可能性には目をふさいでいる。チタウィック氏曰く、

「その種の本の中では、与えられたある事実からは単一の推論しか許されないらしく、しかも必ずそれが正しい推論であることになっている場合がしばしばです。作者のひいきの探偵以外は、誰も推論を引き出すことができなくて、しかもその探偵の引き出す推論は（それも残念ながら、探偵が推論を引き出せるようになっているごく少数の作品でのことですが）いつも正解にきまっています。」

『ロジャー・シェリンガムとヴェインの謎』では、これと同様の見解をモーズビー警部が語っていたし、こうした経験を経て、『ジャンピング・ジェニイ』ではロジャー自身が友人に同様の意見を述べるに至っている。

――「ある事実について、いかにもありそうな説明を考えることとくらい簡単なことはないんだ。それが正しいかどうかをすこしも気にしなければ。あるいは同じ事実に、どれほど多くのいかにもありそうな説明が可能かを知らなければね。それが旧式の探偵小説の困ったところだよ」。

多重解決を「技巧」と捉えることは間違っているのかもしれない。それはむしろ、通常の探偵小説における「唯一可能な正しい解決」という、非現実的な技巧の無理を廃した結果ではなかったろうか。

3　読みの正と誤

探偵の推理と批評家の読解が同じ性質の行為であることは、改めてチェスタトンを持ち出すまでもなく承認されるところだろう。事件の解決は、作品の読みに類比できる。

してみれば、上で解決について見たことは、大筋においては、作品の読みについても妥当するのではないか。すなわち、解決の真偽の問題は、読みの正誤の問題として読み替えることが可能なはずだ。

まず、解決の真偽を決めるものは、作者の意思であるとした。これにならえば、読みの正解とは、作者の意図に沿うものであるということになる。これは承認できるだろうか。

すぐに予想される反論として、作者が必ずしも作品の意味をすべて知っているわけではない、ということがある。作者自身も気づかなかった深い意味を探り当てることこそが、すぐれた読解の要件なのではないか、と。

しかし、作者の意図を超えた読みというのは、既にあるテキストに基づくものであるとはいえ、一つの創造というべきだろう。探偵／犯人、批評家／芸術家の二項対立を前提とするならば、それは芸術家としての振る舞いと言わざるを得ない。

また、話を文学作品一般に広げる必要はないのであって、あくまで探偵小説の読みについて言うならば、この極度に構成的な作物の場合は、まず全面的に作者の支配下にあると考えてよいのではあるまいか。例外的な作品に対する創造的な読みの可能性を否定するものではないが、それはやはり読みを超える行為だろう。この点については なお議論の余地があろうが、用語法の問題という一面もあるので、今はとりあえず、作者の意図に合致する読みを正解ということにしておく。

さて、それでは、正解にあらざる読み、誤読はいかにして生じるか。これも解決の誤りとパラレルに考えれば、「証拠事実」を「テキスト」と読み替えて、①テキストの取捨選択の誤り、②テキストそれ自体の誤り、及び③テキストの解釈の誤り、という三つの原因があることになる。

このうち、②については、それに相当する事態としては、テキストの誤植とか、落丁乱丁の類くらいしかなさそうだから、さしあたり考慮の必要はないだろう。それに気づかない人間が読み誤るだけのことである。

①に関して言えば、ある一冊の本を読むにあたって、自分に関心のある特定の部分だけに注目し、他の部分は無視する、といったことをする場合に、この誤りが生じる。同じ本に関して種々の読み方が対立するようなことがあれば、その主要な原因はこれだろう。あるいは、ある作家を論じようとするとき、その著作の一部分しか読んでいなければ、全体像を把握することは無理である。少なくとも主要な作品には一通り目を通さなければ、およその輪郭すら描き出すことはできないだろう。

偽の解決とのアナロジーによれば、対象になるテキストの一部だけを読む場合のほか、恣意的に選ばれた他のテキスト（文字テキストに限らず、広い意味で「読む」対象）を併せ読む場合にも、誤読が生じることになる。その、他のテキストが、作品ないし作者との何らかの関わりにおいて必然的に選ばれたのではなく、読み手自身の固有の関心に基づいて取り上げられたものである場合には、それを併せ読むことは、当のテキストの読みに無用の、あるいは不当なバイアスをかけることになるだろう。そのことによって、当のテキストに独自の新しい読みを与えることができたとしても、それは正解との距離が遠くなっただけのことである。

読みの対象について恣意的な取捨選択が行われなかったとしても、③の解釈の誤りは常に起こりうる。ある証拠事実から引き出せる推論が一つしかないということがあり得なかったように、あるテキストは常に複数の解釈の可能性をはらんでいる。一つの読みが成立したからといって、それが正解である保証はどこにもない。

犯罪研究会の演習の中では、自分の何らかの思いつきから犯人はこの人物だと決めてかかって、その立論に合わせて証拠事実をゆがめてしまう、といった便宜的なやり方が手厳しく批判されていたわけだが、批評家が、ある作家なり作品について思いついた理論——それ自体は独創的に見えるもの——を声高に主張し、他の読みの可能性は一顧だにしないばかりか、その理論に合わせてテキストをゆがめてしまう、あるいは無視する、といった光景は、残念ながら珍しいものではないように思われる。

自分の最初の思いつきばかり甘やかすことをしないで、他の解釈の可能性をも視野に入れたとしても、いずれが正解かを判別する便法はない。ただ、読むという行為は、一にも二にもテキストを、テキストそれ自体を——それに触発された自分の思いではなく、ましてや自分の側からテキストに貼り付けた思いではなく——読むことのはずである。そのテキストの語るところを虚心に、仔細に吟味しつつ、客観的に作者の意とするところを探っていくほかはないだろう。正確な読みというのは、手間ひまのかかる作業なのである。……そんな面倒なことをしていられるか、自分は自分の好きなように読むまでだ、という人がいても不思議ではない。それが良くないとも、もちろん言うつもりはない。だが、その人のしていることは、厳密な意味では「読む」という行為ではあるまい。

やはり、解決と読みのアナロジーは成立するようだ。誤読は、読む対象の恣意的な取捨選択と解釈の誤りによって生じるのである。それでは、具体に誤読の実例を分析してみたら面白かろうと思うのだが、そして見たところその実例には事欠かないように思うのだが、ひと様の書いたものを勝手にあげつらうのも失礼な話である。ここはひとつ手近なところで、筆者が本稿の初めに示した『毒入りチョコレート事件』の新たな「読み」を取り上げてみることにしよう。

4　無解決——だろうか?

『毒入りチョコレート事件』が解決不在の探偵小説だという読みは、次の二点を根拠としている。

①チタウィック氏の解決について、テキスト上、これが

真相であることの保証がないこと
②クリスチアナ・ブランドが新たな解決を発表していること
これらはいずれも事実であるが、これまで検討してきたところからすれば、②は根拠たりえない。読みの正解の基準が作者にしかないとすれば、ブランドの解釈は作者の意図とは無関係であり、余計な付加事実であるから、読みの対象からは除かれねばならない。

そうすると、テキストにおいて作者が真相と明示していないということだけが「無解決」という読みの根拠になるわけだが、はたしてこの読み方は正しいだろうか。

真相を明示していないことの意味としては、「チタウィック氏の解決も間違いだった」というのも、一つの解釈として十分成り立つと思われる。だが、解釈の可能性はこれだけではない。というより、それはいささか人の意表を突いた新奇な解釈というべきであって、実は筆者自身、過日この作品を四回目に読んだときに初めて思いついたのである。三回目までは、おそらくは他の多くの読者と同様に、何の疑いもなくチタウィック氏の解決を真相として受け入れてきたのだ。

それは、作者がそのように誘導しているからである。たしかに、それが真相であるとは明示されていないけれども、普通の小説読者がすなおに読めば、誰しもそう考えるであろうように書いてある。「言ひおほせて何かある」と作者が思ったかどうかは知らないが、芭蕉ならずとも、文学作品における省筆と暗示の効果は、いやしくも文芸に手を染める者として百も承知だったろう。

つまり、明示がないという事実は、「それを暗示している」とも解釈できるのである。「無解決」という読み方は、少なくとも、他の読みの可能性を考慮していない点で、短絡的とのそしりを免れない。

それでは、改めて、どちらの解釈が正しいだろうか。論理的にはいずれも成立可能であり、テキストの該当部分の読みだけでは正誤を定め難いので、ここは判断材料を追加するしかない。それが恣意的な選択によるものであってはならないが、同じテキストの一部であれば、問題なく許容されるだろう。

S・H・J・コックスへ
——こんどばかりは彼も当たらなかったので

作者の献辞である。この名宛人はコックス姓なので作者の親族かと思いきや、ある出版社の編集者であったらしいのだが、それはこの際どうでもよい。「こんどばかりは彼も当たらなかったので」――これは、いつもはバークリー作品の犯人を当てていた流石のコックス氏も、この錯綜したプロットをもつ『毒入りチョコレート事件』だけは当てられなかった、という意味であろう。「当たらなかった」という言葉は、正解があることを前提にしている。すなわち、解決がないという解釈は誤りである。

これだけで十分と思うが、さらに証拠を追加しておこう。当のテキストからはすっかり離れることになってしまうが、同じ作者の作品だから、傍証としての価値はあるだろう。それは、本書と同じ年に続けて発表された『ピカデリーの殺人』である。ここではチタウィック氏が引き続き活躍し、入り組んだ謎の難事件を解決する。つまり、チタウィック氏は（シェリンガムとは違って）真の名探偵であることが明らかにされ、そのことが本書における氏の解決の真実性をも裏付ける役割を果たしているのである。

これら証拠事実となるテキストの追加により、先の解釈問題は決着すると思われる。だが、今までこれだけの言葉を費やしながら、気がつけば出発点から一歩も進んでいなかったということになると――筆者はいったい、何をしていたことになるのだろう。『毒入りチョコレート事件』の新解釈を打ち出すべく、意気込んで筆をとったはずだったのだが……。

「いったい、これはどうしたものかな」

いい知恵を貸す者は一人もいなかった。

☆☆☆

※引用テキスト――バークリー『毒入りチョコレート事件』（高橋泰邦訳、創元推理文庫）／同『ジャンピング・ジェニイ』（狩野一郎訳、創元推理文庫）

Collins（1929）

『毒入りチョコレート事件』第八の解決

初出：「ROM」s-001号（2018年7月）

ご存知の方も多いと思うが、British Library Crime Classics なるその名も魅惑的なシリーズがあって、数年前から盛んにクラシック・ミステリの刊行を続けている。形態はペーパーバックだが、スマートな装幀と落ち着いた味わいの装画に飾られて、なかなか良い雰囲気の本だ。

すでに五十冊近く（あるいはもう超えているかも）が刊行済で、二冊以上出ている作家を拾ってみると、John Bude（五冊）、Freeman Wills Crofts（四冊）、J. Jefferson Farjeon（四冊）、Mavis Doriel Hay（三冊）、以下二冊組が、George Bellairs、Miles Burton、Alan Melville、Gil North、Anthony Rolls、John Rowland という顔ぶれだが、クロフツとバートン以外はほとんど知らない作家ばかりである。『アントニイ・バークリー書評集』で George Bellairs がかなり好意的に扱われていたという記憶がある程度。邦訳が待たれる『The Golden Age of Murder』の著者マーティン・エドワーズが監修者的立場にあるらしく、彼の編集にかかるテーマ別短篇集も数冊出ている。

昨年の秋にこのシリーズの一冊として——もう何度目の再刊になるのか分からないが——バークリーの『The Poisoned Chocolates Case』が出版された。上記の顔ぶれを見ても分かるように、埋れた作品を忘却の淵から救い上げる趣旨の叢書のようだから、そのラインナップに『毒チョコ』のような超有名作が加わることにはやや違和感もあるが、同書の場合は作品自体よりも付録の付加価値を売りにしているものと思われる。『毒チョコ』におけるチタウィック氏による最終解決をくつがえし、別の解決を提示するものとして先にクリスチアナ・ブランドによって書かれていた「新たな（第七の）解決」を再録し、さらにマーティン・エドワーズがイントロダクションのほかエピローグの形で「第八の解決」を書き下ろしているのだ。その意味で同書は数多い『毒チョコ』のテキストの中でも特別な一冊であり、将来コレクターズ・アイテムとなるのは間違いないだろう。

ブランドの「新たな解決」というのは、一九七九年にカリフォルニア大学のミステリ・ライブラリ叢書の一冊として『The Poisoned Chocolates Case』（「The Avenging Chance」を併録）が出版された際に、編集を担当したジェイムズ・サンドーの求めに応じて同書に書き下ろされたもの。「ＲＯＭ」第八十二号のバークリー特集に小林晋氏の訳が載り、その後「創元推理」第四号にも掲載された（大村美根子訳）から、読まれた方も多いだろう。エドワーズは今回、そのブランドの解決をもふまえて彼なりの解決を提示してみせたのだ。この種の試みは、話題性はあっても趣向倒れになることが少なくないが（正直な話、筆者の見るところブランドの作もその憾みなしとしない）、エドワーズはなかなかの健闘ぶりを見せ、「第八の解決」はまず満足のいく出来栄えを示している。

作品の性質上、立ち入った紹介は控えねばならないが、その読みどころを三点にしぼって取り上げてみる（予備知識なく自分で読んでみたいという方は次の空行までスルーされたし）。

○アリシア・ダマーズの弁明

原作の『毒チョコ』があゝいう終わり方をしているのだから、その続篇を書くとなると、どうしてもまずアリシア・ダマーズの立場について何らかの説明が必要になる。そこで次回の会合の初めに彼女が「告白」をすることになるのだが、それはもちろんチタウィック氏の告発を認めるものではない。彼女は会員の皆を欺いていたと言って謝罪する。そしてそれは、彼女のある ambition に基づくものだったという。さて、その弁明の内容は……？

○モーズビーの皮肉な微笑

ダマーズの弁明で話は振り出しに戻ってしまい、探偵役も初めに帰る。結局、謎を解くのは（警察組織の代表としての）モーズビー主任警部なのだ。原作の趣向の一つである〈意外な探偵〉の役回りをチタウィック氏から奪い返した形だ。警察では主要な関係者四人（ペンファーザー夫妻及びベンディックス夫妻）の周辺を徹底的に洗い上げた結果、正しい絵柄が浮かび上がってきたという。原作では警察が行き詰って捜査を中止したという所から話が始まっていたはずだが、それはおそらくシェリンガムの早呑み込みで（彼がそう誤解するようにモーズビーが仕向けたのであったかも）、警察は粛々と聞き込み等を続けていたわけだ。モーズビーはいつものように穏やかな微笑を浮かべて、「皆さん方のような才能を持ち合わせない我々としては、決まりきった捜査を愚直にやり抜くしかないんですよ」などと痛烈な皮肉も交えながら、探り当てた真相を語るのだ。

○コックスという男

名前だけなら明かしても差し支えないと思うが、犯人はコックスという男である（コックスという男が書いた探偵小説の犯人としては、安直なまでに適切な命名だ）。この人物は、ユースタス・ペンファーザーとベンディックス夫妻のそれぞれに復讐する動機を持っているという設定で、それにまつわる物語が掘り起こされる。原作のプロットの隙間からそのような犯人像を無理なくひねり出してみせたところに、作者エドワーズの手腕が光る。しかも、この人物は原作に影も形も見えなかったというわけではなく、名前は紹介されないある役柄において登場していたのである。そのことが最後の一行で明らかになる趣向も鮮やかだ。

以上の三点のほかにも、犯罪研究会の各人物にいかにもそれらしいセリフを語らせたり、先行の諸解決の例にならって現実の犯罪事件との対比を行う（ある意味『毒チョコ』のキモである）など見どころは満載だが、何よりもユーモアとウイットのきいた原作の香気をかなりの程度再現できている点において、パスティーシュの成功作と認めてよいと思われる。

エドワーズが本書のために書いた序説も興味深い内容を含んでおり、筆者は特に次の三点に注意をひかれた。

○犯罪研究会の素性

作中の犯罪研究会（Crimes Circle）とディテクション・クラブの関係について、前者は後者をモデルにしたものであるという説が長く流布していたが、同クラブの設立時期からしてそれは逆であろうと筆者は考えていた（バークリー『第二の銃声』の解説を参照）。同クラブの成り立ちについては『The Golden Age of Murder』で詳説されているが、一九三〇年より前に行われていた食事会については、クラブの前身と位置づけることはできても、これをクラブと同一視するのは無理だろう。この序説でも端的に、犯罪研究会はディテクション・クラブの fictional forerunner であると書かれている。

○アリシア・ダマーズのモデル

上記の「ディテクション・クラブが犯罪研究会のモデル」説と一体不可分的に、アリシア・ダマーズのモデルはドロシイ・L・セイヤーズであるとする説が語られてきたが、これにも筆者は疑問を呈していた（バークリー『地下室の殺人』の解説を参照）。エドワーズは、ダマーズのキャラクターがバークリーと親交のあった作家のE・M・デラフィールドと似たところがあるという。『The Golden Age of Murder』で示唆されているバークリーとデラフィールドの関係を前提にすれば、これは大いにありうる話だろう。同書の邦訳が出れば、一躍この女流作家に注目が集まることになりそうだ。

○「偶然の審判」をめぐる混乱

『毒チョコ』と「偶然の審判」の関係については、エドワーズほどの人でも混乱を来しているようだ。曰く、

「The genesis of *The Poisoned Chocolates Case* was a short story called "The Avenging Chance", although—confusingly—it seems that this may have been published after the novel.」

従来『毒チョコ』は「偶然の審判」を長篇化したものと見られてきたが、書誌的には「偶然の審判」の雑誌掲載は『毒チョコ』刊行後のものしか確認されていないので、この矛盾が confusing と受け止められているわけである。両者の関係を考えるためには、当時は発表されていなかった「偶然の審判」の中篇版も含めた三者のテキストを比較研究する必要がある。筆者はその謎をほぼ解明し得たと自負しているが（詳しくは別稿「「The Avenging Chance」の謎」を参照）、それをエドワーズ氏に説明してあげられるほどの英語力を持たぬのが甚だ遺憾である。

「The Avenging Chance」の謎

初出：「ROM」第139号（2012年11月）

Ⅰ　定まらない初出年の謎

Ⅰ-1　一九二五年説とその否定

先頃ＲＯＭ叢書で出していただいた『英国古典探偵小説の愉しみ』には、アントニイ・バークリーの著作リストも収めたのだが、その原稿を作成していた際に一つ奇妙なことに気がついた。

ロジャー・シェリンガム物の短篇「偶然の審判」（The Avenging Chance）の初出年月が、現在にいたるも確定していないのだ。「偶然の審判」といえば、短篇ミステリのオールタイム・ベスト級の傑作として評価の定まった作品である。その初出が分からない……？

右記の著作リストは、国書刊行会版『第二の銃声』（一九九四年刊）の解説に掲げていたリストを最新の情報に基づき改訂したものだが、「The Avenging Chance」の発表年として旧稿では「(1928)」と記していたのを、「(1929 ?)」と改めることになった。これまでのところ、一九二八年における雑誌発表の事実は確認されておらず、一九二九年九月発行の「Pearson's Magazine」に同作が掲載されたことは分かっているが、それ以前の発表がなかったかどうかについて、なお疑義が存するからである。ちなみに、従来、同作を長篇化したものと考えられてきた『毒入りチョコレート事件』(The Poisoned Chocolates Case)の初刊は、一九二九年六月なのである。

少々込み入った話になりそうなので、順序立てて説明していくことにしよう。まず、一九九四年に筆者が著作リストの旧稿をまとめる以前においては、わが国の文献では「偶然の審判」の発表年は一九二五年とされるのが一般的だった。その情報源となっていたのは、創元推理文庫の江戸川乱歩編『世界短編傑作集3』(一九六〇年刊)である。同書収録の「偶然の審判」の前説に「一九二五年」と明記され、[注1]同文庫版『毒入りチョコレート事件』(一九七一年刊)の中島河太郎の解説でもそれを踏襲した説明がなされていた。

この一九二五年説の典拠は明らかでないが、それを確認するまでもなく、次の諸点を勘案すればその説は成り立たないと考えられる。

一九二五年説を否定する理由

①「偶然の審判」は、事件発生後一週間ほど過ぎたある晩、ロンドン警視庁のモーズビー主任警部がオールバニー(ピカデリーにあるアパート)のロジャーの部屋を訪ね、彼の知恵を借りようとする場面から始まる。シェリンガム物の長篇シリーズ(第一作『レイトン・コートの謎』は一九二五年刊)において、モーズビーは第三作『ロジャー・シェリンガムとヴェインの謎』(一九二七年二月刊)で初めて登場している。しかも、彼は同作ではまだただの警部であり、主任警部として登場するのは次作『絹靴下殺人事件』(一九二八年五月刊)からである。モーズビーが短篇で先行して登場していた可能性はあるにしても、一九二七年二月以前に主任警部として登場したはずはない。

②また、『絹靴下殺人事件』によれば、ロジャーがオールバニーに部屋を借りることになったのは同書の事件が起きる数ヵ月前のことであり、この点からしても、「偶然の審判」が一九二七年以前に書かれていたはずはない。

③さらに、モーズビーがロジャーに事件について相談するという設定が成り立つためには、主任警部がしろうと探偵の才能を相当高く買っていることが前提となるが、『ヴェインの謎』事件では(残念ながら)そのようなことにはならず、モーズビーは、『絹靴下殺人事件』におけるロジャーの働きを見て初めて彼の探偵的才能を評価するにいたったのである。したがって、

「偶然の審判」が書かれたのは、少なくとも『絹靴下殺人事件』以後のことであるとしか考えられない。

④これは確実な論拠とはいえないが、もう一つ状況証拠的な理由を付け加えるならば、一九二八年九月に刊行されたドロシイ・L・セイヤーズ編『探偵・ミステリー・恐怖小説傑作集』に「偶然の審判」が収録されていないという事実がある。セイヤーズがこのアンソロジーの編纂のために払った膨大な資料博捜の努力と彼女の選択眼のたしかさを考えれば、「偶然の審判」が一九二八年の上半期までに発表されていたのなら、同書に採用されたであろうことはまず間違いないと思われるのだ。このアンソロジーは第三集まで編まれることになったが、「偶然の審判」は一九三一年刊の第二集に収録されている（これら三巻本とは別に、セイヤーズは一九三六年にエヴリマンズ・ライブラリの一冊として『Tales of Detection』という精選アンソロジーも編集しており、それにも採用しているから、彼女の同作に対する評価は非常に高いのである）。

I-2 サンドーの一九二八年説

筆者が前記の著作リスト旧稿をまとめた一九九四年以前においては、海外の文献でも、「偶然の審判」の初出について明確に記しているものはほとんどなかった。

一例をあげれば、スタインブラナー&ペンズラーの『Encyclopedia of Mystery and Detection』（一九七六年刊）のバークリーの項には、

The Poisoned Chocolates Case (1929) was the expanded version of a short story, "The Avenging Chance", written earlier that year.

という記述が見えるが、「earlier that year」というのがいつのことかは教えてくれないのである。

他の諸文献においても、『毒入りチョコレート事件』は先行の「偶然の審判」を「expand」したものとして説明されている場合が多いが[注2]、後者の初出に関する情報は乏しく、書誌等で同作について記述がある場合でも、書籍形態での初出を示すにとどまっている。書籍での初出が、一九三〇年、Faber社刊の『The Best Detective Stories of the Year 1929』であることについては諸説一致しており、疑問の余地がない。

一九九三年にエアサム・ジョーンズがまとめた『The Anthony Berkeley Cox Files: Notes Towards a Bibliography』（Ferret Fantasy）は、その時点におけ

る最も詳細なバークリー書誌で（その後も情報量の点でこれを超えるものは出ていない）、筆者が著作リスト旧稿を作成するうえで最も頼りにした文献だが、同書においても「偶然の審判」の雑誌初出は明らかにされなかった。「Contributions to Books」の項において、「The Avenging Chance」については上記 Faber 社刊のアンソロジーの名が掲げられ、「the basis of "The Poisoned Chocolates Case"」と説明されているが、「Details of prior periodical publication not available.」と付記されているのである。

このような曖昧模糊とした状況の中にあって、筆者の知る限りでは唯一、「偶然の審判」の発表年を明記している文献があった。カリフォルニア大学のミステリ・ライブラリ版『The Poisoned Chocolates Case』（一九七九年刊）に付された、ジェイムズ・サンドーによる序文と注釈付著作目録（A Checklist, With Some Notes）がそれである。

同書には「偶然の審判」と『毒入りチョコレート事件』のテキストのほか、クリスチアナ・ブランドによる「新たな解決」、バークリーによるシェリンガム伝、ジョン・ディクスン・カーの「コックス頌」、そしてサンドーの Checklist 等々、充実した付録が収められていた。実は、筆者が一九九二年に「ＲＯＭ」第八二号（アントニイ・バークリー特集第二）を編集した際の種本の一つがこれで、その時サンドーの Checklist も拙訳により掲載していたのだった。該当部分を原文のまま引用してみると、

"The Avenging Chance", by Anthony Berkeley; first appearance in 1928, first of many reprints in *Best Detective Stories of the Year*, Faber, 1929, last in this edition. The best of the Sheringham short stories.

と、初出が一九二八年であることを明記している。サンドーによる序文の中にも「"The Avenging Chance" (1928)」という記述が見えるから、「1928」というのは誤植などではないだろう。

この情報に接するに及び、筆者としては単純に「するとは創元推理文庫の一九二五年というのは間違いだったんだな」と思い（当時は、先述の「一九二五年説を否定する理由」を考えつくほどバークリー作品を読み込んでいなかった）、その結果として、筆者の著作リストの旧稿には「偶然の審判」の初出を一九二八年と記すことにな

った。エアサム・ジョーンズの書誌にそれを裏付ける情報がないことにやや戸惑いは覚えながらも、極東の島国の一愛好家に、ミステリ書誌学者サンドーの権威を疑う理由は何もなかったのである。

I‐3　一九二九年説、そしてなお残る疑問

二〇〇四年、トニイ・メダウォーとアーサー・ロビンソン共編の『The Avenging Chance and Other Mysteries from Roger Sheringham's Casebook』(Crippen & Landru) が出版された。当時惰性でこの本を入手はしていたものの、その頃からミステリへの熱が冷めかけていた筆者はすぐに同書をひもとくには至らず、ようやくこれに目を通したのは、昨年になって、バークリーの著作リストを改訂する必要に迫られてからのことだった。

巻末の Checklist には、「偶然の審判」の初出として「Pearson's Magazine, September 1929」と記されていた。雑誌の初出が明示されたのは、公刊された書物においてはこれが初めてであろう。[注3] 編者の一人ロビンソンは、ウェブ上により完全な書誌 (Bibliography of Anthony Berkeley Cox) を掲載しており、これは絶えず更新されてきているようなのだが、そこにも同じ情報が載っている。[注4]

ここにおいて初めて筆者はサンドーの一九二八年説に疑問を抱くことになった。エアサム・ジョーンズの詳細な書誌でもふれられず、ロビンソンの最新の書誌にも採用されていないということは、一九二八年説には根拠がなく、海外の研究家の間ではとうに否定されていたのではなかったのか。そこで筆者は、改めてサンドーの Checklist を読み直してみた。そして、そこに明白な誤りが含まれていたことに気づいた。

「偶然の審判」の書籍形態での初出が『The Best Detective Stories of the Year 1929』(Faber, 1930) であることは前に述べた。ところが、既に示したように、サンドーはこれを「*Best Detective Stories of the Year*, Faber, 1929」と記している。これ自体が間違いであるが、これがもう一つの間違いを生んだのではないか。すなわち、一九二九年刊の『年間傑作探偵小説集』であれば、その収録対象は一九二八年雑誌発表の作品ということになる。そこで、現物は確認せぬままに、推定で「first appearance in 1928」とやってしまったのではないか。――そういう目で見直すと、この部分の書き方もおかしいのである。他の短篇については、初出の雑誌ないし単行本の名前と掲載ページまで明記されているのに、

「The Avenging Chance」だけがこの漠然とした表現で済まされているのだ。

　という具合に筆者の疑惑は一気に高まったのだが、一方で、しかしサンドーが『Best Detective Stories ――』の書名を読み違えるなどということがあり得るだろうか、という疑問も強く感じないではいられなかった。

　そこで、自分の目で確かめるために問題の本をアメリカの古書店から取り寄せてみたのだが[注5]、届いた本を一目見るや、筆者は事情を了解した気分になった。同書の表題がどのように書かれているか、その文字の配列を示してみよう。

（背表紙）
THE BEST
DETECTIVE
STORIES
OF THE
YEAR

1929

（タイトルページ）
THE BEST
DETECTIVE STORIES
OF THE YEAR
★
1929

ご覧のとおり、非常に誤解を招きやすい書き方なのである。背表紙の方は「YEAR」と「1929」の間に空白があり、一見して「1929」が書名の一部であるとは考えにくい。タイトルページの方ではさらに星印がはさまったりしているのだから、なおさらである。しかし、「THE YEAR = 1929」であって「一九二九年刊」の意味ではないことは、この本自体の刊行年は別にローマ数字で「MCMXXX」（= 1930）と明記されているのだから、間違いない。

　してみると、一九二八年説はサンドーの書名の誤読に基づく根拠のない説であろうという筆者の疑惑は、あながち邪推とも思えないのである。

　ともあれ、筆者としては一九二八年説を維持することは困難と考えざるを得なくなったので、著作リストの改訂にあたっては、確実な裏づけのある一九二九年説に拠ることにして、「(1928)」を「(1929?)」と改めた。ここでなお「?」を付したのは、こういうわけである。

　一つには、書誌作成者ロビンソン自身が得心していないのだ。ロビンソンのウェブ書誌の Supplement の中に、次の記述が見える。

"The Avenging Chance" (this story is copyright 1928; if anyone knows of a publication before Sept.

1929, please contact me)

筆者はイギリスの著作権制度についてはほとんど知識がないのだが、作品発表年の登録簿のようなものがあって、それに一九二八年と明記されているのだとすれば、その事実は重視されねばならぬわけである。[注6] ただし、公簿にも間違いがないとは言えぬから、絶対的な証拠となりうるものではないと考えられるが。

「?」を付したもう一つの理由は、「偶然の審判」の初出が一九二九年九月に確定してしまうと、同年六月刊の『毒入りチョコレート事件』よりも後に発表されたことになり、後者は前者をexpandしたものという定説（以下「expand説」という。）と齟齬を来たすからである。このexpand説は、前記メダウォー&ロビンソン編のシェリンガム作品集においても踏襲されているのだ。

「偶然の審判」の初出が『毒入りチョコレート事件』の前であることが確定されない中で、長年にわたりexpand説が何ら疑問を持たれることなく通用してきたというのは、考えてみれば不思議な話である。

書誌情報はひとまず考慮の外に置いて、純粋に作品の内容を見比べた場合、まず短篇が書かれ、その後これを材料ないし部分とする長篇が書かれた、と考えるのはごく自然な見方であろう。[注7] しかし、まず長篇が書かれ、その一部が短篇として切り出された、というのもありえない話ではない。expand説は、単にそう考える方が自然だから、というだけの理由で行われてきたのだろうか。

今となっては、この説がいかにして成立し、支持されてきたかを検証するのは困難だが、筆者が遡りえた範囲では、この説を最初に公にしたのはドロシイ・L・セイヤーズである。一九三六年に編んだアンソロジー『Tales of Detection』に「偶然の審判」を採用したセイヤーズは、その序文に次のように書いている。

Anthony Berkeley's *Avenging Chance* is the 'short story with a twist in the tail'; he is a master of this method, and subsequently elaborated this same plot to novel-length, giving it an extra twist in the process (*Poisoned Chocolates Case*).

「expand」という言葉こそ用いていないが、同じ趣旨のことをより詳しく述べている。他の多くの論者の説が、おそらくは二次資料と推定に基づいていると思われるのに対して、セイヤーズの場合は、より確実な何か（自ら見聞した記憶を含めて）に基づいていたであろうことを考えると、この序文の記述はかなりの重みを持ってくるのである。

だが、そのことを認識したうえでなお、筆者は従来のexpand説は誤りであると考えている。

両作品、そしてこれから取り上げるもう一つの作品のテキストを仔細に研究してみた結果、筆者は次のように考えるにいたった。――『毒入りチョコレート事件』は「The Avenging Chance」を長篇化したものではあるが、その元となった作品は従来流布してきた「偶然の審判」ではなく、別ヴァージョンの未発表原稿だったのだ。

以下、その辺の事情を明らかにしていきたい。

Ⅱ　発表されなかった原稿の謎

Ⅱ-1　中篇版「The Avenging Chance」の存在

今ではよく知られていると思われるが、「偶然の審判」には、作者の生前発表されないままに終わった別ヴァージョンの原稿が存在していた。

この原稿は、一九九〇年代初め、バークリーの旧蔵にかかる書物や文書類が遺族により売却された際に発見されたもので、エアサム・ジョーンズの書誌に初めて記録されるとともに、ジョーンズの序を付して一九九四年に刊行された『The Roger Sheringham Stories』（Thomas Carnacki）に収録された。この本は百部に満たない限定出版だったので、限られた人の目にしかふれなかったが、その後、前記メダウォー&ロビンソン編の作品集にも収められたので、今ではふつうに読めるようになっている。

同書の解説では「A slightly longer version」とされているが、従来流布してきた短篇の方が約六千七百語であるのに対して、こちらは一万語に近いから、約一・五倍の分量の中篇である。混乱を避けるため、以下、短篇版は「偶然の審判」（又は略して「偶然」）と、中篇版は「The Avenging Chance」（又は略して「ＴＡＣ」）と表記する。

「偶然の審判」と『毒入りチョコレート事件』（以下『毒入り』と略記する場合あり）の関係を考えるにあたっては、この未発表中篇、「The Avenging Chance」が鍵を握っていると思われるのだ。

筆者の結論を先に述べてしまうと、

① 『絹靴下殺人事件』（一九二八年五月）の刊行後、まず、「The Avenging Chance」の原稿が書かれた。

② 「The Avenging Chance」をexpandして『毒入りチョコレート事件』が書かれ、一九二九年六月に刊行された。

③その後、「The Avenging Chance」を縮小して「偶然の審判」が書かれ、一九二九年九月に発表された。という経過をたどったものと考えられる。すなわち、「偶然」と『毒入り』の関係は直接的なものではなく、「The Avenging Chance」を介しての間接的なものだったのだ。

以下のいささか七面倒な議論におつきあいくださるならば、筆者はこれを論証してお目にかけるであろう。

★★★「偶然の審判」『毒入りチョコレート事件』

Ⅱ‐2 「偶然の審判」と「The Avenging Chance」

初めに、「The Avenging Chance」は「偶然の審判」とどこがどのように違っているのかを見ておきたい。

そこでまず、「偶然の審判」の内容を思い起こしていただくため、そのシノプシスを次に掲げる。

§ 事件の一週間後モーズビー主任警部がオールバニーのロジャーの部屋を訪ねてロジャーに語った話――事件の概要説明

○十一月十五日午前十時半、レインボークラブで、サー・ウィリアム・アンストラザー（＝A）は、チョコレートの小包を受け取った。

○Aはそれを、グレアム・ベリズフォード（＝B）に与えた。Bが「妻との賭けに負けてチョコレートを買わねばならない」ともらしたため。

○Bは自宅に帰っての昼食後、B夫人にチョコレートを渡した。夫人は何個かを食べ、Bも二個だけ食べた。

○外出後またクラブへ回ったBは具合が悪くなり、やがて危険な状態に陥ったが、夜には回復した。夫人は自宅で死亡していた。

○警察は毒入りチョコレートが商品見本に偽装して送られていたことを突き止めた。

§ 説明に引き続くモーズビーとロジャーの会話

○女の嫉妬か、狂人のしわざか、等々議論が交わされるが、ロジャーは大した知恵も出せぬまま、モーズビーは失望して帰る。

§ その一週間後ロジャーが出会った偶然の出来ごと

○ロジャーはボンド通りでV夫人に出会い、B夫人の賭けはインチキであったことを知らされて、瞬時に事件の真相を看破する。

○推理の裏づけをとるため、ロジャーは調査活動に動き回る。
§その翌日、ロジャーによる事件の解明
○ロジャーは裏づけ調査を完了し、ロンドン警視庁のモーズビーの部屋で事件の絵解きを行う。

上記は「The Avenging Chance」のシノプシスとしても通用するから、基本的なプロットに異同はないわけだが、内容的に相違する部分が四点ある。

（「偶然」と「TAC」の相違点）

①十一月十五日十時半にAとBが相前後してレインボークラブにやってくる場面で、「偶然」ではA、Bの順に到着しているのが、「TAC」ではB、Aの順になっている。

②ロジャーがモーズビーから事件の概要を聞いた後、二人が意見交換する場面で、「TAC」ではロジャーが類似点を持ついくつかの実在事件を引き合いに出しながら事件を論じている部分が、「偶然」にはない。

③ロジャーが自ら事件を手がけようと思うきっかけとして、「偶然」ではV夫人との路上での邂逅の場面があるだけだが、「TAC」ではそのほかに、ロジャーがクラブでBの自称旧友と昼食中にB本人を目撃する場面がある。

④V夫人から必要な情報を引き出した後、ロジャーは早くその場を去りたいと思うのだが、「偶然」では一応会話が終わるまで待つのに、「TAC」ではやって来たバスに知人が乗っていると偽って無理に飛び乗って脱出を図る。

「TAC」は「偶然」と比べて描写やセリフがより細密・詳細になっているほか、上記②・③のような相違があるために、五割方多い分量となっているわけである。

さて、「偶然」と「TAC」の関係であるが、前者は先に書かれていた後者を縮小して成ったものと考えられる。その根拠としては、まず、「TAC」が未発表原稿として残されていたという事実がある。すなわち、中篇の未発表原稿を改稿してできた短篇を完成品として発表する、という流れは自然なものとして了解できるが、その逆、完成した短篇として発表した作品に肉付けして（長篇化するというならともかく）中篇作品の原稿を作成する（そのような原稿はふつう発表のしようがあるまい）という流れは想定しにくいからである。

また、テキストの全体を通じて「偶然」は「TAC」より改行やコンマが多くなっているが、これは「TAC」を改稿するにあたって読みやすくする工夫が施された結果と見られるのである。

それらは状況証拠的なものにすぎないが、より具体的な論拠として、上記の相違点①がある。これは一見瑣末で無意味な問題のように受け取られるかもしれないが、両テキストの先後を決定するうえで重要なポイントである。

「TAC」では、十時半にB（ご記憶であろうが、この事件の犯人である）がまずクラブにやってきて手紙を受け取り、ラウンジに行く。数分後、Aが来て手紙と小包を受け取り、ラウンジに行ってBの近くに席を占める。と、いう流れなのだが、ここは、ミステリとしての構成の論理を考えた場合、「偶然」におけるように、A、Bの順に到着したことにすべきである。この場面でBは、偶然をよそおってAから（自分が送った）チョコレートの小包をもらい受ける計画を胸に抱いているわけである。とすれば、先に自分がラウンジに行き、後からAが来てうまく自分のそばに座るのを待つというのは、甚だまずいやり方である。Aの日頃の習慣からAがどこに座るか予測できたのだとしても、その日のラウンジの状況（他のメンバーの存在など）によっては、予測どおりに運ばないこともあり得る。確実にAのそばに席を占められるようにするには、どうしてもAの後から（それもあまり間をおかずに）ラウンジに入る必要があるのである。

すべてに周到な考えをめぐらしていたBが、その辺のことを意識していなかったはずはないから、彼はクラブの外の物かげからAがクラブに入ったのを見届けた後、何食わぬ顔でクラブに「到着」したはずだ。このように考えると、この場面は、「TAC」より「偶然」の方がすぐれている。それはすなわち、「TAC」を改稿する過程で上記の問題に気づいた作者が、両人の到着順を変更した結果であったと思われるのである。

Ⅱ・3　『毒入りチョコレート事件』と「The Avenging Chance」

「偶然の審判」と「The Avenging Chance」の関係が上述のとおりであるとして、それらと『毒入りチョコレート事件』の関係はどのように考えたらよいであろうか。「偶然」と「TAC」は一・五倍の分量の差があるにしても、まだ一文ずつを突き合わせての比較が可能だったが、中・短篇と長篇となると、同じ手法はとりにくい。

が、事件の概要説明の部分に限ってみれば、三者のテキストは共通する部分が多いので、その部分で比較してみると、「偶然」にはなく「TAC」にのみある文章が『毒入り』にも多く見えるのだ。

また、前記「偶然」と「TAC」の相違点としてあげた四点のうち、①・③・④の点で『毒入り』は「TAC」と共通している。②についても、実在事件を引き合いに出しての議論が、『毒入り』では解決篇の全体に拡大しているものと考えれば、やはり『毒入り』のテキストは「偶然」よりも「TAC」のそれに近いのである。

この段階でまず一つの結論として言えるのは、『毒入り』は「偶然」より先に書かれていたはずだということである。前記相違点①(A、Bのクラブ到着順)についても、『毒入り』は「TAC」と同じなのだから(つまり、『毒入り』が「偶然」の後に書かれたのであれば、当然A、Bの到着順は「偶然」にならって改めたであろうから)。

そこで、問題は『毒入り』と「TAC」の関係如何にしぼられてくるわけだが、先述のとおり筆者は、『毒入り』は「TAC」を expand して成ったものと考える。この場合、「TAC」が未発表であった事実自体は、「偶然」と「TAC」の関係を考えた際とは違って、「TAC」が『毒入り』に先行したという推定の論拠とはならないだろう。長篇の成立後、その一部を切り取って短篇化するということは、十分あり得る話であり、『毒入り』からまず「TAC」を作り、それを元に「偶然」を作ったという流れは不自然なものではないからである。しかし、テキストの細部にまで目を及ぼすと、やはり「TAC」が『毒入り』の前にあったものと考えられるのだ。具体的な論拠を四点あげる。

「TAC」が『毒入り』に先行したと考える理由その①

事件の概要説明の冒頭、BとAが相次いでクラブに現れる場面の叙述において、「TAC」では時間の不整合が見られ、十分な推敲を経ていないことがうかがわれる。すなわち、「at half-past ten in the morning」にまずBが来て、「a few minutes later」、Aが来た、その時ポーターが確認した時刻は「exactly half-past ten to the minute」だったというのである。

この部分が『毒入り』のテキストでは、[注8]「at about ten-thirty」にまずBが来て、そのうちにAが来た、その時刻は「exactly half-past ten」だったという具合に、不整合が解消している。これは、「TAC」を改稿しながら『毒入り』が書かれた結果と見られる。

理由その②

同じくA・Bの到着順に関わることであるが、この点について『毒入り』の中でも不整合があるのである。事件の概要説明の場面（第2章）は前記のとおりだが、第14章の中では、

Sir Eustace（＝A）is chosen because he's known to get there（＝クラブ）so punctually at half-past ten every morning ……… So Bendix（＝B）arrives at ten thirty-five, and there things are.

と述べられている。到着順序が逆になり、それとともに時間も改変されているのだ。

これは、第2章では「TAC」の原稿の記述に引きずられてB、Aの到着順としていたものの、書き進めるうちに、構成の論理としてはBはAの後に到着すべきだと作者が気づいた結果であったように思われる（その場合、遡って第2章の叙述も改めるべきところを失念してしまったのだろう。そして、『毒入り』刊行後にこの失敗を自覚した結果が、「偶然」における改稿となったのであろう）。

理由その③

『毒入り』の第9章において、ロジャーはボンド通りでたまたまV夫人に出会い、しばらく立ち話につきあわざるを得なくなるのだが、そこにこんな場面がある（セリフはV夫人のもの）。

"You see, Joan（＝B夫人）and I were such very close friends. Quite intimate. In fact we were at school together. —— Did you say anything, Mr. Sheringham?"

Roger, who had allowed a faintly incredulous groan to escape him, hastily shook his head.

ここでロジャーは何事かをつぶやき、ちょっと不審をこめたうなり声をのどから漏らしたわけだが、それはなぜなのか。『毒入り』をふつうに（頭から順を追って）読んできてこの場面にさしかかった読者には、その意味が分からないはずだ。

一方、「TAC」にも同様の場面があるが、こちらの読者には、ここでピンとくるものがあるのである。なぜ、このような差が生じるのか。

「TAC」においては、V夫人との邂逅の前に、ロジャーがレインボークラブで昼食をとり、Bのやつれた姿を見かける場面がある。その昼食の相手というのが、Bの学友だったと自称しながら、その実さして親しくもなかったという人物なのだ。そういう前段があるものだから、ロジャーはV夫人の「we were at school together」という言葉に、思わず「またかい?」という反応をしてしまったわけだ。

ところが、『毒入り』では、このクラブでの昼食の場面がV夫人との場面の後に置かれているため、ロジャーの反応の意味が分からなくなっているのである(というより、ここでロジャーがそういう反応をしたはずはないのだ)。この両場面の入れ替えがなぜ行われたのかは不明だが[注9]、文脈の整合性の観点からして、先に書かれていた「TAC」の二つの場面の順序を『毒入り』で変更したことは明らかだろう。作者としてはその際、上に引用した部分にも手を加えて、入れ替えの痕跡を消しておくべきだったのである(「偶然」の場合はクラブでの昼食の場面自体がなくなっているのだから、もちろん痕跡はきれいに拭われている)。

理由その④

「TAC」においてロジャーは、B犯人説の裏づけとなる証拠の収集も基本的に自ら行うが、Bがアリバイ工作に使ったはずのタクシーの捜索だけはモーズビーの力に頼り、条件を示して警察に集めてもらった運転手の中から、Bを乗せた者を特定できたのだった。

『毒入り』でもロジャーは同じ調査をモーズビーに依頼するが、結局そのようなタクシーは発見できず、「Bはバスか地下鉄で行ったと見るほうが、これまでに彼が見せた狡猾さに相応しい」ということにしてしまう。『毒入り』ではロジャーの推理は誤りということになっているのだから、タクシーが見つかるはずはないわけだが、このタクシーの調査はロジャーの推理を成り立たせるために必須の要件でもないのだから、このくだりはなくもがなという感じがする。警察の力を借りること自体、犯罪研究会の各人が独立して調査活動を行うというルールに違反している疑いがあるから、なおのこと余計なものに感じられるのである。

これは、先行する「TAC」に書かれていた材料を『毒入り』も基本的に引き継いだ結果であろう。『毒入り』が先に書かれたのであれば、あえて必要でもないタクシーの一件が盛り込まれることはなかったはずだと思われる。

以上に述べ来たったことを論拠として、筆者は、問題のテキスト三者は「The Avenging Chance」、『毒入りチョコレート事件』、「偶然の審判」の順に成立したものと考える。推測も交えつつその経過をたどってみると――

『絹靴下殺人事件』の刊行後、一九二八年の夏から一九二九年の初めくらいまでの時期に、まず中篇「The Avenging Chance」が書かれた。これが雑誌からの注文を受けてのものだったのかどうかは不明だが、仮にそうであったとすれば、雑誌発表は当面見合わされることになった。

原稿を書き終えてまもなく、作者がこれを長篇化する意図を抱いたからだ。この中篇自体のうちに長篇化の芽が含まれていて、ロジャーがモーズビーから事件の概要を知らされた後、二人が意見交換する場面で、ロジャーが類似点を持ついくつかの実在事件を引き合いに出しながら事件を論じている部分がそれだ。ここで言及した事件のそれぞれに対応する形の解決を考案すれば、そしてそれらを別々の探偵役に語らせることにすれば、新基軸の長篇を生み出せるではないか。[注10] かくしてこの中篇原稿を元に解決篇を expand して、作者自ら「circularly」と称する（『第二の銃声』序文参照）スタイルをもつ『毒入りチョコレート事件』が書かれ、一九二九年六月に出版された。

完成した長篇の中では、元の中篇の解決は真相にあらざるものとして処理されたが、中篇の冒頭に「Certainly he（＝Roger）plumed himself more on its solution than on that of any other」という一文が見えることからもうかがわれるように、作者はこの解決をすぐれたものと自負し、大いに気に入っていたのだろう（実際、『毒入りチョコレート事件』における複数の解決の中でも、筆者にはロジャーのそれが最も brilliant なものとして印象に残っている）。そこで、長篇とは別に、この解決自体を独立した一つの作品として残したいという気持にかられたものと思われる。用済みとなった中篇原稿が再度取り上げられ、上記の長篇化の芽の部分などを削り、説明的な記述・セリフで省略可能な部分をかなり刈り込んで、より完成度の高い短篇に仕立てられたのである。[注11] そうして発表されたのが、一九二九年九月「Pearson's Magazine」掲載の「偶然の審判」であったのだろう。………

☆☆☆

Ⅲ　発見されない初出誌の謎

上述の筆者の推測が正しいものとすれば、『毒入りチョコレート事件』は「偶然の審判」の長篇化だとする従来の expand 説は否定されることになる。[注12]

すると、「偶然の審判」の一九二九年九月初出説に疑問を投げかけるものは、同作が「copyright 1928」であるという問題だけになるが、この点の究明は、英米の研究家の今後の調査に待つほかないと思われる。筆者は個人的には、筆者は「©1928」というのは何かの間違いであろうという気がしている。筆者の「論証」の結果と矛盾するという点はひとまず置くとしても、次のような疑問があるからだ。

一九二八年初出説が正しいとすれば、「偶然の審判」は（『絹靴下殺人事件』刊行後の）同年六月〜十二月にどこかの雑誌に発表されたことになるが、それから一年ほどの後に再度「Pearson's Magazine」に掲載されたなどということがあり得るだろうか。同誌はべつに再録専門の雑誌というわけでもないし、アンコールとしても早すぎるだろう。

また、モノは無名作家の小品ではないのだ。当時もはや人気作家の列に加わりつつあったバークリーの、短篇として十分な長さを備えた作品である。一九二八年（昭和三年）は昔だが、霞のかなたの大昔ではない。その年に発表されたバークリーの代表的傑作が、今日にいたるも熱心な研究家たちの探索の目を逃れ続けているとは到底思えない。それはあたかも、江戸川乱歩の「押絵と旅する男」（昭和四年）の初出が突き止められずにいるというのと同じようなことなのだから。

そのような不思議な事態を受け容れるよりは、筆者は自らの「論証」の成果を信じることにしたい。所詮それもロジャー・シェリンガム流の妄説に過ぎぬのではないかという、一抹の不安は抱きながらも。

注1　江戸川乱歩編『世界短編傑作集』全5巻の収録各篇には、タイトルページの裏に前説が付されているが（元版の世界推理小説全集版『世界短篇傑作集』（一）〜（三）にはなし）、その執筆者は誰だったのだろうか。多くのアンソロジーでは編者が前説も手がけるのが一般的であろうが、この場合、乱歩が自ら執筆したということは考えにくい。晩年の乱歩がこの種の細かい仕事を引き受けたとは思えないし、次のような具体的論拠もあるからである。
①「偶然の審判」の前説の文章は、バークリーの死後に一部修正されている。当初「現在イギリス推理文壇の長老的存在である」とあった部分が「一九七〇年の一二月に、淋しく世を去った」と書き換えられたのである。バークリーの死（正しくは一九七一年三月）は一九六五年の乱歩の死より後であるから、書換えは当然乱歩以外の人の手で行われたわけだが、もし原文が乱歩の手になるものだったとすれば、このような直接の修正が

行われるはずはなく、注記の形で処理されたであろう。

②第一巻所収のロバート・バー「放心家組合」と第四巻のヒュー・ウォルポール「銀の仮面」の前説中に「いわゆる奇妙な味」という表現が見えるが、「奇妙な味」は乱歩自身の造語なのだから、執筆者が乱歩なのであれば、そういう書き方はしなかったはずだ。

注2　創元推理文庫の「偶然の審判」の前説は、この点においても特異である。そこには「本編は、その長編「毒入りチョコレート事件」を短編に圧縮したもので」と書かれている。この三百字にも満たない前説の中で、一九二五年発表の短篇が一九二九年（という年も明記されている）の長篇を圧縮したものであると書くことの矛盾に、執筆者が気づいていないのは不思議なことだ。

注3　本稿の準備をする過程で気づいたことだが、一九二九年説自体は、他の文献でも記載しているものがあった。ただし、書誌情報としてはきわめて不十分なものである。

①講談社文庫版『毒入りチョコレート事件』（一九七七年刊）の訳者・加島祥造氏による「あとがき」中に、「この『毒入りチョコレート事件』は、……一九二九年の作品ですが、彼は同じ年の早くに、『偶然は裁く』The Avenging Chance という短篇を発表しています」という一文が見える。久しく「伊那谷の老子」としてお暮らしの加島氏に根拠を問い合わせても、たぶんお答えはいただけないだろう。

②バーザン&テイラーの『A Catalogue of Crime』（改訂増補版一九八九年刊）の第三六一六項に「"The Avenging Chance." EQMM Apr. 1950; orig. 1929」の記載あり。

③一九九六年に刊行されたマルカム・ターンブルの『Elusion Aforethought: The Life and Writing of Anthony Berkeley Cox』は、筆者も『地下室の殺人』の解説でバークリーの小伝を書く際に大いに利用させてもらったが、この本のあるページに「"The Avenging Chance" (1929)」という記載があったことには気がつかなかった。しかし、他のページにもそれ以上の情報はなく、巻末の Checklist でも『毒入りチョコレート事件』について「the novel is an expansion of the classic short story "The Avenging Chance."」というお決まりの説明があるだけである。この時点では新しかったはずの一九二九年説を採用する上で、著者がどのような根拠に基づいていたのかは分からないままである。正直なところを言えば、ディテクション・クラブの設立年をなお一九二八年としている誤りなどもあり、この本の書誌的情報には十分な信用を置けない感じがしている。

注4　アーサー・ロビンソンのウェブ上の書誌「Bibliography of Anthony Berkeley Cox」(http://home.lagrange.edu/arobinson/ coxbibliog.htm) は、本篇だけでプリントアウト一四ページ分もあるうえ、九ページに及ぶ Supplement もついているという詳細なもので、エアサム・ジョーンズの書誌とともに、現在最も信頼できるバークリー書誌といえる。

注5　同書を取り寄せたもう一つの目的は、もちろん、収録作品の初出情報を確認したいということだったのだが、同書にはそうした情報は一切記されていなかった。記載があったとしても、「Pearson's Magazine」に掲載された事実が確認できたにすぎなかっただろうが。

注6　実は、ミステリ・ライブラリ版『The Poisoned Chocolates Case』にも「"The Avenging Chance." copyright 1928 by Anthony Berkeley.」という記載がある。サンドー説がこれに基づいていたのだとすれば、筆者の「邪推」は撤回せねばならないが、アンソロジーの書名の誤読という事実は残るわけである。

注7　新潮文庫版『毒入りチョコレート事件』（一九六三年刊、注3①記載の講談社文庫版の元版）の訳者・加島祥造氏による「あとがき」中に、「訳者は短篇と長篇のどちらが先に書かれたか、具体的な資料を持たないので断言はできないが、創作の心理的過程からいって、短篇が先だと考えている」という一文が見える。

注8　「The Avenging Chance」と「偶然の審判」では、登場人物の氏名は同じものが使われているが、『毒入りチョコレート事件』ではそれが変えられており、TACにおけるウィリアム・アンストラザー卿とグレアム・ベリズフォードは、『毒入り』ではユーステス・ペンファーザー卿とグレアム・ベンディックスになっている。本文中のA・Bの記号は、『毒入り』ではAはユーステス卿、Bはベンディックスを指すわけである。

注9　この場面の入れ替えに伴うものなのかどうか、『毒入りチョ

コレート事件』では、「The Avenging Chance」におけるよりもロジャーがにぶい人物になっている。「TAC」では、ロジャーはV夫人から「B夫人はフェアプレイをしていなかった」という話を聞くや、瞬時に事件の全体像を見通せたことになっているが、『毒入り』では、V夫人との会話中には閃きは来ず、その後クラブでの昼食を終えた頃になって初めて夫人から得た情報の意味に気づくのだ（ただし、犯罪研究会での解決発表に際しては、ロジャーはV夫人の話から即座に真相を見抜けたと話している。作者の不注意による不整合であろうが、うがった見方をすれば、それによりロジャーの虚栄心を描いてみせたのかもしれない）。

注10　このアイディアは、チタウィック氏の作成した、犯罪研究会の各メンバーによる解決の一覧表に集約されているといえるが、同表に「類似例」として掲げられている実在事件の過半は、「TAC」のロジャーとモーズビーの議論において既に言及されていたものである。

注11　『The Roger Sheringham Stories』の収録作品解題で、エアサム・ジョーンズは同書に初めて収録された「The Avenging Chance」に関し「The text .... which was more than a thousand words longer than the printed version, the latter having been presumably cut by the editor of the original magazine publication.」と述べている。「TAC」は「偶然の審判」より一、〇〇〇語以上どころか約三、三〇〇語も長いのだが、それを縮小したのはあくまで作者で、ジョーンズが推測しているような雑誌編集者の仕事ではなかったと思われる。「TAC」から「偶然」への改稿は、単に省略可能な文章を削っただけではなく、パラグラフ単位で新たな文章が書かれた部分もあり、また、A・Bのクラブ到着順の変更といった内容的な吟味も加えられたものだったからである。

注12　セイヤーズの『Tales of Detection』の序文については、たとえばこんなふうに考えることもできるのではないか。――バークリーと親交のあったセイヤーズは、あるとき『毒入りチョコレート事件』の成り立ちについて質問した。作者は、あの中のシェリンガムの解決だけで一篇に仕立てて書いた作品があって、それを発展させたのだと答えた。それから数年を経た時点では、未発表原稿の存在など知らぬセイヤーズには、バークリーの言っていた元の作品というのは、「偶然の審判」のこととしか考えられなかった。……こんな問題は、バークリーなら何通りもの解決をひねり出してくれたことだろう。

［付記］

本稿が初出誌の「ROM」に載った際、小林晋氏から次の指摘をいただいた。Ⅲ節で「偶然の審判」が一年ほどの間に二度も雑誌掲載されたとは考えにくい旨述べた部分に関して、初めは新聞に掲載された可能性もあるのではないかというのである。それは筆者の見落としていた可能性で、たしかに、初出が新聞だったとすれば短期間のうちに雑誌に再録されたとしてもおかしくはない。しかし、筆者としてはⅡ・3節に述べたとおり、テキストの内容から「偶然の審判」は『毒入りチョコレート事件』より後に成立したものと考えるので、やはり新聞も含めて一九二八年中の発表はなかったはずだと思う。ただし、未発表と考えられてきた中篇版「The Avenging Chance」が、同年中に新聞に掲載（連載）されていた可能性はあるかもしれない。そうであれば、「copyright 1928」の問題も解決されることになって都合がよいのだが。

［付記2］

これも小林晋氏からのご教示だが、「偶然の審判」がセイヤーズ編『探偵・ミステリー・恐怖小説傑作集』第二集（一九三一）に収録された際には、「from Pearson's Magazine, 1929」と明記されていた（注3関連）。本文の論旨に直接影響するものではないが、一九二九年説を裏付ける有力な傍証となろう。

［付記3］

弾十六氏のブログ記事「バークリー「偶然の審判」初出の謎を解く？」及び「事実は驚愕すべきものだった」で重要な事実が明らかにされた。それによると、

・一九二九年にアメリカのFunk&Wagnalls社から出た全十巻のアンソロジー『World's Best One Hundred Detective Stories』の第二巻にバークリーの「The Avenging Chance」が収録されている。

・そこには「copyright, 1928, by Anthony Berkeley」と明記さ

れている。
・同作は中篇版である（現行の中篇版と一部異同がある）。
この事実は意外ではあったが、そうと知らされてみれば納得できるものである。拙稿で提示した仮説は、
①一九二八年の夏から一九二九年の初めくらいまでの時期に、まず中篇版「The Avenging Chance」が書かれた。
②中篇版を拡大して『毒入りチョコレート事件』が書かれた（一九二九年六月刊）。
③中篇版を縮小して短篇版「偶然の審判」が書かれた（一九二九年九月発表）。
というものだから、今回の事実はまさに①の裏付けとなる。謎として残っていた「©1928」の問題も、それが中篇版のことだったとすれば謎ではなくなる（短篇版の初出は「Pearson's Magazine. September 1929」で確定だろう）。中篇版の間での異同の意味、サンドーが（前記アンソロジーの存在を知らなかったと思われるのに）「一九二八年初出」と記した理由など、なお精査を要する問題はあるが、「The Avenging Chance」をめぐる主要な謎はほぼ解明されたと考えてよいのではないかと思う。

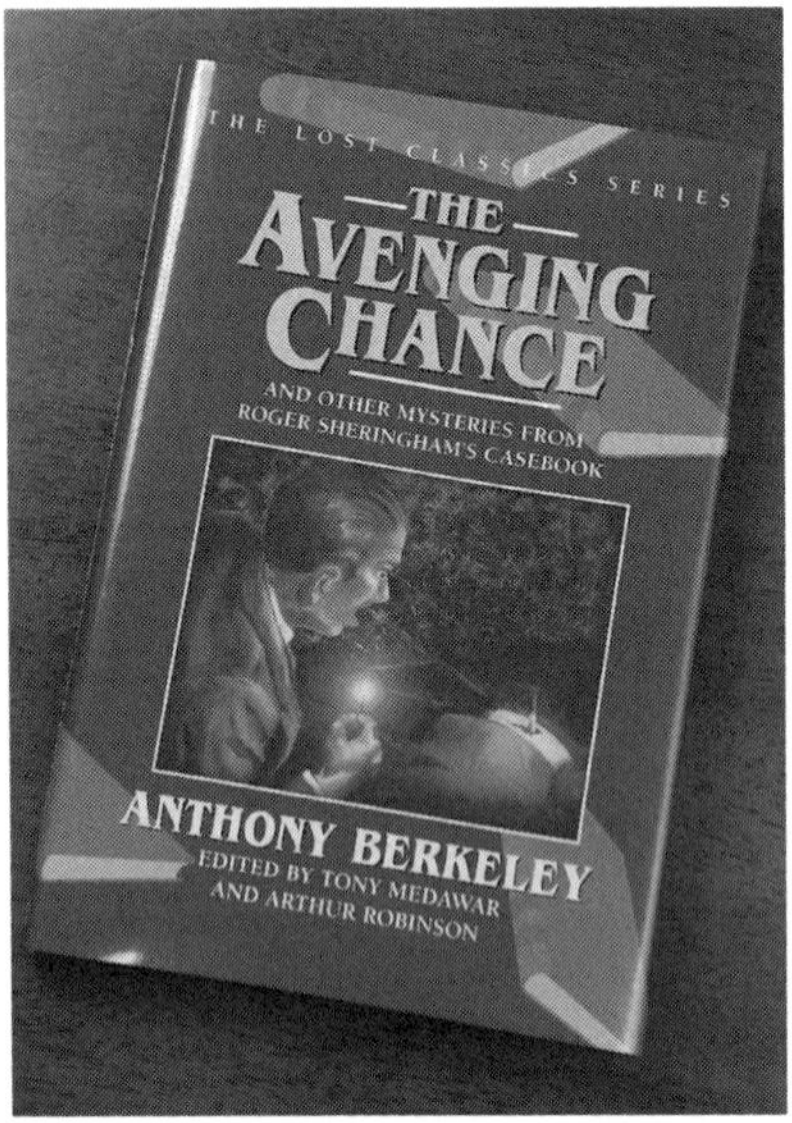

Crippen&Landru（2004）

『ピカデリーの殺人』覚書

初出：「ROM」第82号（1992年1月）

現時点（一九九二年）で available なバークリーの邦訳三作品（アイルズ名義はひとまず除外）のうち、『ピカデリーの殺人』の評価と人気は今一つ高くないようである。他の二作が『毒入りチョコレート事件』と『トライアル&エラー（試行錯誤）』という超傑作なのだから、それらと比較されてはどうしたって分が悪くなるわけだが、だからといって『ピカデリー』がBクラスの作品であるということにはならない。立派なAクラス作品である。他の二作はAプラスなのだ。以下、覚書風に『ピカデリーの殺人』の見所を記してみる。

§「冗長」にあらず

ROM二五号でこの作品を review された折原一氏は、次のように述べておられる。

「……この作品は成功作とはいえなかった。確かに冒頭の難攻不落の謎を論理的に突き崩していく点、伏線の張り方など、流石に手慣れた巧さがあって、かなり高水準のフェアプレイ小説といわせるだけのものを持っている。惜しむらくはチタウィックの存在である。彼の優柔不断なやり方で、もたもたと延々と推理を進めることが、この小説のプロットの面白さを殺いでいるし、作品全体を冗長なものにしている。むしろ、パロディー推理やユーモア推理に徹したりするか、最初からシェリンガムを使ったりすれば、作品としてもかなりいいものになったのではないだろうか」

また、小林晋氏も本書（創元推理文庫版）の解説で「不可能状況の犯行を論理的に推理していくあたりはさすがと言えるが、ミステリとしての密度は前作（毒入りチョコレート事件）や次作『The Second Shot』に比べると薄く、冗長を感じさせる」と、同様の見解を示されている。

しかし、筆者の意見は違って、お二人が「冗長」とされるところにこそ本書の面白さがあると思うのである。何も筆者がバークリーにゾッコンだからといって、アバタもエクボ式の評価をしようというのではない。

チタウィック氏は、難攻不落の謎に立ち向かうに当って犯行の再現を試み、気付いたことをノートして疑問点を整理する。そして、その中から矛盾を発見する。方向転換の第一歩は、ピカデリー・パレス・ホテルのラウンジで謎の男がチタウィック氏をにらみつけたのは、彼の目を惹きつけておこうとしたのではないか（二二七頁）という〈奇想天外な説〉。そして、深夜ノートをとっているときに気が付いたのが、謎の男がラウンジを出たのがミス・シンクレアの生きているときだとしたら、彼は意識不明のミス・シンクレアの手の中に薬壜を置くことはできなかったはずだ（二四七頁）という、〈とても単純で、そのくせとても微妙な点〉（実際、あまりに単純明白な事柄なので、筆者自身それに気付かなかったことに呆れてしまうくらいである）。

こんな具合にチタウィック氏が一歩一歩推理を進めていくにつれて、当初想定された犯罪は徐々にその絵柄を変えていき、最後にはまったく異なった色合いの犯罪であったことが明らかになる。最後の解決自体は、筆者も大して感心しているわけではないが、そこへもっていくまでの過程が面白い。動かしようがないかに見えた犯行の想定を観察と推理の力によって百八十度転換させる、その力わざ。それはむしろチタウィック氏の悪戦苦闘に付き合いながら、徐々に様相を変えていく犯罪の姿を追うからこそ面白いので、シェリンガムが快刀乱麻を断つ名推理で一気に解決してしまうのでは、呆気ない感じばかりが残るのではないだろうか。犯行のプロット（構成の論理）が微妙で複雑なだけに、これを一気にさらけ出してしまう手法の方が成功するかどうかは疑問である。

§ 究極の不可能犯罪？

密室殺人のような派手さはないけれども、考えてみると、この作の「冒頭の謎」というのは不可能犯罪テーマの新たな、という以上に究極の趣向といえるのではないだろうか。何しろ、探偵自身が犯行現場を目撃してしまうのである。探偵イコール目撃者であるとき、探偵には何をする余地が残されているのか。

密室でも、雪の上の足跡でもよいが、どんな不可能犯罪だって事件は探偵が見ていないときに発生した。いろいろな物理的条件から犯行は不可能だったように見えるのだが、ナニ、それは見かけだけのことで、そこにトリックがあることは分かっているのだ。探偵の仕事はそのトリックを見破ることである。しかし、冒頭で探偵が犯行を目撃してしまったとしたら、それでもう事件はおしまいではないか。

もっとも、不可能犯罪ものという観点で本書を読むと、その解決にガッカリしてしまうことになるだろう。結局、「不可能」の理由は、探偵が人違いをしただけのことなのだから。でも、ディクスン・カーなら、このテーマをもっと前面に押し出しただろうという気がする。

§ 作者の狙いは奈辺にありや

本書は『毒入りチョコレート事件』と『第二の銃声』の間に刊行されている。この二作が作者の「第一の試み」、「第二の試み」という意味でセットとして考えられることから、本書はそれらとどういう関係にあるのか（あるいは、まったく関係はないのか）という疑問が出てくる。

作者の第一・第二の試みの狙いは『第二の銃声』の「序文」で初めて明らかにされたが、それは、『毒入りチョコレート事件』に着手した時点で既に作者の胸にあったわけだから、『ピカデリー』執筆時にも意識されていたはずである。改めてその狙いというのを記すと、

①プロットに実験的な試みを行う

②人物の性格や雰囲気を発展させる

というもので、①を『毒入りチョコレート事件』で、②を『第二の銃声』で試みたというのである。

そのような創作意図を抱いていた時期に発表された作品であってみれば、『ピカデリーの殺人』にも何らかの形でそれが反映されているはずだと思うのだが、そういう目で見てみると、思い当たるフシもある。

すなわち、「究極の不可能犯罪」とも見られるプロットの構成は①の狙いから生れたものであろうし、チタウィック氏の人物造形や、「ユーモア推理」とも評されるコミカルな雰囲気の醸成は②の狙いに対応するものであろう。ただ、それらの要素が特別に際立ったものにはならなかったために、作者は「序文」でこの作の名をあげることはしなかったのではあるまいか。

こんな風に言ってしまうとコジツケのように思われるかもしれず、筆者も強くこの見方を主張するつもりはない。ただ、『ピカデリーの殺人』には従来のオーソドックスな探偵小説の枠をハミ出している（少なくとも、ハミ出しかけている）部分があることは確かであり、それはやはり探偵小説の革新を目ざした作者の創作意欲がもたらした結果であろうと思うのである。

§名探偵チタウィック氏

『ピカデリーの殺人』は、アンブローズ・チタウィック氏が手がけた代表的事件である。チタウィック氏が扱った事件としては他に『毒入りチョコレート事件』と『トライアル&エラー』があり、作品的にはもちろんこれらの方が上なのだが、チタウィック氏の活躍ぶりに焦点を合わせれば、やはり本書である。『毒入りチョコレート事件』では最終的解決は与えるものの、役柄としてはプロットから要請された「意外な探偵」としての意味が大きいし、『トライアル&エラー』は基本的にはトッ

ドハンター物語であって、チタウィック氏の役回りはさして重要ではない。

　そこで、チタウィック氏のプロフィールを知ろうとするなら、まず第一に本書をひもとかねばならないことになる。その風貌は本書十四〜十五頁で紹介されているが、そのほかに付け加えるべきデータとしては、「人間という動物のちょっとした研究者をもって自ら任じている」（十頁）、「物静かなたちで、伯母と犯罪学と切手蒐集からなる暮らしにほんとに充分満足している」（百十頁）、「王立園芸協会の熱心な会員」（百十七頁）、狩猟も射撃も釣りもやらない（百三十三頁）がビリヤードは一応やる（百三十四頁）、といったところであろうか。

　小柄でさえない風采といい、控え目で温厚な気質といい、名探偵のあらゆる（?）パターンが出揃っている現代では格別異色の探偵として受け取られることもないだろうが、周囲がいかにも名探偵然としたキャラクターばかりだった当時としては、充分に目を引く存在だったろう。従来の探偵のカラを破っていたはずのシェリンガムでさえ、チタウィック氏の前ではいかにも名探偵という物腰に見える。

　一見正反対のタイプに見えるシェリンガムとチタウィック氏が、犯罪学と人間観察という趣味において共通しているのは面白い。それは、作者自身の趣味が両者に反映された結果なのであろう。

§恐るべき伯母たち

　チタウィック氏の恐れている伯母さん、ミス・チタウィックの女傑ぶりも面白い。こういうキャラクターを配することによってチタウィック氏の性格が一層鮮やかに浮き彫りにされているし、二人の関係が醸し出すユーモアも楽しい。

　ストーリーの進行の上からは、この伯母さんが登場する必然性は何もないわけだが、扱われている犯罪が「甥による伯母の殺人」という絵柄なので、それと絡めての言及もあり、まったくムダというわけのものでもない。むしろ、ユーモア・ミステリが作者の狙いの一つだったとすれば、その雰囲気作りの一翼を担う重要なキャラクターであるともいえる。

　ミス・チタウィックのモデルは、ある文芸作品の中に見出せる。P・G・ウッドハウスのジーヴズものに登場する、バーティ・ウースターの伯母がそれである。この伯母さんも女傑の名に恥じない人物で、呑気なウースターも彼女の前では神経をピリピリさせながら、借りてきた猫のように振る舞うのである。確証はつかめないけれども、作者のウッドハウスへの傾倒ぶりとも考え合わせて、筆者としてはこのモデル問題の解答は間違いないものと確信している。

§ピカデリー・パレス・ホテル

本書で犯行の舞台となったピカデリー・パレス・ホテルというのは、実在のホテルではなく、ピカデリー・サーカスのそばにあるピカデリー・ホテル（これは実在）をモデルにしたものである——というのは、小林晋氏に教えられて読んだ海野弘『ヨーロッパの誘惑』（丸善ライブラリー）から得た知識である。この本の「ロンドンの二つのホテル」という一節の中で『ピカデリーの殺人』が取り上げられ、そこに出てくる二つのホテルについて興味深い考察が加えられているのである。

もう一つのホテルというのは、ミス・シンクレアが泊っていたオルドリッジ・ホテルで、こちらはクラリッジ・ホテルのパロディであるらしい。ピカデリー・パレスが新しい設備を誇る安くて快適なホテルであるのに対して、オルドリッジは時代遅れで居心地が悪いくせに、気取っていて料金は高い、名前と格式で勝負するホテルである。

「現代では、クラリッジも新しい需要にこたえなければならなくなっている。裸の王様の権威も通用しにくくなっているのだ。一九三〇年の『ピカデリーの殺人』では、まだ、二つのタイプのホテルが通用していた。モダンで最新の機能を持ったホテルと、古めかしく、過去の階級社会の幻影を持っているホテルと。なぜオルドリッジに泊っている客が、ピカデリー・パレスで死んでいたか、というのがこのミステリーの謎である」（『ヨーロッパの誘惑』百六十六頁）

ふーむ、ふむ。まったく、知るは楽しみなり、ですな。筆者は『ピカデリーの殺人』を二度読んだけれども、二つのホテルの対比的な意味合いにはとんと気がつかないでしまったし、ましてや両者が実在のものではなく、実在のホテルのパロディであるとは知るよしもなかった。英国の読者ならばこんなところからも作者の皮肉を読み取って面白がれるのだろうが、極東の島国の住人には、特別の知識を持っているのでない限り、なかなかそこまでは覚束ない。他にもいろいろこの種の読み落としをしているのであろうと思うと、何か空恐ろしいようでもある。

ピカデリー・パレス・ホテルについて筆者が提供でき

る知識は、同じ作者の『Mr. Priestley's Problem』の中にもこの名前のホテルが出てきたということだけである。

§文体のユーモア

本書にはユーモアの味付けが豊富で、一面ユーモア・ミステリのような趣もある。創元推理文庫の発売時のオビには「ユーモア推理」とうたってあり、その路線で売ろうとしていたらしく見える。

本書のユーモアは、その主要な部分は人物の性格や出来事から生み出されているわけだが、文章じたいに含まれているユーモアも見逃せない。筆者のメモからいくつか例をあげてみると、次のような具合である。

「そのあとどうにもならないほど咳きこんでいる間に、氏は自分の難儀が赤毛の男におわびと償いを兼ねたものとして受けとられることを、合間合間に切れぎれに期待した」(十七頁)

「ミス・チタウィックは当年とって七十九歳であり、いずれ百歳にならないという理由はなにもなさそうだった」(六十九頁)

「しかし、きてしまった以上、降りていかなくてはならない。だからして氏は降りていった」(百十頁)

「マウスは自分も消えたほうがいいかと、眉の動きでさりげなくチタウィック氏に問いかけた。氏はいてほしいと顔全体で必死の合図を返した」(百九十頁)

「両人ともかすかに赤面し、ひどく具合の悪そうな様子をした。これはイギリス人の考えでは、ほんのちょっぴりでも感傷めいたものに出会った場合の正しい態度とされている」(二百九十八頁)

これらはほんの一例であるが、何と端正で上品なユーモアであることか。駄洒落や下卑た冗談で笑わせることをユーモアと勘違いしているようなどこぞのボンクラ作家どもに、爪のアカでも煎じて飲ませてやりたいものだ。しかし、本来こうしたものは、学ぶことも真似ることもできないものであるかもしれない。しょせんユーモアというのは——そしてまた、文章も——人品の問題なのである。

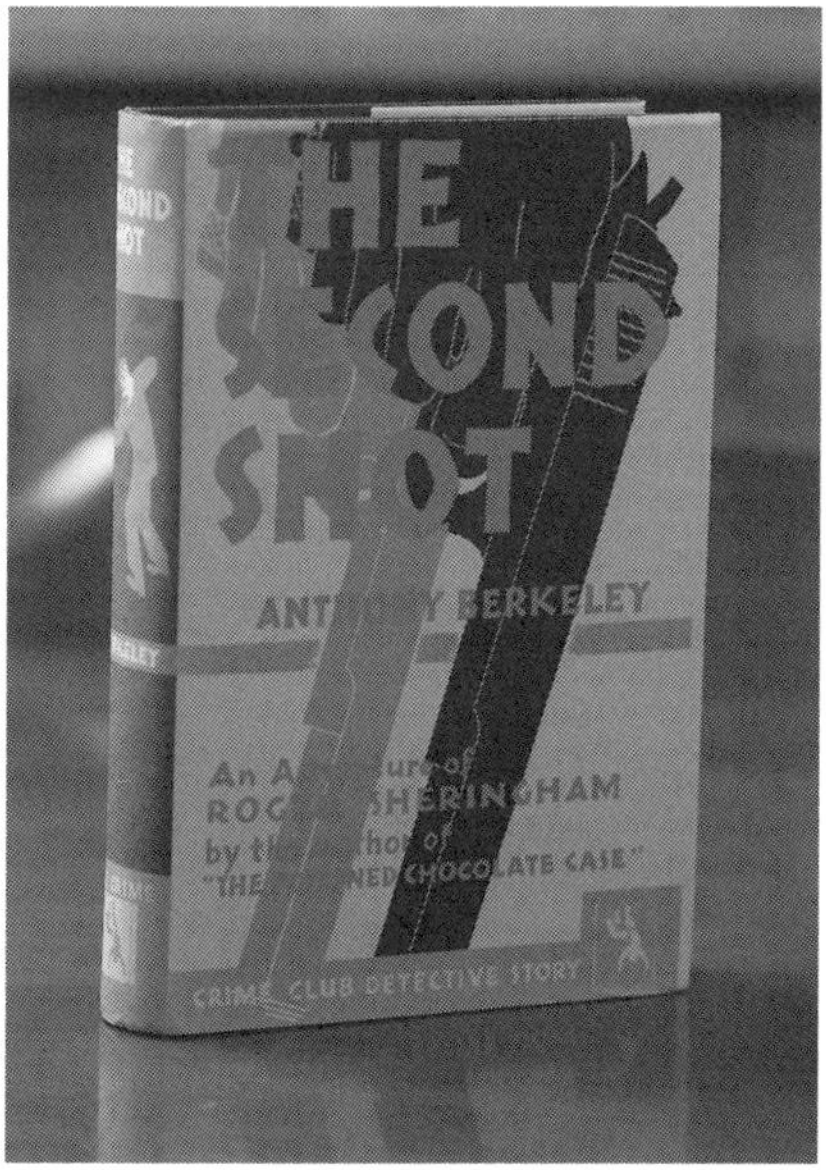

Doubleday (1931)

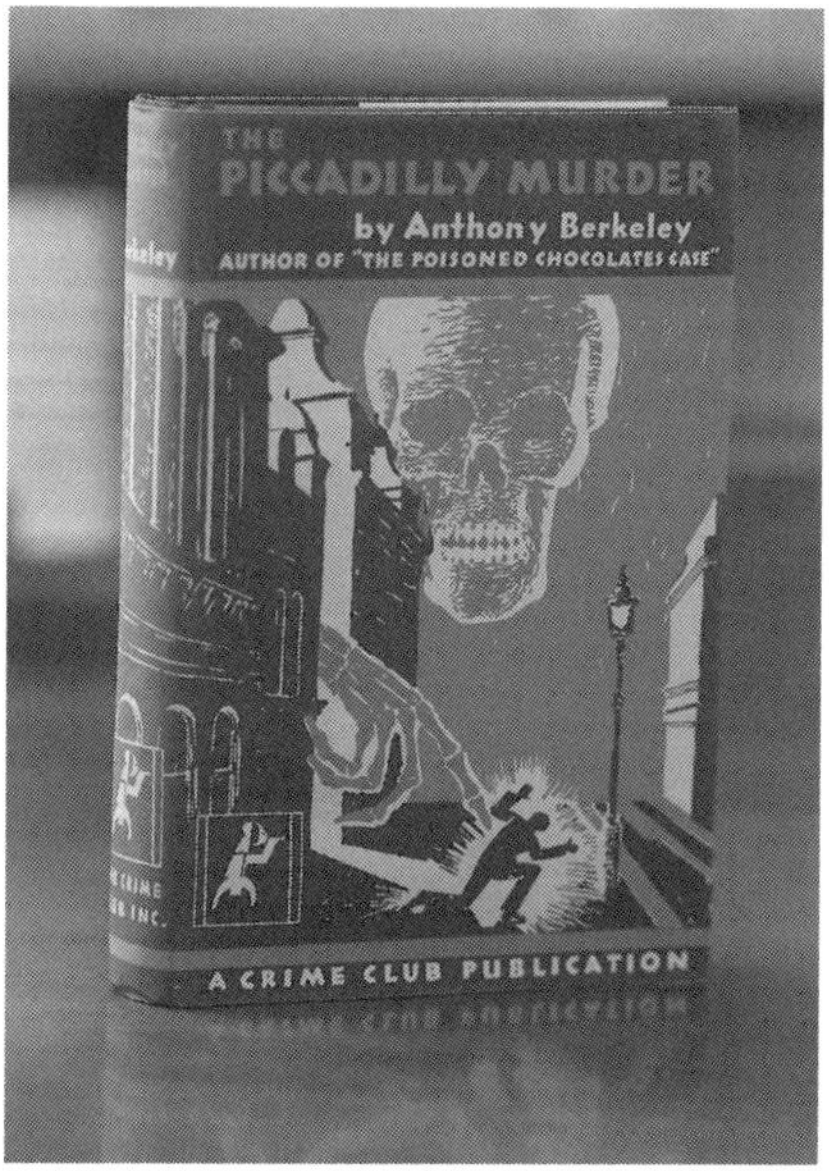

Doubleday (1930)

プロットと心理の間に

バークリー『第二の銃声』解説

初出：同書（国書刊行会　1994年11月）

1　はじめに

『第二の銃声』（The Second Shot）の原書初版は、一九三〇年、英国のホッダー&スタウトン社から（米国版は翌年ダブルデイ社から〈クライム・クラブ〉叢書の一冊として）刊行された。わが国では昭和十一年（一九三六年）に黒白書房から翻訳が出たが、戦前訳の通弊とはいえ極端な抄訳で原書の味わいを十分伝えているとは言い難いし、何よりもう半世紀にわたって絶版が続いているので、今回の完訳版が実質的に初めての紹介であるといってもよい。

一読してお分かりいただけるように、本書は探偵小説を読む楽しみを満喫させてくれる充実した内容の傑作であり、このような作品がまだ眠っていたのか、とため息をつかれた読者も多いと思われる。

近年翻訳ミステリの出版が盛況を極めているとはいえ、過去の遺産は不当に軽視され、十分紹介に値する作品でありながら未訳のままに残されているものも数多い。バークリーにしても、黄金時代の英国探偵小説を代表する作家でありながら、邦訳された作品は三分の一足らずである。本書がようやくその欠の一部を埋めることになったわけだが、翻訳が待たれる佳作秀作はなお五指に余るのであり、早い機会にその全貌をうかがうに足る紹介がなされることを切に望みたい。

バークリーは、個人生活に関しては秘密主義を旨としていたため、その生涯について知られるところは多くないが、大きな矛盾をはらんだ人柄といい、多分に奇矯な意見や行動といい、彼自身が謎にみちた興味深い人物だったようである。しかし、この面で筆者が他の文献に付け加えられる事項もないので、本稿では作者の伝記的事実に関する記述は略し、もっぱらその作品に目を向けることにする。以下、バークリーの作家的経歴を概観し、その作品の全体的な特徴を整理したうえで、『第二の銃声』の内容を吟味してみることにしたい。

2　バークリー／コックス／アイルズ
——作家としての歩み

バークリーの本名は、アントニイ・バークリー・コックス。主たる筆名アントニイ・バークリーのほか、A・B・コックス、フランシス・アイルズ、A・モンマス・プラッツ等の名義を使い分けながら、ミステリを中心に幅広い著作活動を行った。

活字になったバークリーの作品で最も古いものは

「To Evadne」と題された十四行の戯詩で、一九一三年の作である。ときに作者二十歳。これより前に書かれた未完の長篇小説の草稿も残されており、文筆活動への意欲は学生時代からあったようである。しかし、第一次世界大戦の勃発もあって、この意欲はすぐには実を結ばない。

本格的な文筆歴の始まりは一九二二年からで、当初は「パンチ」等の雑誌に主にA・B・コックス名義で小文や短篇小説を寄稿していた。作品の内容はヴァラエティに富んでいるが、ユーモラスな、あるいは風刺的な作風のものが多い。作者の初志はP・G・ウッドハウスのようなユーモア作家になることだったと思われるフシもあり、探偵小説に手を染めて以降もしばらくユーモア小説の作がある（一九二七年刊『プリーストリー氏の問題』がこの分野の代表作であろう）。

この時期の作品『Jugged Journalism』は、実作入り短篇小説作法というスタイルのユーモア・エッセイ集であるが、著名作家の文体模写を含めて多様な作風をやすやすと書き分ける筆力のたくましさは並大抵のものではない。エラリイ・クイーンは、作者のこの側面を指して「ジャーナリズムの古強者」と呼んでいる。

一九二五年に探偵小説の処女作『レイトン・コートの謎』が出版された。ユーモア本格ミステリとしての作品の出来ばえもすばらしいが、さらに幾つかの意味で重要な作品である。一つには、その序文（父にあてた手紙の形式をとっている）において伝統的な探偵小説を批判し、フェアプレイとリアリズムを主張して探偵小説革新の気構えを見せていること。第二に、黄金時代を彩る名探偵の一人、ロジャー・シェリンガムのデビュー作であること。第三に、これが最も重要かもしれないが、この本が作者に予想外に多額の印税をもたらし、その志をユーモア小説から探偵小説へと転ぜしめたことである。

といっても、作者の関心は商業的成功にだけ向けられていたわけではない。探偵小説第二作『ウィッチフォード毒殺事件』（一九二六）は「心理的探偵小説」を企図したものであり、その意図に応じた成果を上げているかどうかは別として、この分野に新風を吹き込もうとする作者の意欲が見てとれる。

第三作『ロジャー・シェリンガムとヴェインの謎』（一九二七）には、プロット全体に探偵小説批判が織り込まれているが、これに限らず、初期作を中心にバークリー作品の多くは、従来の探偵小説に対する批判ないし風刺が基調となっている。しかし、もちろん作者は探偵小説を憎んでいるのではない。これを愛するあまりの揶揄であり、愛する故にその発展を図らんがための批判なのである。したがって、その批判なり風刺は、探偵小説を外側から眺める視点からなされるのではなく、その内部に入り込んで、探偵小説に特有の趣向なり技法をフルに活用することによって行われる。

そのような方向で超絶的な技巧が発揮されたのが、全時代を通じてのベスト・ミステリの一つとして評価の定まっている『毒入りチョコレート事件』（一九二九）である。これほど強烈な探偵小説批判に満ち、同時に探偵小説本来の面白さを極限まで追求した作品は他にあるまい。

『毒入りチョコレート事件』をバークリーの代表作とするのは動かないところだが、これに次ぐ傑作も一二にとどまらない。時期的にもそれに続く『第二の銃声』（一九三〇）、『最上階の殺人』（一九三一）、『地下室の殺人』（一九三二）、『ジャンピング・ジェニイ』（一九三三）といった作品群が、バークリー山脈の高峰を形づくっている。この一九三〇年前後の数年間がバークリーの創作力の絶頂期であったと思われるが、この時期の作者のエネルギーは、ディテクション・クラブの設立とその運営にも注がれていたし[注1]——作品的には、『漂う提督』（一九三一）、『警察官に聞け』（一九三三）等の合作に参加している——、他方、作者の新生面を拓く方向にも働いた。

フランシス・アイルズの登場である。『殺意』（一九三一）と『犯行以前（レディに捧げる殺人物語）』（一九三二）の二作は、犯罪心理小説の分野における巨大なマイルストーンであり、仮にバークリー名義の探偵小説がまったく書かれなかったとしても、この二作をもって作者の名はミステリ史の一ページに特筆大書されたことだろう（現に、アントニイ・バークリーなどいなかったかのように、アイルズばかりを褒めそやしている批評家もいる）。

一九三四年以降は、『試行錯誤（トライアル&エラー）』（一九三七）という集大成的な傑作はあるものの、全体的に作品の水準は落ちており、中には「このような作品を書くべきではなかった」と評されるものまである。一九三九年、バークリー名義の『Death in the House』（R・エイディは「著者の最後にして最悪の作」と評している）とアイルズ名義の『被告の女性に関しては』を発表して以降、長篇小説の出版はなく、作者は創作から離れていく。この突然ともいえる断筆の理由は明らかでないが、バークリーと親交のあったディクスン・カーは、『被告の女性に関しては』の不成功から立ち直れなかったためであるとしている（他に、巨額の財産を手にしたためであるとか、所得税の負担の重さに嫌気がさしたためであるとかいった推測もなされている）。

しかし、そこでまったく筆を折ってしまったわけではなく、晩年に至るまでアイルズ名義で書評の執筆は続けられた。一九三〇年代には「デイリー・テレグラフ」に、第二次大戦後は「サンデー・タイムズ」に、そして一九五〇年代半ばから一九七〇年までは「マンチェスター・ガーディアン」（後に「ガーディアン」）にミステリを中心として書評を執筆しており、書評家としての活動期間は、作家としてのそれよりも長きにわたっている。

「とにかくゴランツの新刊推理小説が洋書店にはいって、その黄色いジャケットにフランシス・アイルズの推薦文が出ていれば、これを読まないで何をほかに読む気なのかい、と呟やかないではいられなくなる。アイルズはガーディアン紙の書評で推理小説を担当しているが、カトリーヌ・アルレエの「藁の女」を読んだ動機というのもアイルズが褒めていたからであった」

というのは植草甚一『雨降りだからミステリーでも勉強しよう』の一節だが、アイルズの書評がかなりの権威をもっていたことがうかがわれる。単に量だけをみても、三十年にも及ぶ書評活動の成果は相当なものがあったはずであり、それらが一書にまとめられれば、大変に貴重で有益な文献となることだろう。注2

3　バークリー作品の特徴

次に、バークリー／コックス／アイルズの作品全体を見渡して、その特徴を整理してみたい。

まず、バークリー名義の探偵小説であるが、それらに特徴的な要素を筆者なりにまとめてみると、次の五つになる。――①どんでん返しの多用、②解決の多重性、③ユーモア・ウイット・風刺、④犯罪学への関心、そして⑤人間性への関心。

①と②は結局は同じことになるが、要するに、バークリーの探偵小説では、多くの場合一つの事件に対して複数の解決が示されるということである。どんでん返しの連続といってもよい。典型例は『毒入りチョコレート事件』だが、『第二の銃声』もそれに劣らず多様な解決を含む作品であるし、他の作でも一つや二つのどんでん返しは常にある（同じシチュエーションを設定しながら解決の仕方を変えた短篇のセットもあり、これなども多重解決の一例と見られる）。アガサ・クリスティーは、作

者を「どんでん返しの帝王」と呼んでその技量を讃えているが、一方では、あまりにもワンパターンのプロット構成がマンネリズムとして批判されることにもなる。

③のユーモア等はA・B・コックス名義の著作の基調となっている要素だが、探偵小説も多くの場合同じ色調で彩られ、溌剌とした愉快な雰囲気に包まれている。第一作『レイトン・コートの謎』からしてそうであったが、他にも『ピカデリーの殺人』、『最上階の殺人』などユーモア・ミステリといってよい作品も少なくない。

④の犯罪学はロジャー・シェリンガムの趣味ということになっているが、作者自身の趣味でもあったらしく、実在犯罪事件の研究を発表したりしている。創作においても『ウィッチフォード毒殺事件』、『試行錯誤』など現実の事件をベースにしたものがあるし、他の作でも犯罪学ないし事件への言及は随所に見られる。

⑤もシリーズ探偵の一人アンブローズ・チタウィック氏が人間性の観察者をもって任じているごとく、作者の主要な関心事である。それは探偵役や被害者をはじめとするキャラクターの造形に生かされているし、探偵活動にとって重要なのは人間心理の洞察であるといった見解も、作品中でしばしば披瀝されている。また、④の犯罪学への関心というのも、これに吸収されることになるかもしれない。犯罪を興味あるものにしているのは、犯行をめぐる諸事実ではなく犯罪者の心理なのだという見解も、一度ならず作中に語られているからである。

このように見てくると、右に整理した諸要素はバークリー名義の探偵小説に限らず、作者の他の作品にもあてはまりそうである。③はそのままコックスのユーモア小説に結びつくし、④・⑤はアイルズの犯罪心理小説を成り立たしめているものである。①・②は探偵小説に特有の要素のようでもあるが、これらは要するに作者の論理操作の自在さによるものであり、それはプロット構築力のたくましさに帰せられるものであるから、その力は当然、ユーモア小説や犯罪心理小説のプロット構成にも及んでいるわけである。

ここで右の五つの要素を作者の創作力の構成要素の観点から整理し直してみると、①と②、④と⑤はそれぞれ同根であるから、結局次の三つにまとめられそうである。

Ⅰ　プロットの構築力

Ⅱ　喜劇的センス

Ⅲ　人間性への洞察力

そして、これら三要素は作者の全作品に共通するものではあるが、ごく大雑把な言い方をするならば、Ⅰの要素が前面に出たものがバークリー名義の探偵小説、Ⅱが主となったものがコックス名義のユーモア小説、Ⅲを中心とするのがアイルズ名義の犯罪心理小説、ということになるのではないかと思う。

だが、抽象的な議論はこれくらいにしておこう。以下においては、読者がすでに本作を読まれたことを前提として、『第二の銃声』の構成等について作品の内部に立ち入って吟味してみることにしたい。

4 『第二の銃声』を読む

★★★『第二の銃声』『アクロイド殺し』

『第二の銃声』は、構成に工夫の凝らされた作品である。そのテキストの主要部分は事件の関係者の一人が書いた草稿から成っており、草稿の筆者が殺人者であったことが最後で明かされる。これだけを見ればアガサ・クリスティーの『アクロイド殺し』の模倣のように受け取られるかもしれないが、バークリーは構成上の工夫によって、『アクロイド殺し』から一歩を進めている。

『アクロイド殺し』のトリックは――先行する作例はあるにせよ――当時としては目ざましいもので、賛否両論の大議論を呼び起こしたことで有名だが、これを擁護する立場に立つとしても、このトリックに欠陥があることは認めざるを得ないだろう。犯行の場面を書くわけにはいかないのでこれを省略していることもその一つだが、より大きな欠陥として、犯人がなぜそのような手記を書いたのかという問題、すなわち一人称の記述スタイルをとった必然性が認められないという問題がある。この点をバークリーは、犯人が、「犯人と疑われた無実の者の手記」という体裁の草稿を書いて警察の疑いをそらそうとする、という設定をとることによって、クリアしているのである。その辺の事情を明らかにするため、少しくこの作品の構造を分析してみよう。

『第二の銃声』のテキストは、次の部分から構成されている。

A　「A・D・ピーターズに」と題する作者の序文

B　プロローグ（ミントン・ディープス農園におけるエリック・スコット＝デイヴィスの死を報じた一九三〇年六月九日付デイリー・クーリア紙の記事と、同事件に関するハンコック警視の六月十日付報告書を並べたもの。これによって事件の概要が示される）

C　ピンカートン氏の草稿（同氏がミントン・ディープスに赴いてからシェリンガムによる「真犯人」の指摘までの経緯が語られる）

D　エピローグ（ピンカートン氏の草稿の続きであるが、書かれたらすぐに破棄されるはずだった部分で、ここにおいて事件の真相が明らかにされる）

このうちCのパートは、Dにおいて明らかにされた事情に照らすと、さらに二つのパートに分けることができる。すなわち、

a　ピンカートン氏が事件の翌日の午後から夜にかけて書いた部分。内容的には、殺人ゲームがどのように計画され、実行されたか、また、これを演じた各人の背後の事情等が説明されている部分

b　それ以降の部分

の二つである。aとbの境界は第八章の半ば（見方によっては第五章と第六章の間）あたりにあると思われるが、後に述べる事情から、その境界を明示することはできない。

シリル・ピンカートンは、エリック・スコット＝デイヴィスを殺害する決心をし（その動機は「より多くの人々のより多くの幸福のために」という興味深いものなのだが、ここでは詳しくふれない）、アリバイを作るために殺人ゲームを利用することにした。計画は順調に進行したが、ホストのジョン・ヒルヤードがゲームの興趣を盛り上げるために散弾銃を発射するという、予定外の事態が生じた。この一発のためにピンカートン氏の犯行計画に狂いが生じ（それは銃声によってアリバイを工作するものであったから）、思いがけず自分が疑われることになった。その嫌疑は、誰もがエリック殺害の動機をもっていたという背後の事情を警察が知らないことにもよると思われたので、ピンカートン氏はその辺の事情を警察に認識させて嫌疑を自分からそらすために前記Caの草稿を書き、わざと警察に発見させるように仕向けたのである。この草稿は必ずしも意図したとおりの効果は上げなかったが、別の事情からピンカートン氏は嫌疑を免れた。

Cbの部分は、草稿を書き始めた当初の目的からすれば書かれなくともよかったわけだが、ピンカートン氏の「いったん手をつけた仕事を中途半端なままにできない性分」からその後三年にわたって書き継がれ、一応の結末がつけられたのである。ただし、bの部分はaの部分の後に単純に書き足されたものとは思えない。aはある一日の午後から夜にかけての時間に書かれたものであるから、いくらそれに没頭したとしても、書き上げられた分量はたかが知れているはずである。ところが、テキストのC部分のうち想定されるa部分は半日で書ける分量

をはるかにオーバーしているから、これは当初書かれた姿のままではなく、その後bが書き足されるにあたってaにも手が加えられたものと見るべきである。すなわち、b部分はa部分がより詳細な形に書き直された（冒頭の余裕のある探偵小説談義などもその際書き加えられたものか？）後に書き継がれたと推測されるのであって、先にaとbの境界が不分明であると述べた理由もそこにある。

C部分を書き上げた後、ピンカートン氏は「ただ自分の楽しみのために」D部分を書いたのだが、これはすぐに破棄されるはずだった。ところがD部分は何らかの事情で破棄されずに終り、おそらくはピンカートン氏の死後、C部分と一体となった草稿の全文が、本書には姿を現さない人物Xの手に渡った。X（A部分の筆者としての作者とイコールではない）は、草稿のうち真相告白の部分（D）をエピローグとし、さらに当時の新聞記事等をプロローグとして配置し、首尾一貫した物語の体裁を整えた――と、いう設定で書かれた作品（その序文がA）なのである、本書は。このように見てくると、AとB、C、Dの間はもとより、B・C・Dのセットとその部分としてのB、C、Dの間でもテキストのレベルが違うことが分かる。

かなり回りくどい構成であるが、こうした設定をとることによって、作者は犯人による一人称の物語というスタイルの必然性を準備したといえる。そしてさらに、その草稿が警察を欺く目的で書かれたという設定からして、そこにおいては必ずしも真実が語られなくともよいということになった。『アクロイド殺し』に対する批判として、記述を一部省略している点が問題にされることがあるが、本書においては、そうした批判に対する備えもできているわけである。記述の省略はおろかまったくの出鱈目を並べ立ててもよいわけで、現にピンカートン氏は犯行の場面等を記述するにあたって、まったくの出鱈目を述べているとは言わないまでも、真実を率直に語っているとは言い難いようである。

以上のような意味で、トリックの扱いにおいては本書は『アクロイド殺し』に優っていると思われるのだが、そうした比較にはあまり意味がないかもしれない。というのは、本書における一人称記述スタイルは――少なくとも作者の意図においては――そもそも「トリック」として採用されたのではなかったのだとも考えられるからである。

作者の狙いは、序文において明らかにされている。来るべき探偵小説の姿をめぐって、作者はまずある批評家[注3]

の説を引用しているが、その説に曰く、聡明な作家の模索している方向としては、

①プロットを語る上でさまざまな実験を試みる、

②性格描写や作品の雰囲気を深化させる、

の二つがある。この説を真剣に受け止めたバークリーが、①の方向の試みとして書いたのが『毒入りチョコレート事件』であり、②の方向を狙ったのが本書だというのである（本書の原題"The Second Shot"には「第二の試み」の意味もある）。

この序文に呼応する形で、ピンカートン氏の手記の冒頭においては、犯罪者の内面や犯罪に先行する諸事情を無視しては良い探偵小説は書けない、自分もいつか犯罪者自身の視点から探偵小説を書いてみたいと考えていた、という趣旨のことが述べられている。こうした文脈からすれば、犯人による一人称記述というのはまさに「犯罪者自身の視点による探偵小説」を書くために必然的にとられたスタイルなのであって、そこに意図されていたのは犯人の正体の隠蔽ではなく、その内面心理の描出であったと見るべきだろう。

もっとも、作者の「第二の試み」がそれとして成功しているかというと、否定的な見方をせざるを得ない。なるほどこの作は「殺人者の手記」というスタイルで構成されているけれども、その内容は殺人者の赤裸々な告白ではなく、警察向きに虚飾された偽りの物語なのである。心理描写があるとしてもそれは「殺人者と疑われた無実の者のおののき」、それも、その見せかけでしかない。序文において述べられた作者の狙いが、具体的にはピンカートン氏の草稿の冒頭に書かれているような殺人者の内面心理——その希望、恐怖、警戒、必死のもがき——の描写にあったとすれば、その狙いは不発に終っている。作者の第二の試みは、本書の翌年に刊行されたフランシス・アイルズ名義の犯罪心理小説『殺意』によって初めて十全に達成されたというべきだろう。

しかし、本書がシリル・ピンカートンという、一見類型的だがその実きわめてユニークなキャラクターの造形に成功している点は評価してしかるべきである。「世界を秩序ある状態に戻すという使命を帯びている」と思い込むほどの過度に道徳的な性格が、随所で滑稽味を感じさせる一方で、利他の殺人という特異な犯行動機の真実性を担保している。ジェイムズ・サンドーは、本書の最終的な解決は主人公の性格に照らして納得できるものではないと述べているが、その評言は首肯しがたい。

序文において作者は「厳密に言えば、いま君の目の前にある本は、おそらく探偵小説ではない。これは殺人を

探偵する小説ではなく、殺人についての小説である」とも述べている。先述の狙いに基づき殺人者の心理描写を意図した作品であるということのほか、本格探偵小説としてはアンフェアな部分があるためにそのような言い方をしたのであろうが、「殺人者の物語」という枠組みを取り払ってその内実を見るならば、本書は第一級のバークリー探偵小説である。『毒入りチョコレート事件』にも匹敵する多重解決ミステリであり、関係者のほとんど全員が犯人に擬せられ、そのうちの半数の者は入れ替り立ち替り犯行を告白するという華麗なプロット展開を見せる。その読後感は、よく出来た探偵小説のそれ以外の何物でもない（ちなみに、本書と同様の設定で一人称によらずに書かれた短篇「完璧なアリバイ」は、純粋なパズル・ストーリーに仕立てられている）。

本書の序文は、一般にプロットよりも人間の性格・心理を重視すべきことを主張したマニフェストのように受け取られているが、そのような内容の序文がなぜ「第二の毒入りチョコレート事件」ともいうべき本書に付されることになったのだろうか。その辺の事情を推測する手がかりとして、次のような事実がある。

○バークリーの作品は従来コリンズ社から出版されていたが、本書以降ホッダー&スタウトン社に変っていること

○コリンズ社は、アガサ・クリスティーの作品の出版元でもあったこと

○本書を献ぜられているA・D・ピーターズは、出版エージェントであったこと

これらの事実から、次のような推測はできないだろうか。――バークリーが『毒入りチョコレート事件』の成功を受けて第二の試みとして書き上げた新作は、コリンズ社の編集者に受け入れられなかった。メイン・トリックがアガサ・クリスティーの代表作の二番煎じだというのだ。バークリーはクリスティーの真似をしたつもりはなかったから大いに心外だったが、それが模倣ではないことをコリンズ社に納得させることはできなかった。そんなとき、A・D・ピーターズがその原稿を救い上げてホッダー&スタウトン社に売り込んでくれた。出版に際してバークリーはピーターズが「してくれたことすべてに対する、ささやかな感謝の印」としてこの本を彼に捧げることにし、同時にその序文において、コリンズ社に対する弁明の意味も含めて、この作品の記述スタイルの狙いが『アクロイド殺し』とはまったく別のところにあることを明らかにしようとした。そこで『アクロイド殺し』のトリックとの違いを際立たせようとしたために、

性格・心理の重視を必要以上に強調する結果となり、必ずしも作品の内実とはそぐわない序文が出来上がってしまったのだ。……

というのは、なかなかうがった推測のように思うのだが、外れていたとしても別にかまわない。ただ、本書の序文は作品を離れて一人歩きしている（させられている？）感もあるので、それをできるだけ元の文脈に置き直して解釈したいと思ったまでである。

本書の序文を、ジュリアン・シモンズの犯罪小説論の先駆のように読む人も多いと思われるが、探偵小説から犯罪小説への「進化」を説くシモンズとは違って、バークリーは性格・心理の重視をあくまで探偵小説を発展させる試みとしてとらえていることに注意すべきであろう。しかし、その試みを徹底させた『殺意』はもはや探偵小説ではなくなっているわけで、この点は序文の論旨を検討する上で一考を要する問題である。いずれにせよ、作者が『殺意』をもって犯罪心理小説に「転向」したわけではないことは、引き続き探偵小説の意欲作を発表している（合作探偵小説という遊びにさえ参加している）ことによっても明らかである。

本稿では『第二の銃声』の記述スタイルの探偵小説的意味合いを中心に分析してみたが、本書はバークリーを論ずる上で、また、探偵小説の本質に関する議論を行う上で格好の素材となりうる興味深いテキストであり、さらに様々な角度から吟味が行われることを期待したい。

☆☆☆

（注1）バークリーが著名な探偵作家の集まりであるディテクション・クラブの事実上の創立者であったことはよく知られているが、従来、その設立年は一九二八年であるとされてきた。ジョン・ロードが一九三九年に編んだアンソロジー『Detection Medley』の序文にその旨を記したのが元になったと思われるが、この説がハワード・ヘイクラフトをはじめ複数の評論・研究家に踏襲され、それを前提に『毒入りチョコレート事件』（一九二九）はディテクション・クラブのメンバーを戯画化しているなどと評されてきたのである（ひとりディクスン・カーだけが一九三二年設立説を主張していたが、同クラブによる『漂う提督』が一九三一年の作であることからして、この説は成り立たない）。しかし、実際のところは同クラブは一九三〇年に設立されたもののようである。

一九九〇年十二月、バークリーとチェスタトンの旧蔵にかかるディテクション・クラブ関係の文書が十点余り英国の古書店から売りに出された。そこに含まれたバークリーからチェスタトンへの手紙――「私（バークリー）が心に描いているクラブは『ブラウン神父』の作者抜きではまったく不完全なものになるでしょう」と言ってクラブへの参加を求めている――によると、同クラブの初会合は一九三〇年一月に開かれたらしい。『毒入りチョコレート事件』の「犯罪研究会」は、むしろディテクション・クラブに先行するアイディアだったわけだ。

（注2）ガーディアン紙掲載分の書評については、三門優祐編訳『アントニイ・バークリー書評集』全七巻（二〇一四～一七）としてまとめられた。

（注3）序文の冒頭で言及される「かの人物」、「探偵小説の書き手である我々が真剣に耳を傾けるべき唯一の批評家」とは誰なのか。この疑問に対する答えは、ふとしたところから判明した。

一九九四年にロンドンで刊行されたバークリーの短篇集『The Roger Sheringham Stories』には編者エアサム・ジョーンズによる長い序文が付されているが、そこに引用されている文章（『第二の銃声』に関連して取り上げられているわけではない）の一部が、『第二の銃声』の序文に引かれた「かの人物」の言葉と同じものだったのだ。曰く、「it appears that there are two directions in which the intelligent novelist is at present trying to develop ……: he may make experiments with the telling of his plot, tell it backwards, or sideways, or in bits; or he may try to develop character and atmosphere.」――これを書いたのは、マーガレット・コール。『百万長者の死』等の作者として知られるコール夫妻の妻の方である。筆者にとっては、いささか意外な人物だったが、黄金時代の英国探偵文壇の姿には、まだまだ我々にとって未知の部分が多いようだ。

※

著作リスト

以下に、若干のコメントを付しながらバークリーの著作リストを掲げる。著作の全体像を把握できるようにミステリ以外の作品も対象とし、便宜的に次のように分類してみた。――A 探偵小説、B 犯罪心理小説、C ユーモア小説その他、D 短篇、エッセイ等、E 未発表原稿。A～Cは、単行本として刊行された著作（共著を含む）を内容別に分類したもの。D・Eについては、網羅的なリストアップは困難なので、概略の記述にとどめた。詳細はエアサム・ジョーンズによる書誌 The Anthony Berkeley Cox Files (Ferret Fantasy, 1993) を参照されたい。

A　探偵小説

別名義の注記のないものは、アントニイ・バークリー名義で刊行された。探偵役としてロジャー・シェリンガムが登場する作品には〈R・S〉と、アンブローズ・チタウィックの登場作には〈A・C〉と付記した。

1　The Layton Court Mystery（1925）〈R・S〉『レイトン・コートの謎』（国書刊行会／創元推理文庫）。英国での初版は「?.」名義で刊行された（後にバークリー名義）。

2　The Wychford Poisoning Case（1926）〈R・S〉『ウィッチフォード毒殺事件』（晶文社）。英国での初版刊行名義は by the author of "The Layton Court Mystery"（後にバークリー名義）。

3　Roger Sheringham and the Vane Mystery（1927）〈R・S〉『ロジャー・シェリンガムとヴェインの謎』（晶文社）。再刊時の別題 The Vane Mystery。米国版は The Mystery at Lovers' Cave の題で刊行された。

4　Cicely Disappears（1927）『シシリーは消えた』（原書房）。A・モンマス・プラッツ名義。前年デイリー・ミラー紙に連載された The Wintringham Mystery（A・B・コックス名義）に手を加えて刊行されたもので、作者名義は当時のバークリーのアドレスに基づいている。

5　The Silk Stocking Murders（1928）〈R・S〉『絹靴下殺人事件』（晶文社）他

6　The Poisoned Chocolates Case（1929）〈R・S／A・C〉『毒入りチョコレート事件』（創元推理文庫）他

7　The Piccadilly Murder（1929）〈A・C〉『ピカデリーの殺人』（創元推理文庫）

8　The Second Shot（1930）〈R・S〉『第二の銃声』（国書刊行会／創元推理文庫）他

9　Top Storey Murder（1931）〈R・S〉『最上階の殺人』（新樹社／創元推理文庫）。米国版 Top Story Murder

10　The Floating Admiral（1931）『漂う提督』（ハヤカワ・ミステリ文庫）。ディテクション・クラブのメンバーとの共著。第十二章「混乱収拾篇」（Clearing Up the Mess）が著者の執筆部分。

11　Murder in the Basement（1932）〈R・S〉『地下室の殺人』（国書刊行会）

12　Jumping Jenny（1933）〈R・S〉『ジャンピング・ジェニイ』（国書刊行会／創元推理文庫）。米国版 Dead Mrs. Stratton。米国版にはシェリンガムの略伝（Concerning

Roger Sheringham）が付されている。

13　Ask a Policeman（1933）〈R・S、ただしD・L・セイヤーズにより描かれる〉『警察官に聞け』（ハヤカワ・ミステリ文庫）。ディテクション・クラブのメンバーとの共著。ペアになった他の作家（バークリーの場合はセイヤーズ）と探偵役を交換するという趣向の作品で、第二部第三章「ウィムジイ卿の個人的助言」（Lord Peter's Privy Counsel）が著者の執筆部分。

14　Panic Party（1934）〈R・S〉『パニック・パーティ』（原書房）。米国版 Mr. Pidgeon's Island

15　Trial and Error（1937）〈A・C〉『試行錯誤』（創元推理文庫）他。ペンギン・ブックス版には序文が追加された。

16　Not to Be Taken（1938）『服用禁止』（原書房）。米国版 A Puzzle in Poison。ジョン・オ・ロンドン紙に犯人当て懸賞小説として連載されたもの。

17　Death in the House（1939）前作に続きジョン・オ・ロンドン紙に犯人当て懸賞小説として連載されたもの（同紙の懸賞小説第三弾として予告された Poison Pipe は発表された形跡がない）。

18　The Scoop and Behind the Screen（1983）『ザ・スクープ』（中央公論社、『屏風のかげに』も併録）。ディテクション・クラブのメンバーとの共著で、もとBBCによりラジオ放送された（前者は一九三一年、後者は一九三〇年）作品。『ザ・スクープ』では第五章「トレーシーを追う」（Tracing Tracy）及び第九章「ボンド通り？　ブロード通り？」（Bond Street or Broad Street ?）が、『屏風のかげに』では第四章「葉蘭のなかに」（In the Aspidistra）が著者の執筆部分。

B　**犯罪心理小説**

いずれもフランシス・アイルズ名義で刊行された。

1　Malice Aforethought（1931）『殺意』（創元推理文庫）他。初版（ペイパーバック）刊行の半年後デイリー・エクスプレス紙に連載された。

2　Before the Fact（1932）『レディに捧げる殺人物語』（創元推理文庫）他。デイリー・エクスプレス紙に連載された Married to a Murderer に基づくもの。一九五八年にパン・ブックスから改訂版が出ており、創元推理文庫版はこれを底本としている。

3　As for the Woman（1939）『被告の女性に関しては』（晶文社）。「性格の自然な発展としての殺人を扱った」三部作の第一巻として刊行されたものだが、続篇として予告された作品は出版された形跡がない（同じ頃刊行が予告された On His Deliverance も同様に出版されていない）。

C　**ユーモア小説その他**

7・8を除いてA・B・コックス名義で刊行された。

1　Brenda Entertains（1925）ユーモア短篇集

2　Jugged Journalism（1925）短篇小説作法をテーマとしたユーモア・エッセイ集。ホームズ物のパロディとして知られる「ホームズと翔んでる女」（Holmes and the Dasher）はP・G・ウッドハウスの文体模写の実例として同書に収められたもの。

3　The Family Witch（1926）ユーモア小説。同題のミュージカル・コメディを小説化したもの。

4　The Professor on Paws（1926）『黒猫になった教授』（論創社）。SF風ユーモア小説

5　Mr. Priestley's Problem（1927）『プリーストリー氏の問題』（晶文社）。米国版 The Amateur Crime（1928）。再刊本はバークリー名義で刊行された。未発表の短篇 Nothing Ever Happens 等を素材として長篇化したミステリ風ユーモア小説。クライム・ノヴェルとして探偵小説と同列に扱われることが多いが、謎解きの要素はほとんどない。

6　O England !（1934）政治的エッセイ集

7　A Pocketbook of One Hundred New Limericks（1959?）A・B・C名義の戯詩集。二百五十部限定の私家版。

8　A Pocketbook of One Hundred More Limericks（1960?）A・B・C名義。7の続篇の戯詩集。こちらは市販されたらしい。

D　**短篇、エッセイ等**

a　中短篇ミステリ

（アントニイ・バークリー名義）

The Avenging Chance（1929?）〈R・S〉「偶然の審判」（『世界推理短編傑作集3』創元推理文庫）他。中篇版もあり。

Perfect Alibi（1930）〈R・S〉「完璧なアリバイ」（HMM No.444）

The Mystery of Horne's Copse（1931）〈R・S〉

Unsound Mind（1933）「不健全な死体」（HMM No.601）。モーズビー主任警部が主役を務める。

Mr. Simpson Goes to the Dogs（1934）「帽子の女」（EQMM No.15）

The Policeman Only Taps Once（1936）「警官は一度だけ肩を叩く」（HMM No.326）

Publicity Heroine（1936）

White Butterfly（1936）〈R・S〉「白い蝶」（EQ No.33）

The Wrong Jar（1940）〈R・S〉「瓶ちがい」（『名探偵登場3』HPB）

Mr. Bearstowe Says …（1943）〈R・S〉「ブルームズベリで会った女」（HMM No.311）

Direct Evidence（1994）〈R・S〉

Double Bluff(1994)〈R・S〉右の作と同じ状況設定で解決のしかたを変えた作品

（フランシス・アイルズ名義）

Razor Edge（1994）〈R・S〉「のるかそるか」（EQ No.97）

Outside the Law（1934）「無法地帯」（別冊EQMM No.1）

Dark Journey（1935）「暗い旅路」（EQMM No.3）他

It Takes Two to Make a Hero（1943）／The Coward（1953）「臆病者」（HMM No.359）

b　実在犯罪事件に関するエッセイ

（アントニイ・バークリー名義）

Who Killed Madam "X"?（1935）

（フランシス・アイルズ名義）

The Case of Dr. Crippen（1944）

Was Crippen a Murderer?（1935）

The Rattenbury Case（1936）

c　その他の短篇、エッセイ、スケッチ等

エアサム・ジョーンズ編の書誌には、バークリーの文筆歴の初期を中心に雑誌等に発表された作品が二百八十篇ほど記録されている。分量的には掌篇、小文が多いが、内容はヴァラエティ豊かで、次のようなものが含まれている。

○七歳のおしゃまな少女ブレンダを主人公にしたユーモア小説（その一部がC1の本にまとめられた）。

○ロンドン近郊の町を舞台に、その住人たちの日常生活を描いたドメスティックなユーモア・スケッチ（この種の作品百篇ほどを素材として本にまとめようとした形跡があるが、実現されなかった）。

○P・G・ウッドハウス、その他当時の人気作家のパロディ。ホームズ物も数篇ある。

○恋愛小説その他のロマンチックな物語

このほか、アイルズ名義のユーモア小説（The Lost Diary of Th＊m＊s A. Ed＊s＊n 他）も含めて、全体にユーモアとサタイアを基調にした作品が多いが、怪奇小説やサイエンス・ファンタジー、時事的な話題を扱ったものやシリアスな問題作などもあり、その作風の幅はきわめて広い。なお、初期の作品は大部分がA・B・コックス名義で発表されたが、アントニイ・バークリー名義のものも何篇かあり、その最も早いものは一九二四年（探偵小説においてバークリーを名乗る三年前）に発表されている。

d　戯曲、ラジオ・ドラマ等

The Layton Court Mystery や Mr. Priestley's Problem に基づく戯曲、Trial and Error をラジオ・ドラマ化したもの、短篇 Mr. Bearstowe Says … の原型となったラジオ・ドラマ（Red Anemones）のほか、オリジナルなラジオ・ドラマやオペラもある。一九二八年にロンドンで上演されたコミック・オペラ The Merchant Prince は私家版の本が存在しているという情報があるが、詳細は不明である。

e　書評

バークリーは、一九三〇年代後半から三十年もの期間にわたって、アイルズ名義で数種の新聞・雑誌にミステリ等の書評を寄稿しており、その量は相当なものにのぼると思われるが、残念ながらその全体像は明らかにされていない（その一部は『アントニイ・バークリー書評集』として紹介された）。

E　未発表原稿

一九九〇年代初めにバークリーの旧蔵にかかる書物、文書類が遺族によって売りに出され、相当量の未発表原稿が存在していたことが明らかになった。その内容は多岐にわたるが、ミステリに限ってみても、The Layton Court Mystery 刊行後間もなく執筆されたと見られる An Amateur Adventuress と題する長篇スリラーのほか、シェリンガム物の短篇数本、シェリンガム物の未完長篇（冒頭部分）、数篇の犯罪小説などが含まれている。その一部は一九九四年にロンドンで刊行された The Roger Sheringham Stories に収録された。

国書刊行会 (1998)

ロジャー・シェリンガム、想像力の華麗な勝利

バークリー『地下室の殺人』解説

初出：同書（国書刊行会　1998年7月）

1　はじめに

本書『地下室の殺人』は、アントニイ・バークリーのロジャー・シェリンガム物の長篇第八作、『Murder in the Basement』（一九三二）の翻訳である。英国探偵小説の黄金時代を代表する作者の、脂の乗りきった時期に発表された作品であり、面白さは保証付きといってよい。

一九二五年に名作『レイトン・コートの謎』でデビューを飾ったバークリーは、引き続きユニークな作品を発表して新進探偵作家としての地歩を固めていったが、やがてアメリカでも作品が刊行されるようになり、一九三〇年前後には第一線の人気作家の列に加わっていた。この時期に作者の創作力も絶頂期を迎え、『毒入りチョコレート事件』（一九二九）を初めとして、『第二の銃声』（一九三〇）、『最上階の殺人』（一九三一）、『ジャンピング・ジェニイ』（一九三三）、それに本書『地下室の殺人』といったハイレベルの傑作を矢つぎばやに発表する。これらの諸作に比べては、『ピカデリーの殺人』（一九二九）のような佳作ですら影が薄くなってしまうほどである。

同じ頃、作者は謎の作家フランシス・アイルズとして新たに登場し、犯罪心理小説の傑作『殺意』（一九三一）と『犯行以前（レディに捧げる殺人物語）』（一九三二）を発表している。さらに、ディテクション・クラブのメンバーによるリレー長篇『漂う提督』（一九三一）にも、アンカーとして鮮やかな結末をつけていた。それやこれやを思い合わせると、この時期の作者の創作力がいかに豊かで力づよいものであったかが分かろうというものだ。

国書刊行会「世界探偵小説全集」既刊の『第二の銃声』は、幸い好評をもって迎えられ、人気投票による年間ベストテンの上位にランクされたりもした（その種のリストに、半世紀以上も前に刊行された作品が顔を出すのは、なかなか興味深い眺めではある）。思うに、バークリーの作品は、探偵小説というものが何よりもまず楽しく、知的で洗練された読物であることを思い出させてくれる。現代ミステリの神経症的な暗さ、重苦しさに息がつまりそうな思いがするとき、バークリー作品ののびやかな明るさは、爽やかな涼風のようにも感じられるのだ。同じ思いを抱く多くの読者が『第二の銃声』を支持して下さったのではないかと思うが、願わくは、本書によりさらなる読者の支持を得て、引き続き未訳作品の紹介が行われんことを。

『第二の銃声』の解説では、バークリーの作家的経歴の概略は紹介したのだが、この作者については、なお語るべき多くのことが残されている。本稿では以下、作者と探偵役のプロフィール、探偵小説史における作者の位置づけについてふれ、最後に『地下室の殺人』の内容吟味を行うことにしたい。

2　謎の人A・B・コックス

一昨年（一九九六年）、バークリーに関する初めてのまとまった研究書として、マルカム・J・ターンブル著『Elusion Aforethought : The Life and Writing of Anthony Berkeley Cox』（Bowling Green State University Popular Press）が刊行された。バークリーは自己や私生活について語ることを極度に嫌ったため、これほど著名な作家としては異例なほどその生涯は謎に包まれていたが、同書には親族へのインタビューなどに基づく新しい情報がかなり盛り込まれている。そこで、主として同書によりながら、作者についての伝記的事実をまとめてみることにしよう。

バークリー（本名、アントニイ・バークリー・コックス）は、一八九三年七月五日、英国のハートフォードシャー州ワトフォードで、父アルフレッド・エドワード・コックスと母シビル・モード・コックス（旧姓アイルズ）の長男として生れた。父は医師、母は地方の名家の出身で、この組合せはアイルズ名義の代表作『殺意』における登場人物の設定（田舎町の開業医であるビクリー博士と、家柄のある妻ジュリア）を連想させるが、これはコックス夫妻のキャラクターとは無関係である。

アルフレッド・コックスは、ビクリー博士とは違って才能豊かな人物で、先駆的なX線診療器械の発明者として名を上げた。『レイトン・コートの謎』の序文からうかがわれるところでは、相当な探偵小説好きでもあったらしい。シビル・アイルズは、女性として最も早い時期にオックスフォードで学んだ一人で、結婚前は私立学校を経営していた。彼女は自伝的要素の強い小説も出版しており、バークリーの文学的才能は母譲りのものと見られる（ちなみに、作者の別名義「フランシス・アイルズ」は、母方のアイルズ家の祖先――密輸業者として悪名をはせた人物――の名を借りたものである。また、アイルズ家の資産のうちには、後にバークリーの所有に帰したモンマス・ハウスとプラッツという隣り合った建物があり、一九二七年刊『シシリーは消えた』の発表名義「モンマス・プラッツ」はこれによっている）。

コックス夫妻には三人の子があり、みな人並み以上の才能の持ち主だった。学業成績においてはバークリーが一番劣っていた（あくまで相対的にだが）ようである。

四歳下の妹シンシア・セシリーはロンドン大学で音楽の学位を取得し、オックスフォードの音楽サークルで活躍した。六歳下の弟スティーヴン・ヘンリー・ジョンソンは、奨学金を得てケンブリッジに進み、数学者として身を立て、ケント州の学校で長年校長をつとめた。

バークリーは、地元の学校を経てウェセックスの由緒あるパブリック・スクール、シャーボーン校に進み、ここでは優等生だったが、その後進学したオックスフォード大学ユニヴァーシティ・カレッジでは、古典を学んで成績は「可」だった。アイルズ名義の第三作『被告の女性に関しては』（一九三九）には、主人公の青年が優秀な弟妹に囲まれて劣等感を覚える描写があるが、これは作者の体験を写したものと見られている。後年の財産問題もからんで、弟妹との仲は終生うまくいかなかったようである。

一九一四年に第一次世界大戦が勃発すると、二十一歳のバークリーは、ノーサンバランド連隊第七大隊の大尉としてフランス戦線に従軍したが、毒ガス攻撃を受けて傷病兵として送還された。この結果、彼は生涯にわたる呼吸器系の健康障害を抱えることになる。

戦後は社会事業、役所勤め、不動産取引など数々の職業に手を染めたが、いずれもフルタイムの仕事ではなく、多くの時間は一族の財産の管理に費やされた。二〇年代初期から文筆活動も開始し、やがてそれが本業となっていく。バークリーはある時期、「パブリシティ・サーヴィス」という広告会社と「A・B・コックス有限会社」の重役でもあったが、後者がどのような会社であったのかは知られていない。

一九二六年刊のユーモア小説『The Professor on Paws』に「妻に」という献辞があったので、公知の一九三二年の結婚以前にも結婚歴があるものと筆者は推測していたが、やはりバークリーは二回結婚していたのだった。最初の相手はマーガレット・ファーンリー・ファラーで、出征中の一九一七年に、休暇を利用してロンドンで結婚している。彼女はバークリーとともにワトフォードのしろうと演劇に関わっており、夫の作品の上演にも協力した。

だが二人は一九三一年に離婚し（妻の不倫によるものだが、別れは友好的に行われたようである）、翌年、バークリーはヘレン・マクレガーと結婚する。彼女は、バークリーのエージェントであったA・D・ピーターズ（『第二の銃声』の序文の名宛人）の前妻であり、ピーターズとの間にできた二人の子供を連れての再婚だった。この結婚も四〇年代の末には破綻したが、離婚には至らず、ヘレンはそれまでのロンドンの住居の一階下のフラットに移り住んだのみで、夫に数年先立つ死まで友好的な関係が続いたという。

バークリーは、自分はフェミニストではないと明言しているが、という以上に女性に対しては一貫してシニカルな姿勢を保ち続け、現代では物議をかもしそうな女性観を作品中にも反映させている。『殺意』を前妻に、『犯行以前』を新婚早々の二番目の妻に献じているというあたりの感覚は、なかなかのものではあるまいか。

一九二〇年代から三〇年代にかけて、バークリーは作家的成功を収め、先述のモンマス・ハウスのほか、ロンドンのセント・ジョンズ・ウッドのハミルトン・テラス、デヴォンとコーンウォールの州境にもとめた別荘リントン・ヒルズ、と資産も増やしていった。ハリウッドに売った『犯行以前』と『試行錯誤(トライアル&エラー)』(一九三七)の映画化権も、かなりの富をもたらしただろう。バークリーが一九三九年以降小説の筆を断った理由は、依然として明らかではないが、食うに困らぬだけの経済的安定を得ていたことがそれを可能ならしめたことは間違いない。だが、そこには別の要素――弟妹との確執(アイルズ家の資産の大部分を彼が受け継いだことによる)や、妻との良好でない関係も影を落としていると見られる。バークリーはあるとき、親しい友人であったディクスン・カーに、最後の作品となった『被告の女性に関しては』は、極度の心労を経験していた時期に執筆したものであることを告白している。

バークリーの屈託は、家庭的な問題に起因するものばかりではなかった。当時の英国の社会や政治のあり方に彼は深い憤りを感じていたらしく、一九三四年に出版された政治的エッセイ集『O England!』では、個人の自由を抑圧する官僚主義に対する怒りをぶちまけている。もっとも、彼の憤懣は必ずしも多数の人々に共感される性質のものではなく(予定されていた『O England!』の続篇は日の目を見なかった)、その言動の奇矯さばかりが目につく場合もある。一九三〇年代の二つの逸話を紹介しておこう。

あるときバークリーは、自動車の運転中に停止標識に従わなかったため罰金を科されたが、自分は二十六年の運転歴をもつベテランとして、より安全と判断した走行をしたのであり、罰金を払うくらいなら刑務所に入った方がましだと突っぱねた。だが、判事に「誰にでも気に食わないことはたくさんあるが、皆があなたみたいに振る舞ったら世の中メチャクチャだよ」とさとされて、結局は罰金を払う方を選んだ。――このくらいは他の人間でもやりかねないが、次の件となると、いささか常軌を逸している。

「王冠を捨てた恋」として世に喧伝されたエドワード八世とシンプソン夫人との結婚に、バークリーはなぜか心をかき乱されたらしく、夫人の再婚を阻止するため、弁護士や私立探偵を雇って国王と夫人との不倫の証拠を探させたというのである。そして、ブダペストのホテルから旅行費用国費支弁のうえ証人を喚問するよう申請したが、もちろん認められるはずはなかった（この事件はエドワード八世の公式の伝記にも記録され、一件書類はウィンザー宮の文書庫に保管されているという）。

こうしたエピソードからうかがわれるバークリーの風変りな性格は、年とともに特異さを増し、一方では持病のぜんそくの悪化（人と面談中に、突然呼吸マスクを顔に当てて相手を驚かすこともしばしばだった）のせいもあって、しだいに厭世的になっていった。あり余る資産を持ちながら、晩年は不潔な屋根裏部屋に住み、世捨て人のような生活を送っていたという。一九七一年三月九日、肺炎等のため七十七歳の生涯を閉じる。死亡証明書に氏名と生年を誤記された（アントニイ・「ベヴァリー」・コックス、一八九「四」年生）ことにも象徴される、みじめな境遇だった。

バークリーは、私生活に張り巡らされたカーテンのため長く謎の人であり続けてきたが、カーテンが徐々に引かれ、その素顔をのぞかせてくるにつれて、謎は一層深まっていくようである。彼の人物を謎めかせているものは、エキセントリックな言動とともに、複雑で矛盾をはらんだ人柄である。

ハワード・ヘイクラフトの『娯楽としての殺人』（一九四一）に記された「愉快な機知あふれる通信員」「ロンドンでの最上の主人役のひとり」という人物像と、クリスチアナ・ブランドの回想録に描かれた人間嫌いの吝嗇家、「ぶしつけで、横柄で、ひどく不愉快な男」との間には、何と大きな隔たりがあることか。ブランドも「昔は、つまり私が知り合いになる前は、チャーミングで、洗練されていて、ずばぬけて頭のよい、たぶん頭のよさにかけては誰もかなわないほどの人物だったろうと思います」と書いているように、その変貌は時が――おそらく、その過程における数多くの心労が――もたらしたものであったようだが、彼の性格の二重性は、生涯の様々な場面に顔を出している。

書評などで若手や新人作家に暖かい励ましを送る一方で、同業者仲間の間では偏屈な気難し屋ぶりを発揮したり（セイヤーズ亡き後のディテクション・クラブの会長に、自分でなくクリスティーが選ばれたことに腹を立てて退会したことは、その一例)、自作の価値に懐疑的になっているかと思うと、私家版の戯詩集(水準以下の出来と評価されている)を知人に押しつけて賞賛を求めたりもしている。気前よく金を使う場合もあったようだが、伝えられる吝嗇ぶりにはすさまじいものがある。

『第二の銃声』の序文において、バークリーは、将来の探偵小説は人物の性格の謎(puzzle of character)を扱うことになろうという予測を述べていたが、何よりも彼自身のキャラクターが、すこぶる興味深く、また解明の困難な謎を提供しているのである。

3 シェリンガム氏ご紹介

ロジャー・シェリンガムは、バークリー作品のシリーズ探偵として名前はよく知られているものの、今一つ影の薄い存在のように受け取られているフシがある。数少ない翻訳はいずれも、シェリンガムの人物描写にはあまり筆が費やされていないものばかりだし、『毒入りチョコレート事件』等における役回りもさえないものなので、多くの読者にとって彼のイメージが希薄なのは無理からぬことではあるが、この際、それは誤解であることを強調しておきたい。筆者の見るところ、ロジャー・シェリンガムは、黄金時代のあまたの名探偵たちの中でも、ひときわ個性の光るユニークな人物である。そのことは読者が作品を読んで自ら納得していただくしかないのだが、容易にそれがかなわぬ現在、とりあえず筆者の紹介でがまんしていただこう。『Dead Mrs. Stratton』(『ジャンピング・ジェニイ』の米版)に付された作者による略伝「Concerning Roger Sheringham」をベースに、諸作品中の記述で肉付けしながら、シェリンガムの素描を試みることにしたい。

ロジャー・シェリンガムは、一八九一年生れ、父親はロンドン近郊の田舎町の開業医で、彼は一人息子だった。伝統のある小さなパブリック・スクールを卒業して、オックスフォード大学マートン・カレッジに進んだ。古典と歴史を学び、成績は「良」。対ケンブリッジの、ゴルフの選手として活躍した。第一次大戦ではフランスで軍務につき、二度負傷した。殊勲章に推挙されながら受章を逸したことが、内心ひどくしゃくにさわっていた。戦後はさまざまな職業を転々としたが、ある時ほんのはずみで書いた小説がベストセラーになり、小説家として身を立てることになる。

一九二四年に、レイトン・コートの主人の死に関わる謎の解明に取り組んだことから、探偵としての才に目覚め、続くウィッチフォード事件では、スコットランド・ヤードを驚かせる働きをした。その後、ヤードの大物であるモーズビー警部と知り合ったこともあって、やがて興味を引かれた事件には積極的に関与できる立場になった。

以上が経歴のあらましであるが、作者自身の経歴がかなり反映されており、シェリンガムは作者の分身的人物として造形されていることが見てとれる。弟妹はいなかったり、大学の成績が一ランク上がっていたりするのは、作者の劣等感の作用であろうか。シェリンガムは背は高くなく、ずんぐりした体格、服装には無頓着ということだが、作者も同様だったかどうかは分からない。女性観は作者譲りのシニカルなもので、ある作品の中で一度求婚して即座に断られたりもしているが、結局独身を通している。悲しい恋の記憶がそうさせているのだ、と友人に告白したこともあるが、後には「結婚は喜劇か悲劇になるしかない」と語っている。人生における主要な関心事は、犯罪学、人間性、それにうまいビールの三つで、ビールについては不詳だがこれらはそのまま作者の関心事でもある。

小説家としての彼も作者の分身くさいが、書いているものは探偵小説ではないようだ。大衆小説を書いて驚くべき売上げを誇っており（この点は作者の願望か）、たいへん有名な作家ということになっている。彼は著述を生計の道と割り切っていて、自作の価値も取るに足りないものと考えており、同業者の中の芸術家ぶった尊大な物書き連中を毛嫌いしている。

重々しい構えが嫌いなことは、探偵としての彼の場合も同様で、小説によく出てくるその手の気取った探偵のようにはなるまいと決心していた。やせぎすの顔の、口を固く引き結び、鷹のように鋭い目をした探偵――つまり、シャーロック・ホームズのようには。もっとも、お喋り好きで人一倍快活な彼には、そうしようと思っても、謎めいた存在に見せかけることなどできるはずもなかったが。

実際、シェリンガムのよく喋ることといったら！　これは彼の人物特性の第一に上げてしかるべきことで、あるとき三十六分間無言でいたら、新記録だと言われたほどである。アガサ・クリスティーの『二人で探偵を（おしどり探偵）』（一九二九）で、名探偵たちの物まねを試みたトミーとタッペンスは、「牧師の娘」事件でシェリンガムをまねるに際しては、まずそのお喋り好きに目を付けている。――「きみはロジャー・シェリンガムになろうとしているんだね」とトミーがいった。「一言批評させてもらえば、きみは彼とまったく同じようにおしゃべりだが、話のうまさでは足もとにも及ばないぜ」。

シェリンガムのもう一つの特徴は、あきれるくらいに詮索好きなことである。好奇心旺盛なあまりに色々なことを知りたがり、他人のことに首をつっこむ強引さは、周囲からは無作法としか見られない。この性格付与について、作者は「私自身無邪気に、無礼な探偵がいると面白いだろうと思ったから」と説明しているが、果たしてそれだけの理由だったろうか。後述する作者の「探偵のリアリズム」の主張にも照らしてみれば、しろうと探偵という、客観的にみればおせっかいでしかない役柄にはどんなタイプの人間がふさわしいのか――そんなことを考えたうえでの一つの試みではなかったかと思うのである。

当然のことながら、シェリンガムの性格には、作者の複雑な性格の負の側面は反映されていない。「無作法」な点を除けば、好奇心旺盛で才能豊か、快活な精力家で、機知とユーモアに富む、まずは愛すべき人物といってよい。「しようと思うことは何でも本気になってやる」という敬服すべきモットーに見合うだけの集中力、熱中する能力の持ち主でもある。最後の登場作『パニック・パーティ』(一九三四)では、孤島でパニック状態になった人々に対して理性的にリーダーシップを発揮するヒーローとまで化しており、作者がこの頃から性格の特異さを際立たせていったことを思うと、一層興味深いものがある。

さて、探偵シェリンガムは、そのキャラクターにおいてユニークであったばかりでなく、探偵方法にも独自の主張を持っていた。事実や物的証拠よりも、関係者の性格や心理的側面を重視すること。「誰が」の前に「なぜ」と問うこと。探偵には心理学と想像力が必要だというのである。犯罪学と人間性に一方ならぬ関心を寄せ、作家として自らの人物鑑定能力に絶大な自信を抱いている彼ならではの主張である。本書では彼の想像力がいかんなく発揮され、持論の心理的探偵法が見事な勝利を収めている。

ここで「本書では」と断らねばならぬ理由は、『毒入りチョコレート事件』や『第二の銃声』の読者には、よくお分かりのはず。彼ほど自分の能力に自信を持っている人間も珍しいが、一方、彼ほど多くの事件の解決に失敗し、しかもそれに懲りずに活動を続けた探偵は例がないのである。

4 探偵小説史の視角から

ここでは、探偵小説史におけるバークリーの位置づけを考えてみたい。もっとも、それは既に多くの批評家や研究家によってなされていることであり、定説ともいえる作家像が形づくられてきている。ごく大雑把にいえば、次のようなことになろうか。

アントニイ・バークリーは、黄金時代における探偵小説の最高の実作者の一人であるとともに、指導的な理論家でもあり、探偵小説の改革に大きな力を発揮した。特に、アイルズ名義で発表した犯罪心理小説は、同時代及びそれに続く世代の作家たちに多大なる影響を与えた。

――このような見方に筆者として異論をはさむ余地はないし、その意図もない。ただ、こうしたいわば教科書的理解は、多くのミステリ読者に共有されていると思われるが、作品じたいに接することの難しさのために、その理解が実感を伴うものとはなっていないのではあるまいか。

基本的には、十分な翻訳紹介が行われなければ事情は変わりようがないが、いくらかでも教科書的記述に肉付けをし、バークリーの占める位置をより明確にするために、筆者なりの観察を記しておくこととしたい。以下、

①バークリーの実作を支えていた探偵小説観を探る、

②先行ないし同時代の作家と比較する、

という二つの方向からアプローチを試みる。

Ⅰ　探偵小説観とその発展

〈探偵と物語〉

バークリーの探偵小説観は、作品そのものに端的に表現されているといえるが、エッセイや序文などにおいて、より直截に作者の考えが語られている場合も少なくない。そのようなものとしてまず取り上げてみたいのが、『Jugged Journalism』（一九二五）の中の一章である。

同書は、さまざまなタイプの小説の書き方やその雑誌への売り込み方を伝授するという触れ込みの、いわば文筆商売指南の書であるが、その第三章が探偵小説作法の講義（以下仮に「探偵小説講義」という）なのである。同書の各章はもと「パンチ」等に発表されたユーモア・スケッチで、読者を笑わせることを主なねらいに書かれたものであるから、その内容を額面通りに受け取ることはできないけれども、その後の作品なども思い合わせると、多くの部分はホンネで語られているように思われる。それらのスケッチは処女作『レイトン・コートの謎』の発表前の作品なので、「探偵小説講義」は、最も早い時期における作者の探偵小説観をうかがうに足る格好の資

料といえる。

さて、講義は次のように始まる。

探偵小説（Detective Story）の制作にあたって考慮さるべき重要なポイントが二つある。一つは探偵（Detective）であり、もう一つは物語（Story）である。

まことにもって論理的な文章ではあるまいか。実に、反論のしようもない。講義は続けて、
犯罪者は少しも重要ではない。最後かその前の章になるまでに犯罪者が姿を現すことは、めったにないのだから。

これにはいささか議論の余地があるかもしれない。実際、後に作者自身が犯罪者に焦点を合わせ、犯罪者が冒頭から登場する小説を書くことになる。

だが、とりあえずは「探偵」と「物語」である。講義では以下、
○探偵は、決して（ホームズのように）いかにも探偵という風に見えてはならぬこと
○物語は、重要な手がかりを読者から隠しておくという手法（作者は「探偵小説制作術の罪深い秘密」と呼んでいる）によって、容易に「意外な結末」をつけられること
などが講師お手製の実作を例にして説かれる。おふざけの調子で書かれてはいるが、これらは当時の探偵小説の痛い点をついていたと思われる。

これに対応する見解が、その後まもなく『レイトン・コートの謎』（一九二五）の序文の中で展開されることになる。父親にあてた手紙の形式をとり、「お父さんほど探偵小説が好きな人を僕は知りません」と始まるこの序文は、A・A・ミルンの『赤い館の秘密』（一九二二）の父への献辞を意識していると思われる（作品じたいも、タイトル、カントリーハウスの殺人という設定、ユーモア本格という作風など、似た要素が多い）が、中身は一個の探偵小説論であり、次の二点を強調している。
○探偵役の人物を人間らしく描くようにつとめたこと
○手がかりはすべて読者に提示するようにつとめたこと
右はそれぞれ、「リアリズム」と「フェアプレイ」の主張として理解できるが、先の「探偵小説講義」のストレートな延長線上にある見解といってよい。これらは、今ではあたりまえのことになっているが、このように明

確に述べられた意見としては、最も早い時期に属するものであることを知る必要がある（セイヤーズが有名なアンソロジー『Great Short Stories of Detection, Mystery and Horror』の長序に「現代になって探偵小説が「フェアプレイ」の方向に進化したのは、ほとんど革命と呼んでもいい変化である」と書いたのは、一九二八年のことである）。新進作家バークリーの、探偵小説革新の気構えに注目すべきであろう。

〈プロットと心理〉

バークリーの探偵小説論として最も有名なのは、やはり『第二の銃声』の序文だろう。そこでバークリーはまず、ある批評家の意見を引用しながら、来るべき探偵小説の方向性として次の二つを提示している。

①プロットを語る上でさまざまな実験を試みる

②性格描写や作品の雰囲気を深化させる

そして、前者を『毒入りチョコレート事件』で試みたので、第二の試みとして、今度は後者の実験を『第二の銃声』で行うのだと宣言し、さらに、将来の探偵小説の進むべき道は後者の方向にあるだろうと述べている。

ここでバークリーが打ち出している、性格や心理、作品の雰囲気を重視する方向性は、作者にとって格別新しい考え方ではなく、従来から自身の内に備わっていた志向を明確にしたものにすぎなかった。最も初期の段階から、バークリーの作品は登場人物の心理を重視する傾向があり、プロットの実験を主たるねらいとした『毒入りチョコレート事件』においてさえ、そこで展開される推理は関係者の心理に深く分け入っていく内容のものだった。そうした傾向が最も強く現れているのは、第二作の『ウィッチフォード毒殺事件』（一九二六）で、同書は心理的探偵小説を目指したものであることを、その序文で明らかにしている。

これに関連して思い出されるのは、ヴァン・ダインの紙上探偵ファイロ・ヴァンスの唱えた心理的探偵法だが、その第一作『ベンスン殺人事件』が発表されたのも一九二六年であり、ちょうど同じ時期にあたる。当時バークリーがヴァン・ダインを読んでいたかどうかは明らかでないが、自分も探偵小説を書き出したばかりの時期に、米国でベストセラーになった作品に無関心でいられたはずはないと思われる。もっとも、ヴァン・ダイン作品は心理的探偵小説としての実質を伴わないものだったので、バークリーがこれに脅威を感じたとは思えないが、目指すべき方向の示唆を得ることはあったかもしれない。いずれにせよ、ヴァン・ダインが初期作を限りに心理重視の主張を引っ込めてしまったのに対し、バークリーはその理論を深めて『第二の銃声』の序文を書き、さらに、その方向性をより徹底した『殺意』を書いたのである。

しかし、ここで注意を要するのは、『殺意』はもはや探偵小説ではないということである（倒叙探偵小説と呼ばれることもあるが、犯罪心理小説と見る方が適切だろう）。『第二の銃声』の序文における主張が、あくまで探偵小説を発展させるためのものであったとすれば、『殺意』はその限度を踏み越えており、これを序文の理論の実践と見ることは誤りであろう。

序文には、次の一節も見られる。

> 要するに探偵小説は、もっと洗練されなくてはならないのだ。実社会におけるもっとも凡庸な殺人ですら、心理や情念や決意や劇的状況といったものの混淆物である。効果を狙うあまり、紋切り型の探偵小説がそうした要素をことごとく見逃してしまうのは、いったいどうしたことだろう。

要するに、バークリーの言いたかったことはこれなのだ。犯罪のドラマを吸収することにより、物語に生彩を与えること。人物の性格や心理、作品の雰囲気を重視することにより、探偵小説の文学的洗練を図ること。これは、探偵小説から犯罪小説への進化を説くジュリアン・シモンズの論とは、明らかに異なる。バークリーはプロットから心理への移行を主張しているのではない。いわばプロットと心理の間に、探偵小説を洗練に導く道を模索しているのだ。

ミステリの歴史においてバークリーの与えた影響を論ずるならば、バークリー名義のいかなる作品よりも、『殺意』と『犯行以前』の影響力が大きかったことを認めざるを得ないだろう。実際、それだけの力をもった傑作である。しかし、探偵小説の偉大な革新者としてのバークリーの姿がアイルズの盛名の影にかくれてしまいがちなのが、筆者としては残念でならない。そうした観点からは、『毒入りチョコレート事件』と『殺意』を止揚したともいえる『試行錯誤』こそが、バークリーの最大傑作ではないかと思われるのだが。

（注）ここで深入りする余裕はないが、アイルズは探偵小説の革新に間接的に寄与した――それが重要な寄与であったことは間違いない――けれども、その革新を直接担ったのではないというのが筆者の見方である。つまり、探偵小説を革新したのはバークリーであり、アイルズではない。なお、アイルズの位置づけについては、小池滋氏の「もちろんフランシス・アイルズがこのジャンルの創始者なのではない。むしろ彼は復帰者と言うべきかもしれない」（『ディケンズ――一九世紀信号手』冬樹社）と

いう見方に筆者も賛成である。

Ⅱ　二つの比較論

〈ベントリーの後継者〉

ハワード・ヘイクラフトの『娯楽としての殺人』は、黄金時代までの探偵小説史の決定版といえるものだが、同書においてバークリーは、E・C・ベントリーの「文学上の直系の後継者」と位置づけられている。ヘイクラフトの論旨は、ベントリーの「自然主義」をバークリーが受け継いで硬直化しかけていた探偵小説に生気を吹き込んだ、ということなのだが、その文学的直系たるゆえんは、より具体的な論点によって証明できるように思われる。それは、探偵を人間らしく描こうとしたこと、その一つの表れとして探偵の失敗を描いたことである。

ベントリーの『トレント最後の事件』（一九一三）は、わが国では本格探偵小説の路標的名作という評価が定着しているが、同書の本質的価値は別のところにある。作者の回想録『Those Days』（1940）に「『トレント最後の事件』が探偵小説というよりは探偵小説のすっぱ抜き（exposure）であることに気づいた人は多くなかったようだ」と書かれているように、同書はむしろ探偵小説のパロディなのである。そこで意図されたのは、シャーロック・ホームズに代表される超人的名探偵像からの訣別だった。

ベントリーは上記の回想録において、ホームズの不自然に誇張された性格と極度の真面目さが気に入らず、「探偵が人間らしく見えるような、そしてそれほど重々しい人物とは見えないような探偵小説を書くことも可能なのではないか」と考えたことを記している。このようなねらいに基づいて創造された探偵役のフィリップ・トレントは、アンチ・シャーロック・ホームズであり、その人間らしさを証するべく容疑者の女性に恋をし、事件の解決に失敗する。『トレント最後の事件』はそのような人間的探偵像を描くために仕組まれた物語であり、通常の本格探偵小説とは逆に、プロットがキャラクターに奉仕している小説なのである。

H・ダグラス・トムソンは、一九二〇年代までの英国作家を中心とした探偵小説の研究書『Masters of Mystery』（1931）において、ロジャー・シェリンガムを「フィリップ・トレントをちょっと真面目でなくした人物」として紹介しているが、このコメントはなかなか深い洞察を秘めていたといえよう。先に見たとおり、シェリンガムもまたホームズ型の超人探偵へのアンチテーゼとして創造されたキャラクターであり、トレントの再来ともいうべき人物なのである。先達のひそみにならって、シェリンガムもまた失敗する名探偵の役回りを演じることになる（恋愛については、トレントのように真面目にではないが、シェリンガムもそれらしきことを経験する）。

　だが、シェリンガムは先達の後塵を拝してばかりはいない。彼の失敗は一度で済まず、何度も繰り返されることになるのだ。「名探偵の失敗」というのはバークリー作品の大きな特徴の一つといえるが、これは作者がベントリーの蒔いた種を大きく育てたもので、探偵の役づくりの一材料を物語のテーマへと転化させているのである。そのテーマとは「推理の不確実性」ともいうべきもので、一見完璧に見える推理がいかに不完全なものであるかが、『毒入りチョコレート事件』をはじめ多くの作品に見られる多重解決の趣向によって例証されている（この意味において、バークリー作品では、探偵のキャラクターと物語のプロットが深いところで通底しているといえる）。

　ちなみに、「名探偵の失敗」というテーマには、バークリーよりやや早くアメリカのT・S・ストリブリングも手をつけている。『カリブ諸島の手がかり』（一九二九）に描かれたヘンリー・ポジオリ教授も、失敗する名探偵として忘れがたい人物である。また、バークリーの影響を強く受けたと見られるレオ・ブルースも初期作で同じテーマを扱っているが、彼らはバークリーほどにテーマを深化させてはいないように思われる。

〈セイヤーズの好敵手《ライヴァル》〉

『娯楽としての殺人』においてヘイクラフトは、バークリーについての結論的評価を次のようにまとめている。

　ほとんどいかなる作家といえども、このA・B・コックスほど、アントニイ・バークリーで書こうが、フランシス・アイルズで書こうが、鋭い洞察と優美さ、ユーモア、文学性、そしてたしかな趣味で、探偵小説に健全な生気を吹きこんだひとはいなかった。（中略）ほとんどいかなる他の作家よりも、彼が、E・C・ベントリーの自然主義とその論理的帰結——一九三〇年代の「性格」探偵小説——とをつなぐ、必須な、しかも発展的な、つなぎ目をつくりだしたのだ。

　この後段について注釈すると、ヘイクラフトは、一九二〇年代の英国探偵小説の発展のあとを、

①探偵小説の「文学性」の広大な改良

②メロドラマと場当たりの旧式派に対する、迫真性と本当らしさの新しい主張
③特にこの時期の末期に近くますますさかんになった性格（人物）の強調と、同時に機械的なプロットだけの小説の衰微

の三つに概括しているが、これをベントリーの自然主義が発展したものととらえ、それに大きく寄与した作家としてバークリーを高く評価しているわけである。

ここで「ほとんどいかなる他の作家よりも」という、留保条件付きのフレーズに注意していただきたい。ベントリーの自然主義を「性格」探偵小説に発展させる上で、バークリーと同等の力を発揮した他の作家の存在が暗示されているわけだが、その作家としてドロシイ・L・セイヤーズを名指したとしても、的外れのそしりは受けぬかわりに、大した手柄にもならないだろう。

黄金時代の代表的作家として、まずクリスティーとセイヤーズの名をあげる人は多いと思われるが、この二人は、ミステリの女王として並び称されてはいても、そのタイプはまるで違う。クリスチアナ・ブランドは、その違いを「量のクリスティー、質のセイヤーズ」といういささか乱暴な言い方で表現しているが、セイヤーズにその「質」において比肩する作家こそ、わがバークリーであったと思うのである。ちなみに、再びヘイクラフトを引けば、彼は優秀性、独創性及び影響力の点で最も重要な作家として、米国作家からヴァン・ダインとハメットの二人、英国勢からはセイヤーズとアイルズの二人をあげている（「第二次世界大戦中および大戦後の推理小説」、研究社出版『推理小説の美学』所収）。

実際、そのような目で見ていくと、その作品の質の高さ以外にも、この二人には似通った点が少なくないことに気づく。その幾つかを列挙してみよう。

①生年が同じ一八九三年というのは偶然だが、彼らが同時代人たることの最も確実な証しといえる。
②同じ時期にオックスフォード大学で学んだ（セイヤーズが中世文学で最優等賞をとったのに対して、バークリーの方は成績はふるわなかったけれども）。
③作家になる前は、セイヤーズは広告会社のコピーライター、バークリーは「パンチ」等の雑誌への寄稿家というように、共にジャーナリズムから出発している。
④探偵作家としての活動期間は、セイヤーズが一九二三年から三七年まで、バークリーが一九二五年から三九年までで、ほぼ重なっている。

⑤これはやや強引な見方になるかもしれないが、作風の変遷の仕方も、ウイットに富んだ楽しい初期作から、中期の構成等に工夫をこらした充実した作品群を経て、文学性を深めた後期の作品に至るという、大雑把な流れが似ているように思われる。

⑥二人とも探偵小説の指導的な理論家でもあった。

⑦二人とも犯罪学に大きな関心を寄せていた。

⑧共にディテクション・クラブの中心的メンバーだった。

⑨ディテクション・クラブのメンバーによるリレー長篇『警察官に聞け』（一九三三）においては、二人がペアになり、互いの探偵役を交換してパスティーシュをものしている。また、ＢＢＣのラジオ番組で対談して、探偵小説の合作を試みている（『創元推理15』における久坂恭氏の紹介記事を参照）。こうした企画がなされたのは、当時から二人を好一対と見る周囲の評価が存在していたためと思われる。

⑩互いに相手の作品を意識していたと思われるフシもある。セイヤーズは『死体をどうぞ』（一九三二）の中で、ハリエット・ヴェインに「ロジャー・シェリンガム方式」のマンネリズムをからかわせているし、バークリーの『ジャンピング・ジェニイ』では、ピーター・ウィムジイ卿がシェリンガムの友人として言及されている。

（注）最後の論点との関係で一言すると、『毒入りチョコレート事件』（一九二九）に登場するアリシア・ダマーズはセイヤーズをモデルにしているという説があるが、次の理由から、それは根拠のない憶説にすぎないと筆者は考えている。

ｉ 一九二九年以前のセイヤーズには、心理的な芸術小説の作家ダマーズを思わせる要素は希薄だったこと（当該説は、後年のセイヤーズの作風を投影しているきらいがある）。

ⅱ 誰にしろ、現実のモデルがあったとすれば、作中の役回りが問題になりかねないこと。

ⅲ 作中の犯罪研究会も、ディテクション・クラブをモデルにしたものではないこと（この点については『第二の銃声』の解説を参照されたい）。

こうして見てくると、二人はきょうだいのように――伯仲するその実力からして、どちらが兄とも姉とも決めかねるが――似ているといえないだろうか。綺羅星のごとき黄金時代の諸作家の中でも、ひときわ明るい光をはなつ双つ星――それがバークリーとセイヤーズであった。一方のセイヤーズが、わが国でも遅ればせながら完全紹介に向かいつつあるとき、バークリーの紹介の遅れは、翻訳ミステリ・シーンにおける一層大きな欠落と感じられてくるのである。

5　『地下室の殺人』を読む

「ぼくの見るところ、レストレイド君、すこしばかり明々白々にすぎるようですな」とホームズはいった。「君はいろいろとすぐれた能力をおもちだが、想像力にだけは欠けておられるようだ」
（コナン・ドイル「ノーウッドの建築業者」）

★★★『地下室の殺人』

『地下室の殺人』の特徴としてまず目につくのは、その構成の新奇さであろう。

A・B・コックスのユーモア小説風のプロローグ――地下室での死体の発見――に始まり、第一部は、通常の作者の視点で、モーズビー首席警部を中心とする警察の捜査活動により、被害者の身元が判明するまでの経緯が描かれる。第二部は、ロジャー・シェリンガムの未完の小説の草稿で、この中で、被害者を取り巻く（といっても、この時点では誰が被害者なのか、読者には知らされていないのだが）事件の背景事情が明らかにされる。第三部はまた作者の視点に戻り、警察の捜査活動の続きと、それが行き詰った後のシェリンガムによる解決が語られる。――という構成であるが、作者の視点による叙述の間に、作中人物が書いた小説の草稿が挿入されるというスタイルが、当時の作品としては目新しい印象を与える。もっとも、異なる種類のナレーションの組合せで作品を構成するという手法じたいは、特に新しいものではない。『アクロイド殺し』（一九二六）に先立つクリスティーの作品、『茶色の服を着た男』（一九二四）では、女主人公による一人称の語りと、ある登場人物の日記が組み合わされていた。セイヤーズとロバート・ユースタスの合作『箱の中の書類』（一九三〇）のテキストは、複数の人物間に交わされた手紙を主体に、覚書や陳述書、新聞記事などを並べたものである。コナン・ドイルのホームズ物の長篇でとられた二部構成も、ワトスン博士の記録と三人称の物語の組合せだったし、さらに溯れば、複数の人物による手記のリレーで物語られた、コリンズの『月長石』（一八六八）の例なども思い起こされる。

しかし、本書の場合は別種のテキストの単純な組合せではなく、その間に有機的な関連があり、さらに第二部が「草稿の登場人物のうち、被害者になるのは誰か」という新たな謎を提供している点で、一ひねりの工夫を加えたものといえる（この謎解きは第三部の冒頭で行われ、『地下室の殺人』というミステリの中に埋め込まれた被害者探しという小ミステリをなしているわけだが、それはちょうど、地下室の床下に埋め込まれた被害者の死体の隠喩のようでもある）。被害者探しという趣向が、レオ・ブルースの『死体のない事件』（一九三七）や、パット・マガーの『被害者を探せ』（一九四六）のアイディアのヒントとなった可能性も考えられる。

また、小説の草稿がほかならぬロジャー・シェリンガムの手になるものということなので、シリーズの読者には、小説家ロジャーのお手並み拝見、といった興趣も味わうことができる。草稿の内容や文体は、ベストセラー作家による大衆小説のイメージにはそぐわない感じもするが、そこまで言っては作者に酷であろう。

こうした構成上の工夫は、『第二の銃声』の序文に言うところの、プロットを作る際にさまざまな実験を行うという方向への試みの一つとして、とりあえずは理解することができる。

ここで「とりあえず」と書いたのは、本書の構成はそれじたいが目的なのではなく、もともとは本書のテーマを作品化するにあたって、技術的な必要から採用されたものであろうと思われるからである。それでは本書のテーマとは何かということになるが、筆者の見るところでは、「警察の捜査との対比における、想像力豊かなアマチュア名探偵の推理の輝かしさ」がそれである。これには少し説明が必要だろう。

バークリーのシェリンガム物を通じるテーマの一つに、ロジャー・シェリンガムとモーズビー警部（一九二八年刊『絹靴下殺人事件』からは首席警部に昇進しているが、以下では便宜上警部と呼ぶ）の関係がある。二人が顔を揃えるのは長篇十作中の半数に過ぎないが、それらの作品では、常に二人の間の関係が一つの焦点になっているのだ。それは、事件を巡ってライヴァル関係に立つ二人の勝敗の問題なのだが、勝負の結果を見る前に、まずモーズビー警部の人物紹介をしておこう。

モーズビー警部の風貌は、彼が初めて登場する『ロジャー・シェリンガムとヴェインの謎』（一九二七）の中で、次のように描かれている。


モーズビー警部は、一般に考えられているような名探偵像には、まるで似ていなかった。彼の顔には、カミソリを——なまくらな手斧さえも——思わせるような鋭さは少しもなかった。（その種のものと比べねばならぬとすれば、バターナイフに一番似ている。）幼い頃から、彼の目は鋭い眼光を放ったことがない。意見を言うときは、決して語気を荒らげることなく、ただ語った。事実を直視するならば、彼ほど平凡な顔付きをして、平凡な行動様式をもった人間はいなかったのである。

具体の特徴をいえば、警部はどっしりとした体格で、もじゃもじゃと両端のたれさがった半白の髭をはやし、ずんぐりして鈍感な指をもっていた。彼の表情はいつも温和で、邪気がなさそうに見えた。しじゅう陽気でいて、彼の犠牲者の誰に対しても、これっぽかりの敵意も抱いてはいなかった。

外見こそ人目をひくところはないが、その言動を見るに、モーズビー警部というのは、まことにしっかりとした、頼りになる男なのである。ロンドン警視庁の大物といわれるだけあって、めったなことでは動じない、百戦錬磨のつわものである。軽佻浮薄な気味のあるシェリンガムに比べると、なお一層その感を深くするのだ。

シェリンガムがアンチ／シャーロック・ホームズとして造形されていたとすれば、モーズビーはアンチ／レストレイド警部であり、従来の探偵小説における警察官のステロタイプに対する作者の批評意識が、このような人物像を生み出したのである。この間の事情は、『Jugged Journalism』の「探偵小説講義」中の、「ヤードから来た警部」像を諷刺した次の一節を読むと、さらによく理解できる。

よく知られているように、このロンドン警視庁の人間は、あらゆる愚かさを一身に集めたような人間でなくてはならない。事件の捜査中、彼は考えられる限りの失策をしでかす。彼はまた大変怒りっぽく、ひどくうぬぼれていて、自分以外の人間のすることはすっかり馬鹿にしてかかる。もし彼がこうした人物でなかったら、作者自身の探偵が結末において圧倒的な勝利を収めることはできなくなるし、それでは読者はひどく失望してしまう。読者を失望させてはいけない。

講義の中の実作例に登場するピフキン警部は、まさに上記のような人間なのだが、我らがモーズビーは、ピフキンとは似ても似つかぬ人物である。モーズビーは筋金入りのプロフェッショナルであり、アマチュア名探偵の引立て役に甘んじてはいない。短篇には彼が主役を務めるものもあるし、本書における活躍ぶりも目覚ましく、途中までは誰が主役か分からないほどである。

さて、そんなモーズビーとシェリンガムとの探偵合戦は、いかなる様相を呈しているのか。二人が共演する五つの事件について、星取り表を作ってみると次のようになる。

	A事件	B事件	C事件	D事件	E事件
シェリンガム	×	○	×	×	○
モーズビー	○	×	×	○	×

モーズビー警部が単なる脇役ではなく、シェリンガムと対等に渡り合っていることがお分かりいただけよう。逆に言えば、シェリンガムが「名探偵」と呼んでよいのか疑問に思われるほどの実績しか上げていないことが。

ここで各事件の作品名を特定することは慎むべきであるが、C事件が『毒入りチョコレート事件』であることと、E事件が本書であることくらいは、明かしてもかまわないだろう。そして、A事件とB事件、D事件とE事件がそれぞれセットになることも。つまり、C事件を間にはさんで、D・E事件は、A・B事件の関係を（より端的に、また、大規模に）再現しているのである。本書はもちろんそれじたいで完結し、単独に読んでも十分面白い作品だが、D事件（シェリンガムの想像力豊かな——豊かすぎる——推理が、モーズビーの実直な捜査の前に敗北するケース）と対比して読むことによって、さらに面白味が増し、テーマもより鮮明になるのである。

そのテーマを改めていえば、モーズビーに対するシェリンガムの勝利であり、それはすなわち、プロの警察官に対するアマチュアの名探偵の、足の捜査に対する頭脳の推理の、物的証拠に対する心理的証拠の、忍耐力に対する想像力の勝利である。想像力——これこそは名探偵を名探偵たらしめる特質であり、レストレイドやモーズビーに欠けているものなのだ。この想像力を駆使して華麗な勝利を収めることによって、シェリンガムもまた、輝かしき名探偵の伝統につらなるのである。

このテーマを効果的に表現するためには、モーズビー側の描写を多くする必要があるだろう。警察の手堅く粘り強い捜査ぶりを十二分に描き、これ以上のことは人間には望めないと思わせてこそ、それが行き詰った後で展開される、快刀乱麻を断つごときシェリンガムの推理の見事さが映えるのである。第一部が（そして第三部も大半が）クロフツばりの警察捜査小説の趣を呈しているのは、そのためと考えられる。

しかし、人間関係を中心とした背景事情をその調子で描くことには無理がある。能うかぎりの努力が払われたとしても、足の探偵が探り出せる事柄には、自ずから限界があるからである。そこで作者は、警察の捜査結果とは別に、一種の便法として、背景事情をひとまとまりの物語として読者に提示することにしたのではなかろうか。そして、そのための手段として採用されたのが、小説の草稿という形式だったのではないかと思うのである（この構成を成り立たせるために、作者は、シェリンガムが被害者の在職していた学校に一時勤めていたという偶然を設定しているが、そこは目をつぶるしかあるまい）。

先に本書の構成が技術的な必要から採用されたものだろうと書いたのは、このような意味である。

構成上の工夫には嘆賞すべきものがあるにしても、名探偵の勝利という本書のテーマは、これだけを取り上げてみれば、いささか陳腐と感じられるかもしれない。真っ当すぎるくらい真っ当な作品であり、ホームズ譚をはじめとする、他の多くの作家の多くの作品と同様の結構であって、我々がバークリーに期待する皮肉さやひねりの感覚とは遠いところにある。しかし、この真っ当さはバークリーとしてはむしろ異色なのであり、シリーズの他の作品と読み比べてみれば、ストレートが逆に変化球のように見えてくるという、一種アイロニカルな趣を味わうこともできる。

バークリーの本来のテーマは、先にも述べたように推理の不確実性であるが、推理が常に的をはずすということになれば、逆の意味で確実性に通じることにもなろう。つまり、たまには当たることがあってこそ、その不確実性は、より強固なものとなるわけである。本書は、その「たまには」のケースを描くことによって、シリーズ全体を通じるより大きなテーマに奉仕しているのである。――などと理屈をつけてみても、その真偽のほどはそれこそ不確実である。単純に、作者もたまにはシェリンガムの顔を立てる必要があったのだろう、という程度に考えておけばよいのかもしれない。

☆☆☆

※引用テキスト――ヘイクラフト『娯楽としての殺人』（林峻一郎訳、国書刊行会）／ブランド「ブランド回想録」（大村美根子訳、『創元推理3』所収）／クリスティー『二人で探偵を』（一ノ瀬直二訳、創元推理文庫）／セイヤーズ「探偵小説論」（宮脇孝雄訳、『創元推理15』所収）／バークリー『第二の銃声』（西崎憲訳、創元推理文庫）／ドイル『シャーロック・ホームズの生還』（阿部知二訳、創元推理文庫）

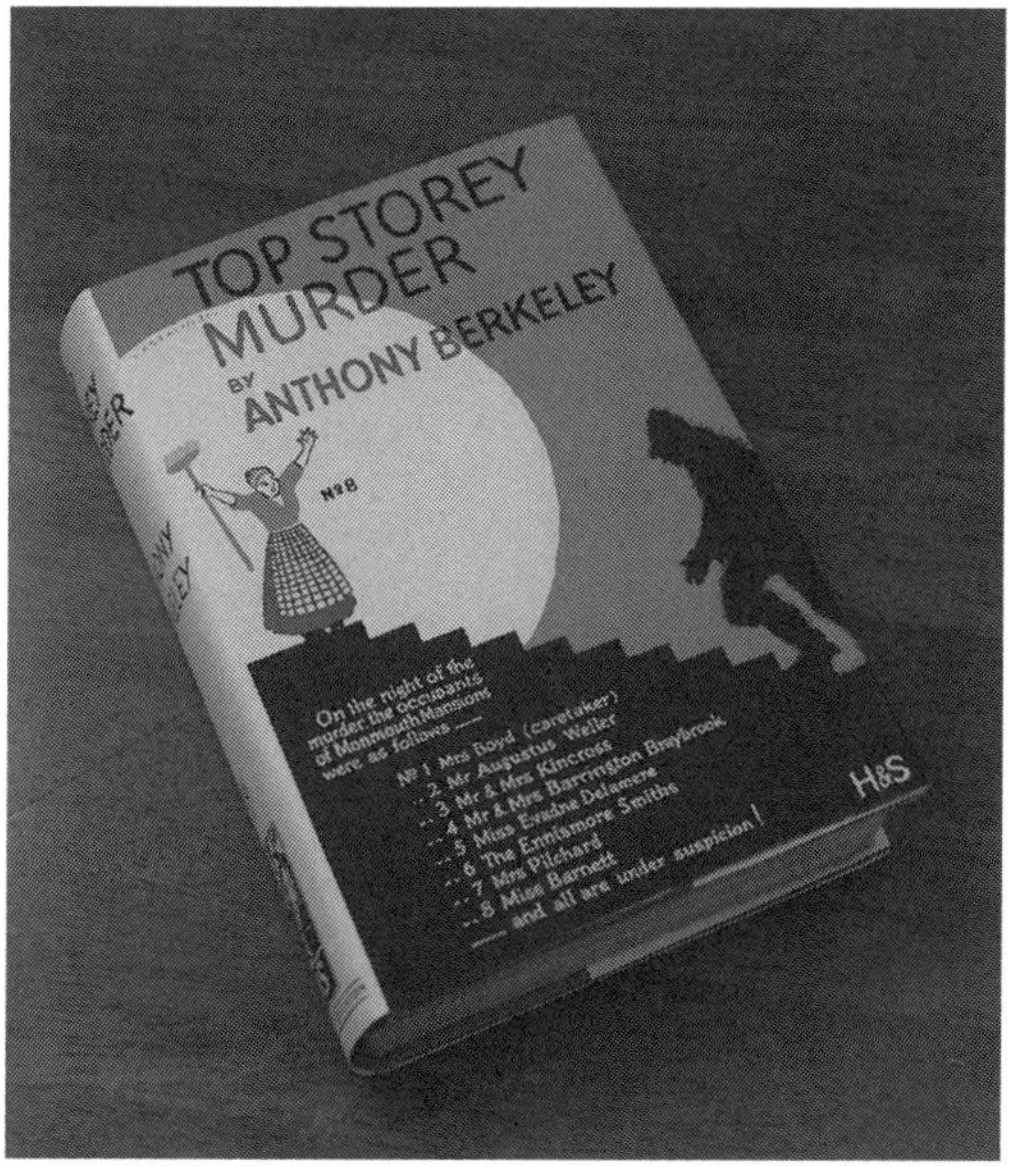

Hodder&Stoughton (1931)

空をゆく想像力

バークリー『最上階の殺人』解説

初出：同書（新樹社　2001 年 8 月）

1　はじめに

本書『最上階の殺人』は、アントニイ・バークリーの創造した名探偵ロジャー・シェリンガムが活躍する長篇ミステリ、『Top Storey Murder』（米題『Top Story Murder, 1931』）の翻訳である。全部で十篇あるシェリンガム物の長篇中の第七作にあたる。

今から七年前（一九九四年）の年の暮、国書刊行会の「世界探偵小説全集」の第一回配本として、バークリーの『第二の銃声』が刊行された。思えば、これが現在に至るクラシック・ミステリ・ブームの幕開きを告げる号砲だった。翻訳紹介が遅れていたバークリーも、引き続き同全集に『地下室の殺人』と（本書と前後して出版される予定の）『ジャンピング・ジェニイ』が収録され、これらに本書『最上階の殺人』を合わせれば、作者中期の主要作はほぼカバーされる形となる。

世紀末の数年間、わが国のミステリ・シーンを席巻した海外古典作品の発掘ブームは、新しい世紀に入っても一向に衰えの気配を見せていない（それどころか、ハヤカワ・ポケット・ミステリもクラシックの収録を始めるなど、さらに加熱気味である）。このブームがいつまで続くことになるのかは分からないが、バークリーの傑作が二冊立て続けに刊行される今年の夏は、一つのハイライトとして記憶されることになるだろう。

本書の原書が刊行された前後の数年間は、初期の助走期間を快調に駆け抜けた後で、バークリーの創作力が目ざましい跳躍を見せた時期である。この時代の作品をリストにしてみると、次のようになる（太字はシェリンガム物）。

一九二九年　『**毒入りチョコレート事件**』、『ピカデリーの殺人』
一九三〇年　『**第二の銃声**』、『屏風のかげに』（合作）
一九三一年　『**最上階の殺人**』、『殺意』（フランシス・アイルズ名義）、『漂う提督』（合作）、『ザ・スクープ』（合作）
一九三二年　『**地下室の殺人**』、『犯行以前』（フランシス・アイルズ名義）
一九三三年　『**ジャンピング・ジェニイ**』、『警察官に聞け』（合作）

この時期、作者はアイルズ名義の二作で犯罪心理小説に新生面を開き、ミステリの文学的洗練に向けて革新的な一歩を踏み出すとともに、バークリー名義でも実験精神と創意に満ちた意欲作を次々に発表し、本格ミステリというものに対する感覚と技術をいよいよ研ぎ澄ましていった。従来の評価では、ミステリ全般に与えた影響の大きさから、この前者の側面にばかりスポットライトが当てられてきたきらいがあるが、探偵作家としての作者の力量は、後者の側面においてこそ十全に発揮されていると見るべきである。これまでは邦訳作品の少なさから評価の偏りもやむを得なかったが、本書（及び『ジャンピング・ジェニイ』）により作者円熟期の作品の全貌が明らかになった今、バークリー探偵小説の真価が正当に認識されていくことを期待したい。

実際、この時期の作品群のレベルの高さときたらどうだろう。筆者は惚れた弱みで多少評価が甘いかもしれないが、合作を別とすれば、まずことごとくが傑作ないしそれに準ずる出来の作品であるといっても過言ではないように思う。中でもシェリンガム物の傑作五連発のまばゆいばかりの輝きに対抗できるものといえば、同じ時期のエラリイ・クイーンの諸作くらいではなかろうか。ディクスン・カーは、バークリーの死後〈ＥＱＭＭ〉誌に寄せた追悼文において、「世界最高の実作者として、バークリー（英国）はクイーン（米国）と同等の栄誉を分かち持っている」と書いているが、その見方もむべなるかなと思われる。

　本書は、そのカーが「とりわけ気に入っている」という作品であり、アメリカの評論家ジェイムズ・サンドーはバークリーのベストと評している。『毒入りチョコレート事件』や『試行錯誤』（一九三七）といった〈超〉傑作をさしおいてベストとまでいってよいかは議論のあるところだろうが、本書が粒ぞろいのバークリーの諸作の中でもトップクラスの面白さを持ったストーリーであることは間違いない。バークリー一流のユーモアとウイットと諷刺、そしてロジャー・シェリンガムの常にもまして想像力豊かな名推理をお楽しみいただきたい。

2　芸術家としての探偵

　ロジャー・シェリンガムは、バークリーの作品に登場する主要な探偵役として広くその名を知られていると思われるが、彼を「名探偵」と呼ぶことにはいささかの躊躇なしとしない。彼はむしろ事件の解決に失敗する探偵として有名だからである。そんな彼には「迷探偵」の呼称の方が似つかわしいのかもしれない。

　だが、しばしの躊躇の後ではあっても、筆者はやはり彼を名探偵と呼びたい。探偵小説の主人公としての彼は、やはり、まぎれもない名探偵なのである。この理由は後に述べるとして、まず、失敗する探偵としての彼の在りようを見きわめてみることにしたい。

　探偵というものの本質を喝破した言葉として、チェスタトンのブラウン神父譚に見える次のセリフが有名である。


　犯人は創造的な芸術家だが、探偵は批評家にすぎぬのさ。


「青い十字架」に登場するパリ警察主任ヴァランタンの、自嘲混じりの言である。世界にその名を轟かせた名探偵である彼が、やがて犯罪者に転身したのは、批評家としての役柄にあきたりない思いをしていた彼が芸術家としてふるまいたくなったせいなのかどうか、それは知らない。ともかく、彼にとっては、犯人＝芸術家と探偵＝批評家は画然と区別されるべき存在だった。だが、探偵の中には、批評家であると同時に芸術家であった人物もいるのである。

　早い話、ブラウン神父がそうである。神父の探偵法は、「ブラウン神父の秘密」に描かれているごとく、想像の中で自ら犯罪者になることによって真相を知るというものだった。神父はその秘密を次のように語っている。

いったいどのようにして人は殺人を犯すようになるのか、それにわたしは思いをこらしました。わたしに殺人犯の心情が実感できるようになるまで、そのことを考えぬきました。凶行に踏みきることを自分に許しこそしなかったが、そのほかの点ではまったく殺人犯になりきったのです。

そして、神父の心が殺人者の心とまったく同じになったら、もちろん彼には犯人が誰なのか分かったのだ。ブラウン神父の場合は「犯罪者」という通路を通って芸術家となったわけだが、それとは別のやり方で芸術家たりえた探偵もいて、ロジャー・シェリンガムがその人である。彼の職業が小説家であったということは、この際関係がない。小説家といっても彼は大衆小説の作者であったわけだし、彼自身の意識においても作家稼業は生活のためで、芸術家ぶった作家たちを毛嫌いしていたのだから、小説を書いているからといって芸術家と呼ばれるのは本意でなかったろう。

彼が芸術家たりえたのは、あくまで探偵としての役柄においてのことである。彼は、誰よりも熱心に探偵仕事に携わったが、その熱意が常に豊かな実りを結んだわけではなく、しばしば解決を間違えた。真相の代わりに別の物語を提示した。つまり、批評家＝分析する人というよりも、芸術家＝創造する人としてふるまったのだ。シェリンガムはなぜ間違えたのか。彼の想像力が豊かすぎたからである。そして、想像力こそは創造力の根幹をなす力なのだ。

批評家としての探偵の使命は事件の真相の把握であり、そのためには残された手がかりから事実を正確に読み取ることが要求される。精確な観察と分析と推理——それは分析的知性の働きである。しかし、よほど単純な事件でもない限り、分析力のみでは真相に到達することはできない。真相に至る手がかりは通常断片的にしか存在しないから、その空白を補うためには、部分から全体を再構成する想像力が必要なのである。想像力に欠けた名探偵というものは考えられない。

だが、この想像力というのが曲者なのだ。事件の誤りなき再構成のためには、適度の想像力が適切に行使されることが必要である。それが過度の想像力であったり、不適切な行使であったり、その両方であったりすると、それはあったことの再構成ではなく、なかったことの構成、つまりフィクションの創造になってしまうのだ。

探偵にとって過度の想像力が禁物であることは、優秀な探偵ならば皆わきまえていることである。たとえば、シェリンガムの偉大な先達エルキュール・ポワロは、『スタイルズの怪事件』（一九二〇）でヘイスティングズ大尉に次のように語っている。

きみは自分の想像力につける手綱をゆるめすぎたのさ。想像力は家来として使いこなせば役に立つが、逆に想像力に使われると、やくざな主人になりかねない。最も単純な説明がつねに最も無理のない説明だ。

手綱をゆるめられた想像力は、天馬のごとく空をゆく。だが、そこは空しい広がり、何物に行き当たることもなく、天馬のいななきも空ろに響くばかり。

想像力の危うさは、アマチュア探偵よりはプロフェッショナルの深く自覚するところであったかもしれない。バークリーの処女作『レイトン・コートの謎』に登場するエルチェスター警察のマンスフィールド警部は、「探偵小説で何と言われようと、過大な想像力は良心的な警察官にとって重大なハンディキャップになる」という認識を持っていたし、第三作『ロジャー・シェリンガムとヴェインの謎』では、スコットランド・ヤードのモーズビー警部が、想像力過多がアマチュア名探偵の欠点であることをシェリンガムに面と向かって指摘している。その点はシェリンガムもあながち無自覚であったわけではないようで、本書の中にも「忌々しい想像力に足をすくわれかけている」ことに気がついて手綱をひきしめる場面がある。

しかしそれでも、想像力豊かな探偵はその力を自由に発揮する誘惑を斥けることができない。エドガー・アラン・ポーの説くところによれば、「ちょうど身体強健な人間が肉体的な有能さを誇らしく思い、筋肉を動かす運動をおこなって満足を味わうのと同じように、分析家は錯綜した物事を解明する知的活動を喜ぶのである。彼は、自分の才能を発揮することができるものなら、どんなつまらないことにでも快楽を見出す」（「モルグ街の殺人」）。想像力豊かな人間が想像力の発揮を喜ぶのも、それと同じ理屈であろう。

そうするうち、名探偵は空をゆく想像力に導かれてフィクションを創造してしまうのである。かくて探偵は芸術家になる。かくて探偵は間違える。豊かすぎる想像力をほしいままに行使したロジャー・シェリンガムは、そのような意味で芸術家としての探偵であり、それがゆえに失敗する探偵だったのである。

シェリンガムの失敗の意味がそのようなものであると

すれば、それをとらえて彼を「迷探偵」などと貶めるべきではない。エンタテインメントたる探偵小説に登場する探偵に期待されるものは、何より楽しみの祭主としての役割であろう。シェリンガムは、並みの名探偵以上にその役割を立派に果たしている。ふつうの名探偵が犯罪者の創造した物語をなぞるだけで事足れりとしているところを、彼は犯罪者の物語に対抗する新たな物語を創造する（それも一つならず）ことによって、二倍にも三倍にも読者を楽しませてくれるのだ。しかも、彼の創造する物語は、往々にして真相以上に面白いときている。これほどサービス精神に富んだエンタテイナーはまたとあるものではない。

探偵小説の主人公としての探偵は、いかに読者を楽しませてくれるかという観点から評価されるべきであり、その意味においてわれらがシェリンガムは、文句なしに名探偵といってよいのである。

3　ロジャー・シェリンガムの事件簿

シェリンガムの探偵活動の記録は、長篇十冊と若干の短篇として残されている。以下に各長篇のあらましと、そこで語られた各事件における彼の活躍ぶりをご紹介しよう。

○『The Layton Court Mystery（レイトン・コートの謎）』（一九二五）

シェリンガムが客として招かれていたレイトン荘の書斎で、主人のスタンワースの死体が発見された。死体の握っていた拳銃から発射された弾丸が額を貫いており、部屋は「密室」状況にあったことから、その死は自殺と考えられた。

しかし、滞在客の奇妙なふるまい等に不審を感じたシェリンガムは、友人のアレック・グリアスンをワトスン役に仕立てて探偵を始めることにした。探偵といってもそこはドしろうとのこと、とんだ方向への脱線を繰り返しながら――その脱線パートたるやスラプスティック・コメディの趣すら呈している――ヨタヨタと調査を進めていったが、やがて意外な真相を発見することに……。

バークリーの処女作（「？」という人を食ったペンネーム？で発表された）として言及されることの多い作品だが、いまだに邦訳がないのは遺憾というほかない。後年の諸傑作と比べればやや大人しい印象で、作者の実力がまだ十分発揮されたものでないことはたしかだが、田舎屋敷物のユーモア本格ミステリとして、A・A・ミルンの『赤い館の秘密』（The Red House Mystery,1922）

に比肩しうる作品である。舞台設定や全体の雰囲気、タイトルの類似のほか、父親にあてた序文がついているところまで似ているときては、実際に作者は同書を意識してこの作を書いたのだと思わざるを得ない。

序文というのは「お父さんほど探偵小説が好きな人を僕は知りません。もっと好きな人間がいるとしたら、僕くらいのものでしょう」と始まる楽しい一文なのだが、探偵小説に関する明確な主張が盛り込まれている。その一つがいわば探偵のリアリズム――探偵は明哲神のごとき存在ではなく、一つや二つ間違いもしでかす普通の人間であるべきだ、という意見であり、ロジャー・シェリンガムの人物造形はその実践であったわけである。

○『The Wychford Poisoning Case（ウィッチフォード毒殺事件）』（一九二六）

新聞は「ウィッチフォード毒殺事件」のことを書き立てていた。輸入商のベントリー氏に砒素を盛って毒死させた容疑で、若いフランス人の妻が告発された事件である。シェリンガムは記事を読んだだけで妻への容疑に疑念を抱き、再びアレック・グリアスンとともに探偵仕事にトライすることにした。

ウィッチフォードには幸いアレックのいとこのピュアフォイ夫人がおり、そこを根城に夫人の娘シーラも加えたしろうと探偵団の活躍が始まった。三人がああでもない、こうでもないと事件をこねくり回した末にシェリンガムが到達した結論というのは……何とまあ！　この結末には誰しも唖然とさせられること必定だが、膝をたたいて大笑いすることになるか、憤激して髪を掻きむしることになるかは、読者の性格とミステリ観しだい。

前作同様ユーモアの味付けもたっぷりで、しろうと探偵たちのハチャメチャな言動が何とも愉快である。しかし、いささか悪乗りの気味もあり、後年作者は「今ではこの本の耐え難いほど冗談めかした文章を見るたびに、私はひどく顔の赤らむのを覚えます」と書いている。

本書は、かつて英国社会を騒がせたメイブリック夫人の事件をバークリー流に解釈して作品化したものであり、後年の『殺意』や『試行錯誤』などとともに、彼の犯罪学に対する関心を証拠立てている。

シェリンガムが「関心があるのは crime puzzle でなく human element なんだ」と語っているのが作者の代弁とみてよければ、『第二の銃声』の序文における「人間性の謎」重視宣言は、既にこの時期から胚胎していたわけである。本書にはE・M・デラフィールドにあてた序文が付いており、そこでも関係人物の性格や心理を重視して「心理的探偵小説」を試みたということが述べられている。

○『**Roger Sheringham and the Vane Mystery**（**ロジャー・シェリンガムとヴェインの謎**）』（一九二七）

ラドマスの海岸の崖から墜落死したヴェイン夫人の事件は、検死裁判では事故の評決が出たが、警察はひそかに捜査を続けていた。それを嗅ぎつけた〈デイリー・クーリア〉紙からの依頼で、シェリンガムは同紙の特派員として現地に赴くことになった。

このシリーズの準レギュラーとなるロンドン警視庁のモーズビー警部が初登場する。警部は、夫人の従妹のミス・クロスに殺人の疑いをかけていた。多額の遺産を受けることになった彼女に不利な証拠が一つ、また一つと発見されていき、窮地に追い込まれた可憐な乙女を救うべく、シェリンガムは同行した従弟のウォルトン青年とともに調査に乗り出すことにした。やがて、生前チャーミングな女性として知られていたヴェイン夫人の素顔が明らかになっていく。

後半、死体がもう一つ現れ、二つの死体をめぐってシェリンガムが見事な推理を披露する。これにはモーズビー警部も「こんなに頭のいい推理は聞いたことがない」と賞賛を惜しまない。ロジャー・シェリンガムは、まことに想像力に富んだ名探偵なのである。

なのであるが……。

アマチュアとプロフェッショナル、二人の探偵の謎解き競争が展開されるのが読みどころの一つとなっており、この構図は作品のテーマにも深く結びついている。「名探偵」批判、ないし「探偵小説」批判というのがそのテーマであり、これはバークリー作品の全体を貫くものでもあるが、初期作の中では本書が最も鮮明にそれを浮かび上がらせている。いわば探偵小説論を内包した探偵小説——さらに極端な言い方をすれば、探偵小説の形式で書かれた探偵小説論ともいえる作品である。

幕切れでモーズビーがシェリンガムに言うセリフは、きわめて暗示的である。——「何がよくないのかお分かりですか。あんまりたくさん探偵小説を読みすぎるんですよ」

○『**The Silk Stocking Murders**（**絹靴下殺人事件**）』（一九二八）

〈デイリー・クーリア〉紙に犯罪コラムを連載しているシェリンガムは、音信不通になった娘の身を案じている田舎の牧師から手紙で相談を受けた。調べてみると、しばらく前に絹靴下で首を吊って死んだコーラスガールがその娘であることが分かった。

その後、絹靴下による女性の縊死事件が相次いで起き、自殺の流行というよりも連続殺人事件の疑いが濃くなってきた。犠牲者の顔ぶれは夜の女、上流社会の令嬢、女優とさまざまで、一貫した動機などありそうにない。犯人は狂気の殺人淫楽者なのか？

やがて牧師の姉娘のアンが妹のかたきを取るためロンドンに出て来て、シェリンガムの調査に協力することになったが、そうこうするうち警察は容疑者をしぼり込み、シェリンガムの友人のニューサムに目星をつけるにいたった。間近に迫った逮捕をしばし猶予してもらい、シェリンガムは真犯人を罠にかける大博打をうつことにした。危険を冒しておとりを買って出たアンに犯人の魔手がしのび寄る……。

前作に見られたメタ・ミステリに通じるような方向性から一転して、本書はごくオーソドックスな探偵小説に仕立てられている。作者の持ち味をパターンの逸脱・ひねりに認めるとすれば、本書にはその味わいは少なく、その意味ではシリーズの中で最もバークリーらしさの希薄な作品といえる。猟奇連続殺人といった派手やかなプレゼンテーションや、いかにも探偵小説的なトリックの使用なども、他のバークリー作品にはない特徴であろう。

本書はセールス的には大成功を収めたらしいが、作者にとって不愉快なオマケもついた。作中の殺人方法をまねて、実際に絹靴下で人をくびり殺す馬鹿者が現れたのである。バークリーがミステリの趣向として「奇抜な犯行手段」といったものにあまり興味を示していないのは、あるいはこの事件の影響もあったのかもしれない。

○**『毒入りチョコレート事件』**（一九二九）

本書以降の五作は現在翻訳で読めるので、簡単にふれることにする。

筆者がミステリのオールタイム・ベストを選ぶとき、四位以下の作品はそのときの気分で何が入るか分からないが、上位三作の選択に迷うことはない。コリンズの『月長石』、チェスタトンの『ブラウン神父の童心』、そして本書——これだけは動かない。

スコットランド・ヤードが捜査に行き詰まった「毒入りチョコレート事件」の謎に、シェリンガムを会長とする犯罪研究会のメンバー六人が取り組むことになった。弁護士あり、女流劇作家あり、探偵小説家あり、いずれ劣らぬ犯罪学フリークの面々が順繰りに披露する推理は、それぞれに異なる観点と方法で組み立てられ、まったく違った結論を導くのだった。この推理競技の結末は、はたしていかに？

テキストの分量で二割が問題篇、残りはすべて解決篇という空前の構成。多重解決ミステリの原型にして最高の達成の一つである。

○『**第二の銃声**』（一九三〇）

ハウス・パーティの余興として行われた殺人ゲームの最中、本物の死体が発見された。犠牲者は名うてのプレイボーイで、周囲には彼の死を願う者がそろっている。警察から容疑者と目されることになったピンカートン氏は、旧友のシェリンガムに助けを求めた。

シェリンガムは、すばらしく巧妙な論法で警察の嫌疑を晴らした後、彼の突きとめた真相を打ち明けるが……。

本書の主要部分はピンカートン氏の草稿の形式で書かれており、彼の度外れた騎士道精神と道徳家ぶりによって、草稿は滑稽な自画像としても楽しめる。

「人間性の謎」(puzzle of character) の重視を宣言する序文によって有名だが、作品自体は構成に工夫を凝らした本格ミステリとしての味わいが濃厚であり、多重解決物として『毒入りチョコレート事件』との優劣を論ずる向きもある。

○『**最上階の殺人**』（一九三一）

マンションの最上階のフラットに一人住まいの年輩の女性が殺された。室内はめちゃくちゃに荒され、貯め込んでいたという噂の現金がなくなっている。裏庭に面した窓からは、犯人が脱出に使用したと見られるロープが垂れ下がっていた。

ちょうどモーズビーの出動の場に居合わせたシェリンガムは、希望して現場に同行し、ヤードの捜査のもようを興味津々で見学する。犯行の手口などから、警察はすぐに某プロ犯罪者のしわざと断定。ルーティンワークで容易に解決する事件かと見えたのだが、やがてシェリンガムは重大な疑問点に気づく。

ひょんなことから被害者の姪のステラを秘書に雇ったシェリンガムは、個性的で事毎に予想外の反応を示す彼女に翻弄されながら、独自の調査を進めていくが……。

本書については次節で詳しくコメントすることにしたい。

○『**地下室の殺人**』（一九三二）

新婚のデイン夫妻が越してきた家の地下室から、セメントで床に塗り込められた女の死体が発見された。正体不明の被害者を前にモーズビーは苦心惨憺、あらゆる手を尽くして捜査に当たり、やっとの思いで身元を突きとめる。

彼女はある学校の職員であったが、たまたまシェリンガムが以前そこで臨時教員を務めていたことがあり、彼はそのときの経験を小説化しようとして未完の草稿を書き残していた。モーズビーから相談を受けてシェリンガムが示したその草稿が、本書の第二部をなす。もし犯人が被害者の周囲にいた人物なら、この草稿から事件の背景と動機が読み取れるのではないか？

最上階から一転して地下室の事件となり（両事件に内容的な関連はない）、モーズビーとの関係におけるシェリンガムの役柄もがらりと変わる。テーマ的な照応も見られ、単独で読んでも十分面白い作品だが、前作とセットとして読むことで面白さは倍増する。

○**『ジャンピング・ジェニイ』**（一九三三）

ある探偵作家の邸で開かれた仮装パーティ――参加者全員が史上有名な殺人事件の犯人か被害者に扮するという趣向――の夜、屋上に設えられた絞首台に、嫌われ者のストラトン夫人の死体が吊り下がっているのが発見された。

本書はある意味で「ロジャー・シェリンガム最大の事件」である（少なくとも、彼の主観においては）。夫人の死体発見後に取ったある不用意な行動のせいで、事件にのっぴきならぬ関わりを持ってしまったのだ。それにしても、椅子の位置や指紋の有無といった単純な問題から、これほどハラハラドキドキの物語を生み出せるとは……。

一部倒叙的な描写も交えたユニークな構成と、脱力感を催すどんでん返しが面白い。お手のものの多重解決手法を駆使し、「推理のリアリズム」ともいうべき真相の底知れぬ不確定性を描いてみせた作品。

○**『Panic Party（パニック・パーティ）』**（一九三四）

シェリンガム物の最終作だが、「シリーズの掉尾を飾る」といった形容はしづらく、正直なところどう評価してよいか分からない作品である。

シェリンガムの大学時代の恩師ピジョン氏は、巨額の遺産を相続して頭がおかしくなったわけでもあるまいが、手の込んだ冗談を思いついた。ヨットのクルーズに招待した一行を無人島に上陸させ、彼らの中の一人が正体を暴かれずにいる殺人者だと告げるのだ。そして人々の反応を見て楽しもうという腹だったのだが――。

計画どおりピジョン氏が無人島で殺人者探しを提案した翌朝、崖から墜落したと思われる彼の死体が発見された。招待客の中に実際に殺人者が交じっていたのだろうか？

一行に加わっていたシェリンガムは、皆を落ち着かせて新たな犠牲者が出るのを防ごうとするのだが、人々はしだいにパニックに陥っていくのだった……。

クリスティーの『そして誰もいなくなった』（一九三九）を思わせる設定だが、似ているのは設定だけで、本書を探偵小説と呼ぶことはできない。主題となっているのは犯罪の謎解きではなく、極限的な状況に置かれた人々の反応——そこで各人の人間性がどのように現れるかということである。エピローグでミステリとしての体裁を整えようとした形跡はあるが、この結末に納得する読者はいないだろう。

三年前にミルワード・ケネディの『救いの死』（一九三一）で序文の名宛人とされた返礼として、本書にはケネディへの献辞が付されており、ディテクション・クラブの規則をすべて破ってしまったことを誇らしげに宣言している。

探偵小説の「実験家」（『第二の銃声』序文）として行った確信犯的試みであったのかもしれないが、実験精神だけでは傑作は出来上がらないようだ。

※

現時点で未訳が五作（戦前抄訳のあるものを含む）残っているわけだが、次に翻訳が企画されるときには、できれば第一作から刊行年順に出していただくようお願いしたい。出来栄えからいって優先的に紹介されるべきなのは初めの三作であるし、シリーズ物はやはり発表の順序に読んでいくのが理想的だからである。特にバークリーの場合は、それまでの作品の流れを意識してテーマの展開の仕方等を考えていったフシがあるので、順を追って読む意義はさらに大きいのである。

バークリーは短篇にも佳作が多い。シェリンガム物の短篇だけでも是非一本にまとめ、『ロジャー・シェリンガムの事件簿』として刊行してほしいものである。

4　『最上階の殺人』を読む

★★★『最上階の殺人』

本書の性格を一言でまとめるのは難しい。もちろん**探偵小説**であるには違いなく、警察の捜査活動をリアルに描いた**警察小説**的な部分もあるものの、ロジャー・シェリンガムによる謎解きの興味が中心になっているのだから、やはり**本格ミステリ**と考えるべき作品なのだが、そう言っただけでは本書の把握としてきわめて不十分だろう。

名探偵の推理というものを、切れ味鋭い推論を精細に描くことでその面白さを最大限に演出しながら（その意味ではこれこそ**推理小説**といってよいのでは？）、最終的に一つの冗談にしてしまっている。そこに着目すれば、皮肉をきかせた**ユーモア小説**。あるいは、ユーモアあふれる**諷刺小説**。——というより、この小説全体がイコール大きな冗談であるかのような、一種**冗談小説**めいた雰囲気も持っているのだが、それが非常に手の込んだ、洗練された技巧で緊密に構成された物語なので、単純に作者が冗談を語っているのだとも思えない。主題が明確な**テーマ小説**であるが、それが同じシリーズの中で繰り返し現れてくると、何やら**シチュエーション・コメディ**の趣も漂う。

シェリンガムの頭の中で展開されるのは、推理とはいいながら結局は彼の過大な想像力が生み出した妄想のようなものなのだから、一種の**幻想小説**、ないし**妄想小説**といえないこともない。「意識の流れ」を描いた**心理小説**というには、逆に思考内容が整然としすぎているが。感情過多の小説でもあるが、ウェットなところがないので**感傷小説**とはいいにくい。

描かれているのは名探偵の思考過程だけでなく、その生活と意見まるごとだから、ロジャー・シェリンガムという人物を紹介する**キャラクター小説**として読むべきなのか。シェリンガムという個体を通じてアマチュア名探偵一般を研究する**名探偵小説**なのか。小説家としての彼の仕事ぶりもよく書き込まれているから、**芸術家小説**とまでいうのはナンだが、**作家の内幕小説**としても読める。これらの側面を引っくるめて、探偵小説におけるキャラクターの要素をありったけ拡大してみせた**実験小説**なのか。

一方ではシェリンガムに配するに妙齢の美女をもってし、一種**ロマンス小説**めいた雰囲気をも漂わせながら、物語はあまりロマンチックにもならずに進行する。それでも全体にソフィスティケートされた**都会小説**の面影がある。都会に生きる人々の世態人情を写している部分は**風俗小説**といってもよいか。

といった具合に、簡単にはまとめ切れない複雑さを備えているのだが……。

その複雑微妙なところ。巧妙至極なところ。

ソフィスティケーション。洗練。

——この辺がキーワードになりそうだ。

そこで思い出すのが、『第二の銃声』の序文の次の一節である。

要するに探偵小説は、もっと洗練されなくてはならないのだ。実社会におけるもっとも凡庸な殺人ですら、心理や情念や決意や劇的状況といったものの混淆物である。効果を狙うあまり、紋切り型の探偵小説がそうした要素をことごとく見逃してしまうのは、いったいどうしたことだろう。

小説としての洗練。これこそ作者の目指したものだった。「紋切り型の探偵小説」とは、序文の別の場所にいう「単純かつ素朴で、全面的にプロットに依拠し、人物の魅力も、文体も、ユーモアさえもない、懐かしき犯罪パズル」の言い換えとみてよかろうが、性格描写や作品の雰囲気を深化させることにより、この紋切り型の犯罪パズルを否定する方向こそ、探偵小説をリニューアルする道として作者が選んだものだったのだ。

その実践の第一歩が『第二の銃声』の翌年に刊行された『殺意』であったわけだが、同年続けて発表された本書も、犯罪に関わる「心理や情念や決意や劇的状況」を前面に押し出した『殺意』とはまた違ったテイストを持ちながら、同様に探偵小説リニューアルの方向に一歩を踏み出したものだ。『殺意』の場合は、迫真的な心理描写による革新のインパクトは大きくても、もはや探偵小説とは呼べない作品になっているから、序文の宣言するところ——探偵小説の改良策としてのキャラクター重視——をそのとおりに実践した作品としては、本書をこそ第一に挙げるべきかもしれない。

上の紋切り型探偵小説の反対——「複雑かつ洗練されていて、プロットもさることながら人物の魅力にあふれており、見事な文体で書かれ、ユーモアもたっぷりの生きのよい小説」——をイメージしてみれば、これすなわち本書の形容にほかならないからである。

文体、ユーモア、人物。これらは探偵小説にとって本質的な要素ではないようにも考えられるが、これらを欠く作品が傑作と呼ばれることはありえない（作風によってはてはユーモアが表に現れないことはあるにしても、殺人事件のような悲劇的題材をエンタテインメントに仕立て上げるには、その作者にはユーモア感覚が必須であろう）。たとえば、その探偵小説的趣向に気をひかれながらもフィリップ・マクドナルドの『迷路』（一九三二）を面白く読むことができないのは、これら小説的魅力をほとんど犠牲にしてしまっているからである。

本書の第一の特長は、やはり人物の魅力にあふれていることだろう。キャラクターが立っている。登場人物の一人ひとりが、ほんの端役に至るまで、具体的な表情と肉声を伴って立ち現れる（そう感じられるのは、原作の文体をよく写し得ている訳文のおかげによるところも大きいが）。シェリンガムと対等以上に渡り合うステラはもちろんのこと、マンションの住人たちも生き生きと描かれているので、往々にして無味乾燥になりがちな関係者への尋問場面も、次はどんな人間が登場するのだろうと思わせて、それ自体興味あるものになっている。『第二の銃声』以前においても、バークリーの人物描写は決して凡手ではなかったが、本書はその点で一段と光彩を加えたものと評価できるだろう。

キャラクターとしては当然、主人公のシェリンガムに最も多く筆が費やされており、その分量はシリーズの中でも一番かもしれない。これまで翻訳された作品は不思議とシェリンガム自身の描写はほとんど見られないものばかりだったので（この時点までの邦訳は、『毒入りチョコレート事件』、『第二の銃声』、『地下室の殺人』のみ）、わが国の読者には、シェリンガムの人となりが十二分に書き込まれている本書によって、初めて彼の素顔を知る機会が与えられたことになる。同様にシェリンガムが出ずっぱりの『ジャンピング・ジェニイ』（本書の直前に邦訳刊行）と併せ読まれるならば、なかなかもってユニークな人物であることがお分かりいただけると思う。

ユニークさという点では、シェリンガムの相手をつとめるステラ・バーネットも負けてはいない。伯母の遺産を相続することすら潔しとしない独立独歩型で、完璧な美人でありながらセックス・アピールはゼロという女性。ロジャーとの丁々発止のやり取りが愉快で、何事にも自信満々の彼がやり込められたりするところは小気味がよい（というのは相手がステラだからで、彼女の「婚約者」ラルフ・パターソンを前にしたシェリンガムの姿には、いささか哀れをもよおさずにはおれない）。

ロジャーとステラ、見ようによっては結構お似合いのカップルなのだが、この二人の関係はまったくドライで、ラブ・ストーリーめいた要素は希薄である。それでも連れ立って劇場やレストランに繰り出したり（仕事のためといいながらロジャーの下心は見え見え）、ステラは淡々としたものだがロジャーの方は彼女に「がっぷり取り憑かれている」時間を経験したりしているくらいだから、ロマンス小説の影を引きずってはいるのである。

シニカルなこの作者がロマンスなど書くものか、とお思いの方は、まだバークリーをよくご存知でない。探偵作家として出発する以前の、諸雑誌に短篇等を寄稿していた時代には、純粋なラブ・ストーリーもたくさん書いていたし、一九二七年刊のミステリ風ユーモア小説『プリーストリー氏の問題』(A・B・コックス名義)も、F・キャプラ監督の「或る夜の出来事」を思わせるようなソフィスティケートされたロマンチック・コメディであり、ロマンス小説は十分に作者の守備範囲内にあるのである。バークリーは、素朴な恋愛小説がジャーナリズムでは最も売れ筋であるという認識を持っていたようだから(『Jugged Journalism』一九二五)、ロマンス風味は職業作家としての営業政策によるところも大きかったかもしれない。

……こんなふうに書いてくると、本書が探偵小説であることを忘れてしまいそうだが、やはりベースとなっている探偵小説的趣向についてもふれておくべきだろう。

構成の論理は、ごく単純なものである。犯人は強盗の目的で尼僧に変装して被害者のフラットに入り込み、騒がれそうになって殺してしまったので、犯行の時刻を実際より遅く見せかけてアリバイを作るため、後から共犯者に騒音を立てさせるとともに現場から逃げる姿を人目にさらさせた――というだけのものだ。数時間をおいて同じ食事をとる被害者の習慣から、犯行時刻が二重に誤認されることになるというあたりの趣向は面白いが、そう感心するほどのことでもない。この程度のネタからどうしてこれほどツイストのきいた物語をひねり出せるのか、作者のプロット構築力にはいつもながら脱帽である。

表面に現れた謎は誰のしわざかということだけで、警察のキッド犯人説にシェリンガムのエニスモア＝スミス夫人を第一容疑者とするマンション内部犯人説を対立させ、最後にステラ犯人説が真相かと思わせておいて、最後の最後に警察に軍配を上げる。おなじみの「名探偵の失敗」話だが、真犯人の設定――ふりだしに戻る――のほか、アマチュア探偵の独り相撲に多くの筆が費やされている点で、同じ系譜ではあっても、ベントリーの『トレント最後の事件』(一九一三)よりはノックスの『陸橋殺人事件』(一九二五)に近いものを感じる。

ちなみに、ラストでステラ犯人説がモーズビーからの電話一本でたちまち崩れ去るあたりの呼吸は見事なものだが(このシーンも『陸橋殺人事件』のアンチクライマックスを想起させるものがある)、その直前、両手に顔をうずめて身を震わせるステラの姿に、金田一耕助の「キちがい」の錯覚に気づいて両手で顔をおおった横溝正史『獄門島』(一九四九)の了然和尚を連想した読者はおられないだろうか。仕草のダブル・ミーニングとしてよく似ていると思うのだが。

本書のシェリンガムはモーズビーに対抗して「失敗」するわけで、この二人の関係に着目してシリーズを読むことも面白い。全体の文脈においては、本書と次作『地下室の殺人』が両雄対決の第二ラウンドとして位置づけられることになる（この点については『地下室の殺人』の解説を参照されたい）。

通常の謎解き小説では、謎解きのプロセスは結末で急ぎ足に語られるだけだが、本書ではシェリンガムの思考の過程が逐次詳細に記されているので、ポーの「マリー・ロジェの謎」ほどの純粋さはないけれども、こういう小説こそ「推理」小説というにふさわしいのではないかという気もする。だが、作者はこの詳細さを謎解きの目的ではなく一種のトリックに使っているわけで、すべてはステラ犯人説を導くための伏線にすぎないのだから、これこそ推理小説などと口走ったら作者に笑われるだけかもしれない。『地下室の殺人』を読まれた方は、あちらではモーズビーの捜査活動が詳細に描かれていたのと対照をなしていることにお気づきだろう。

いささか冗漫に流れたこの解説もそろそろ稿を閉じねばなるまいが、最後に一つ、本書の中で筆者がいまだに理解しかねている事柄を書きつけておきたい。それはほかでもない、最終場面でロジャーがステラに結婚を申し込んだ理由である。もちろん初めからステラに気があったことはたしかだが、即座に拒否されて「助かった」と言っているくらいだから、結婚というものが自分には敬して遠ざけるべきものであることは十分承知していたはずのロジャーである。その彼がなぜまた――？

①ステラが涙が出るほど大笑いして初めて人間味を見せたので、一気に恋心がつのった

②ステラの一挙一動に翻弄される自分の不安定な気持を落ち着かせたいと思った

③ステラが婚約していないことが分かったので衝動的に

という程度のことしか筆者には思いつかないのだが、どうも得心が行かないでいる。げに、解き難きは人間性の謎である。

☆☆☆

※引用テキスト――チェスタトン『ブラウン神父の童心』『ブラウン神父の秘密』（共に中村保男訳、創元推理文庫）／クリスティー『スタイルズの怪事件』（田中西二郎訳、創元推理文庫）／『ポー名作集』（丸谷才一訳、中公文庫）／バークリー『第二の銃声』（西崎憲訳、創元推理文庫）

アントニイ・バークリー

バークリー vs. ヴァン・ダイン

『最上階の殺人』の成立をめぐって

初出：「ROM」s-002 号（2018 年 11 月）
バークリー『最上階の殺人』（創元推理文庫　2024 年 2 月）に改稿再録

アントニイ・バークリーは著書に献辞を付けるのが好きだったようで、他名義も含めて生前公刊された二十四冊のうち、献辞がないのは『シシリーは消えた』、『ピカデリーの殺人』、『最上階の殺人』、『服用禁止』及び『Death in the House』の五冊にすぎない（ここでいう献辞には、単に献呈先の名前を記しただけの簡単なものから相手への手紙の形で序文というべき内容が語られたものまでを含む）。

この五冊に献辞が付されなかった理由は詳らかでないが（『シシリーは消えた』については思い当たるフシがあるけれどもここではふれない）、筆者の偏愛する『最上階の殺人』に献辞がないのはちと寂しい感じがするので、余計なお世話と言われそうだが、作者に成り代わってひとつ考えてみた。こんなのはどうでしょう——

洞察に満ちた「探偵小説作法二十則」で大いに私を
　啓発してくれた
S・S・ヴァン・ダインに本書を捧げる

「啓発」という言葉には皮肉が込められているものと了解願いたい。『最上階の殺人』の成立事情に関して以下に述べる仮説が正しければ、バークリーの胸中はこんな感じではなかったかと思われるのだ。

バークリーとヴァン・ダイン——いずれ劣らぬビッグ・ネームだが、並べて論じられることはめったにない二人である。

バークリーの作風の斬新さとヴァン・ダイン作品の古めかしさの印象から、活躍した時代も別だったと誤解されそうだが、作家としての活動期間は、前者が一九二五年〜三九年、後者が一九二六年〜三九年とほぼピッタリ重なっている。まぎれもない同時代作家だったわけである。もっとも、筆者の知る限りでは、両者の間に何らかの交渉があったことをうかがわせる資料は残されていない。同時代といっても英国と米国、大西洋を隔てた異国の住人だったのだから不思議はないが。

だが、少なくとも作家生活の初期において、バークリーの方ではヴァン・ダインという存在をかなり意識していたのではないかと思われる。

バークリーからするとヴァン・ダインは一年遅れて登場した後輩作家だったわけだが、そのデビューの華々しさはとうてい自身の場合の比ではなかった。「?」名義で刊行されたバークリーの第一作『レイトン・コートの謎』（一九二五）は、A・A・ミルンの名作『赤い館の秘密』を思わせるすぐれた作品であり、それなりの好評を得て第二作への道を開いたが、伝統ある英国探偵小説界——F・W・クロフツ、アガサ・クリスティー、ドロシイ・L・セイヤーズといった有力な新鋭も活躍を始めていた——においては、多少注目に値する新人が現れたからといって直ちに大騒ぎされるようなことはなかった。

一方、始祖ポオの出身地とはいえ作家の層も薄く、当時はまだ見るべき作品にも乏しかったアメリカにおいては事情が異なり、本格的な装いで突如出現したヴァン・ダインの『ベンスン殺人事件』（一九二六）は、この一作をもって「一夜にしてアメリカ探偵小説は成年に達した」（ハワード・ヘイクラフト）と評されるほどの絶大なインパクトをもたらした。

両者の注目度の差は、『ベンスン殺人事件』が英国でも米国と同年に出ているのに対し、『レイトン・コートの謎』の米国版は英国版に四年遅れてようやく一九二九年に刊行された（一九二八年刊の『絹靴下殺人事件』が営業的に好成績をあげたことから、遅ればせながらデビュー作にも目が向けられたのであろう）事実によっても明らかである。

ヴァン・ダインの鮮烈な登場のもようは、出版界の一大事件として時を移さず英国にも伝えられていたであろうから、バークリーも話題の主である海の向こうの新人作家に注目を強いられたはずだ。その後も新作を出すたびにベストセラーになり、次々に映画化もされていったヴァン・ダインの成功ぶりは、商業的感覚も鋭敏だったバークリーを刺激したことだろう。さらにその作品の内容にも、バークリーは無関心ではいられなかったと思われる。

一九二六年に刊行されたバークリーの第二作『ウィッチフォード毒殺事件』には、女性作家のE・M・デラフィールド（彼女とバークリーの関係については、マーティン・エドワーズ『探偵小説の黄金時代』を参照されたい）にあてた献辞があり、そこで作者は「通常の犯罪謎解き小説に見られる物的証拠偏重主義を排し、心理に重きを置いた作品」をめざし、「心理的探偵小説とでも定義できそうな小説」を意図した旨を述べている。同じ年に出た『ベンスン殺人事件』においても、探偵ファイロ・ヴァンスは心理的探偵法を標榜し、「個人の性格の科学的研究と人間の性質を見抜く心理学」こそが犯罪捜査の最も確実な方法だと主張している。翌年の『カナリヤ殺人事件』では、不完全な形ではあるが心理的探偵法の実践例も示された。この人間の性格心理の重視という点においても、バークリーは偶然にも同じ方向性を示しているヴァン・ダインを意識せざるを得なかったのではないだろうか（もっとも、ヴァン・ダインの心理重視の姿勢はせいぜい『カナリヤ』までのことであり、その後さらに深くこの方向に歩を進めたバークリーとは早々と袂を分かつことになるのだが）。

こうしたことからバークリーは、少なくともデビュー後数年間はヴァン・ダインの動向に注意を払っていたはずで、そんな中で一九二八年九月に「アメリカン・マガジン」誌に掲載されたエッセイ「探偵小説作法二十則」なども見逃されることはなかったと思われる。本名のウィラード・ハンティントン・ライト名義で編集された『探偵小説傑作集』（一九二七）の長序も読んでいた可能性が高いが、当時はまだペンネームの正体は秘密にされていたようなので、いつの時点でバークリーがこれをヴァン・ダインの書いたものと認識したかは定かでない。

一九二八年当時、バークリーは後にディテクション・クラブへと発展することになる探偵作家仲間との一連の会合（晩餐会）を催していたことが知られているが、「二十則」や長序はそんな席での格好の話題ともなったのではないだろうか（マーティン・エドワーズの前掲書においては、ヴァン・ダインが訪英した折にバークリーの晩餐会にゲストとして招かれた可能性も示唆されている）。「探偵小説作法二十則」は、探偵小説を作者と読者の間の知的ゲームととらえた上で、これを書くにあたってのルールを明文化したものである。フェアプレイの観点から「手がかりはすべて、明確に示され、記述されねばならない」「作中の犯人が探偵に対して適当に行なう策略やごまかしのほかには、故意に読者を惑わすような記述があってはならない」といったことが要請される一方、普通小説的要素は片隅に押しやられ、「物語に恋愛的な興味をもちこむべきではない」などとされる。個々の条項には今では顧みられなくなっているものも多いが、小説よりミステリ、文学よりパズルという志向性自体は、エラリイ・クイーンを経由してわが国の新本格ミステリなどにも脈々と受け継がれているように思われる。

翌年ロナルド・ノックスが発表した「探偵小説十戒」は、探偵ゲームの規則集という外観は類似しているものの、その精神においてはかなり異なるところがある。重要な相違の一つはユーモアの有無で、その小説作品の場合も含めてユーモアの欠如というのがヴァン・ダインの最大の弱点であろう。ノックスの場合は、こういうことをやられると面白くないという事柄を遊び心で物々しく表現したまでで、規範を定立する意識はなかったと思われる。「中国人を登場させてはならない」という誤解されやすい条項は、邪悪な中国人が荒唐無稽の犯罪を行う低俗な作品が当時横行していた事情を背景としている。

バークリーが一九三〇年十月に刊行した『第二の銃声』には、有名な序文（A・D・ピーターズあての手紙の形式）が付されているが、遅くともこれを書く前までには、バークリーは「探偵小説作法二十則」を読んでいたであろうと筆者は推測している。というのも、同序文には、「二十則」が志向する純粋な知的パズルとしての探偵小説像に対する批判として読める部分があるからである。

『第二の銃声』の序文では、一九二九年九月に「ライフ・アンド・レターズ」誌に掲載されたマーガレット・コールのエッセイ（同年六月刊の『毒入りチョコレート事件』の評を含む）を援用しながら、今後の探偵小説が進むべき道として、①プロットを作る際にさまざまな工夫を凝らすこと、及び②人物の性格や作品の雰囲気を発展させることの二つの方向を示し、特に後者を重視している。そして、旧式の探偵小説を「単純かつ素朴で、全面的にプロットに依拠し、人物の魅力もなく、文体も、はてはユーモアさえない、懐かしき犯罪パズル」として切って捨てている。このときバークリーの念頭にあった仮想敵国こそ、ヴァン・ダイン作品、及び「二十則」に代表されるその探偵小説観だったのではないだろうか。

より具体的には、攻撃目標として「二十則」の次の条項あたりに照準が合わせられていたのではないかと思われる。

(16) 探偵小説には、冗漫な叙述的描写、枝葉に関する文学的饒舌、精緻な性格分析、雰囲気への陶酔などがあってはならない。このようなものは、事件の記録とその推理にとって重要でないばかりか、筋の運びを抑制し、主目的からはずれた問題をもちこんでしまうことになる。探偵小説における主目的とは、事件を説明し、分析し、解決へともちこむことにほかならない。物語に真実性を与えるだけの自然描写、性格描写があれば、それで十分なのである。

これはバークリーの重視する第二の方向性と真っ向から対立する見解であり、まず第一に否定されるべきものだった。序文に述べられた「探偵小説は……読者を数学的であることによって惹きつける小説ではなく、心理学的であることによって惹きつける小説へと発展しつつある。謎解きの要素は間違いなく残るだろう。しかしその謎は、時間や場所や動機や機会の謎ではなく、人間性の謎である」という主張は、この条項に突きつけたアンチテーゼでもあったろう。ヴァン・ダインが(初期の姿勢を明白に裏切って)装飾的要素にすぎないとして脇へのけてしまった人物の性格心理の問題を、バークリーは「人間性の謎」という形で中心的主題に据え直したのである。

★★★『最上階の殺人』

ここまでの推測が承認されるとすれば、その基礎の上に次の仮説を構築することも可能であろう。それは、『第二の銃声』の次に刊行された作品である『最上階の殺人』――書誌的には次作はフランシス・アイルズ名義の『殺意』ということになるが、探偵小説の路線からは外れるのでこれはスルーする――は、「二十則」への反発から生み出されたというものである。

「二十則」の前記引用に続くのは、次の条項である。

(17) 探偵小説において、職業的犯罪者が犯人であることは許されない。強盗や盗賊による犯罪は、警察署の管轄であって、探偵小説の作家や才気溢れるアマチュア探偵の関知するところではない。真に魅力ある犯罪とは、教会の重鎮、慈善家できこえた未婚婦人などによる犯罪をいうべきである。

一九三一年七月刊の『最上階の殺人』は、この禁則を正面から破った作品である。犯人は「キャンバウェル・キッド」の通り名をもつ職業的犯罪者なのだ。その犯罪が「警察署の管轄であって、探偵小説の作家や才気溢れるアマチュア探偵の関知するところではない」というのはそのとおりで、実際ロジャー・シェリンガムはお呼びでなかった事件なのだが、彼は好機到来とばかりに首をつっこみ、思う存分探偵遊戯にふける。

ところで、キッドが犯行にあたって変装した「修道女」というのは、「教会の重鎮、慈善家できこえた未婚婦人など」のイメージに重なる部分が多いのではないだろうか。筆者の感覚では、この人物の属性の類似には偶然以上のものがある。すなわち、「修道女」の設定は、職業的犯罪者の禁則破りと相まって、バークリーがまさにこの条項を踏み台にしてプロットを作り上げていったことを示す有力な手がかりのように思われるのだ。

『最上階の殺人』はまた、先の第16項に反逆した作品とも言えるだろう。同書は人を食ったプロットの皮肉な味わいもさることながら、「才気溢れるアマチュア探偵」シェリンガムのキャラクターが内面描写も含めてたっぷりと書き込まれているところに特色がある。彼のほかにも個性的な登場人物たちの描写に精彩があり、軽快な喜劇的雰囲気に包まれた物語の進行にはよどみがない。まさに作者が人物の性格や作品の雰囲気を発展させる方向に力を注いだ作品であり、ヴァン・ダイン流の偏狭な探偵小説観を陳腐化してしまうに足る魅力を備えている。

『第二の銃声』の序文においては、先述の二つの方向性のうち第一のプロットの工夫については『毒入りチョコレート事件』ですでに試し終わったので、今度はこの本で性格や雰囲気の発展という第二の試み（Second Shot）を行うのだという旨が述べられていた。だが、シリル・ピンカートンというユニークなキャラクターの肖像を描くことには成功しているものの、探偵小説としての『第二の銃声』は、作品全体の味わいとしてはなおプロット構成の成果を示す『毒入りチョコレート事件』に近いものがあった。第二の方向の試みは、先述したとおり『最上階の殺人』においてより充実した成果をあげたと言えるのではないだろうか（アイルズ名義の『殺意』と『犯行以前』こそその最大の成果であるとする見方もあり得ようが、序文の論旨に忠実にあくまで探偵小説の枠内でということにこだわるならば、それら犯罪心理小説はここでは対象外となる）。

さて、以上述べ来った「仮説」をまとめてみると、こういうことになる。――バークリーは、ヴァン・ダインの「探偵小説作法二十則」の論旨に反発し、『第二の銃声』の序文で暗にこれを批判しながら別の方向性を示した。さらに、その方向性に沿いつつ「二十則」のある条項に意図的に反して『最上階の殺人』を書いた。

残されたテキスト以外に証拠はないので、ロジャー・シェリンガム流の妄説にすぎないとそしられても反論はできない。筆者としては、『毒入りチョコレート事件』の幕切れの場面におけるアンブローズ・チタウィック氏のセリフを借りて、こう呟くばかりだ。――「確かに実証はできない。しかし、みじんも疑う余地はない。わたしには、どうしても、そうとしか考えられない」……

☆☆☆

※引用テキスト――バークリー『ウィッチフォード毒殺事件』(藤村裕美訳、晶文社)/同『毒入りチョコレート事件』(高橋泰邦訳、創元推理文庫)/同『第二の銃声』(西崎憲訳、創元推理文庫)/ヴァン・ダイン『ベンスン殺人事件』(日暮雅通訳、創元推理文庫)/同「探偵小説作法二十則」(前田絢子訳、研究社刊『推理小説の詩学』所収)/ヘイクラフト『娯楽としての殺人』(林峻一郎訳、国書刊行会)

ロジャー・シェリンガムと bulb の謎

初出：「Re-ClaM」第２号（2019年５月）
※同人誌「Rediscovery of Classic Mystery」

アントニイ・バークリーの『最上階の殺人』は、素人探偵ロジャー・シェリンガムのキャラクターが、その人となり、生活と意見、事件の推理の思考過程に至るまでたっぷりと書き込まれている点が特色である。既読の方にはお分かりのように、そのことがこの作の皮肉な筋立てと探偵小説的趣向に一役買っているわけである。

そうした中で、ロジャーの長所として——と言っていいのでしょうね、「過ぎたるは猶……」という側面もあるのだが——その集中力の強さが紹介されているくだりがある。原文を引くと、

When an enthusiasm was occupying him, whether it might be for applied psychopathy, bulbs, or murder, his mind had room for that subject and that only; all else was irrelevant.

ここで問題にしたいのは、「bulbs」とは何かということである。ロジャーがこれまで熱を上げたことのある対象の例として、「applied psychopathy」及び「murder」と並べて掲げられているわけだが、前後の二つはまあ分かるにしても、はて「bulbs」とは？

研究社の『新英和中辞典』で「bulb」を引いてみると、「1（タマネギなどの）球根、鱗茎。2a球状部、b電球、c（温度計などの）球、d〔写真〕バルブ。」とある。まず球根か電球かというところだが、いずれにしてもピンとこない。ロジャーが過去に扱った事件の中で、球根や電球に関わりを持つことが何かあっただろうか。いや、過去の事件はすべて「murder」の一語にくくれてしまうとすれば、事件とは関係ないのだろうか。だが、そうだとしたらなおさら意味を了解する手がかりがないことになる。

このくだり、新樹社版の大澤晶さんの訳では次のようになっている。

何か一つのことに熱を上げてしまうと、それが人格障害の実例であれ、植物の球根であれ、はたまた殺人事件であれ、頭はその主題専用の収納庫になってしまう。ほかのことは、何もかも、どうでもよくなる。

球根説が採られているわけだが、その根拠はよく分からない——などと他人事のように言えた義理ではないんです、実は。

筆者は同書の解説を担当する立場にあったので、ゲラの段階で大澤さんから相談を受けていたのである。まさ

にこの「bulbs」の訳し方について。いっぱしバークリーには詳しいつもりでいたので、これには弱りましたね。上記のとおり、解釈の手がかりが何もないように見えたので。恥を忍んで「分かりません」とお答えしたところ、訳者としては（おそらくはヨリ違和感の少ない方ということで）球根を選択されたのだった。

だが、今にしてみれば、正解は電球の方であったように思われる。手がかりは、ドロシー・L・セイヤーズの発言の中にあった。

一九三〇年七月二十三日――『最上階の殺人』初版刊行の一年前――に放送された五十分のラジオ番組の中で、セイヤーズとバークリーが「電気ぶろ事件」なるミステリのプロットの合作を試みている。そのラジオ対談の記録が「Detective Dialogue」として残されており、久坂恭（森英俊）氏によって「探偵問答」として紹介された（「セイヤーズとバークリー、幻の合作ミステリ」、「創元推理」十五号掲載）。以下にその一部を引用する。

バークリー　いいですか、おふろはあなたのアイディアなんですよ。どんなふうに殺人の捜査を進めさせるつもりです？

セイヤーズ　まるで見当もつかないわね。

バークリー　排水管の底にコードの被覆部分の切れはしが付着していることは考えられますね。

セイヤーズ　それにたぐり寄せたときに、電線のむき出しになった部分が排水管の内側をひっかいたということもね。

バークリー　フフン！　どんな探偵でも、それをつきとめるためにふろの排水管のなかをはいのぼることはできませんよ。たとえそれがピーター・ウィムジイ卿であってもね。

セイヤーズ　ピーター卿なら、まちがいなく歯科医の鏡を使うことを思いつきますよ――最新式の電球のついたやつです。

バークリー　ほお？　ロジャー・シェリンガムだったら、思いもおよばなかったでしょうね。

セイヤーズ　ロジャー・シェリンガムならどうするかしら？

バークリー　ロジャーですか？　彼なら最新式の電球なんぞにかかわりあったりしません。動機を捜して、事件に関係のあるひとたちをかたっぱしから事情聴取しますよ。

「最新式の電球」とな。一九三〇年当時の英国にどのような新式電球が出現していたのか詳らかでないが、このような形で言及される程度に話題となっていたのだろう。白熱電球に取って代わりつつある近年のＬＥＤ電球に至るまで、電球の発明と改良には二世紀に及ぶ歴史があるが、その年表をたどると一九二〇年代にも何件かの発明が行われている。一九二六年にはアメリカのゼネルエレクトリック社が蛍光灯の基本原理に関し特許を取得しており、あるいはその実用化されたものが「最新式の電球」だったのかもしれない。

上記引用の中では、ロジャーは電球などには関心がないようなバークリーの口ぶりだが、この文脈ではロジャーは「方法」よりも「動機」に注目することを示すためにそのような言い方になったのであり、改めて考えてみれば、最新式の電球というのは好奇心旺盛で新し物好きのロジャーの関心の対象としてふさわしいと判断されたのではなかったか。bulb 解釈の決定的論拠とするには十分なものとはいえないだろうが、他に手がかりが見当たらない中では最も有力な説とするに足ると思われる。

筆者はこのことに『最上階の殺人』刊行後しばらくして気づいたのだが、それをゲラの段階で気づけなかったのが返す返すも残念である。「探偵問答」が「創元推理」に掲載されたのは一九九六年の末のことだから、四年半も前に読んだ内容（そのうちの片言隻句）を覚えていなくても仕方がない、と言い訳して済ませたいところだが、それで他人を欺くことはできても自分はごまかせない。重ねて恥をさらすようだが、実を言うと、二〇〇一年の二月か三月頃（『最上階の殺人』のゲラに接する直前の時期）、筆者は改めて「探偵問答」に目を通していたのだ。それには歴然たる証拠があって、同年四月刊のセイヤーズ『ピーター卿の事件簿Ⅱ　顔のない男』（創元推理文庫）の筆者による解説中に、「探偵問答」の一部（上記引用部分と同じ箇所）が引用されているのだ。扱われている文脈は異なるにせよ、その時点でなぜ「bulb」と「電球」をリンクさせられなかったのか、自分のニブさ加減にため息が出る。

バークリーがセイヤーズの発言にヒントを得て自作の彩りにしたという説は、その時期、両者の交渉がはなはだ密であった事実によって補強されよう。マーティン・エドワーズ『探偵小説の黄金時代』でもヴィヴィッドに描き出されているように、一九三〇年のディテクション・クラブの創設前後、多くの作家たちが交流を（社交的な面だけでなく作品における影響という意味でも）深めていた中で、この二人の相互影響ぶりは際立っていた。その「キャッチボール」のさまは、本誌創刊号掲載の kashiba@猟奇の鉄人氏による「偽・黒後家蜘蛛の会「バークリーとチョコレート講座」」で（もうお一方の女性をも巻き込みながら）跡付けられているが、きわめてスリリングかつ説得力のある論考である。

この時期の二人（及び他の作家たち）の作品を丹念に調べれば、相互影響の痕跡はなお色々と見出されることだろう。非常にトリヴィアルではあるが、筆者もこの機会に一つの発見を報告しておきたいと思う。

『最上階の殺人』を読んでいたとき、「《日刊ウエイル《めそめそ》》なり《日刊ディストレス《おろおろ》》なり《日刊ブルーズ《くよくよ》》なりの読者にとって、マデリーン・グリフィスは当世文学の最先端を代表する作家だった」という文中の三つの新聞の名が筆者の記憶を刺激した。この名前のセットはどこかで見た覚えがあるぞ？　精神集中の末思い出したのは、「《嘆き《ウエイル》》、《憂鬱《ブルー》》、《消沈《ディプレス》》、その他のくだらない週刊誌は次々と電話をよこし、識者たるぼくの重要な意見を求める」という一文で、これはセイヤーズとロバート・ユースタス共作の『箱の中の書類』（一九三〇）の中に見える。

それぞれの原文にあたってみると、前者の新聞名は「the Daily Wail, the Daily Distress, the Daily Blues」、後者の雑誌名は「the Wail, the Blues, the Depress」。前者が後者のもじりであることは明らかだろう。

『最上階の殺人』のこの箇所を読んだセイヤーズの脳裏には、ミスター・バークリーのいたずらっぽいウィンクが浮かんでいたに違いない。

※引用テキスト――バークリー『最上階の殺人』（大澤晶訳、新樹社）／同『Top Story Murder』（Doubleday）／バークリー&セイヤーズ「探偵問答」（久坂恭訳、「創元推理」一五号）／セイヤーズ&ユースタス『箱の中の書類』（松下祥子訳、「ミステリマガジン」二〇〇一年一月号〜三月号）／同『The Documents in the Case』（New English Library）

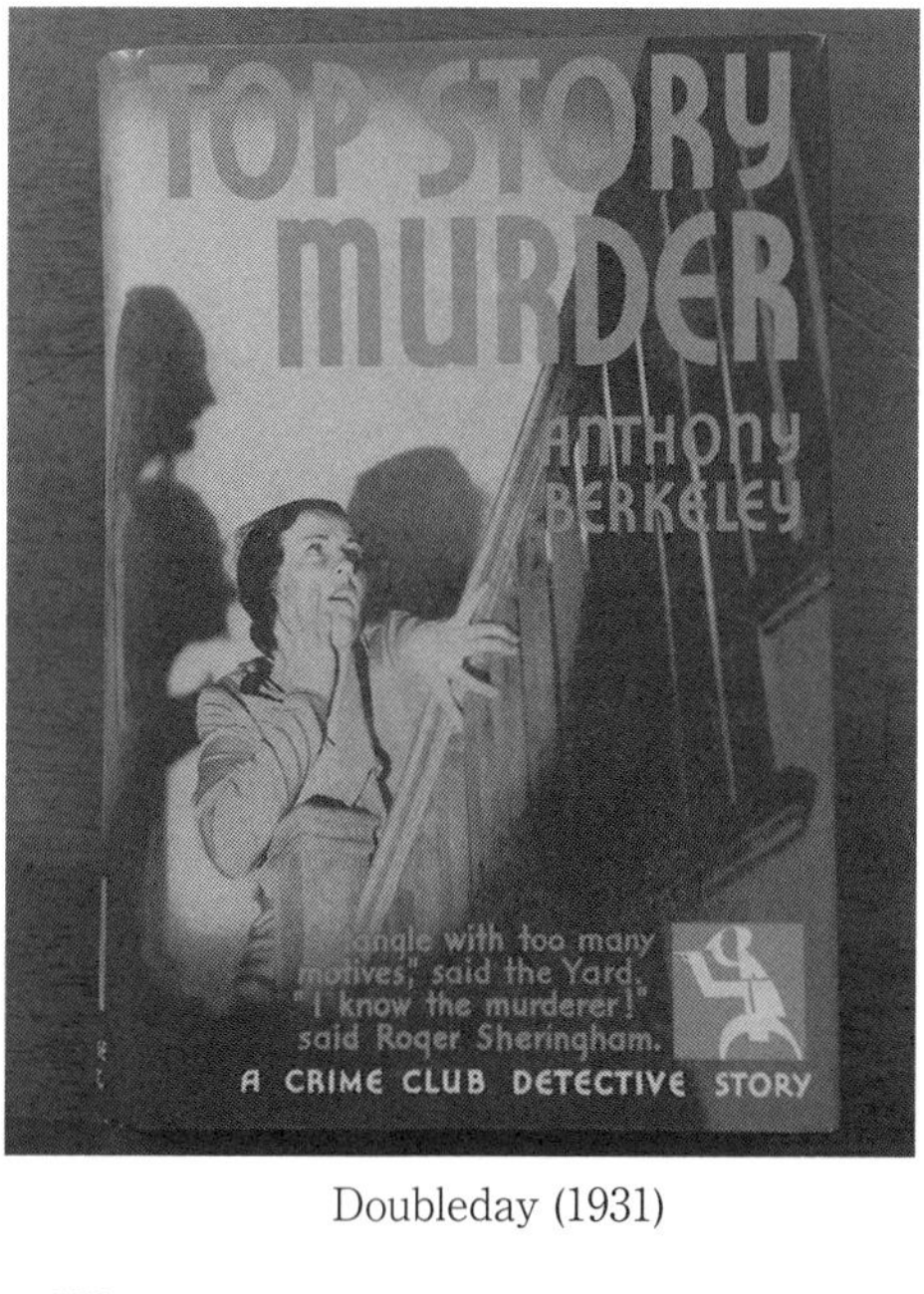

Doubleday (1931)

レディに薦める殺人物語

初出：「謎謎通信」第116号（1986年2月）
※ミステリ・クラブ「謎謎」会報

たとえば、喫茶店でコーヒーをすすりながら、いま買ってきたばかりの本を拾い読みしているとします。客はまばらで、静かな店内。流れ始めた音楽は「イエスタデイ・ワンス・モア」。本にしおりを挟み、目を閉じて懐かしいメロディに耳を傾けます。ささやかな幸福感ただようひととき。

曲が終わり、目を開けると、斜め向こうの席に若い女性が腰を下ろしたところ。眺めるともなく見ていると、飲み物を注文し、おもむろにバッグを開けて本を取り出しました。それがハヤカワ・ミステリの一冊であったりしたら、これは絵になる光景と申せましょう。少なくとも、ハーレクイン・ロマンスの場合よりは。

でも、ハヤカワ・ミステリなら何でもいいってものじゃない。レディたる（あるいは、レディたらんとする）あなたには、こんな本を読んでほしい……こんな気持で、僕のお薦めミステリを紹介していくことにしました。

選択の基準は、第一に、僕自身がもう一度読んでみたいと思う作品であること。第二に、文庫等で現在容易に入手できる作品であること。ただし、後者については、当面はこの方針を貫くつもりですが、いずれハードカバーや絶版本を取り上げる誘惑に勝てなくなるかもしれません。

さて、第一冊としてご紹介する作品は、この原稿の通しタイトルを決めたときに一緒に決まってしまいました。『レディに捧げる殺人物語』（創元推理文庫）、別題『犯行以前』。フランシス・アイルズが一九三二年に発表した犯罪心理小説の傑作です。

フランシス・アイルズは、アントニイ・バークリーの名で本格探偵小説を書いたA・B・コックスのもう一つのペンネームです。バークリー＝アイルズは、私見によれば、黄金時代のミステリ作家の中でも実力ナンバー・ワン。クリスティー、セイヤーズ、クイーン、カー等キラ星のごとく並み居る巨匠連の中でもひときわ明るい輝きを放つ巨星です。十八の長篇のうち現在入手可能な作品が五冊だけ（海外においても同様）という状況からしても、実力に見合った評価はまだ十分なされていないと言わざるを得ないようですが、探偵小説の目利きたる者はバークリーに最大級の讃辞を捧げています。

たとえば、『娯楽としての殺人』の著者ハワード・ヘイクラフトいわく、「ほとんどいかなる作家といえども、このA・B・コックスほど、アントニイ・バークリーで書こうが、フランシス・アイルズで書こうが、するどい認識と優美、ユーモア、文学性、そしてたしかな趣味で、探偵小説に健全な生気をふきこんだ人はいなかった」。クイーンやカーは、同業者の立場からバークリーの才能に一目置いていたようで、クイーンのある文章の中では、バークリー作品は「モダーンで自然で推理に富んだ話術のすばらしい見本といえるような本格探偵小説」と評されています。

先頃「週刊文春」の行ったアンケートによるベスト一〇〇には、バークリーの『毒入りチョコレート事件』（46位）と『トライアル&エラー』（61位）の二作がはいりましたが、これは当然すぎるほど当然、というより、両作ともベスト・テンにはいらなかったのが不思議なくらいの超傑作です（僕の投票用紙では、バークリー＝アイルズが五位までを独占していました）。

批評精神旺盛なコックスは、バークリー名義ですぐれたパズル小説を書く一方で、古い型の犯罪パズルを否定し、今後は数学的手法よりも心理学的手法に重点を置いて、人間の性格の謎を扱う方向に進むべきであるという見解を述べています。この主張を実践すべく採用された新しいペンネームがフランシス・アイルズだったのです。

アイルズ名義の第一作が一九三一年発表の倒叙探偵小説『殺意』で、これは江戸川乱歩によって倒叙三大名作の一つに数えられた傑作です（どうも傑作の大安売りみたいで気がひけるのですが、事実そうなのだから仕方ありません)。この作品でアイルズは妻殺しを図る田舎医者の心理を綿密に描き尽くし、「心理学的手法」のたしかな腕前を見せつけました。その方向をさらに押し進めて文学的な深みにまで達し、この分野における記念碑的名作となったのが『レディに捧げる殺人物語』です。

物語はこんな書出しで始まります。

「世の中には殺人者を生む女もあれば、殺人者とベッドをともにする女もある。そしてまた、殺人者と結婚する女もある。リナ・アスガースは、八年近くも夫と暮らしてから、やっと自分が殺人者と結婚したことをさとった。」

インテリとして敬遠されながら、人一倍愛を求めていたリナ。しかし、幸福を夢みて結婚した相手のジョニーは、プレイボーイであったばかりか、ほとんど先天的に道徳観念の欠如した犯罪者であったのです。やがて、リナはジョニーが自分の命を狙っていることに気づきます。……この小説の主人公は、リナであって、ジョニーではありません。『殺意』で殺人者の心理の研究を行ったアイルズは、この作品では、殺人の恐怖におののきながらあえて死を受け入れようとする被害者の心理を解剖してみせたのです。

この作品がヒッチコックの「断崖」の原作であることは、お知らせしない方が良いのかもしれません。映画としての出来はどうであれ、「断崖」はプロットを改変してまるで違った結末にしているほか、原作のもつ微妙な陰影と戦慄的な雰囲気をほとんど伝えていないからです。既に「断崖」をご覧になった方も、それで『レディに——』を分かったつもりにならないで、むしろ全く別の作品と思って読まれることをおすすめします。

アイルズはその後「性格の自然な結果としての殺人」を扱った三部作を予告し、その最初の作品『被告の女性に関しては』を刊行しましたが、第二次大戦の勃発とともに筆を断ってしまい、戦後もミステリの書評を担当するばかりで、もはや小説を発表することはありませんでした。ただ、そのミステリ評にはかなりの権威があったようで、たとえば植草甚一氏は「宝石」に連載された「フラグランテ・デリクト」の中でこんなふうに書いていました。

「とにかくゴランツの新刊推理小説が洋書店に来て、その黄色いジャケットにフランシス・アイルズの推薦文が出ていれば、これを読まないで何をほかに読む気なのか、とつぶやかないではいられなくなる。……カトリーヌ・アルレエの「藁の女」を読んだ動機というのもアイルズが誉めていたからであった。」

あなたがまだ『殺意』や『レディに捧げる殺人物語』を読んでいないとしたら、これを読まないで何をほかに読む気なのか、と僕はつぶやかないではいられません。

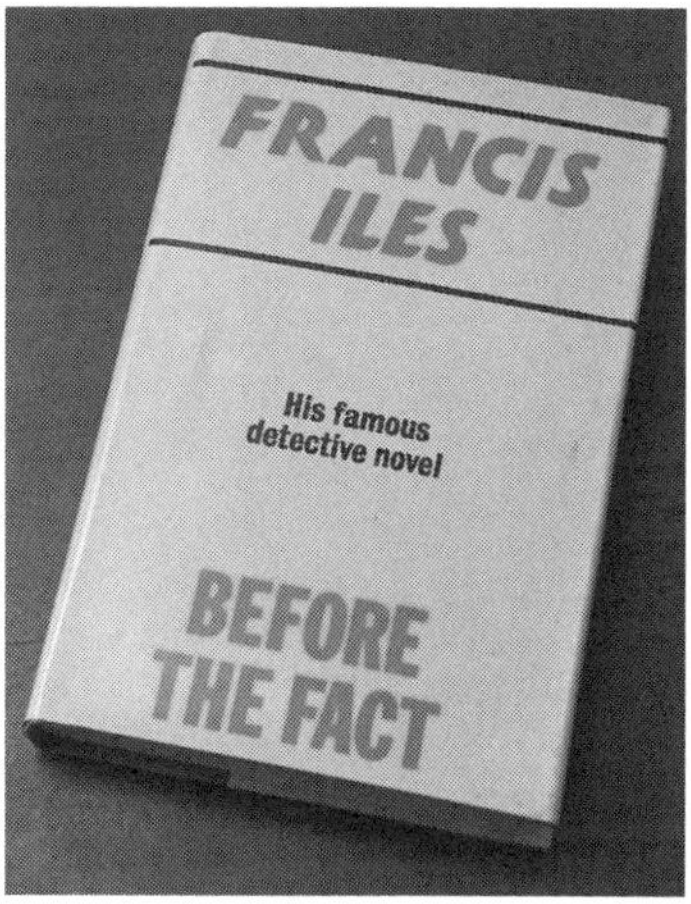

Gollancz (1978)

Mundanus (1931)

トライアングル・トリロジー

アイルズ『被告の女性に関しては』解説

初出：同書（晶文社　2002年6月）

1

一九二〇―三〇年代の英国において、ロジャー・シェリンガム物の探偵小説の作者として人気をはくしたアントニイ・バークリーは、フランシス・アイルズの別名でも三冊の長篇小説を書いた。『殺意』（一九三一）、『犯行以前（レディに捧げる殺人物語）』（一九三二）、そして本書『被告の女性に関しては』（一九三九）である。これらはいずれも探偵小説ではなく、犯罪事件の関係者の性格・心理を主題としている。

バークリーがアイルズ名義でこれらの作品を書いたことは、現在の目からは、黄金時代の英国探偵小説の流れ――プロット中心からキャラクター等の要素をも重視した作風への転換――と重ね合わせて理解することができる。だが、その流れにバークリー／アイルズも乗った、というのは関係が逆で、むしろ彼の作品がそのような流れを生む原動力（少なくともその有力な一要素）となったというべきだろう。

両大戦にはさまれた黄金時代のターニング・ポイントは、時期的にもちょうどその中間にあたる一九三〇年前後に想定できる。同年に発表されたバークリー『第二の銃声』の序文は、その端的な表現であった。この序文については他の場所でも書いているので詳しくはふれないが、要するに、旧来のプロット中心の作風の行き詰まりを打破するため、キャラクターや作品の雰囲気を重視すべきことを述べたものである（バークリーのこの見解は、マーガレット・コール――夫G・D・H・コールとの合作で『百万長者の死』等を書いたミステリ作家――の文章に触発されたものであることが分かっており、黄金時代の転回点を準備した人物として、彼女にももっとスポットライトが当てられてよい）。

探偵のキャラクターが重要な役割を果たす『最上階の殺人』（一九三一）や『ジャンピング・ジェニイ』（一九三三）には、この見解の実践としての意味もあったはずだが、キャラクターをそれ自体として追求しようとすれば、探偵小説という形式には自ずから限界があった。その形式（謎解きという枠組み）を顧慮することなく、犯罪に関わる人間の性格・心理を真正面からとらえて描きったところにアイルズの小説が成立したのである。

こうした道筋から見ても、バークリー作品とアイルズ作品は地続きで、そこに大きな断絶はないというべきであるが、往々にしてこれらはまったく別の系列の作品と見られがちである。従来の探偵小説史において、高踏的な批評家が、アイルズに対しては最大級の賛辞を送りながら、バークリーの作品にはおざなりの関心しか示していないことなどにも、それは現れているだろう。

シェリンガム物の最後の作品である『パニック・パーティ』に、大衆小説作家シェリンガムの作品がアメリカの批評家から potboiler（金儲け目当ての駄作）と評されたというエピソードが書き込まれているが、その書きぶりからして、これはバークリー自身が経験したことではなかったかと筆者はにらんでいる。しかし、そのような批評家も、「文学性」豊かなアイルズ作品を酷評する勇気はなかったに違いない。それは偏狭な文学観を信奉する批評家のスノビズムにすぎないにしても、一般にバークリーとアイルズが別人のように扱われているのは事実である。

しかし、バークリーとアイルズは、同じ作者の、多少表情を変えた二つの横顔であるにすぎない。

犯罪学、人間性、それにうまいビール。――これらは、作者によるシェリンガムの紹介文の中で、彼の大好物としてあげられたものである。シェリンガムとはまったく違ったタイプの探偵として登場したアンブローズ・チタウィック氏も、人間性の研究者をもって任じており、犯罪学を趣味にしていた。これに類する趣味嗜好をもった人間はバークリーの作品世界のそこかしこに見出されるが、それというのも、犯罪学と人間性というのは（そして多分ビールも）、まさに作者自身の主要な関心事にほかならないからである。

この作者の関心事が探偵役等の人物造形を通じて作品に反映され、バークリー探偵小説の大きな特色となっていることは、シリーズの読者ならただちに了解されるところであろう（一例をあげるなら、プロットと構成の技巧に主眼をおいた探偵小説の典型といえる『毒入りチョコレート事件』ですら、そこで展開される推理は、実在犯罪事件のあれこれにヒントを得ながら、関係者の性格と心理に深く分け入っていくものだった）。そして、犯罪学と人間性というのがアイルズ作品の表看板であることは言うまでもない。

本書は、作者によれば「性格の自然の成り行きとしての殺人（murder as the natural outgrowth of character）」を扱う三部作の第一作として構想されたものであるという。この表現を借りて、次のように言うこともできるだろう。

バークリー／アイルズ、いずれの名義を問わず、作品の源泉は犯罪学と人間性の面白さに魅せられた作者の資質にあり、その意味で、『毒入りチョコレート事件』も『殺意』も作者のキャラクターの natural outgrowth として産み出されたものなのである。

2

アイルズ名義の三作のうち、発表時から高い評価を受け、ミステリ史においても路標的名作として確固たる地位を占めている前二作とは違って、本書は長く忘れられた存在だった。

エドマンド・クリスピンは、作者から聞いた話として、この小説が前二作の版元であるゴランツ社から出版を拒否された経緯を伝えている。その理由は作品にサディズムの色彩が強すぎるということであったらしく、その見方には種々議論のあるところだろうが、ともかく本書の原稿はジャロルズ社に拾われてようやく出版されたのだった。

しかし、批評家の反応はかんばしいものでなく、また折しも第二次世界大戦の勃発による用紙事情の悪化も災いして、本書の売行きは惨めなものであったらしい。ディクスン・カーの証言によると、この失敗が作者に大きなダメージを与え、小説を書き続ける意欲を失わせたのだという(実際、別名義も含めて、長篇としてはこれが作者の最後の作品となった。ただし、断筆の理由については他にも推測がなされていて定説がない)。

こうしてこの作品は忘れられ、長く埋もれたままであったが、近年の若島正氏の再評価のおかげで、海外に先駆けてわが国で復活が果たされたわけである。

先述のとおり、本書は三部作の第一作という位置づけで書かれたものだが、続刊がなく、作者の構想は実現されないままに終っている。だが、筆者には、『殺意』以下のアイルズ名義で残された三作が、別な意味で三部作を構成しているように思われるのだ。そして、それを勝手にトライアングル三部作(トリロジー)と名づけている。

まず、いずれの作品も、物語のベースにある人間関係というのが、夫婦と(夫または妻の)愛人というトライアングル(三角関係)なのだ。そのうえで、視点人物の立場が順繰りに交代することによって三つのアングル(視角)を提示している。つまり、『殺意』では夫=エドマンド・ビクリー博士、『犯行以前』では妻=リナ・アスガース、そして本書では妻の愛人=アラン・リトルウッド、という具合に。

アングルの交代は、別の側面においても行われている。視点人物の犯罪事件における役柄がそれで、ビクリーが殺人者であったのに対して、リナは被害者となる。アランの場合は立場が微妙で、犯罪者のようでも被害者のようでもあり、また、そのどちらでもないともいえる。

作者がこれらを三部作として構想した形跡はないから、偶然の結果なのではあろう。しかし、とても偶然とは思えないほど、この三作は奇妙に整合のとれたトライアングル（三角形）を形作っているように見える。

さらに言えば、作者が本書以降の作品で追求しようとした「性格の自然の成り行きとしての殺人」というテーマは、既に前二作においても扱われていたものなのである。ビクリー博士の殺人も、ジョニー・アスガースのそれも、彼らの置かれた状況の所産という一面もあるにせよ、主因は彼らの性格にこそあったはずだからである。……こうして、これら三作は幾重にもトライアングルの中に囲い込まれていくのだ。

三角形では三つの頂点が等価であるように、この三作も作品価値的には相互にほとんど遜色がないように思われる。これまで『殺意』と『犯行以前』ばかりが高い評価を受け、本書の価値が閑却されてきたのは、きわめて不当であったと言わざるを得ない。

3

本書も前二作と同様、現実の犯罪にヒントを得ており、一九二〇年代初めに英国で起きたトンプソン夫妻とバイウォーターズの事件、及び三〇年代のラッテンベリー夫妻とストーナーの事件――いずれも、妻の年若い愛人が夫を殺害したもの――をモデルにしている（後者の事件については、本書に先立ってやはりアイルズ名義で詳細な研究も発表している）。

作中でイヴリンとアランが話題にする公判記録はトンプソン事件のものであり、本書のタイトルもその記録における裁判官の発言から取られている。この事件については、E・M・デラフィールドがエッセイを書いており（バークリーやセイヤーズも寄稿している著名犯罪事件の研究書『Great Unsolved Crimes』（1935）に収録）、本書の献辞はそれに対する挨拶の意味もあったのではないかと思われる。

当該エッセイでデラフィールドは、トンプソン夫人を、年下の愛人に盲目的な恋を捧げたロマンチックで情熱的な女性として描き出しているが、本書におけるイヴリン・ポールの人物像は、それとはかなり違った性格のものに仕上げられている（タイトルの意味を重視するならば、この作品の最大のねらいは、そのような彼女のキャラクターを描くことにあったと見るべきであろうか）。これはトンプソン夫人の人物理解に作者一流の女性観が影響した結果であったかもしれないが、基本的に、本書はトンプソン事件を下敷きにはしながら、その再構成を意図したものではないことに注意すべきであろう。

　そのことは、アラン・リトルウッドの人物造形に作者の自伝的要素が反映されていることからも明らかである。アランと家族との幸福でない関係は、やはり知的に優秀な家族に囲まれた作者自身のものであったことが、近親者によって証言されている。詩人志望のアランと同様、作者の活字になった初めての作品も、「To Evadne」と題する十四行詩であった。

　さらに、トンプソン事件は悲劇以外の何ものでもないが、本書における作者のスタンスが基本的に喜劇作者のそれであることも見落とされてはならないだろう。決定的な事件を起こしたアランが逃亡を図る終盤の展開は、その筋書きだけを取り出してみれば、ほとんどP・G・ウッドハウスの滑稽小説と選ぶところがない（といっても、その筋書きが必ずしも荒唐無稽なものでないことは、妻を殺害したドクター・クリッペンの逃亡劇――その際の愛人エセルの扮装――を知る人には十分納得していただけよう）。何よりも、エピローグに描かれたアランの姿が、作者のスタンスを明瞭に物語っている。小説の中に常に感情移入の対象を求めるタイプの読者には、本書のユーモアは辛辣すぎるかもしれず、その味わいは苦味が勝ちすぎているかもしれないが、これが喜劇であることはまぎれもない。

　作者は、アランを――何ほどか自己を投影した存在であるにもかかわらず――とことん苛め抜いてやろうと考えていた気配がある。本書における試練もなかなかのものだが、実現することなく終った続篇（三部作の第二作）では、彼は「まったく道徳観念のない女（必ずしも不道徳というわけではないが、たいていはそういう結果になる）」と結婚させられる予定だったのだ。

　ジャロルズ社が一九四一年に刊行を予告したこの小説は、原稿の存在が噂されたことはあるが、今ではほとんど幻と化したもののごとくである。それでも、本書を面白く読まれた方には、アランの悲惨な結婚生活に思いをはせるという意地悪な楽しみが残されている。

晶文社 (2002)

書評家百態——バークリー周辺篇

初出：『アントニイ・バークリー書評集』第６巻（2017年５月）

作家デビューを果たして間もない時期に、バークリーは書評というものと不幸な出会い方をしてしまったようだ。その頃書かれたユーモア・スケッチ、「A Story Against Reviewers」（「書評家連中」として〈ミステリマガジン〉一九八二年三月号に訳載）という愉快にして辛辣な一篇を読むと、そんな風に見受けられる。

こんな話——アーチボルド・パフボディ氏が書き上げた偉大な小説『麻酔』は、人間感情の分析・追究において前人未踏の領域に踏み込んだものだった。ともかく作者はそう自負していた。ところが、版元の方で不幸な手違いが生じ、パフボディ氏の名前と『麻酔』という題名が、別人の手になるけばけばしい探偵小説のジャケットに印刷され、このミスが見つかる前に書評用コピーが発送されてしまったのだ。さて、やがて新聞雑誌に現れた書評はどれもこれも『麻酔』を探偵小説として紹介し、ジャケットの袖に記されていたあらすじを引用しながらそのトリックや解決法を云々しているのだった……。

「昨今の無念なる体験に想を得て」という副題からすると、どうやらバークリー自身が、自著をろくに読まずに批評されるという体験をしたものらしい。このスケッチは〈パンチ〉誌一九二五年六月三日号に掲載されたものだが、この年にバークリーは初めて著書を出版していて、時期的に該当するのは同年一月刊の『Brenda Entertains』(A・B・コックス名義)と二月刊の『レイトン・コートの謎』(?名義)の二冊である。前者はユーモア短篇集だから、無責任な書評の被害を受けたのは、おそらく作者の探偵小説処女作の方であったろう。無名の新人(かどうかも「?」では分からなかったわけだが)の作として軽く扱われたものだろうか。

『読んでいない本について堂々と語る方法』(ピエール・バイヤール)なる本も出ているくらいだから、読まずに「批評」するという芸当もできないことはないのだろう。だが、パフボディ氏の場合ほどあからさまではなくとも、そういうでっちあげの書評というものは、当の本を熟知した人間が読めば分かるものだ。筆者にもそんな経験があって、解説を担当した某作品の書評を読んだとたん、この評者は作品自体を読んでいないと確信したことがあった。「ネタバレ」を含む筆者の解説だけ読んで書いたと思われるフシがあり、まったくもって癪にさわる話ではあった。いっそスタニスワフ・レムの『完全な真空』のようにとことん虚構に遊んで、実在しない書籍に対する架空の書評というところまで行ってしまえば、想像力のアクロバット演技として楽しむこともできるのだが。

でっちあげ批評も困りものだが、悪評・酷評となるとさらに腹立たしいものがあるだろう。『パニック・パーティ』の中に、作家としてのロジャー・シェリンガムが、アレクサンダー・ウルコットから「金のために犯罪小説を書いている小説家」と評されたというエピソードが書き込まれている。ウルコットは実在のアメリカの評論家だし、この場合のシェリンガムは作者の分身と見てよいだろうから、これは実際にバークリーが体験した事実に基づいていると思われる。シェリンガムに「(ウルコットの)評論の内容は考え抜かれているし、文章にも品格があります。文学の世界では重要な地位を占めており、……彼が根拠もなく先ほどのような品のない無礼な文章を書くことは、まず考えられません」などと皮肉を語らせているのは、作者の精一杯の意趣返しであったろう。

筆者自身は、このウルコット氏にはけっこう良い印象を持っていた。レイモンド・チャンドラーの評論「単純な殺人芸術」の中で、この人が筆者の大好きなA・A・ミルンの『赤い館の秘密』を「古今を通じて三本指に入る推理小説」と評したと知らされていたからだ。チャンドラーは「こんな大げさな言葉は軽々しく口に出すべきものではない」とたしなめているのだが。ウルコット氏は、フィリップ・マクドナルドの『Xに対する逮捕状』についても「わたしの読んだ、あらゆる国語で書かれた推理小説の中でベスト」と述べたりしていたらしい（創元推理文庫版『鑢』の小林晋氏による解説を参照）から、最上級の言葉を軽々しく発するクセのある人物であったようだ。

この手の大仰な讃辞というのも良し悪しで、作品の内実がそれに見合うものでなければ、かえって贔屓の引き倒しということにもなりかねない。『Xに対する逮捕状』は筆者も傑作の部類と考えているが、「あらゆる推理小説中のベスト」とまで言われると首をかしげざるをえない。むかし（珍しくも角川文庫で）S・A・ステーマンの『マネキン人形殺害事件』が出たとき、オビに〈鮎川哲也氏評〉として「今まで読んだ海外ミステリーの中でも、五指に入る文句なしの傑作です」という絶賛の言葉が記されていて、純真な読者（私のことだ）の胸をときめかせた。しかし残念ながら、同書はかろうじて水準作といえる程度の出来だったから、鮎川さんは海外ミステリーを五冊しか読んでいないんだろうか、などと減らず口をたたきたくなったものだ。

バークリー作品中の書評家としては、『試行錯誤』の主人公ローレンス・トッドハンター氏がいる。歴史と権威のある週刊文芸誌〈ロンドン・レビュー〉の寄稿家で、金曜日ごとに伝記や歴史研究書に関する評論を書いていた。氏は学者めいた趣味をもち、やや気むずかしいとはいえ健全な批評眼を備えている人物だから、その書評は穏健妥当なものであったと思われる。

だが、同誌に小説の書評を書いている文芸批評家のバイル氏となると、かなり過激だ。氏には広告主の機嫌をうかがう気などまるでないし、周囲の思惑もまったく意に介さない。その批評は遠慮がなさすぎるので、編集者は必ず一部削除を余儀なくされる。たとえば、こんな一節を――

「もしもこれがファーキン氏の処女作だとしたら、このふやけた言葉の羅列、クリームの固まりのようなきまり文句だらけの文章も、まだ許されるかもしれない。道具を使う前に、その使用法を知る必要があるとは考えなかったということにすぎないかもしれないからである。しかし、六番目の作品を書くまでには、ファーキン氏は少なくとも、自分の英語の文法ぐらいは知っておくべきだったろう。……」

一九三〇年代半ばには、バークリーも〈デイリー・テレグラフ〉紙等に書評を書いていたから、この遠慮のない批評家は自分自身をモデルにしたのであったかもしれないが（実際、文章にうるさい点などバークリー自身の書評を彷彿とさせるところもある）、その頃〈サンデー・タイムズ〉の書評家としても活躍していた〈盟友〉ミルワード・ケネディがモデルだったという可能性もある。サザランド・スコットの『現代推理小説の歩み』で「有能で、歯に衣を着せない批評家でもある」と紹介されているように、ケネディの批評は辛口で有名だったからである。

レオ・ブルースの『結末のない事件』では、（おそらく前作『死体のない事件』が）ケネディに「冗長」と評され、綴りの間違いまで指摘されたことを、警察をやめて私立探偵を開業したばかりのビーフに嘆かせている。もっとも、それはギャグのネタにされていて、ビーフはそれというのも事件記録者たるタウンゼンドの書きぶりが悪いからだ、と矛先を相棒へ向ける。タウンゼンドの方では、〈タイム・アンド・タイド〉のレイモンド・ポストゲイトから「スリラー書評家の清涼剤」と好評を得たのを盾に防戦する、という作者一流の展開である。

ダグラス・G・グリーンの『ジョン・ディクスン・カー〈奇蹟を解く男〉』によれば、カーもケネディの書評に悩まされた一人であったらしい。別名義「カーター・ディクスン」を用い始めたとき、ケネディが作者の正体を詮索したことに腹を立てたということなのだが、それだけでなくカーの作品のいずれかが酷評されたということも十分考えられる。

キャメロン・マケイブの『編集室の床に落ちた顔』では、ケネディを含む当時の批評家たちの文章を多数引用しながら探偵小説論を展開するという特異な趣向が試みられているが、そこでのケネディはなかなかの理論家ぶりを印象づけている。

〈サンデー・タイムズ〉の書評欄でケネディの前任者だったのが、ドロシイ・L・セイヤーズである。

探偵小説の批評家たる資格としては、この分野の作品を数多く読んでおり、それに基づき探偵小説の歴史と現状について評者なりの見通しを持っていることが要求されよう。浩瀚な『探偵・ミステリー・恐怖小説傑作集』を編纂し、その序文として洞察に満ちた史的評論を書くことのできたセイヤーズ以上に適格の人物はなかったと思われる。

セイヤーズが書評を担当したのは、一九三三年六月から三五年八月まで。まさに黄金時代もたけなわの時期だが、この間、毎週数作ずつの作品を評しているのだ。コリーン・ギルバート編のセイヤーズ書誌を見ると書評に取り上げた作品名まで分かり、その中にバークリーの『ジャンピング・ジェニイ』やロナルド・ノックス『まだ死んでいる』、ヘンリー・ウエイド『警察官よ、汝を守れ！』などを見出しては、これらがどう評されていたのか知りたくてたまらなかったものだが、この願いは、先ごろ刊行されたセイヤーズ書評集『Taking Detective Stories Seriously』によって満たされることになった。同書は、黄金時代の最もすぐれた批評家によるリアルタイムの書評の集成として価値ある一冊であり、今後のミステリ研究にも裨益するところが大きいと思われる。

ディクスン・カーは、初期作の幾つかについてセイヤーズから好意的な評価を受けていたが、それらの書評は前記のグリーンの本にも収録されている。『帽子収集狂事件』の評に見える「カー氏は、……文章の一つ一つがわくわくするような喜びを与えてくれるという意味で、書くことのできる人物なのだ」という言葉に、デビューして間もない頃のカーはどんなに励まされたことだったろう。後年、カーも〈ＥＱＭＭ〉誌の書評欄〈陪審席〉で、時に新人作家に暖かい励ましを送ることになる。

〈陪審席〉ではまた、旧人の作品を再評価することもあり、一九七二年七月号では、全文をあげて一年半前に死去していたバークリーの思い出と作品を語ることに費やした。文中、ディテクション・クラブの創立を一九三二年とする誤りも犯しているが（会則の制定は三二年だが、設立は三〇年）、三六年に入会したカーが経緯を十分把握していなかったとしても無理はない。クラブの事実上の設立者だったバークリーは、自分のために「ファースト・フリーマン」（第一自由人？）なる役職を設け、先輩作家のオースティン・フリーマンやフリーマン・ウィルス・クロフツを尻目に、「フリーマンが右であれ、左であれ、周囲のどこにいようと、当クラブの創立者は、まったく問題なくファースト・フリーマンになるのだ」と宣言していた――などという、いかにもバークリーらしいエピソードも紹介されているが、他では知りえない貴重な情報である。

探偵作家としての位置づけに関し、「世界最高の実作者として、アントニイ・バークリー（英国）は、本誌の編集長エラリー・クイーン（米国）と、同等の栄誉を分かち合っていた」と述べているのは、カーにしてみれば特別な讃辞を呈したつもりだったろうが、クイーンの諸作に対する酷評ぶりを思えば、本人はそんな風に言われても嬉しくはなかったかもしれない。当時はアメリカでもバークリーの本は入手難になっていたようだが、古本屋を探し回ってでも読むべき作品として、『試行錯誤』、『毒入りチョコレート事件』、『ピカデリーの殺人』、『絹靴下殺人事件』、『ジャンピング・ジェニイ』、『最上階の殺人』の名をあげている（中でも『最上階の殺人』が「とりわけ気に入っている」というのは、我が意を得たりというところ）。

一九三九年刊の『被告の女性に関しては』が最後の本となった事情についても触れており、この本の失敗（開戦と時期が重なったこともあってほとんど売れなかった）が自分を駄目にしたのだという作者の言葉を伝えている。そして、書評の場を借りて書かれたこの追悼文は、友情と鎮魂の思いあふれる言葉で次のように結ばれる。

――「しかし、残念なことだ。ミステリ商である我々のいくたりかは、商売に精を出し続け、ただ馬齢を加えるのみだ。トニイは、あまりに早く筆を折ってしまったのだが、その栄誉は、永遠に不滅である」。

※引用テキスト――バークリー『パニック・パーティ』（武藤崇恵訳、原書房）／同『試行錯誤』（鮎川信夫訳、創元推理文庫）／チャンドラー「単純な殺人芸術」（伊沢佑子訳、研究社刊『推理小説の美学』所収）／カー「コックス頌」（塚田よしと訳、〈ROM〉八十二号掲載）

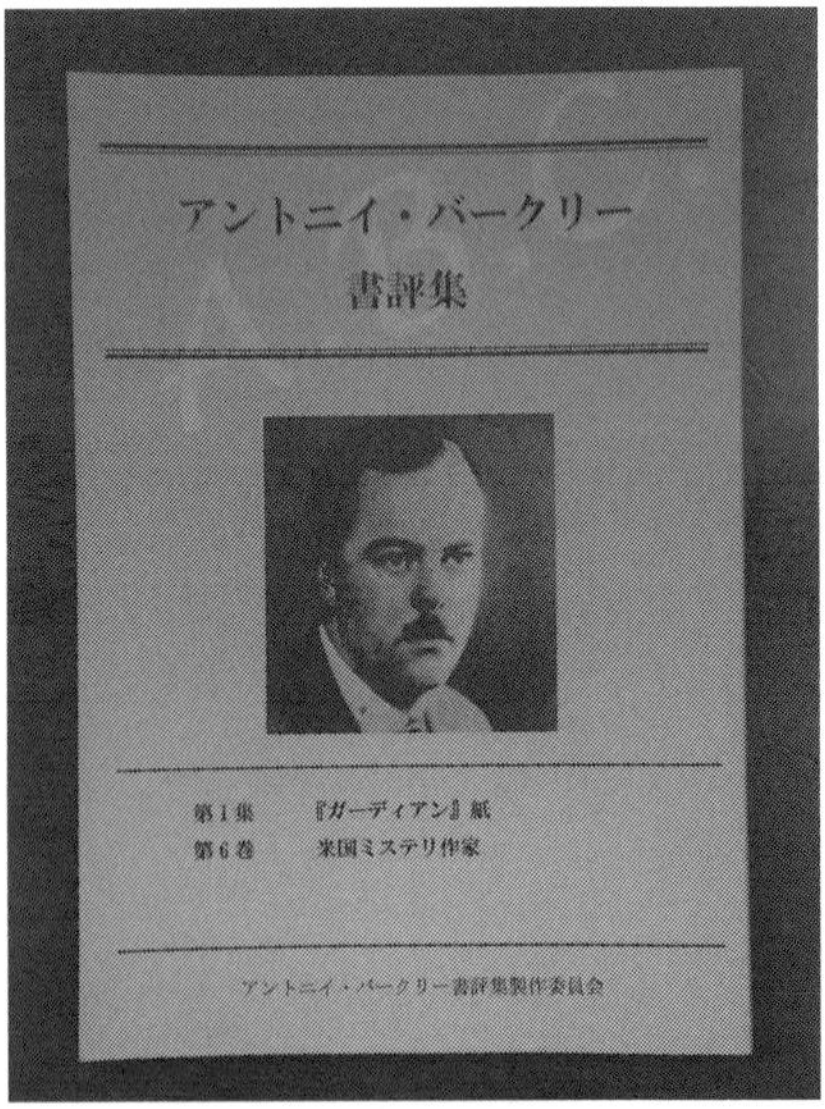

バークリー書評集
製作委員会 (2017)

Tippermuir (2017)

バークリー豆知識

初出：「ＲＯＭ」第82号（1992年1月）／一部新稿

§　売りに出されたコックス蔵書

近年、バークリー＝コックスの蔵書が遺族によって処分された模様である。英国の古書店Ferret Fantasyの一九九〇年秋の目録に、「ANTHONY BERKELEY COX／A Family Collection」としてＡＢＣの著書二十五点が掲載された。さらに、次の目録には「Detection Club Collection」として、ＡＢＣとＧＫＣ（言うまでもなく、チェスタトンのこと）の旧蔵に係るディテクション・クラブ関係の文書十点余りが出品された（価格は£1,950也）。

まとまった蔵書の崩壊には常に悲哀の念がつきまとうが、晩年あまり幸福ではなかったらしい著者の境遇に思いをいたせば、また別の感慨にもとらわれざるを得ない。それでも、貴重な資料が研究者等の目にふれることになれば、探偵小説史に新たな光が当てられ、その記述はいくらかでも豊かさを増すことになるかもしれない。

ちなみに、右のディテクション・クラブ関係文書に含まれているＡＢＣからＧＫＣあての手紙等（目録に一部引用されている）によれば、同クラブの初会合は一九三〇年一月に開かれたらしい。ディクスン・カーはクラブの創立の時期について従来の一九二八年説を否定し、それは一九三二年のことであったと主張しているが、真理はその中間にあったようである（『漂う提督』が一九三一年の作であることからしても、一九三二年説ではおかしいわけだが）。

§ beer-addicted detective

「ビール大好き探偵」といえば、読者の頭にまず浮かぶのはネロ・ウルフの巨体であろうが、ウルフの前にもビール好きがトレードマークになっていた探偵がいて、我らがロジャー・シェリンガムこそその人である。といっても読者の多くにはピンと来ないだろうが、当時はどうもそういうことであったらしい。

筆者は先ごろコックス蔵書の放出本のうちからダブルデイ社クライム・クラブ版の『Dead Mrs. Stratton』(1933) を入手したのだが、そのジャケットにクライム・クラブ叢書（最近廃刊の憂き目にあったようだが）の広告が載っていて、同叢書のドル箱と思しき六人の作家が顔写真付きで紹介されている。エドガー・ウォーレス、ミニョン・G・エバハート、レスリー・チャータリス、ルーファス・キング、H・C・ベイリー、そしてアントニイ・バークリーである。そのバークリーの紹介に曰く、

ANTHONY BERKELEY whose beer-addicted Roger Sheringham is a criminologist who is taking the detective story into new paths, whose books are among the finest England sends us.

というわけで、少なくとも、一九三三年の米国におけるロジャー・シェリンガムの認識は、まずもって beer-addicted と形容されるものだったという、マアどうでもいいような話であります。

§ 犯罪講師は願い下げ

探偵作家が現実の犯罪事件に結びつけられて不愉快な思いをする、といった例は珍しくないが、バークリーもそんな目にあったことがあるようである。ディリス・ウィン編『Murder Ink』所収のグラディス・ミッチェルの文章（The Most Asked Question : Why Do People Read Detective Stories ?）の一節を引用してみると――

「新しい殺人方法を学ぶために探偵小説を読む人間がいるなどという話はとても信じられないが、実際こんなこともあった。アントニイ・バークリーが彼の最も人気があった本を出版した後、その本に描かれた方法を使っ

て現実に絹靴下で被害者を絞め殺す殺人者が現れ、著者は大変な心痛を味わわされた。そんな道具が犯行に用いられたのは初めてのことだった」（拙訳）

バークリーが「奇抜な犯行手段」といったものにあまり興味を示していないのは、あるいはこの事件のせいもあったのかも――。

§ 謎の『Poison Pipe』

バークリーにはアイルズ名義で二作「幻の作品」があることが知られているが（『On His Deliverance』と、『被告の女性に関しては』の続刊。小林晋氏による『ピカデリーの殺人』解説を参照）、バークリー名義でも幻の作品があったらしい。「CADS」16（1991）の読者からのお便りのページに掲載されたStephen Leadbetterという人の手紙によれば、「New Statesman And Nation」一九四一年三月二十九日号に、近刊予告として次のタイトルが掲げられているという。

Anthony BERKELEY : Poison Pipe,
Hodder&Stoughton, 8s.3d.

おそらくは書かれなかった作品なのだろうが、価格の記載まであるところが不思議で、ひょっとすると……？

§ 超訳『毒入りチョコレート事件』

『毒入りチョコレート事件』の邦訳は、昭和二十九年「宝石」に連載された所丈太郎訳を皮切りに、昭和三十七年の高橋泰邦訳（東都書房・世界推理小説大系、後に創元推理文庫）、その翌年の加島祥造訳（新潮文庫、後に講談社文庫）などが出ているが、すでに戦前、原書刊行の五年後という早い時期に、妙な形でわが国に紹介されていた。「新青年」昭和九年八月号に掲載された稲木勝彦「毒殺六人賦」は、百枚読切の創作という触れ込みだったが、実は『毒入りチョコレート事件』の翻案・ダイジェストである。舞台は日本に移され、ロジャー・シェリンガムは礼戸春元《れいどはるもと》なる人物に変えられている。

キワモノと見られても仕方ないが、読んでみると内容はそう馬鹿にしたものでもない。原作を数分の一の分量に圧縮しながら、ともかく多重解決の趣向を再現している手際はなかなかのものだ。編集後記では「探偵小説の持つ独自な型を、心憎きまで利用して、鮮かな離れ業を演じたもの」と称揚されたが、これが純然たる創作であれば、たしかに注目すべき本格派新人の登場といってよかった。

　著者は、ハーリヒ『妖女ドレッテ』などの訳書もある翻訳家。作中人物の一人に「外国物から筋や人物の性格を頂戴した例は数限りない」と語らせているのは（原作の「もっとも偉大な独創的頭脳でさえも、他人のアイディアを取り入れて自分自身のものにこなして使うことはあるものです」という一文が盗作の方向に捻じ曲げられている）、間接的ながら不敵な告白を行っていたようにも見える。

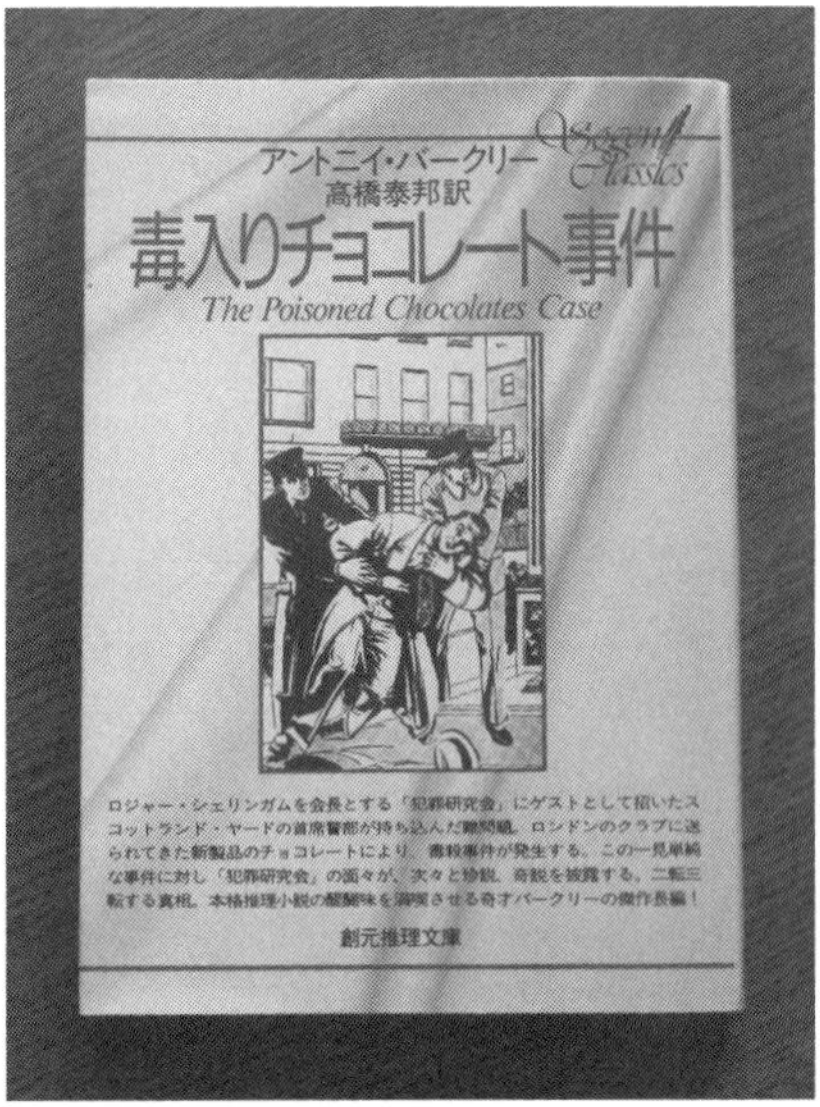

創元推理文庫 (2001)

British Library (2016)

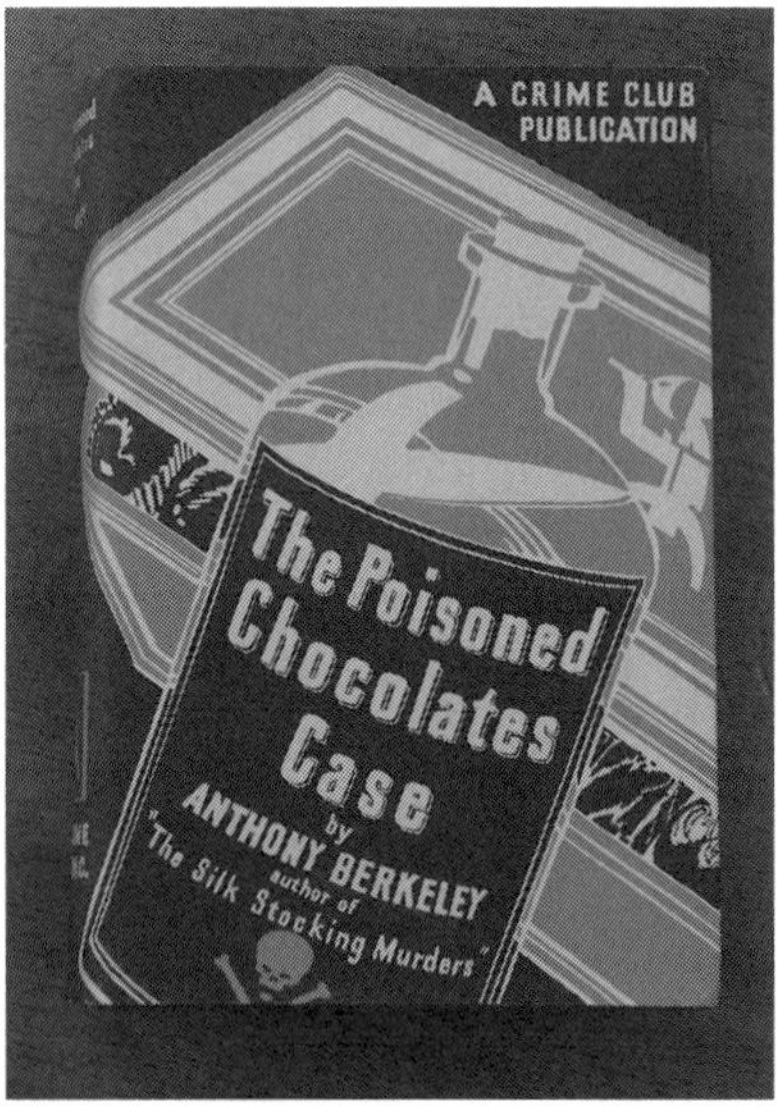

Doubleday (1929)

〈2〉英国余裕派の作家たちの章

新樹社（1998）

英国余裕派？　ナニソレという声が聞こえてきそうですが、筆者の造語で、一般にユーモアとウイットに富む英国の本格ミステリの書き手のうちでも、とりわけその傾向が強く、したがってまた遊び心が旺盛で、ゆとりと落ち着き、現実との適度の距離といったものをその作品に感じさせる作家の一群を勝手にそう呼んでいるしだい。レオ・ブルース『三人の名探偵のための事件』の解説でご披露した言葉なのですが、認知度はいたって低いようですね（これも同解説で使用した「多重解決」というタームなどはかなり普及している気配ですが）。筆者の見るところでは、バークリーを含めこのスクールの作家たちこそ、探偵小説の特質を最もよく生かしてこのジャンルの最高の作品を生み出した人々なのです。

ベントリー『トレント最後の事件』を論ず

――塚田よしと氏との往復書簡「黄金時代英国探偵小説吟味」より――

初出:「ROM」第86号(1993年4月)

前略、雑事に阻まれて延び延びになっていましたが、先日ようやく『トレント最後の事件』の再読を果たしました。大学三~四年の頃に創元推理文庫版で読んで以来、約十五年ぶりの再読ということになります。

今回読んだのも創元推理文庫版ですが、新たな気持で読み直してみたかったので、先頃の復刊フェアで出た新装版を買いました。しかし、この復刊フェアのラインナップというのは困りものでしたね。作品が悪いというのではなく、それらが事新しく「復刊」されねばならなかったという事実が。塚田さんも呆れておられましたが、『トレント最後の事件』を品切れにしておくなんて一体どういう料簡なんでしょう。

さて、再読した結果ですが、印象を一言でいえば「面白かった」ということになります。初読の時の印象はほとんど何も覚えていないのですが、その時よりも面白く感じた筈です。というのは、初読の際には作者のねらいや探偵小説史における位置付けといったことは全く意識せずに読んでいたのですが、今回はある程度そうした観点からも読むことができ、そこに面白さを感じることができたからです。『トレント最後の事件』はそうした観点から読まないと正当な評価が難しい作品だろうと思います。

この作品に対する従来の評価を代表するものとして、江戸川乱歩の評を取り上げてみましょう。ポケミス版の裏表紙に掲載されている文章ですが、ポケミスはお持ちでなかったようなので、その全文を引用してみます（『海外探偵小説 作家と作品』中のベントリーの項は田中潤司氏の手になるポケミス版解説の再録で、乱歩のこの文章は収録されていません）。

「探偵小説の歴史を顧ると、始祖としてのポー、初期長篇時代の代表者としてのコリンズ、ガボリオ、探偵小説を一般化し、探偵小説という一分野を確立した中興の祖としてのドイル、それから第一次欧州大戦後の長篇探偵小説黄金時代の先駆者として認められているベントリーという風に探偵小説の形態を一変せしめた画期的作家と作品が数十年毎に幾つかの大きな路標として聳えている。ベントリーの『トレント最後の事件』はそういう路標の一つである。

この作の特徴を一口にいうと、トリックに極めて大胆な創意があり、犯人の意外性はルルウの『黄色い部屋』クリスティーの『アクロイド殺し』にも比すべく、本格物としても画期的な名作であるばかりでなく、多くの本格物に欠けている感情的な要素がこれには豊富に取入れられ、恋愛探偵小説とも云うべき構成になっている。しかもその恋愛が謎と論理の邪魔になるどころか、却ってそれを一層面白くしている点、フィルポッツの『赤毛のレドメイン』などと共に希有の作品ということが出来る」（引用終り）

短いながらも作品の史的位置と勘所を分かりやすく説いており、乱歩ならではの見事な批評文と思いますが、こういう内容の評言というのは、間違っているとは言わないまでも、ちょっとピントがずれているのではないかと小生は思うのです。乱歩のものを含めて、従来の『トレント』評というのは、余りにもストレートにこの作品をまともで真面目でまっとうな探偵小説ととらえ過ぎているような気がします。この作品は「探偵小説というよりは探偵小説を皮肉ったもの」であるという作者のコメントにもっと耳を傾けるべきではないでしょうか。『Twentieth Century Crime & Mystery Writers』においてベントリーの項を執筆しているチャールズ・シバク氏も、作者のそうした意図を殆どの評家が無視していると述べていますが、シバク氏自身、その意図を十分くんでいるとは思えません。それではオマエはどういう見方をしているのかと問われるなら、さしあたりこんな言い方をしておきましょう。――「フィリップ・トレントはアンチ・シャーロック・ホームズであり、『トレント最後の事件』はそのような探偵像を描くために仕組まれた物語である」。以下、第一信は総論としてこの見方の説明に費やしたいと思います。

従来の『トレント』評において必ずふれられているのは、この作品が①黄金時代の諸作の先駆であること、②恋愛と探偵の融合に成功していること、の二点です。これまでは特に疑問もなく二点ともその通りのことだろうと思っていましたが、今回改めて考えてみると、その意味合いがよく分からなくなってきました。

まず、『トレント』が黄金時代の先駆であるというのは、どのような意味においてであるのか。従来は漠然と、黄金時代の作風の長篇探偵小説の中で『トレント』が最も年代的に早いというくらいの意味に考えていましたが、しからば「黄金時代の作風」とは何か、『ボウ町の怪事件』でも『黄色い部屋の秘密』でも『赤い拇指紋』でも『薔薇の別荘』でもなく、なぜ『トレント』がそのような名誉ある地位を占めるに至ったのか、とあれこれ考えていくと、どうもよく分からなくなります。

ヘイクラフトは『娯楽としての殺人』の中で「……注意をひかぬ目だたないところにこそ、極彩色と誇大が犯罪小説の表看板だったころに、この小説がユニークなものでありえた理由があるのだ。当時の誇張した描写とは対照的な品のよいさらっとした味や控えめなユーモアなどは、まったく霧中の一対の燈火のようなものだった。……このような判断のあとに、はじめて『トレント最後の事件』はこのジャンルの真に最初の現代的な作品だと公平にいうことができる」（国書刊行会版百三十八頁）と述べており、別の場所には「E・C・ベントリーの自然主義」／「トレント的、または「自然主義的」伝統」（百六十五頁）といった言葉も見えることから、文体や表現の自然さがこの作品を黄金時代の先駆たらしめていると考えているようです。しかし、小生などは前近代の作風になじみが薄いので、『トレント』のどこが画期的なのかよく分かりません。現在読んで違和感のないことがすなわちその証左なのだとも考えられますが。いずれにしろ、話が文体の問題になってくると、英語圏の外の人間には正確な判定は困難でしょう。ただ、本当に問題は文体なのかどうかという気がしますが、少なくとも、「名探偵を創造し、豪華な背景のなかで活躍させることによって、ベントリーは、後に両大戦間の大部分の英国作家たちが開拓することになる一つの形式を念入りに作り上げた」（フレイドン・ホヴェイダ『推理小説の歴史はアルキメデスに始まる』九十一頁）といったレベルの問題でないことは確かでしょう。

★★★『トレント最後の事件』

というようなわけで、「黄金時代の先駆」の意味はよく分からないままなのですが、黄金時代のある作家の先駆であることは間違いないようです。その作家とはほかでもない、アントニイ・バークリーです。このことは、ヘイクラフトの本の中でバークリーがベントリーの「文学上の直系の後継者」（一六一頁）であり、「ほとんどいかなる他の作家よりも、彼（バークリー）が、E・C・ベントリーの自然主義とその論理的帰結――一九三〇年代の「性格」探偵小説――とをつなぐ、必須な、しかも発展的な、つなぎ目をつくりだした」（百六十四頁）と述べられていることから逆に気が付いたのです。ヘイクラフトは文体を中心とした表現技法を念頭に置いてそのように述べているらしく思われますが、より具体的に、バークリーの作品に繰り返し現れる「名探偵による唯一の解決が常に正しいことの否定／名探偵の敗北」というテーマは、まさに『トレント』が先取りしていたものです。しかし、『トレント最後の事件』では、そのテーマがそれじたい十全な探偵小説の形では表現されておらず（追ってふれたいと思いますが、この作品には構成の論理はあっても解明の論理がないからです）、そこにバークリーが一歩を進める余地が残されていたといえるでしょう。

『トレント最後の事件』というタイトルについて、「忙しい新聞記者生活の合間に小説を書くのはとても難しいことが分かったので、これを最後にしようと思った」という作者のコメントが伝えられていますが、そういう要素もあったかもしれませんが、「最後」というのは「名探偵の敗北」というテーマを扱った必然的な結果であったように思われます（ロジャー・シェリンガムのように事件の解決に失敗しても一向に懲りない探偵もいますけれど）。

視野をちょっと広げれば、ベントリー――ノックス――バークリー――レオ・ブルースといった系譜を考えることもできそうです。探偵小説を愛しながら、というより愛するあまり、探偵小説を皮肉った作品を書いた作家たちのスクールです。ノックスの『陸橋殺人事件』の探偵小説批評的意味合いは有名ですし、「名探偵の敗北」というテーマにはレオ・ブルースも取り組んでいましたね。こうした意識で探偵小説を書いた人としては、やはりベントリーを先駆としてよいのではないかと思います。

次に、恋愛と探偵の融合ということの意味についてですが――

創元推理文庫版の扉には「従来タブーとされていた探

偵と恋愛の有機的結合は、実に心にくいほどの成功をおさめている」という一文が見えますが、宮脇孝雄氏が『書斎の旅人』で指摘している（二十五頁）ように、探偵小説に恋愛を持ち込んではならないというルールができたのはヴァン・ダインなどの時代ですから、「従来タブーとされていた」という言い方は時代錯誤ということになります。実際、『トレント』以前の作品に恋愛が取入れられていなかったということはない（代表的な例として『月長石』を想起されよ、またホームズ物にも恋愛は描かれている）のですが、一世を風靡したホームズ物において、少なくともホームズ自身は恋をしなかったので、「名探偵は恋をしない」というオキテのようなものが一般に浸透していたということはいえるでしょう。『トレント』における恋愛描写が画期的だったのはそれが探偵自身の恋愛だったからで、「恋する名探偵」を描くことによって当時の暗黙のオキテを打ち破ったわけです。

井上良夫氏はこれとは別の観点から『トレント』における恋愛の取入れが有機的であった、巧みであったとされる理由について考えており（乱歩との書簡論争）、お読みになったと思いますが、井上氏の考えは、作中でトレントの推理が公表されると秘書が取り調べられ、それでは作者が狙っている如き面白みが出ない、そこで公表すれば夫人も取調べを受けることになりそれはトレントの耐え得ないところである、ということにして話方を変えてしまった、こういう意味であの恋愛の取入れ方が巧みだ――ということです（講談社「江戸川乱歩推理文庫」六十四巻、百十九頁）。さすがに論理的で鋭い分析と思いますが、果たしてそうかな、という気もします。トレントの推理が公表されないことが作品の成功のために絶対必要だったとは思えませんし（公表されてもやはりマーローの告白、カプルズの告白と続く三段返しになったでしょうから）、そうとすればプロット構成上は恋愛は単に筋の引き延ばしの役にしか立っていないことになります。引き延ばしが物語の面白さを増しているということは言えるかもしれませんが、それは必ずしも恋愛によって引き延ばさなくともよかったわけで、そうした意味では、恋愛の要素というのは『トレント最後の事件』を探偵小説として成立させる（あるいはその探偵小説としての面白さを倍加する）ために必須のものとして組み込まれているというものではないと言えそうです。つまり、『トレント』において恋愛が探偵小説としてのプロットに融合しているとまでは言えないだろうと思うのです。『トレント』における恋愛要素は、プロットへの融合という側面ではなく、名探偵に恋をさせたという点で評価されるべきだと小生は考えます。

以上見てきた二点（名探偵の失敗・恋）に「探偵が人間らしく描かれているような探偵小説を書くことも可能なのではないかと、私は考えた」というベントリーの言葉（ヘイクラフトの本百三十二頁より）を併せ考えるなら、作者の意図というのはまさに人間らしい探偵を描くことにあったのだろうと思われます。

シャーロック・ホームズの全盛時代、名探偵のイメージはホームズのキャラクターに決定的に支配されていたのでしょう。決して誤りを犯すことのない、恋愛感情などによって乱されることのない推理機械、エキセントリックな性格と不健康な習慣を持った超人的名探偵――これに対してベントリーは健康で陽気でおしゃべりな青年フィリップ・トレントを名探偵として登場させ、彼に事件の解決を失敗させたり恋をさせたりしたのです。マンダースン事件はトレントの失敗と恋を描くために構想されたものであり、したがって『トレント最後の事件』はアンチ・ホームズとしてのトレントのキャラクターを描くためにプロットが奉仕している小説である、というのが小生の意見であります。ベントリーは探偵小説作家というより基本的にユーモア作家だったのであり、『トレント最後の事件』はそのような作者がものしたちょいとひねった探偵小説だったのです。

江戸川乱歩は秘書の偽アリバイが作者の筋立ての中心であり、これあるが故に一篇の探偵小説を書く気になったのだろうと述べていますが（前掲書簡論争 百三十一頁）、それはあくまで技術的なレベルの話で、作者のモチーフはトリックにはなかったろうと思います。先に引用した乱歩の批評文について「ピントがずれている」などと失礼な言い方をしたのも、乱歩が作者のモチーフを的確にとらえておらず、真正面からの探偵小説技術論に終始しているように思われたからです。

☆☆☆

ここからは「江戸川乱歩論」の領域ですが、井上良夫との書簡論争において端的に態度表明しているように、乱歩は探偵小説にとって不可能興味を第一に考えていたので、ノックスやバークリーの面白さを十分理解できなかったのではないか、そして『トレント』の面白さも――という気がします。先のベントリー〜レオ・ブルースのスクールの作家たちに共通しているのは、自分自身を含めて物事を外側から眺めることのできる批評精神ですが、それはユーモアを生み、解する精神にも通じる極めて英国的な精神態度と思われます。この英国的メンタリティが乱歩にはよく理解できなかったのではないでしょうか。井上良夫あて書簡の中でも、乱歩は「不可能興味を別にすれば、小生はイギリス風の小説よりも19世紀のロシヤとフランスの作風に引かれるたちです。純文学では（シュルレアリズムを別とすれば）イギリス風のものを一番小生は好みません」（書簡論争 百二十七頁）と述べています。乱歩は心理と情熱の作家だったのでしょう。

最初から長々と書いてしまいましたが、ひとまずこの辺で切り上げることにします。細部に立ち入っての検討は第二信以降ということに。さしあたり塚田さんの全般的な印象や総論的な部分でのご意見をうかがいたいと思います。それでは、また。

（一九九二・六・一六）

※

前略、打てば響くという感じでさっそくご返事いただきありがとうございました。当方はいたって時間に不自由な毎日を送っていますので、どうしても返事が遅れがちになりますが、ご勘弁下さい。

さて、『トレント最後の事件』に対する基本的な見方は両者一致しているようなので、ホッとしました。前便では、従来の評価との対比において必要以上にパロディとしての側面を強調し過ぎたような気がしていたので。「黄金時代の先駆というより、前近代（シャーロック・ホームズが呪縛する時代）のレクイエム」という表現は言い得て妙と思います。ただ、『トレント』は具体の作品が作者の意図を裏切っている部分があって（たとえば恋愛描写の部分、ここはハーフ・シリアスな調子では書けなかったからでしょうが）、人によってはこの作をパロディとする見方には賛成しないかもしれません（江戸川乱歩も賛成しなかっただろうなあ）。

この作の総括としては塚田さんのメモの⑦（※）に尽きていると思いますが、物語のユニークネスについては既に論じられたので、本格探偵小説として見た場合の弱点について、以下検討してみたいと思います。

※塚田メモ⑦「黄金時代風の作品として見るなら弱点はあるが、しかし〝物語〟のユニークネス（ユーモアとシリアスの面で、さまざまな影響をのちにおよぼす）は、発表後八十年あまりたった現在でも、その価値を失っておらず、面白い。〝本格物〟を読みあきた人に、むしろオススメかもしれない。」

ストーリーの要約は塚田さんの方でしていただいたので、ここではまず、この作の構成の論理（プロット）をまとめてみましょう。マンダースン、カプルズ、マーローの三者の動きが絡み合って、次のようなプロットを形作っています。

★★★『トレント最後の事件』

シグズビー・マンダースンは財界の大物で知力にすぐれた人物だったが、疑い深く嫉妬心が強かった。妻メイベルと秘書のマーローの仲を疑い、マーローが自分を陥れようとしているという妄想を抱いたマンダースンは、憎悪のあまりマーローを亡き者にする計画を立てた。それは、マーローが彼を殺して（傷つけて）金品を奪い、パリに逃亡したという状況をでっちあげ、マーローを絞首台に送るというものだった。

計画の実行の夜、マーローが車で出発した後、マンダースンはピストルで自殺しようと（自分を傷つけようと）した。散歩に出てたまたま側に来ていたカプルズがそれを止めようとし、格闘になった際にカプルズはマンダースンを撃ってしまった。

一方、出発間際に車のミラーに写ったマンダースンの憎悪にみちた表情からマーローは自分に仕掛けられた罠を察知し、戻ってみると（戻る途中で銃声が聞こえた）マンダースンは死んでいた（マーローは彼が自殺したものと考えた）。逃亡すればマンダースンの罠にはまってしまうし、事実を正直に届け出ても信用される見込みはなかった。この絶体絶命の窮地から逃れるべく、マーローはマンダースンに変装して屋敷に戻り、もっと遅くまでマンダースンが生きていたと見せかけて自分のアリバイを作ることにした。

これだけのことをまとめるのに随分時間がかかってしまったのですが、それはプロットがあまりスッキリしていないせいだろうと思います。

★★★ノックス「動機」（次の段落限り）

まず何よりも、マンダースンの「自殺」の動機というのが不可解です。マーローを憎んでいた、復讐してやりたかった、そこまではいいのですが、その手段というのがあまりに回りくど過ぎるのではないか。それはまあマンダースンの性格に帰するものとしても、そのために自殺までするというのはどんなものか。不治の病でもあれば格別、憎んでいる男のために莫大な財産と健康な身体を捨ててしまう心理は納得がいきません。こう書いてきてふと連想したのですが、ノックスの「動機」は、自殺する勇気がないために絞首刑にしてもらうべく殺人の状況をでっちあげる男のねじくれた心理を描いていて、あのような奇譚風の語り口でもなかなか受け入れ難いものでしたが（実際、結末ではひっくり返されます）、他人を絞首刑にするために自殺するマンダースンの心理は、それにもまして奇妙に映ります。リアルな作風であるだけになおさらです。作者はその言い訳として「精神異常」を持ち出していますが、それは逃げでしかないでしょう。辻褄の合わない心理をみな「精神異常」で片付けられてはたまったものではありません。少なくとも、探偵小説においては。

別の逃げ道として「自殺までする気はなく、身体を傷つけるだけのつもりだった」という可能性をにおわせていますが、これも駄目です。自殺であればこそマーローに対する罠が成立するので、身体を傷つけただけの「強盗殺人未遂」では、とうていマーローを絞首台に送ることはできないでしょうから。かように、構成の論理の土台となるべき肝心の部分が随分弱いように思うのですが、構成の論理の弱さはそれにとどまりません。思いつくままにあげてみれば、以下の如し。

a　カプルズが散歩に出ていて、たまたまマンダースンが自殺しようとした場所に居合わせたというのは、随分偶然ではないか（プロットを成立させるための作者のご都合主義に思える）。

b　マーローが車のミラーでマンダースンの表情を見て罠を察知したというのも、えらい偶然（ご都合主義）。

c　マーローのアリバイ工作は、はたしてアリバイとして意味のあるものになっているのか。マンダースンの死亡推定時刻を夜半以降にもってこれることが確実でなければアリバイ工作をしても無意味で、トリックを見破られる危険ばかりが残る。また、死亡推定時刻が夜半以降になっても、それから車で出発して朝までにサザンプトンに着けるのなら、やはりアリバイたり得ないのではないか。

d　マーローがマンダースンに変装して家人を欺くトリックの実現可能性？　それが可能なくらい二人の背恰好や声が似ていたというなら、これも大いなる偶然（マーローには物真似の才があることになっていますが、妻と会話して見破られないほどに似せられるものかどうか）。

e　マーローは何のためにマンダースンの義歯を屋敷に持ち帰ったのか。わざわざ死体から取り外して持ち帰る理由など何もなかった筈。

他にもいくつか細かい点があったような気がしますが、面倒なので省略します。とにかくこの作の構成の論理は、シビアに見ていくと随分穴がありそうです。一方、解明の論理はどうかというと、こちらはさらに駄目です。

前述の構成の論理が生んだ謎は、Ⅰトレントの推理　↓Ⅱマーローの告白　↓Ⅲカプルズの告白、によって解かれていきますが、ⅡとⅢは当事者の口からの種明かしにすぎないので、論理による謎解きが見られるのはⅠの部分だけです。このトレントの「秘められた記事」は一見みごとな推理に見えますが、塚田さんも言われる如く推理の基礎になるデータが読者には知らされていない（たとえば、エナメル靴の痛み。P.89にトレントがエナメル靴に注意をひかれた描写はあるが、何に注意をひかれたかは書いていない）ので、これも性格的にはⅡ・Ⅲの種明かしと大差ありません。トレントとマーチ警部との間では、「事件解決の決め手になるような事実を発見したり思いついたりした場合には、それを相手に秘めておく権利」を保有する約束になっており、それを「探偵のスポーツマンシップ」と称していますが（p.59）、その「権利」を読者に対しても保有しているのでは、とても探偵作家のスポーツマンシップとは申せません。フェアプレイというのが黄金時代の本格探偵小説の必須の要件であるとすれば、『トレント』はやはり黄金時代以前の作風に属すると言わざるを得ないでしょう。こうしてみると、この作には解明の論理と呼ぶに足るものは存在しないと断じても差し支えないようです。

☆☆☆

以上、ことさら厳しい見方をしたつもりはないのですが、構成の論理は穴だらけ、さらに解明の論理はないも同然ということになると、公平に言って、この作は本格探偵小説としては吟味に耐えないということになるでしょう。江戸川乱歩はトリックの大胆な創意と犯人の意外性を評価していたようですが、トリックは大胆ではあるけれども実現可能性に乏しく、また、そもそもアリバイとしての意味に疑問がありますし、犯人も意外ではあるけれどもそれが理詰めで割り出せるように書けていないのでは、さほど感心したものでもありません。この作を「本格物の名作」として持ち上げる評価は無理ではないかと思います。

しかし、『トレント最後の事件』は、トレントのキャラクターとそれを支える「物語のユニークネス」こそが生命であり、その放つ輝きのゆえになお古典たるの資格を失ってはいません。ただ、その輝きを失わせないためには、正しい方向からライトを当てる必要があるでしょう。我々の吟味が当てる光の方向に誤りがなければよいのですが。それでは、また。

（一九九二・九・二五）

※

前略、議論の焦点は『トレント』の構成の論理が成立するかどうかにしぼられてきたようなので、この点について改めて意見を述べてみたいと思います。といっても、塚田さんの巧妙な弁護にほとんど納得させられてしまったので、小生としてもあくまでこの作の構成の論理はなってないと言い張るつもりはなく、基本的にはその成立を認めたうえでの不満ということになります。

★★★『トレント最後の事件』

(1) マンダースンに関して

「自殺までする気はなく、身体を傷つけるだけのつもりだった」ということでも駄目というのは小生の考え違いで、塚田さんの言われるようにマーローを社会的に葬ろうという意図だったとすれば、十分動機として成立すると思います。ただ、そのような読み方はこの作に対する好意的な解釈というべきもので、現実の『トレント』がそのような考えで書かれているのかどうかは疑問です。単に身体を傷つけるだけの目的であれば、マンダースンがピストルで自分の胸を狙った(p.306のカプルズの目撃談)というのはおかしいと思いますし、その目撃談に続くカプルズの「むしろ彼がただ自分を負傷させるつもりだったのではないかと思う」という推測も、作者のとってつけた弁明のように聞こえます。また、自殺でなく自己傷害が真の目的だったとするなら、それほどマンダースンの精神状態の異常さを強調する必要もなかったろうにと思います(自己傷害にしてもなかなか正常な精神状態とは言いにくいでしょうが)。

なお、マンダースンとのからみではありませんが、「自殺」説の扱いについて今一つの不満をここで述べておきますと、マーローがマンダースンの死を自殺と考えたのは無理ないとしても、その説をトレントがすぐ受け入れてしまうことに疑問を感じました。トレントが自らの推理において自殺説を否定していた論拠(p.61〜2、①凶器の不存在、②手首の傷、③「自分の目を射って自殺したなんて話は聞いたこともない」、④義歯を忘れたこと)はマーローの説明によってあらかた覆されはしましたが、検死査問会におけるストック博士の証言(p.142、「その傷の所見からして、みずからの手で加えた傷であるという仮説は成立し得ない——すなわち、銃口を目にあてて発射した形跡も、至近距離から発射した形跡もなく、なおかつ目から相当の距離をおいて本人の手で発射することは事実上不可能と考えられる」)もあった筈です。それなのにマーローから自殺だと言われれば何らの再検討も行わず、そのまま自殺と信じてしまうトレントの態度は、とても名探偵のそれではありますまい。作者はここでも「間違える名探偵」の役どころをトレントに演じさせているのだと考えられないこともありませんが、それよりも、カプルズ老人の告白による再度のドンデン返しを準備するための安易な地ならしのように思えてなりません。

(2) カプルズ老人に関して

老人に夜の散歩の習慣があったにしても、その散歩の行程とマンダースンの動きが同じ時間・場所で交錯したというのは、やはり偶然と言わざるを得ません。ただ、小生としてもプロットに偶然の要素が混入することがすべていけないとまで言うつもりはありません。現実の生活においても偶然は事実として大きな役割を果たしているわけですから、偶然をすべて排除してしまったとすれば逆にリアリティを欠くことになるでしょう。『本陣殺人事件』の複雑微妙な機械トリックに対して「そんなにうまくいくもんかいな」という批判があったとき、作者は「うまくいったから事件が起きたんじゃない」と答えたということですが、小生も基本的にその場合の作者の立場を支持します。そうした考え方からすれば、「偶然」の取扱いにしても、「そういう偶然があったからそういうプロットになったんじゃない」ということになりそうですが、『トレント』の場合に不満を感じるのは、偶然がプロットの骨格をなす基本的な部分にかかわっているからです。『トレント』には上記のカプルズ老人の偶然のほか、マーローがミラーに写ったマンダースンの表情を見て罠を察知したという偶然もあり、この二つの偶然がストーリーの三段返しをもたらす重要なプロットの節目を形成することになります。そういう大事な転回点が偶然に支えられているのはいかがなものか、と小生は思うのです。乱歩・井上論争において井上良夫が「並木道は見通しの利かぬ曲折」という表現で「真犯人告白(カプルスの話)までに密接な関連がない、正しい手掛りを辿ったならあのような曲折を経てあの最後の真相まで行き得る筈である、という如き仕組みでない」(文庫版全集64巻、p.120) ことに不満を表明しているのも、プロットの節目に「偶然」が介入していること、すなわち、プロットの曲折に必然性が欠けていることによるのではないかと思います。マーローがマンダースンの罠を察知するきっかけとしては、車のミラーなど使わなくとも、もっと別な形のものを用意できなかったのかどうか。

たとえば、マンダースンがマーローに「ジョージ・ハリス」の作り話をするくだり（p.252～3）で、マンダースンがポケットから船の切符を取り出したことにマーローは何も疑問を感じなかったのでしょうか。また、至急ハリスと連絡を取りたいならなぜ電話を使わないのか、とか。そのあたりは説明がつくことなのかもしれませんが、「ミラー」の件以前のマンダースンの言動に手掛かりを用意しておけばよかったのに、「ミラー」の件もマーローの胸に芽生えていた疑惑を確信に変えるきっかけとしてならすんなり許容できたのに、と思います。

★★★横溝正史『獄門島』（次の段落限り）

カプルズ老人に戻れば、塚田さんのお気に召したという老人のセリフには、小生も愉快を感じました。「その日の夜遅く、ゴルフ場で彼（マンダースン）を見かけた」（p.45）とまで言っていたのですから、伏線としてはかなり大胆なものでしたね（その後の捜査でトレントがこの点を追及しなかったのもご都合主義的ではありますが）。塚田さんが『獄門島』の和尚に言及されたせいか、小生も、夜の闇の中、提灯を下げて金田一らの前を寺に登っていく和尚の背に花子の死体が背負われていた（ことが後で分かった）、という場面を思い出したりしました。

（3）マーローに関して

マーローに関しては、全面的に塚田さんの弁護を受け入れます。小生が前便に記した不満はトリックだけを抜き出して吟味したために生じたもので、トリックが使われた具体的な状況との関係において評価するなら、塚田さんのご意見が正しいと思います。この作においてはトリックそのものよりも作中での使い方に創意があるわけで、そこを見落としてはなりませんね。それから、「夫人がマーローのアリバイ・トリックの弱さ、危険さを具体的に指摘して、理知的にトレントに反撃する」というアイデアも面白いと思いました。「パロディ」としての狙い、ストーリーの運び、夫人のキャラクター造形、いずれの点から見ても絶妙の改良案と思われます。

☆☆☆

『トレント』の構成の論理については、「頭だけでこねまわしたプロット」という感じを小生の方が強く持ったために評価に差が生じたのだろうと思いますが、この「頭だけでこねまわす」というのがベントリーの考え方の一つの特徴だったと思われるフシがあります。先日チェスタトンの『自叙伝』を、ベントリーについての記述がある部分だけざっと読み返してみたのですが、次のような一節（春秋社版、p.68～69）を見つけて何やら胸にストンと落ちた気分になりました。

「ベントレーにはそういう具合に出鱈目なことの詳細な見取図を作ったり荒唐無稽なことの筋書きを考え出したりする才能があり、それを今でも失っていない。」（その一例として）ケンブリッジ大学の会員になって学校を去ることになった先生の送別式で祝辞を述べた老教師が、ふだんは話し方も言葉遣いも冗長で退屈な人なのに、皆を驚かすような上手な洒落（両方の学校の名前に掛けたもの）を言ったので、「われわれは一体全体これはまたどうしたことかと顔を見合わせた。そして思い余って頭を振った。何とも訳がわからなかったのである。しかし後になってベントレーが非常に納得のいく、完璧な説明を思いついた。彼が言うには、あの老先生は一生かかってあの洒落を準備したのだというのである。彼はその去っていく先生が先ずわれわれの学校に来るように校長に働きかけたのだった。それから彼はケンブリッジ大学当局と一緒になって、その先生がカレッジの正会員になるように仕組んだのだった。彼はこの日のために今まで生きて来たので、さっきの洒落は老先生の最初で最後の洒落だった。そしてやがて訪れる死を彼は今や安らかに迎えることができるというのだった。」引用が長くなりましたが、どうです、『トレント』のプロットはこの作者ならではのもの、という感じがしませんか。機会があれば是非ベントリーの自伝『Those Days』も読んでみたいものです。それでは、また。

（一九九二・一〇・九）

※

前略、既に三回のやりとりをしているのにまだ終わらないというのは、この作について語るべきことが多いからなのか、我々の議論が瑣末な問題にまで及んでしまっているからなのか。いずれにしろ、最初から息切れしてしまっても困りますから、『トレント』についてはこの辺で切り上げることにしたく、小生からはこの手紙をもって最後とします。

★★★『トレント最後の事件』

塚田さんの創作混じりの解釈を読むとどこにも悪いところはないようで、小生がやたら難癖をつけてばかりいるような気がしてきます。ミラーの「偶然」の件も、塚田さんのお手紙を読む限りではごく自然で、何にそんなに不満を感じたのか自分でも不思議な気分になってきますが、改めて『トレント』のテクストにあたってみると、必ずしも塚田さんの解釈に沿った書き方にはなっていないと思うのです。マーローはマンダースンの不可解な言動に接して不安を感じはしますが、「しかし、たしかに、マンダースンがぼくの敵であるはずはありません」(p.259)と自らに言い聞かせ、マンダースンが自分を罠にかけようとしているなどとは想像もしていないのです。ですからミラーを見たのも意識してマンダースンの表情をうかがったわけではなく、「なにげなく」(p.261)そうしただけなのです。ところが、そこに憎悪に狂ったマンダースンの顔を見てショックを受けた……。この場面を小生が「偶然」と感じたのは、それが次の要素から成り立っているからです。

①当夜が月夜だったこと

②マーローがなにげなくミラーを見たこと

③ちょうどミラーに顔が写る位置にマンダースンが立っていたこと

④その瞬間、マンダースンが憎悪を顔に表していたこと

④は塚田さんの解釈からすれば自然なことでしょうが、他はやはり偶然でしょうから、このシーンは三つの偶然が重なって初めて成立することになります。――小生は別にこの偶然を認めないと言っているわけではないのです。どんな偶然だって――物理的に不可能でない限りは――その成立を否定する理由はありません。ただ、このシーンはこの作のプロットに重大な曲折をもたらす「扇の要」的な部分で、そこが偶然に支えられている点に小生は不満を感じたのです。それは必ずしも「その辺の経緯を読者が推理できるように書かれていない」ことに対する不満ではありません。読者は後から種明かしされるだけでもかまわないのですが、そこで明かされるプロットには(少なくともその骨格の部分には)一本必然の糸が通っていてほしいと思うのです。――こう書いてくると、なぜ「必然」でないとダメかと反問されそうで、小生としては現在有効な議論は持ち合わせていないのですが、とにかく「ミラー」の件に不満を覚えたことは事実なので、その理由を分析してみると上記のようなことになるということしか言えません(この辺は今後別の作品においても議論になりそうですね)。

☆☆☆

以下にはこれまで書きもらしたことを何点か述べてみます。

a　解明の論理の不十分さについて

塚田さんの第二信において「作者が正面きった謎解きではなく、謎解けの(パロディとしての)面白いストー

リーを選択している以上、「解明の論理がないも同然」なのを責めたところで仕方ない」と述べられていましたが、それは『トレント』に対するコメントとしては首肯できるにしても、一般論としては一概にそうも言い切れないだろうと思います。というのは、本格探偵小説としてのスキのない構成とパロディとは相反するものではなく、両立も可能だからです。その両立の成功例を小生はバークリーに見るのですが、『毒入りチョコレート事件』や『第二の銃声』は、ベントリーが先鞭をつけた「名探偵の失敗」というテーマに取り組むにあたって、それ自体は一見完璧な解明の論理をいくつも並べ立てることによって、頭でひねくっただけの「推理」の無力を露呈させるという手法を用いています。本格探偵小説の技法をきわめることによってパロディの狙いを達成しているわけで、小生が第一信で「そこにバークリーが一歩を進める余地が残されていた」と書いたのはその意味です。

b　作全体の雰囲気について

この作を読みながら小生は古典のもつ晴朗な雰囲気ともいうべきものを感じ、それが快かったのですが、そういう感じというのはどこから来るものなのか、明確に表現することは容易ではありません。一般に、good old days と言われるような時代の雰囲気なのかという気もしますが、『トレント』の頃は、そうのどかな時代でもなかったようです。時あたかも大戦前夜だったわけですし、作中でも「社会の物質的な要素と精神的な要素との不均衡が現代ほど大きくなり、それが社会組織の基礎を根底からゆすぶっている時代は、歴史上に、いまだかつてなかっただろう」(p.121) と言われているくらいですからね（それなら二十世紀末の現在はどういうことになるのかナ）。直感的には、その「精神的な要素」の内実が現代（一九九〇年代）とは大分違っていて、そこに「晴朗さ」も感じられたのではないか、という気がしますが、その辺の分析は残念ながら手に余ります。

c　トレントのキャラクターについて

この作はアンチ・シャーロック・ホームズとしてのトレントという「人間らしい」探偵像を描くことに主眼があったろうことは既述のとおりですが、それではトレントのキャラクターが魅力的かというと、どうもそうは言えません。魅力的というならホームズの方が十倍も魅力的です。トレントのあの饒舌さには閉口させられますし（それでも時にはニヤリ、クスリとさせられるセリフもありますが――p.63 の「庭男は?」云々、p.230「彼を夏の一日にたとえた文句でもならべましょうか?」、など）、全体に軽々しい印象で小生はあまり好きになれません。もっとも、作者は必ずしも魅力ある人物像を描こうとしているわけではないようです。ジュリアン・シモンズの『Bloody Murder』に次のような記述が見えます。

「The book would be light-hearted, because Bentley disliked both the egotism and the seriousness of Holmes. The detective also was to be treated lightly, and perhaps for this reason was originally called Philip Gasket.」

gasketという語には「詰め物」の意味があり、作者の意図がほの見える感じです。

d　江戸川乱歩の「石榴」について

この機会に乱歩が『トレント』に触発されて書いたという「石榴」を読み直してみたのですが、この作を乱歩の『トレント』評と併せて読むと、『トレント』に対する乱歩の見方が一層明らかになります。とにかく、トリックなんですね。乱歩自身述べていますが、マーローのアリバイ・トリック、あれが『トレント』の生命なのだという乱歩の考えが一目瞭然です。「石榴」はあのアリバイ・トリックを乱歩が自分ならこう料理するというつもりで書いたもので、それなりに面白くは読めますが（松村喜雄氏は相当高く評価していましたね）、そもそもの狙いが違うので、『トレント』とは全く異なる雰囲気の作品になっています。

e　『月長石』との関係について

参考文献にあたっているうちに『トレント』は『月長石』のリメイクであるという説にぶつかったので、ご紹介しておきます。LeRoy Panek『Watteau's Shepherds : The Detective Novel In Britain 1914-1940』のベントリーの章に見えるものですが、要約するのが面倒なのでコピーをお送りします。興味深い説だとは思いますが、小生は賛同できません。ベントリーが『月長石』のプロットを一部借りたことはあったのかもしれませんが、ベントリー独自の狙いによって全く異なるタイプの作品に仕上がっているのですから、リメイクというのはあたらないと思います。

f　翻訳について

『トレント』は邦訳テクストがたくさんあるので（小生の知る限り、五人の訳者による十五種のテクスト）、翻訳の品定めのようなこともしてみたいと思っていましたが、やはりそこまでは手が及びませんでした。それでも書出しの部分だけ読み比べてみたのですが、すると妙なことに気がつきました。冒頭の一文の訳がそれぞれ違うのです（文体が違うのは当然として、その意味するところまで違っているのです）。次に列挙してみましょう。

Ⅰ　延原謙訳（黒白書房版ほか）
社会は、大切なものと、大切の衣をつけたものとを、何と賢こく判別することだらう。

Ⅱ　高橋豊訳①（ポケミス版）
自分達にとってほんとうに重大な関係のあるものと、外見だけのものとを、世間の人達は、驚くほど鋭敏にかぎわけるものだ。

Ⅲ　田島博訳（東京創元社・世界推理小説全集版ほか）
この世の出来事というものは、まことに計りがたいもので、一見重大と思われる事件も、果してそれが真に重大であるかどうか、正しく判断するとなると、なかなか容易なことではない。

Ⅳ　大久保康雄訳（中央公論社・世界推理名作全集版ほか）
真に重大なことがらと、外見だけのものとを正確に判別することは、われわれ凡人にとっては至難のわざというべきであろう。

Ⅴ　宇野利泰訳（東都書房・世界推理小説大系版ほか）
わるい報らせと、わるい報らせに見えるだけのもののあいだに、世人はどのようにして、正しい差別をつけることであろうか？

Ⅵ　高橋豊訳②（HM文庫版）
ほんとうに重大なことと、見せかけだけのことを、われわれ凡人がどうして正確に判別できよう。

いったい判別できるのか、できないのか、どっちなんだという気分になりますが、原文は次のようになっています（小生の所持本はNelson社の四版（一九一三年）ですが、この年二月に初版、四月に二版、五月に三版、六月に四版というペースですから、結構良く売れたようです）。

Between what matters and what seems to matter, how should the world we know judge wisely?

この一文だけでは分かりにくい感じもしますが、以下に続く文章の趣旨（世間ではマンダースンの死を冷静に受けとめ、一時動揺した実業界もすぐに沈静化した）も考え合わせれば、ⅠとⅡまでが正解ということになるのではないでしょうか。

冒頭からこの調子ですから、細かく見ていったら色々と疑問が出てきそうですが、とてもそんな時間はないのでやめにします。ただ、大久保訳について気になったところを一つだけ。創元推理文庫版p.21中頃に「シグズビー・マンダースンは殺害されたのだ」というジェームズ卿のセリフがありますが、ここは「――が殺害された」とすべきでしょう。「は」と「が」の違いだけですが、大久保訳ではマンダースンの死自体は既に報道されていて、その原因が事故でも自殺でもなく他殺であったことを改めて報じるというようなニュアンスになっているので、小生は何か読み落としたのかと思ってしばらく前の方のページをあちこち引っ繰り返したものでした。

以上をもって小生からの『トレント』吟味は終わることにします。それでは、また。

（一九九二・一〇・二五）

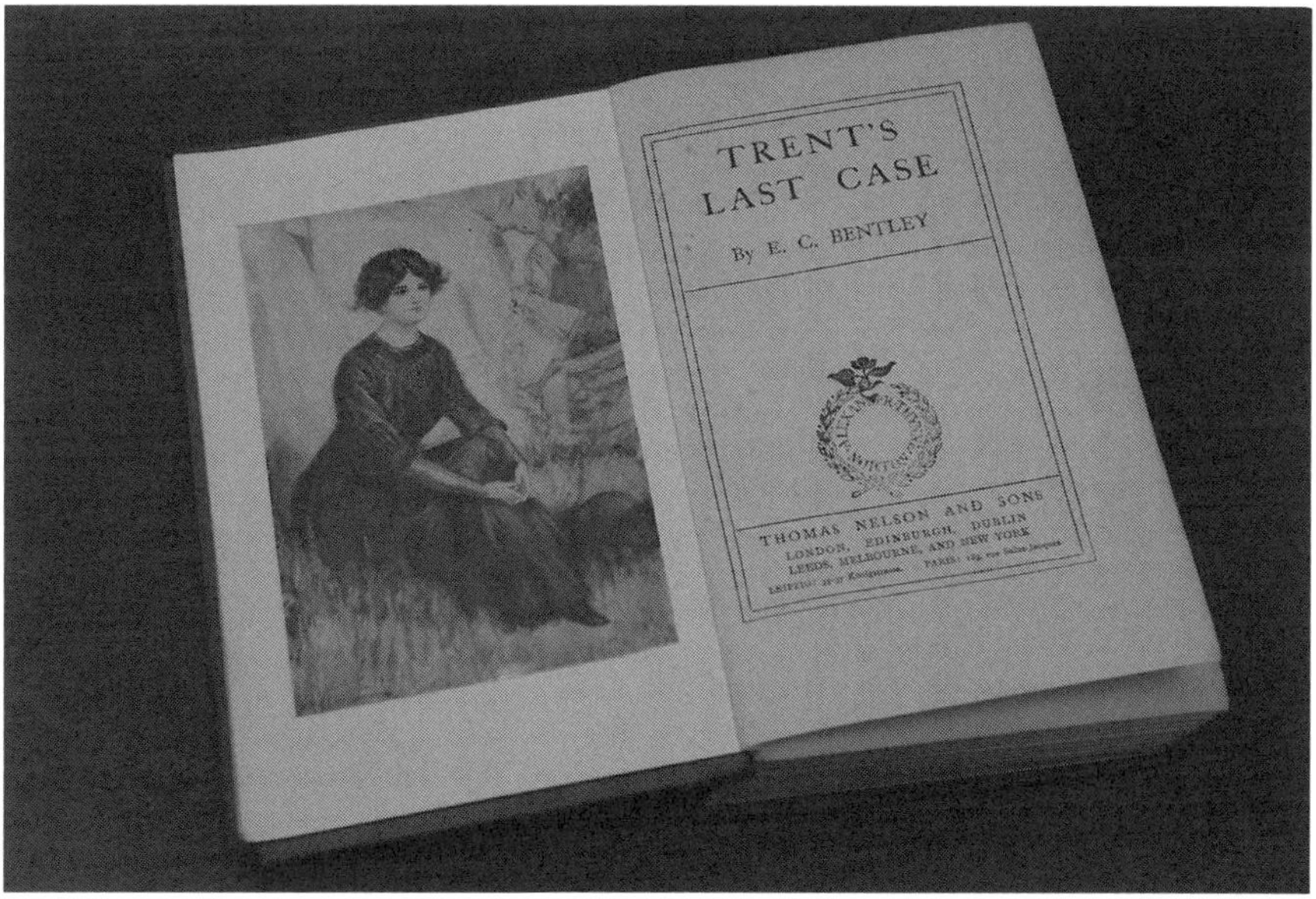

『Trent's Last Case』Nelson社版(1913)口絵

A・A・ミルン『Four Days' Wonder』ご紹介

初出：「ROM」第118号（2003年9月）

A・A・ミルンの長篇ミステリとしては『赤い館の秘密』と本書『Four Days' Wonder』があるだけだが、厳密にいうと本書はミステリではない。A・B・コックス（＝バークリー）の『Mr. Priestley's Problem』を思わせるようなミステリ風ユーモア小説なのだ。『赤い館』の明るくおっとりしたユーモアをこよなく愛する筆者としては大いに期待して読み、結果はお気に入り作品がまた一つ増えることになった。

ある晴れた六月の朝、ロンドンはブロンプトン・ロードに面したオーバーン・ロッジの二階の居間で、芳紀十八歳の乙女ジェニイ・ウィンデルがジェーン叔母の死体を発見したところから物語は始まる――のだが、まずは人物と状況の設定について多少込み入った説明が必要になる。

オリヴァー・ウィンデル将軍には、長女カロライン、同名の長男オリヴァー、次女ジェーンという、ちょうど十歳ずつ年の離れた三人の子供があった。一九〇一年に将軍が亡くなってからは（母親も既に死亡していたので）カロラインが女主人役となって、三人でオーバーン・ロッジに暮らしていたが、やがてオリヴァーは軍隊に入って軽騎兵となり、ジェーンは女優になった。

一九一八年に世界大戦が終わったとき、オリヴァーは五歳の一人娘ジェニイを残して戦死していた。孤児となったジェニイ（母親のことは書かれていないようなのだが、読み落としたのだろうか？）は二人のおばのもとに引き取られて暮らすことになったが、彼女が十歳のとき、ジェーン叔母はフランス人の偽伯爵と出奔してしまい、フランスに渡ったものと思われたが音信を絶ってしまった。

それから八年の歳月が過ぎ去り、ジェニイが十八歳になった今年、未婚のまま家を守ってきたカロライン伯母が亡くなったので、一人ぼっちになったジェニイは後見人のワターソン夫妻の所に移り、オーバーン・ロッジは家具ともども他人に貸すことになった。

そんなある日のこと、久しぶりにブロンプトン・ロードに足を向けたジェニイは、自分の育った家がなつかしくなり、オーバーン・ロッジに行ってみたが新しい住人は不在。たまたま所持していた鍵を使って家に入り、夢見心地で二階に上がったところが、八年前に家を出たジェーン叔母の死体を発見したというわけなのである。

もちろんのことジェニイはびっくりしてしまったが、落ち着いて周囲の状況を見ると、叔母は明らかに事故死したようすが見て取れる。死体の傍らの床に、真鍮製の城型のドアストップが置いてあるが、叔母は磨かれた床ですべって転び、このドアストップに頭を打ちつけたらしいのだ。

ジェニイは無意識のうちにドアストップを手に取り、ハンカチで汚れを拭きとって、彼女がいた頃にふだんそれを置いていたグランドピアノの上に戻した。――つまり、事故死の証拠が消滅し、殺人を思わせる状況が出来上がってしまったのだ。

そのとき階下に人声がして、二階に上がってくる足音が聞こえた。現在の住人が外出から戻ったのだ。自分がここにいる理由をまるで説明できないことに気づいて愕然としたジェニイは、あわててカーテンの陰にかくれた。

現在の住人パラコット夫妻は見知らぬ女の死体を発見して驚き、すぐに警察を呼んだ。ジェニイは隙を見て窓から脱出し、からくもその場を逃れることができたが、その際、花壇にあやしげな足跡を残してしまった。さらに、ドアストップを拭くのに使ったハンカチ（Jの字の縫取りのある）も部屋に落としてきたのに気がついた。

逃げなくてはならないと思い込んだジェニイは、まずは喫茶店でお昼を食べながら状況を分析してみた。ロビンソン・クルーソーの故知にならって、「Good」と「Bad」を並べ立てる――こんな具合に。

1　Bad　二ポンド五シリングしか持っていない。あの帽子を買わなければ六ポンド九シリングあったはずなのに。

Good　でも、別のを買ったかもしれないわ。

2　Bad　逃亡するにはまったく具合の悪い服を着てるわ。

Good　でも別のを買えばいい。

Bad　でも二ポンド五シリングしか持っていない。

……といった調子で検討していくうちに、すばらしい考えを思いついた。ナンシーに頼もう！

ナンシー・フェアブラザーは、ジェニイの子供の頃からの親友で、とても機転のきく女の子。今は有名な小説家アーチボルド・フェントンの秘書をしている。

ジェニイはさっそく彼女に電話して、服を貸してくれるよう頼んだ。仕事中のナンシーは、小説家に気づかれぬようにしてアパートの鍵がジェニイに渡るよう計らってくれた。

ジェニイはナンシーの部屋で着替えをし、お金と必要なものを借りて、バスでロンドンを脱出した。ナンシーには、それを売って経費に充ててもらうつもりで、Ｊの字にダイヤモンドがちりばめられた時計を残してきた。

かくしてジェニイの逃避行が始まるのだが、四日後に事件が無事収束するまでの彼女の冒険のもようを知りたければ、どうぞ本書をひもといていただきたい。

※『Four Days' Wonder』はその後『四日間の不思議』（原書房）として刊行された。

原書房 (2004)

国書刊行会 (2000)

神経の鎮めとしてのパズル
ノックス『サイロの死体』解説

初出：同書（国書刊行会　2000年7月）

1　はじめに

とくに親しくもしていなかった人間の愛読書がたまたま自分と同じであることを発見したり、なにげなく読んでいた雑誌のエッセイで、自分のひいきの作家がほめられているのを見かけたりすることがある。そんなときは妙にうれしくて、まだ人柄もよく知らないその相手や、会ったこともないその書き手ににわかに親近感を抱いたりするものだ。そんな折にふと、

「文芸における同じ好みほど、美しい友情の礎《いしずえ》として確実なものはない」

という箴言を思い出し、その人間性に対する洞察の深さに打たれるのだが、実はこれ、P・G・ウッドハウスのユーモア小説の中に見える一文なのだ。

その作品というのは、マリナー物の短篇「スープの中のストリキニーネ」で、アンソロジー・ピースとなっているから読まれた方も多いだろう。読みかけの探偵小説を取り上げられた中毒者《マニア》の物狂おしい思いが描かれた、いささか身につまされる話である。主人公のマリナー青年がミステリーの芝居を観劇中、隣席の若く美しい、そして探偵小説ファンの女性と意気投合する。「二つの相似た魂が、思わずおたがいの目をのぞきあった」。この

場面に付された作者のコメントが、右の「箴言」なのである。[1]

で、それがどうしたのかというと、今回本書の解説を担当できることになって、ノックスの作品のあれこれを思い浮かべながら幸福な気分にひたっていたとき、その作風の一大特色をなす英国風ユーモアに彩られた回想の甘美さが呼んだ連想か、思いはいつかウッドハウスへと飛んで右の場面に至り、「箴言」の真実を改めてかみしめながら、そういう意味ではノックスが一番だろう、と心にうなずくことになったのだった。

いささか独り合点の言い方になってしまったが、要するに、筆者としては、探偵小説——この場合、古典的な本格探偵小説に限る——が好きだという人なら誰とでも友情を結べる可能性があるのだが、やはり作家と作品の好みはさまざまだから、おのずと親疎の差は出るだろう。そのとき最も親愛の情を覚えるのは、たぶん、ノックスが好きな人ではないかと思うのだ。ノックスの面白さが分かるという人なら、職業身分年齢性別思想信条のいかんを問わず、筆者の精神的知己である。ノックスが面白くてたまらない、という人がいたら、我が精神的同胞《はらから》である。

筆者はチェスタトンが好きだし、バークリーが好きだし、他にも好きな作家は数多くいるが、チェスタトンやバークリーのファンの中にも嫌味な人間はいそうな気がする。しかし、ノックスが好きで嫌味な人間というのは、ちょっと想像できない。ノックスのファンなら、それだけで人格的にも信頼できる気がしてしまうくらいだ(昔風の言い方をすれば、「娘をやってもいい」と思うほどだが、それでも「スープの中のストリキニーネ」の母親ほど無責任ではあるまい。なにしろ彼女は、奪われた探偵小説の続きを読みたいばかりに娘の結婚を承諾してしまうのだから。……似たようなものかな?)。

右にくだくだと述べきたったことは、要するに筆者の信仰告白にすぎない。ノックスについて何の解説にもなっていないじゃないかと言われそうだが、少なくとも、彼がある種の読者に心からの愛情を抱かしめるだけの魅力をもった作家であることの例証にはなるだろう。そうした読者の数は決して多くはないだろうけれども。そして彼らはことさら愛情を表に現すこともなく、静かに大事に暖めているだけだろうけれど。

2 お茶目な大僧正ロナルド・ノックス

実際のところ、ノックスの作品はあまり読まれていないように見受けられる。少なくとも、広範な人気を獲得しているという状況にないことは、各種のベスト作品選出投票の結果を見れば明らかである。

その一方で、ノックスの知名度となると、これはかなり高いと見てよいだろう。カトリックのお坊さんで、『陸橋殺人事件』なるちょっと変わった作品を書き、探偵小説のルールを「十戒」として定めた人――というくらいのことは、ある程度ミステリを読んでいる人なら誰でも知っていよう。

しかし、そうした表面的知識は必ずしもノックス理解の手がかりとはならないのであり、むしろお決まりのレッテルとしてその実像を封じ込める役割を果たしてきたともいえる。「ノックス？　ああ、「探偵小説十戒」とか作った人ね」「『陸橋殺人事件』って、探偵小説のパロディなんでしょ、読んだことないけど」――これでおしまい。誰もが知っているけれど、誰も読まない。作家にとって不遇とは必ずしも無名と同義ではないのである。

多少は読まれていると思われる『陸橋』にしても、さまざまな読みが可能な作品なので、いまだその正体が的確に見定められているとはいえないように思われるし、時たま「十戒」の意味を取り違えているような見解に出くわすこともある。これらについては別項で改めて取り上げることにして、ここではまずノックスの人と作品について概括的にふれておくことにしよう。

ロナルド・アーバスノット・ノックス（Ronald Arbuthnott Knox, 1888-1957）は、父が英国国教会の主教、両方の祖父も僧職という聖職者の家系に生まれた。十歳でラテン語とギリシア語の諷刺詩を書いたというから、神童の部類である。彼は通常の神童とは歩みを異にして、イートン校からオックスフォード大学を通じてすばらしい学業成績を収め、しかも学校中の人気者だった。卒業後は国教会の聖職につき、第一次大戦中にローマン・カトリックに改宗、その後オックスフォードの教会司祭等をつとめ、大僧正の地位にまでのぼりつめた。ラテン語聖書の権威ある新訳の業績のほか、宗教や文学方面で数多くの著作を残した。

かようにノックスは当時の英国における最高の知識人の一人であったわけだが、彼の内にはまた子供のようないたずらっ気と遊び心も同居していた。流布しているパイプをくわえた彼の写真を見ても、その目許にはいたずらっぽい快活さといったものが漂っているようだ。

その遊び心の一端が、一九一二年にまず「**『ホームズ物語』についての文学的研究**」という形をとって現れた。いわゆるシャーロッキアーナの走りである。これを読んで面白がったコナン・ドイルは、ノックスに長い手紙を書いて「この種の作物にこんな骨折りをする人がいる」ことへの驚きを伝え、ホームズ物語については自分よりノックスの方がずっとよく知っているようだと認めた。しかし、その後非常な発展を見せたホームズ学について、ノックスは必ずしも肯定的に見てはいなかったようであり、三十年後に書いたある手紙の中で、自分の論文が「悪い冗談」を始めてしまったのは憂鬱だと述べている。[2]

一九二〇年代の探偵小説黄金時代の開幕――F・W・クロフツやアガサ・クリスティー、ドロシイ・セイヤーズといった新しい作家たちの登場が、子供の頃からホームズ物を始め多くの探偵小説を愛読し、また既に文筆の人としても一家をなしつつあったノックスの創作意欲を刺激したのだろう。一九二五年、彼は『**陸橋殺人事件**』を書いて探偵文壇にデビューした。

同じ年、アントニイ・バークリーも処女作『レイトン・コートの謎』を匿名で刊行しているが、この二人はいずれもE・C・ベントリーの『トレント最後の事件』の影響を受けて出発し、批評的・諷刺的態度で探偵小説にアプローチしたところに共通点がある（『陸橋』と同じテーマをバークリー流に処理したのが、『ロジャー・シェリンガムとヴェインの謎』や『最上階の殺人』であると見ることもできる）。

『陸橋』はある程度の成功を収めたようで（といっても再版は翌年になってからだから、大いに売れたというわけではなさそうだ）、一九二七年には第二作『三つの栓』が、その翌年には第三作『閘門の足跡』が刊行された。第二作からは保険会社の調査員マイルズ・ブリードンとその妻アンジェラのおしどり探偵が登場し、最終（第六）作までのシリーズ・キャラクターとなる。

『**三つの栓**』では、高額の「安楽死保険」に加入した富豪が、年金を受けられるようになる直前に密室でガス中毒死した謎をめぐって、「事故に見せかけようとした自殺」か、「自殺に見せかけようとした他殺」か、と推理が積み重ねられる。細部まで考え抜かれ、巧みに構成された物語で、結末の意外性も申し分ないし、作者特有のユーモアの味付けもあって楽しめる。地味ながら好印象を残す佳作なのだが、翻訳が絶版で久しく話題に上ることもないのは残念である（ちなみに、この作の結構にはバークリーの『ウィッチフォード毒殺事件』を連想させるものがある）。

『**閘門の足跡**』では、いとこ同士ながら仲の悪い二青年がテムズ川の舟くだりをしていたときに、近く莫大な遺産を相続する予定の一方の青年が奇禍を思わせる状況で姿を消し、次いでもう一人も失踪する。やがて明らかになる真相は、事件表面の単純さからは思いもよらない底には底のあるプロットで、「難解な秘密が、論理的に、徐々に解かれて行く経路の面白さ」（江戸川乱歩の探偵小説の定義より）を堪能できる作品である。海外の評家の名作表にリストアップされたこともあり、[3]作者の代表作の一つといってよかろう。

続く第四作、一九三三年刊の**『サイロの死体』**は、ハウスパーティで「駆け落ちゲーム」が行われた翌朝、邸内のサイロで発見された客人の死体をめぐる事件だが、息苦しいまでに考え抜かれ、練り上げられたプロット、稚気満々の大胆なトリック、数え切れないほどの手がかり、と本格ミステリに特有の趣向を満載した作品で、多くの人がこれをノックスのベストと考えている。前作の発表から本書までやや時間がたっているようだが、これは作者の関心が探偵小説から離れていたことを意味しない。

一九二九年と三〇年には、それぞれ前年度に発表された短篇ミステリの傑作集を編み（ヘンリー・ハリントンとの共編）、読者がページを閉じて謎解きを試みるのに適当な箇所をゴシック体で表示する、犯人当てのための「中断」箇所指定などという趣向をこらしている。これは、エラリイ・クイーンの「読者への挑戦」の先駆けとも見られる。二八年度版傑作集の序文はノックスの探偵小説論として有名であり、この中に探偵ゲームの競技ルールとして掲げられたものがいわゆる**「探偵小説十戒」**である。

一九三〇年、バークリーがロンドンにディテクション・クラブを設立すると、ノックスもこれに加わり、さっそく同クラブのメンバーによるリレー長篇**『屏風のかげに』**と**『漂う提督』**に参加した。前者は参加した作家たちの間で内容に関し何らの事前協議もされなかったというが、アンカーをつとめたノックスはこれに見事な結末をつけ、後者では英国教会の教理の箇条数にならって「39の疑問点」を掲げるなど、なかなかの活躍ぶりを見せている。

この時期にはまた、奇抜なトリックで知られる世界ベスト級の短篇**「密室の行者」**[4]も発表されているが、これも大僧正にも似げなき稚気あふれる作品である。

これら諸事績からうかがえるのは、ノックスの遊び心がいよいよ昂揚し、茶目っ気を発揮しだしたことである。それにはディテクション・クラブの面々、遊戯精神にかけてはいずれ劣らぬ才人才女たちからの刺激によるところも大きかっただろう。『サイロの死体』以降の作品で採用された、解決部分でそれまでに提示されていた手がかりの場所を示す「手がかり索引」[5]の趣向なども、こうした気分の産物としてとらえると理解しやすい。

一九三四年の第五作『**まだ死んでいる**』は、筆者のとりわけ好きな作品である。スコットランドの旧家の息子が園丁の子供を轢き殺してしまい、裁判では無罪になったが良心に責められて旅に出る。ところが旅行中と思われていた息子がある日死体となって発見され、一度姿を消したあとでまた出現する。この奇妙な事件をブリードン夫妻が調査することになるのだが、その真相は実に意外なものだった……。例によって考え抜かれた緻密な構成には感心させられるが、この作はさらに人の生と死、罪と罰をめぐる哲学的なドラマをも内包しており、再読・三読に堪える充実した内容の作品である。早川ポケット・ミステリで何度か重版されているので、けっこう読まれていると思うのだが、好評を聞いたためしがないのは不審にたえない。この作品はまだ死んでいる、というのも悲しい洒落だ。

一九三七年の『Double Cross Purposes』は、宝さがしにコンゲームという探偵小説らしからぬ題材を扱った作品だが、ノックスの作だけあって、その味わいはコンゲーム小説というよりはやはり探偵小説のものである。しかし、これは厳密にいうと探偵小説ではない。ノックスの定義によれば探偵小説の扱う謎は「何が起こったか」であるはずだが、この作では事件が過去のものとなっておらず、事件のプロセスと探偵活動が相互に影響しあいながら同時進行していく。ブリードンは大事な発見を隠しているので、探偵の活動じたいが新たな謎を生み、それがまた事件を展開させていくのである。新しい方向を目指した作者の模索のあともうかがえて興味深いが、一般読者におすすめできる作品ではない。

この作品が最後の長篇となったことについては、イヴリン・ウォーによる評伝『Ronald Knox』の中に次のようなエピソードが紹介されている。[6]良き友人としてノックスが最も心を許した相手であるレディー・アクトンが、あるとき船上から、まず彼女の口紅（ノックスが嫌悪を示したもの）を海に投げ捨て、続けて『Double Cross Purposes』の本を放り投げたというのである。以前から、教会の上層部や友人の中にもノックスが探偵小説を書くのを快く思わない人々がいて、忠告を受けたりしていたが、彼はかまわず書き続けた。しかし、レディー・アクトンの腕の一振りは、彼の創作意欲にあっけなく終止符を打ったのである。筆者としては、ただ遺憾の意を表することしかできない。

3 『陸橋殺人事件』の読み方

★★★『陸橋殺人事件』

「もし批評することに何か楽しいことがあるとすれば、それは思いがけず何かが見つかることである。作者が重要なことだとは思わなかったことを重要であるとし、作者がつけ足しだと考えたことを本質的なものであると指摘するようなことだ」——これはノックス「『ホームズ物語』についての文学的研究」の書出しからの引用だが、[7]従来、『陸橋殺人事件』について何事かを語ってきた人々は、この「批評する楽しみ」を味わおうとしていたのかもしれない。

何食わぬ顔でたいへん失礼なことを書いているわけだが、何しろ諷刺を身上としていたノックス師である。その作品について語ろうとするときに、皮肉な言い回しの一つも使ってみたくなっただけのことで、他意はない。

とはいうものの、やはり筆者には、従来の『陸橋』評にはいま一つピンとこないところがあって、その多くが作者の意図を摑まえそこなっているのではないかという気がしてならないのだ。

かつて『陸橋』が幻の名作として神格化されていた時期があった。ポケミスの初期ナンバーの中でも特に入手困難な一冊で、マニアの垂涎の的だったのである。だが、昭和五十七年に創元推理文庫版が出てこれが普通に読めるようになると、一部の読者からはあからさまな不評が聞かれたことを記憶している。彼らはどうも、『陸橋』を本格探偵小説の埋もれた傑作としてイメージしていたらしい。そんなつもりで読めば、「アーマチュア達がいくら尤もらしい推理をやって見ても、真相はそうではないという事が読者には分っているので、一向迫って来るものがない。それも一つ一つが、大してユニックな推理があるわけでもないので、論理の為の論理としてもさして面白くない」[8]と不満をもらした江戸川乱歩と同様の感想を抱いたとしても無理はない。

乱歩のいわゆる傑作探偵小説の三条件に照らしてみれば、『陸橋』は、①発端の不可思議性——なし、②中段のサスペンス——なし、③結末の意外性——ないとはいえないが「一杯食わされた」という感じ、という具合だから、とうていこれを高く評価する気にはなれなかったろう。

さすがに今では『陸橋』を本格探偵小説として読む人はいないようだが、一部の技巧に着目する見方はなお行われている。たとえば、「意外な犯人」テーマの極北的事例として。あるいは、「多重解決」の先駆的事例として。前者については作者もそれを意識していたフシがあるが、ちょっと気の利いた冗談というレベルのもので、これあるがゆえに『陸橋』が評価されるというものではなかろう（逆につまらぬアイデアだとくさす人も少なくない）。後者は、はっきりいって誤りである。

創元推理文庫版の扉の内容紹介に「四人は素人探偵よろしく独自の推理を競い合い、……四人四様の結論を下していく」などとあることから生じた誤解ではないかと思うのだが、『陸橋』のテキストを虚心に読めば明らかなように、素人探偵きどりなのは一時軍の情報部に勤務していたことが自慢のリーヴズ一人で、元大学教授のカーマイクルは何にでもコメントしたがるが犯人の推理はしないし、ワトスン役をもって任ずるゴードンはリーヴズやカーマイクルの批判者として反対意見を言うのみ。牧師のマリヤットにいたっては探偵活動はほとんどせず、リーヴズに犯人と疑われる役回りである。したがって「四人四様」の解決などないのだが、リーヴズの推理の試行錯誤の中でさまざまな仮説が浮かんでは消えていくので、そのような印象が生まれるのかもしれない。しかし、一つ一つの解釈が真相であってもおかしくない程度のものでなければ多重解決とはいえないのであり、『陸橋』をその先駆とするのは無理だろう。犯人の設定と関係づけてみれば、一巡して元に戻るために「ああでもない、こうでもない」と一通りやる必要があっただけだと考えることもできる。

やはり、まっとうな探偵小説としての評価は『陸橋』にはなじまない。そこで、探偵小説のパロディであるとか、最近ではメタ・ミステリであるとかいった見方が出てくるのだが、こうした言い方には分かったようで分からないところがあるので、注意が必要である。

パロディという見方には基本的に筆者も賛成だが、筆者の場合は、「ホームズ流の推理」による手がかりの解釈がことごとく的をはずし、素人探偵の最終的解決が大間違いに終わるという点をとらえて、ホームズ物以下の名探偵小説のパロディと考えているのであり、それ以上のものではない。そして、それは早くに『トレント最後の事件』が先鞭をつけていたことでもあるから、あえてそのパロディ性に注目するまでもないという気もする。論者がパロディという言葉でそれ以上のことを言わんとしているのであれば、筆者にはその意味が分からないし、メタ・ミステリとなるとなおさらである。探偵小説というのは本来的に自己言及的性格を有しているのだから、多少外側からの視点が目立つからといって、ことごとしく「メタ」などという言葉を振り回す必要もなかろう。

ああでもない、こうでもないとばかり言って、それならこの小説をどんなふうに読めばいいんだ、と問われるなら、筆者はこう答えたい。

『陸橋殺人事件』は、ユーモア小説として読むのが正しい。

べつに奇をてらっているわけではなく、まじめな意見として申し上げるのだが、『陸橋』は、その外観——素材と構成からすれば紛れもない探偵小説であるが、その本質はユーモア小説なのである。この意見はしかし筆者の独創というわけではなく、『陸橋』の初訳時にすでに訳者の井上良夫によって示唆されていたものだ（ちなみに、井上良夫はわが国におけるノックスの最大の理解者であったといってよく、彼を戦争で失ったことがノックスの受容を大幅に遅らせる結果になったのは間違いない）。

柳香書院版『陸橋殺人事件』（昭和十一年刊）の序文で、井上は探偵小説とユーモアの関係について論じ、従来ユーモア探偵小説の最優秀例はA・A・ミルンの『赤い館の秘密』であり、まずあれが探偵小説にユーモアを取り入れうる最極限と思っていたが、『陸橋』はそこから五歩も十歩も踏み出してしまったと述べている。「これは最早部分的のユーモアでなくプロット全体のユーモアであって、而も探偵小説の面白味とユーモアとが奇蹟のように融け合っている」。井上はユーモア小説とまでは書いていないが、「プロット全体のユーモア」とは要するにそういうことではないか。

『陸橋』は、最終章のカーマイクルの手紙の表現を借りれば、「改宗せるアマチュア探偵モーダント・リーヴズ」の物語である。近年イギリスで出版された大部の探偵事典[10]に、カーマイクルだけを取り上げて『陸橋』の探偵役としているものがあるが、読み違いもはなはだしい。ハワード・ヘイクラフトの『娯楽としての殺人』第十四章の名作リストでは、正当にモーダント・リーヴズ一人を探偵の項に掲げ、さらに適切なことにはカッコ書きでクエスチョン・マークを付している。

新聞に何度か「当方は知的で行動的、かつ冒険好きの青年、秘密情報収集の仕事に応ず[11]」との広告を載せながら、何の反応も得られないでいた探偵志願の高等遊民、リーヴズ。そんな彼が、おあつらえ向きにふってわいたような死体を前にして黙っていられるはずがない。ゴルフ仲間の三人（彼らもいずれ劣らぬ探偵小説好きだ）を巻き込みながら、素人探偵として活動を始めることになる。しかし、ことは小説のようにはうまくいかず、ひねり出す推理は事実に裏切られてばかり。あげくのはてに仲間の一人を犯人と決めつけるが、これが大間違いで意気消沈、探偵熱もさめてゴルフに専念し始める。——これが、この小説の基本の筋である。この物語がそれじたい探偵小説として書かれた結果、形式は探偵小説・内容はユーモア小説というユニークな作品が出来あがったわけである。

だから、この小説では誰が犯人かよりも、誰が犯人でないかの方が重要である。物語の主題からすれば、リーヴズの指摘した人物が犯人でさえなければよいのであって、犯人はそれ以外の誰でもよいのだ。この観点からすると、本書のクライマックスは、リーヴズが通話管を使ってマリヤットに向かい、相手が聞いてもいないのに独りで勝手に無意味な告発を続け、その直後にそれが完全な間違いであったことを知る場面にある。この前後のリーヴズとマリヤットの言動は滑稽でたまらず、筆者は読み返すたびに頬がゆるんでくるのを抑えられない。

このような素人探偵の失敗談としての読み方には、作者の承認も得られると思う。というのは、第三作『閘門の足跡』にカーマイクルが再登場して（ノックスは他の作品でもよく人物再登場の手法を用いている）、オックスフォード大学の社交室で長広舌をふるう場面があるのだが、そこでカーマイクルは『陸橋』の事件に言及して、あれはいかに人間の判断というのが誤りやすいかを示す事件だった、という具合に要約しているからである。これは、作者が『陸橋』の主題として考えていたことを語らせたものと見て差し支えないだろう。

『陸橋』をユーモア小説として読み直すとすれば、その文章にも注意を向ける必要がある。ユーモア小説というのは何よりその文章が生命だからであり、たとえば次に引くような文章を楽しめるかどうかで、この小説の面白さは格段に違ってくるのである。

「たしかに、ぼくの経験からしても、彼らにはその傾向がありますね」リーヴズには捜査の経験など皆無だったが、相槌を打つだけなら、何の支障もないと考えたのだ。

リーヴズは、探偵さんと呼ばれたことに、わくわくするほどの感動を覚えた。彼にもう少し内省的なところがあれば、皮肉の響を聞きとったはずなのに、それどころか、まずもって彼の頭に浮かんだのは、探偵はつねに手帳を用意していて、調査事実を書きとめておくことだった。あいにくその用意がなかったので、「ちょっと失礼」といいながら、備えつけのクラブ用箋の一枚をひき裂いて、ミスR・S＝ミセスBと鉛筆書きをした。しかし、書きおえると、どういうわけか、ばからしく思えてきた。

「ぼくははっきり知っていたわけでないが――」リーヴズはこの返事で、直接の情報を入手していたのではないが、推察はできたとにおわせておいた。

（以上いずれも第十六章のリーヴズとミス・レンダル・スミスの会話の場面から引用）

よい文章で書かれた小説は、ゆっくりと玩味しながら読まなければもったいない。筋だけを追って目を走らせる気ぜわしい読み方では、味わいきれないものがたくさんあるのである。筆者がノックスが大好きなのは、本の読み方がひどく遅いせいかもしれない。

☆☆☆

4　「探偵小説十戒」の意味

どんな簡略な探偵小説史にもノックスの名を欠くべからざるものとしているのは、残念ながら彼自身の作品ではなく、「探偵小説十戒」である。黄金時代に開花した本格探偵小説の様式性やゲーム性が論じられるときには、必ずといってよいほど、ヴァン・ダインの「探偵小説作法二十則」とともにノックスの「十戒」が引き合いに出される。いろいろな本で目にすることができるが、改めて引けばその内容は次のごとくである。[12]

第一条　犯人は物語の早い段階で言及される人物でなければならない。ただし、読者が思考を追うことを許されている人物であってはならない。

第二条　当然ながら超自然的要素や魔術的要素を物語に持ち込んではならない。

第三条　秘密の部屋、秘密の通路は、一つに限り許される。

第四条　これまでに発見されていない毒物や、結末で長大な科学的説明が必要とされる小道具は使ってはいけない。

第五条　中国人を重要な役で登場させてはいけない。

第六条　探偵は偶然に助けられてはいけない。説明のできない直感に頼って真相をつかむことも許されない。

第七条　探偵その人が罪を犯してはいけない。

第八条　探偵が手がかりをつかんだときには、即座に読者もそれを検討できるようにしなければならない。

第九条　探偵の愚かな友人であるワトスン役は、自分の頭に浮かぶ思考を隠してはいけない。その知性は、わずかだけ、ごくわずかだけ、平均的な読者の知性を下回っていなければならない。

第十条　双子の兄弟など、誰かと瓜二つの人物は、その出現を自然に予想できる場合を除いて登場させるべきではない。

現代の読者が初めてこれらのルールを目にしたとすれば、もっともだ、当たり前のことだと思う事柄が多い一方、一部の条項には何らかの違和感を覚えずにはいないだろう。困惑する人、笑い出す人、あるいは怒り出す人もいるかもしれない。ここに書かれていることを文字通りに受け止めれば、そういう反応になる。

しかし、歴史的文書の意味を誤りなく理解するためには、それがどのような背景と文脈において、どのような意図で書かれたのかを探らねばならない。たとえば、「中国人はご法度」とする第五条は、今日ではとりわけ奇妙な印象を与えるが、これは人権派の諸氏の顰蹙を買うような人種差別思想に基づくものではない。ノックスの説明によるとこれはもっぱら経験から導かれたもので、中国人の登場する作品は、ごく少数の例外を除いて出来の悪いものばかりだというのがその理由だという。ノックスが探偵小説と峻別した煽情小説《ショッカー》の中には、当時の西欧人の偏見に寄りかかり、怪しげな中国人が怪しげなトリックで荒唐無稽の犯罪を行うといった、程度の低い作品が数多く見られたのだろう。チェスタトンも一九三〇年代にこの種の小説を「休みなく、しかも無自覚に、邪悪な中国人を垂れ流している」と糾弾している。(13)

要するに、これらのルールは、ノックスの読書経験に基づいて、作者にこういうことをやられると読む方は面白くないという類のことを、探偵小説の品質保証の観点からとりまとめたものなのである。かなりの程度個人的な好みに基づく問題でもあるから、ノックス自身これらを普遍的なルールとは考えていないし、したがって当然すべての作家にルール厳守を望んでもいない（実際、彼の編集した探偵小説傑作集の中にもルールに反した作品が含まれている。チェコスロヴァキアの作家ヨゼフ・シュクヴォレツキーが一九七七年に発表した短篇集『ノックス師に捧げる10の犯罪』は、「十戒」のルールを一つずつ破っていくという趣向の作品だが、ノックスが生きていてこの本を読んだとしても、面白がりこそすれ決して怒ることはなかったろう）。

これらのルールが「十戒」といった厳めしい形式で制定されたのは、聖職者であったノックス一流の遊び心からであり、これを真に受けて彼を融通のきかない厳格主義者《やかましや》と考えたり、個々の条文に必要以上の意味を読み取ろうとしたりするのは馬鹿げている。一方でノックスは探偵小説を作者と読者との知的ゲームと規定し、クリケット競技の場合と同じようにフェアな手法を厳守することの重要性を強調しているが、「十戒」の各箇条が具体的にそれを担保するものと考えていたわけではないと思われる。ヘイクラフトは『娯楽としての殺人』の「ゲームの規則」の章で、この問題に関するノックスやヴァン・ダイン、セイヤーズその他の諸家の見解を、①探偵小説はフェア・プレイでなければならない、②探偵小説は読んで楽しいものでなければならない、というただ二つの戒律に要約しているが、ノックスはそれで十分満足したことだろう。

なお、ノックスの「十戒」がディテクション・クラブの戒律として採用されたと説明している文献[14]があるが、これは誤りである（「中国人ご法度」条項がクラブの戒律にも含まれていたことによる誤解であろうか）。ここでクラブの戒律といっているのは、クラブへの入会儀式における誓言事項のことだが、クリスチアナ・ブランドの証言[15]によると、これはセイヤーズがチェスタトン、ベントリーとともに起草したものだという。その際、有力会員たるノックスの「十戒」が参考にされた可能性はある。

5　人はなぜ探偵小説を読むか

ノックスの文学エッセイ集『Literary Distractions』に「探偵小説」と題した講演の記録が収められている。これは基本的に、「十戒」を含む例の傑作集序文で論じられた内容を語り直したものだが（なぜか「十戒」は第十条がカットされて九箇条になっている）、新たな議論も付け加えられており、その中で探偵小説の本質にふれた見解が興味をひくので、ここで紹介してみたい。

ノックスによれば、探偵小説はプロットの小説であり、現代の小説の半分を占めている。大戦前には、小説というのはキャラクターとプロットの二つの要素からなっていた。しかし、その後の小説はプロットを失い、キャラクターばかりが肥大することになった。以下、拙訳により引用すると――「自然は真空を嫌うといいます。キャラクターがすべてでプロットのない小説の供給によって、プロットがすべてでキャラクターは皆無の小説の需要が生じました。かくして探偵小説が興隆したのです」

続いてノックスは、そのような性格の小説を人々がなぜ愛読するのかを分析している。

想像力から生れたあらゆる文学は、現実生活からの逃避である。現代小説の中で人は現実に出会う以上に不愉快な人間たちにお目にかかり、本を閉じて現実に帰ることでほっとする。だが、我々が求めている逃避はそんなものではない。「私たちは、文明が直面している無数の問題の切迫感からの逃避を求めます。それは、それらの問題よりも一層不可解で、けれど答えはちゃんとあるという問題の中に逃げ込むことによってのみ可能です。そうした問題を提供してくれるのが探偵小説なのです」。そのようなものとして、探偵小説というのは非常に特殊な芸術様式であり、それ自体の文学的価値を持つものである、とノックスは言う。

こうした彼の探偵小説観を知れば、その作品が基本的にプロットの小説であることに納得がいく。黄金時代の英国探偵小説の発展の跡をたどれば、一九三〇年前後を境にして次第にプロットだけの小説は劣勢に回り、キャラクターの要素が重視されていく経過が見てとれる。ノックスと同時に出発したバークリーもその流れに一役買い、セイヤーズを筆頭に多くの作家が文学的志向を強めていった。しかし、ノックスの作品は最後までキャラクターには無関心であり続け、純粋なパズルのままにとどまった。

イヴリン・ウォーの前掲書の中に、探偵小説に対するノックスの態度を的確に要約している一節があるので引用してみよう。[16]

ロナルドはこれらの本（『陸橋殺人事件』以下の探偵小説）を、文字謎詩《アクロスティック》と同じように知性の体操とみなしていた。問題は正確に述べられるが精巧な偽装が行われる、作者と読者の間のゲームであると。彼は小説文学を書こうとはしていなかった。殺人者の情熱とか、犠牲者の恐怖、犯罪の道徳的異常性などには関心がなかった。心理学や暴力、オカルトや猟奇は避けて通った。彼は少数の熱烈な愛好者のために、純粋な知的パズルの精粋を提供したのだ。

聖職者として常に人間の魂に向き合っていた彼にとって、探偵小説は人間性から離れられる休息の場でもあったのだろう。

6　本書について

★★★『サイロの死体』

『サイロの死体』は今回が初訳だが、戦前に一度翻訳が企画されたことがある。昭和十年代初めの翻訳ブームの一時期、春秋社から『駈落ごっこ』のタイトルで刊行が予告されたが（訳者の予定は音楽評論家の大田黒元雄[17]）、未刊に終わった。実現したとしても抄訳であったろうから、本書の複雑なプロットがどれだけ正確に表現されたかは疑問だが、もし刊行されていれば、同じ頃に井上良夫の訳（これも抄訳）で出た『陸橋殺人事件』よりは好評を得られたのではなかろうか。いささか摑みどころのない『陸橋』よりも、はるかに分かりやすい内容だからである。

「ガチガチの本格」という言い方がある。生一本の本格とでもいうか、探偵小説的技巧が十全に駆使された純粋な謎解き小説に対するファンからのホメ言葉だが、本書はそのガチガチの本格といってよい作品である。息苦しいまでに考え抜かれ、練り上げられたプロット。稚気満々の大胆なトリック。数え切れないほどの手がかり。『陸橋殺人事件』のイメージしかなかった読者は、ノックスがこれほど本格らしい本格作品を書いていたことを知って驚かれたのではないだろうか。コレデモカ、コレデモカとばかりに探偵小説的趣向が詰め込まれたこの作品であれば、江戸川乱歩もきっと満足したことだろう。

『陸橋』は愛すべきユニークな作品ではあるが、これをノックスの代表作とするのはあたらない。探偵作家としてのノックスの本領は、第二作以降のブリードン物においてこそ発揮されているのである。その中でも本書はとりわけ内容充実した一篇であり、これこそ代表作というにふさわしい。

ブリードン物は、『陸橋』と対比することによってその特色が明らかになる（『陸橋』の本質は先述のとおりユーモア小説と考えるが、比較の都合上ここでは探偵小説としての側面にのみ着目する）。まず、探偵役の違いがある。『三つの栓』で初登場したマイルズ・ブリードンは、「不本意ながらの探偵」として紹介される。本書でもたびたびその言葉が出るように、彼は自分の仕事を卑劣なスパイと認識しており、何の因果でこんなことをしなければならないのかとボヤきながら探偵仕事に従事するのである（この探偵の人物造形は当時においてまったく新しい）。モーダント・リーヴズがとにかく探偵をやりたくてたまらなかったのとは対照的である。

この探偵の積極性と消極性の違いによって、『陸橋』がストーリー中心であるのに対して、ブリードン物はプロット中心の小説になっている（ここでストーリーとは物語の表面において本のページの順序に進行する筋、プロットとは本の終わりで明らかにされる事件の真相をなす筋を意味している）。ストーリーの推進者は探偵であり、プロットの推進者は犯人だからである。『陸橋』では単純なプロットを探偵が複雑にしているが、ブリードン物では、探偵は入り組んだプロットの解説者にすぎない。

　実際、ブリードン物五作を通じて最大の特色というのは、各作品のプロットが非常に複雑であるとともに、それが実に巧妙に組み立てられていることである。表面のストーリーはどちらかというと平板であり、人によっては退屈を覚えかねないが、その裏側には、もつれ合い絡まり合うプロットの躍動があるのだ。だから、ノックスの小説はむしろ再読したときの方が面白い。ストーリーの背後にプロットが透けて見えるようになるからだ。

　プロットの複雑さでは、本書はシリーズ一、二を争う。うまく要約できるかどうか心許ないが、以下にまとめてみよう。
○ハリフォード夫人は、保険金目当てに、夫を殺すことにした。
○夫が昼間サイロに落としたパイプを探しに行ってガスにやられた、という筋書で事故死にみせかけることにし、偽の手がかり（葉巻の吸いさし、温度計、紙帽子、三叉）を用意した。
○殺人とアリバイ工作の機会を得るために駆け落ちレースを利用することにし、次のプランを立てた。
・ゲームの一部と思わせて夫に自動車の荷物鞄にもぐり込ませ、皆の目と鼻の先で、鞄を（自動車のエンジンの力で滑車を動かして）サイロの上の荷台まで持ち上げる。そのまま放置しておけば夫は窒息死する。
・一方、自分は本物の「駆け落ち」相手であるワースリーとレースに出かけ、アリバイを確保した後、邸に戻ってから死体をサイロの中に落とし込む。
○また、殺人が疑われた場合に備えて、パーティーの客を身代わりの犯人候補者でかためておき、さらに、レースの前にトラードの車に細工して故障するようにしておいた。
○準備は万全のはずだったが、猿のいたずらで夫とワースリーにあてた伝言メモが入れ替わるという事故が起き、夫の代わりに誤ってワースリーを殺してしまった。夫人は途中で事態をさとったが、絞首刑にならないためには、そのままゲームを続けるほかなかった。
○翌朝、夫人は庭にまいておいた夫を指し示す手がかりを、ワースリーを指し示すものに修正した。
○夫人は改めて夫殺しを図り、自動車の排気ガスをホースで車内に導いている途中、事故死した。

枝葉を刈り込んで整理すれば、ざっと以上のようなことになるが、みせかけの計略と真の計略、予期せぬ偶然などが絡まり合い、メイン・プロットだけでも相当に込み入った筋になっている。小説ではさらにトラードとフィリス・モレルの「もう一つの駆け落ち」やワースリーの暗号日記の一件などもはさまってくるし、全体を通じて、計画されたこと、実際に起きたこと、その外観、その解釈が錯綜して容易に話のシッポをつかませない。

複雑さは通常それ自体では何のとりえにもならず、探偵小説ではむしろ欠点になることの方が多いが、本書の場合は、「複雑な仕掛けは一度うまくいかなくなると修正できない」というテーマを表現するためにプロット全体が「複雑な仕掛け」とならざるを得ないし、そこに「真の計略を隠す最上の偽装はみせかけの計略にある」というアイデアだとか、「人間の手によらない」偶然の利用、衆人監視下（読者を含めて！）の殺人という趣向などがふんだんに盛り込まれ、それらがきわめて巧みに構成されているので、その複雑さが非常に魅力をもったものとなっている。

しかし一方では、そのことが解明の論理の不十分さという弱点をもたらしてもいる。これだけ複雑な真相を推理で解き明かしていくのは至難のわざだからである。ブリードンは日記の手がかりから推理をおし進めていってはいるが、謎解きのプロセスが明快であるとはいえない。かんじんの部分は、ペイシェンスをやる過程でのひらめきに頼らざるを得ないのである。これは他の作品の場合にも同様で、名探偵としてのブリードンの印象を希薄なものにしている。

個々の探偵小説的技巧についてみると、まず、サイロでの殺人のトリックは大胆かつ巧妙で、あっと言わせるものがある。この発想は作中で言及があるとおりシェイクスピアに由来するのだろうが、いかにもノックス、いかにも黄金時代という感じで、本格ファンの喜ぶ顔が目に浮かぶようである。もう一つ、脇筋ではあるが大聖堂の町でトラードがリーランドの尾行をまく場面の、サンドイッチマンに扮しての脱出トリックも面白い。チェスタトン風というよりは乱歩風、というのは小林晋氏の評だが、このまま短篇にでも仕立てられそうだ。

手がかり索引の趣向については先にもふれたが、細かく見ていくと索引をつけられる箇所はまだまだある。こうした手がかりのキメの細かさというのもノックス作品の一つの特長で、それはまた丹念にプロットが組み立てられていることの証しでもある。ノックスの場合、他の作家以上に具体的なモノを推理の材料に取り上げることが多いが、これは彼がとりわけ愛読したホームズ物の影響ではないかという気がする。中で一つ特殊な手がかりとして、ハリフォード夫人の雀蜂のエピソードがある。キャラクターにはついぞ関心を示さなかったノックスだが、ここでは外面からの人物描写を試みて成功している。

その他、夫人が駆け落ちレースで当たりくじを引き当てた手口だとか、最高最低温度計の指標の解釈だとか、召使連中が集団でモーターボート遊びに繰り出した理由だとか、日記帳から破られた二ページをめぐる推理だとか……細部の面白さで話題にしたい点はいくらでもあるのだが、そろそろ切り上げねばなるまい。

先にガチガチの本格などという言葉を使ったのは、あくまで、これまで見てきたような、この小説の中味を念頭に置いてのことである。だが、注意をその器である文章に向ければ、そんな不粋な言い方をしたことを後悔したくなってくる。常にユーモアをにじませ、時には皮肉をきかせ、あるいは箴言風の言い回しで人を煙に巻く。悠揚迫らぬその文体は、ノックスの作品が湛えている余裕、ないし豊かな時間への郷愁とでもいうべきものの端的な表現である。ゆるやかなテンポに身を浸しながら、その文章の滋味を味わうこともまた、ノックスを読む喜びの大きな部分を占めているはずだ。

本書において悪役と目されるのは、ハリフォード夫人だけではない。ごみ集め競争ゲームであり、駆け落ちレースであり、その他スピードをあげて時代の表層を上すべりしてゆく諸々のものである。「常にスピードが欲しいの」と言う夫人に対し、ワースリーは語る。「人間はかつて神経を休めるために釣りのような、なにかのんびりしたことをしにゆくと思っていた。今や人々は神経を張りつめるようなことをしたがっているようだ——叫び声をあげずにすますために。」

このワースリーのセリフをノックスが(おそらくは自らの思いを託して)書いたのは、三分の二世紀も昔のことである。時代ははるばると下り来って、スピードの魔は、日々われわれの生活をより気ぜわしいものに変えつつある。こんな時代に人が神経を正常に保つためには、やはり「なにかのんびりしたこと」が必要だ。

のんびりしたこと。——ノックスが残してくれたパズルを解くことも、その一つに数えてよいかもしれない。

☆☆☆

(1)「スープの中のストリキニーネ」からの引用は、〈世界ユーモア文学全集〉第四巻『マリナー氏ご紹介／マルタン君物語』（筑摩書房、昭和三六年）所収の井上一夫訳による。

(2) DLB77: Bernard Benstock & Thomas F. Staley (ed.), 『British Mystery Writers, 1920-1939』(Gale,1989), p.188.

(3) F・セイモア・スミス編『What Shall I Read Next?』(1953) 及びW・B・スティーヴンスン編『A Reader's Guide: Detective Fiction』改訂版（一九五八）。

(4) 江戸川乱歩が英米の代表的な短篇傑作集十五冊の収録作品について頻出度の統計をとった結果によれば、頻度四回以上のものが五篇、頻度三回のものが十篇あり、「密室の行者」はこの十篇の中に含まれている（『続・幻影城』所収の「英米の短篇探偵小説吟味」）。

(5)「読者への挑戦」と並んで黄金時代の本格探偵小説のゲーム的性格を象徴する趣向で、C・デイリー・キングの発明にかかるもの。

(6) Evelyn Waugh, 『Ronald Knox』(Chapman & Hall, 1959), p.251.

(7) 引用は、J・E・ホルロイド編『シャーロック・ホームズ17の愉しみ』（小林司・東山あかね訳、講談社、昭和五五年）による。

(8) 江戸川乱歩の井上良夫宛て書簡（昭和一八年一月二二日付）より。引用は、「江戸川乱歩全集」第二二巻（講談社、昭和五四年）による。

(9)『一九二八年度版探偵小説傑作集』のノックスの序文の中に、次の一節が見られる。「近い将来、読者はダブル・トリックの舞台に導かれることになるものと思う。作者は俊敏な読者の目の鋭さを意識して、裏の裏をかくためにプロットを逆まわりさせ、主人公は主人公らしく、悪人はいかにも悪人のように描写する。実際のところ、筆者も以前、司祭が文字どおり潔白であり、腹ぐろそうに見えた男がやはり犯人であったストーリーを書きあげた経験がある。しかし、残念ながら時期が早すぎたからか、世評はかんばしくなくて、非芸術的な作品との非難を受けた」（引用は、「EQ」八三年一一月号掲載の宇野利泰訳による）。

(10) Joseph Green & Jim Finch, 『Sleuths, Sidekics and Stooges』(Scolar Press, 1997)。同書のノックス作品に関する記述には他にも明白な誤りがあり、著者は実際にノックスを読んでいるのか疑問に思われる。

(11) 以下『陸橋殺人事件』からの引用は、創元推理文庫の宇野利泰訳による。

(12) 引用は、ヨゼフ・シュクヴォレツキー『ノックス師に捧げる10の犯罪』（宮脇孝雄・宮脇裕子訳、早川書房、平成三年）所収の「ノックス師の十戒」による。ただし、ノックスの原文で「戒律」とされる部分（イタリック体により表記）以外は省略している。

(13)「ミステリマガジン」一九九九年六月号掲載の「キーティングのセイヤーズ論」（白須清美訳）を参照。

(14) イヴリン・ウォー前掲書、H. R. F. Keating, 『Murder Must Appetize』(The Mysterious Press, 1981)、モニカ・グリペンベルク『アガサ・クリスティー』（岩坂彰訳、講談社、平成九年）ほか。

(15)「ブランド回想録」（大村美根子訳、『創元推理3』所収）。

(16) イヴリン・ウォー前掲書、一八八―一八九頁。拙訳による。

(17) 大田黒は西洋探偵小説通としても有名で、その造詣の一端を随筆集『大西洋そのほか』（第一書房、昭和七年）に収められた「英米探偵小説案内」にうかがうことができる。これは当時の英米探偵小説壇の主要作家・作品の通観的紹介であり、すべてが著者自身の読書に基づく知見なので、今読んでも十分興味深く、また参考になる点も多い（既にバークリーにも注目しており、「私はその気の利いた溌溂たる書き振りを好んでいる」などと書いている）。ただし、その時点でノックスはまだあまり読んでいなかったと見えて、「探偵倶楽部」（ディテクション・クラブ）による合作長篇『漂う提督』の参加メンバーの一人として言及があるだけである。

フェアプレイの文学
ノックス『閘門の足跡』解説

初出：同書（新樹社　2004年9月）

1　はじめに

黄金時代の未紹介作を中心としたクラシック・ミステリ再評価の動きは、もはやブームという言葉もあたらないほどしっかりと翻訳ミステリ・シーンの一角に定着している。国書刊行会〈世界探偵小説全集〉第一回配本、アントニイ・バークリーの『第二の銃声』（一九九四年刊）がそのスタートを告げる号砲であったとすれば、既に十年の歴史が刻まれたわけである。この間、多くの作家・作品が紹介されて新旧の探偵小説ファンを喜ばせてきたが、筆者にとって最もうれしかったのは、バークリーの主要作が立て続けに翻訳されてその全体像がほぼ明らかになったこと。そしてもう一つ、『サイロの死体』の刊行によりロナルド・A・ノックスがその面目を一新したことだった。

カトリックの大僧正にして、人を食ったパロディ『陸橋殺人事件』の作者。加うるに、「中国人を登場させてはいけない」という奇妙な条項で有名な、「探偵小説十戒」などというものをひねり出した人物。――それらはいささか的外れのレッテルなのだが、ノックスについてそんなイメージしか持っていなかったわが国の読者に、『サイロの死体』は新鮮な驚きをもって迎えられたようである。考え抜かれ、練り上げられたプロット。数え切れないほどの手がかりと伏線。あきれるばかりに奇抜なトリック。黄金時代の香気ただよう『サイロの死体』の思いがけないほどの本格味が、改めて本格ミステリ作家としてのノックス像をつよくアピールしたのだろう。筆者の耳目に入った限りでは、書評や感想の多くが、新たな風貌を見せながら再登場したノックスに好意的だった（だからといって、ノックスが一般読者の人気までかち得たわけではないのはもちろんである。空前のミステリ・ブームといっても、本物の探偵小説の読者というのはなお少数派なのだ）。

さて、本書は『サイロの死体』の前作にあたる、ノックスの長篇第三作である。六篇しかない長篇のリストは次のとおり。

1　The Viaduct Murder（1925）
『陸橋殺人事件』
2　The Three Taps（1927）
『三つの栓（密室の百万長者）』
3　The Footsteps at the Lock（1928）
『閘門の足跡』
4　The Body in the Silo（1933）
『サイロの死体』
5　Still Dead（1934）
『まだ死んでいる（消えた死体）』
6　Double Cross Purposes（1937）

第二作以降は保険会社の調査員マイルズ・ブリードンとアンジェラ夫婦が探偵役をつとめるシリーズだが、『陸橋殺人事件』の登場人物の一人（元大学教授のカーマイケル）が本書にも姿を見せて相変わらずの饒舌ぶりを発揮していたりするので、『陸橋』だけ仲間はずれにする必要もないかもしれない。『陸橋』と最後の作は本格ミステリの標準を外れた作品なので、探偵作家としてのノックスの代表作は中間の四作のうちから挙げるべきだろう。この四作、筆者はどれも好きな作品ばかりで（あわてて付け加えると、『陸橋』も別の意味で大好きなのである）、世評では『サイロの死体』の評価が高いが、他の作の出来も決してこれに劣るものではない。いずれも芳醇なスコッチの味わいを思わせる、高純度の本格探偵小説である。

筆者は先に『サイロの死体』の解説も担当し、そこでノックスの人と作品については詳しくふれたので、特に情報として付け加えることもない。本稿では視点を変えて、黄金時代の探偵小説とフェアプレイの関係を考察してみることで解説に代えることとしたい。その視野のうちにノックス作品の特色もより鮮明に見えてくることを期しつつ。

2　探偵小説とフェアプレイ

フェアプレイというのが探偵小説の重要な要素であることは、改めて指摘するまでもない。だが、それはどのような意味においてなのか。筆者には二つの側面があると思われるのだが、その一方は一般にはあまり意識されていないかもしれない。

探偵小説においてフェアプレイが問題とされるのは、通常は次のような意味においてであろう。――小説の終りで探偵が謎解きを行う場合、推理の基礎となる事実はすべて読者にも知らされていたものでなければならない。すなわち、作者は読者に対して謎解きに必要な手がかりを隠してはならない。そこは公明正大（フェア）に、というわけである。

この、探偵小説というゲームの規則としてのフェアプレイ原則は、ヴァン・ダインの「二十則」やノックスの「十戒」、ドロシイ・L・セイヤーズの短篇アンソロジーの長序などにより繰り返し主張され、確認されてきたものだし、かのディテクション・クラブ（ロンドン探偵作家クラブ）への加入を志願する者は、入会の儀式の問答において次のような誓約を行わねばならないことになっていたという。

「重要な手がかりを決して読者から隠さないことを厳粛に誓いますか？」

「誓います」

かくして、黄金時代を通じてフェアプレイ原則は確立されたルールとなっていったわけだが、その意味合いは、良き探偵小説たるための技術的なルールの一つというにとどまらず、探偵小説を探偵小説たらしめる必須の要件ともいうべき重さをもつものであった。ハワード・ヘイクラフトは『娯楽としての殺人』（一九四一）において、多くの作家や評論家によって主張された数々のルールを次の二つの戒律に要約している（第十一章「ゲームの規則」）。

①探偵小説はフェアプレイでなければならない。

②探偵小説は読んで楽しいものでなければならない。

このうち後者は「べし」「べからず」という次元の問題ではなく、まず全面的に作家の力量に依存する性質のものであろうから、戒律としてはフェアプレイが最も重要なものになるわけである。

このように探偵小説がその作者にきびしくフェアプレイを要求する文学であったとすれば、それがとりわけ英国において高度に発達したのも故なしとしない。英国はフェアであることに対して他国よりはるかに高い価値を認める（逆に「フェアでない」というのが最大の非難となる）国だからである。探偵小説にはもう一つ、ユーモアという欠くべからざる要素があって（いわゆるユーモア・ミステリの場合に限らず、悲劇の題材を娯楽読み物に仕立てる以上、作者にはどうしたってユーモア感覚が必要である）、これらが相まって探偵小説を英国の特産品にしているのだが、それはここでの話題ではない。

さて、探偵小説とフェアプレイの関係について先に二つの側面があると言った、その一つは右に述べたような作者に対する戒律の存在だが、もう一つの意味として指摘したいのはこういうことだ。――探偵小説は、フェアプレイがルールとなっている世界を描いている。つまり、探偵小説の世界では、人々はフェアプレイに価値を認め、それを尊重し、それが社会のルールとして通用している。そのような社会を背景にした物語が、少なくともある時期までの探偵小説においては行われていたのではないか。

筆者の頭にそんな考えが浮かんだのは、ジョージ・オーウェルの「ラフルズとミス・ブランディッシュ――探偵小説と現代文化」を読んだときのことだった。この評論は、E・W・ホーナングの『ラフルズ』（一八九九）とジェイムズ・ハドリー・チェイスの『ミス・ブランディッシュの蘭』（一九三九）の二作の道徳的雰囲気の間に大きな隔たりがあることを指摘し、その底に潜んでいる世の人々のものの考え方や心理の違いについて考察したものである。

『ラフルズ』の方は、その道徳観が当時の基準からするとあやしげなものだったにもかかわらず、主人公の「紳士強盗」がなかば本能的に守っているいくつかの行動規範があり、「してはいけないこと」があった。「つまりラフルズものは、たとえばかばかしいものではあっても、とにかく世の中に規準というものがあった時代の作品なのである」。一方、『蘭』の登場人物たちにとっては徹底した堕落と利己主義こそ人間の行為の規範なのであり、権力本能（力の追求）のためには何をしてもいいと考えている。チェイスはファシズムの時代の現実主義、力は正義なりという説を取り込んだ作家であり、その作品に描かれる世界では善と悪、合法と非合法の区別など存在しない。「紳士もいなければタブーもない。人間の解放は完全なものとなり、フロイトとマキャヴェリはすでに外堀まで埋めたのである」。

オーウェルがそのような「人間の解放」を喜んでいないことは明らかで（若い頃にD・H・ロレンスの小説を読んだときの途方に暮れた気持を回想したりもしている）、社会的良心や公正の観念の衰退を憂えている。知識人の間で「公正な試合」とか「倒れた男を殴るな」、「それはクリケットではない」（フェアでないことをいう英国流の表現）といった言葉が嘲笑されるようになって久しいが、最近は、「勝ち負けにかかわらず正しいものは正しい」とか「弱者をいたわれ」という従来当然とされていた考え方が、大衆文学の世界からさえ消えつつある――というのが、オーウェルが『蘭』という小説に見た事態なのである。

『ラフルズ』と『蘭』は、探偵小説というよりは犯罪小説の分野の作例だが、その背景をなすところの現実社会の人々の意識は、類縁の大衆文学たる探偵小説にも反映されているはずである。『ラフルズ』と『蘭』の成立年代と時代的に照応するものではないが、たとえば黄金時代（その終期が『蘭』の登場と重なる）の作品と現代の作品との間には、趣向や技法の相違以上に大きく、その成立した時代の気分の相違が感じられる。

黄金時代の探偵小説がもつ落ち着いた雰囲気、法と秩序への信頼、道徳的善悪の観念の明確さ。これらは、神経症的な不安といらだちの見え隠れする現代の作品からは失われてしまったものだ。その黄金時代の気分を形成する核となるもの、その時代の社会と人々の意識を貫くバックボーンとして存在していたのが、公明正大であることを守るべき規範として受け止める人々の考え方、すなわちフェアプレイ尊重の観念ではなかったかと思うのである（この場合、フェアプレイというのは、公正、秩序、正義といった価値に結びつく行動規範の代表として取り上げている）。そうした人々の共通意識の反映として、かつての探偵小説には、フェアプレイのエートスが作品世界の背景に確実に存在していたように思うのだ。

そのことを具体的に論証するのは難しいが、若干の例をあげることはできる。セイヤーズとロバート・ユースタスの共著『箱の中の書類』（一九三〇）に登場する作家ジョン・マンティングは、ヴィクトリア朝的な道徳観念を冷笑しているモダンな考えの（人によっては「いかがわしい」と見るような）人物だが、「あなたは現代の小説家だから、作品の中で高い道徳規準を打ち出す必要はない。しかし、実人生では、殺人を大目に見るとか、正当化するおつもりはないでしょう?」と問いかけられて、「ええ。殺人に関してはこのわたしも旧式な偏見を持っていると告白しますよ。矛盾しているかもしれないが、それが事実です」と答えている。
殺人のような大事についてだけではない。彼が書いた手紙の次の一節は、その公正の感覚の鋭さを証するものだろう。

あなたがどうやってこの不倫関係のことを知ったかという非常に厄介な点に、彼がまた戻るのではないかと不安だった。あの手紙はあなたが内証で見せてくれたものだから、それを彼に教えたくはなかったが、それでいて、この男に危険を警告してやらないのは、まったく非紳士的な態度だとも思えた。こちらはこれだけの嫌疑を聞いていながら、当人に疑いを晴らす機会を与えてやらないとは言語道断ではないのか。

バークリーの『毒入りチョコレート事件』(一九二九)に端役で登場する(しかしシェリンガムの推理にとって重要な手がかりを提供する)ベラクル・ラ・マジレ夫人は、口から先に生れてきたようなシェリンガムも閉口するほどお喋りで金棒引きの有閑婦人なのだが、このような女性の心にも公正の観念は宿っているのだ。被害者の女性を「ジョウンはフェアー・プレイをしていなかったんですのよ!」と非難し、「ふつうの人たちは、名誉とか、真実とか、公明正大とか、そういう当たり前に思っていることについては話さないものですわ」とも語っている。

さらに、本書を読まれた読者には、その人生観からして公正の観念など嘲笑していそうに思われた人物が、最後に「ぼくはいかさまをしませんでした」と誇らしげに語っていたのを思い出していただきたい。やはり、ある時代までの人々にとっては、公明正大というのは「当たり前に思っている」ことであり、ふだんはそれと意識せずとも、状況がそれを要求するときにはなかば本能的に守らずにはいられない行動規範だったのだろう。公明正大が当たり前であった社会の存在、それによって黄金時代の探偵小説はフェアプレイの文学となったのだ。

筆者はミステリを含めて現代小説の多くを面白いと思えない人間だが、それは文体や技法の問題以前に、そこに描かれる世界が(ということはつまり、現実世界の社会と人間が)好きになれないからなのだ。筆者には、現代の社会と人間が、かつては多少なりともそなえていた節度と倫理観を失ってしまったように見える。失われた多くのものの代表が、フェアプレイの観念ではないかと思うのである。

ホルへ・ルイス・ボルヘスが晩年に行った講演の中に、

探偵小説を論じたものがある。そこにはエドガー・アラン・ポーの作品を中心に、探偵小説に関するきらめくような知見と洞察がちりばめられているのだが、特に、その結びにおいて語られた「現在ある種の軽蔑をこめて読まれている探偵小説は、この無秩序の時代にあって秩序を救い上げている」という一言に、筆者は深い共感を覚えてきた。探偵小説が救い上げている「秩序」、その中心的内容をなすものこそフェアプレイではないだろうか。少なくとも筆者にとっては、それが探偵小説の魅力の大きな部分を占めており、過去の作品に惹かれるのもそのためなのだ。

以上の論旨に対しては、歴史的事実との齟齬を指摘されるかもしれない。探偵小説の黄金時代が開幕したとされる一九二〇年代の英国は、未曾有の被害を受けた第一次世界大戦の影響で社会は疲弊し、混乱していた。人々がなりふりかまわず生き抜いていかねばならなかった時代に、フェアプレイだけは信じていたなどということがあり得るのか、と。

大戦により従来の価値観念、善悪の規準といったものが動揺し、人々の心を寒々とした風が吹きぬけたのは事実であろう。T・S・エリオットが戦後の荒涼たる精神風景を「荒地」として描き出したのは一九二二年のことである。本書にも「幻滅がはびこる大戦直後」という表現が出てきた。しかし、そのような時代だからこそ、現実社会には見出しがたくなった「良きもの」に憧れ、救いを求めるという側面もあったのではないか。

英国に「パンチ」という諷刺漫画雑誌があった。一八四一年の創刊以来、ついに今世紀初頭に廃刊されるまで、実に一世紀半以上にもわたって読まれ続けてきた雑誌で、そのバックナンバーは英国社会風俗史の好個の研究資料となるだろう。といって筆者がそれを読んでいるわけではないのだが、福原麟太郎氏の著書で学んだところによると、R・G・G・プライスという人が『パンチ』の一つの歴史』という本を書いていて、時代区分に応じた各章の章題が的確にその時代の特徴をとらえているという。一九一九年から三二年までを扱ったその第七章は「過去への憧れ」と題されており、福原氏は「一九三〇年ころの『パンチ』は〈過去への憧れ〉として、ミッド・ヴィクトリアンの優雅にして楽しき良き昔をしのぶよすがに読まれていたに相違なく、思えば〈偉大なる英国の伝統〉のもっとも弱体に落ちていたころであったであろう」とコメントしている。当時の人々の心情に過去に憧れる傾きがあったのだとすれば、現実社会では失われつつある、それゆえにこそ一層輝きを増して見えるフェアプレイの観念を尊重し、読み物にもそれを求めたということはあり得るのではないだろうか。

しかし、それがしょせん憧れにすぎないことを、たとえば『ミス・ブランディッシュの蘭』の登場によって思い知らされることになり、フェアプレイの文学はやがて衰退へと向うのである。

3　本書について

★★★『閘門の足跡』
テムズ川の舟旅といえばまず思い出されるのは、仲の良い三人連れと犬一匹がテムズ川をボートでさかのぼる道中記、ジェローム・K・ジェロームの『ボートの三人男』（一八八九）である。この小説は多くの愛読者を得てユーモア文学の古典となっているばかりか、後の作家たちにも影響を与え、同書を下敷きにして書かれたピーター・ラヴゼイの『Swing, Swing Together』(1976)、コニー・ウィリス『犬は勘定に入れません』（一九九八）といった作品も生まれている。本書はそれと直接的な関係はないものの、本文中にジェロームの名が出てくることからしても、作者が『ボートの三人男』を意識していたのは間違いない。

しかし、本書の川旅は、ジェロームの小説のように呑気なものではなかった。いとこ同士の二人、デレックとナイジェルは犬猿の仲であるにかかわらず、富豪の大叔母の歓心を買うために（一方はさらに邪悪な意図を胸に秘めつつ）、無理をして行動を共にするのである。しかも、間近に控えた二十五歳の誕生日にデレックは祖父の遺産五万ポンドを相続する予定であり、デレックなき場合にはナイジェルがそれを受けることになるという設定。これで何か起きなければ探偵小説じゃない（当たり前か）。

当然のごとく事件は起きて、デレックが沈みかけたボートを後にして姿を消し、その時間に完璧なアリバイがあるナイジェルもやがて失踪する。一見単純な事件だが、残された数々の手がかり――船底にあいた穴、中州に渡る階段に付いていた足跡、煙草入れに入って落ちていたカメラのフィルム、それを現像して得られた六枚の写真、川の中から見付かった二個の財布、中州に残っていた痕跡などがさまざまに解釈され、それをもとに推理が積み重ねられ、事件はしだいに複雑な様相を帯びていく。

こうして次々に繰り出される手がかり（物的証拠）のほか、アリバイ、指紋、暗号、一人二役（変装をやめることが一つの変装になるという逆説も含めて）、犯行の再現、などなど探偵小説の技法・趣向が総動員されて

（もちろん地図も付いている）、この時代の探偵小説特有のなつかしい雰囲気を醸し出している。それは成長期の探偵小説がそなえていた若々しさであり、健康さであり、もはや取り戻すすべもない美質であると感じられる。

ノックスの作品全体を通じていえることだが、この小説のプロットもかなり複雑であり、短時間で読みとばすことは難しいだろう。階段の足跡の謎一つとっても、その解明は一筋縄ではいかない。頁を引っ繰り返しては地図をにらみ、自分でも頭を働かせながら、これをめぐる議論を丹念にたどるのでなければ十分な理解は難しいと思われる。もちろんプロットが複雑であればよいというものではなく、探偵小説ではむしろマイナス要因になりかねないが、ノックスの場合にはそれが十分に考え抜かれ、巧みに構成されているので、その魅力の源泉ともなっている。「主として犯罪に関する難解な秘密が、論理的に、徐々に解かれて行く径路の面白さを主眼とする文学」というのは江戸川乱歩による探偵小説の定義だが、さしずめ本書などはこの定義にぴったりあてはまる作品ではないだろうか。『陸橋殺人事件』でノックスに見切りを付けてしまった乱歩に、本書なり『サイロの死体』なりを読ませたかったと改めて思う。

本書は長篇としては短めであるけれども、内容はきわめて充実しており、時間をかけてじっくり付き合えばたっぷりした読後感を得ることができるだろう。余裕のある読者には、ぜひ繰り返して読むことをおすすめしたい。それにより、初読の際には気付かなかった伏線や細部の意味が見えてくるからである。たとえば、エラズマス・クアーク氏はその時なぜそんなことを言ったのか。ある場面でブリードンが一人でうなずいていた理由。そんなことが手に取るように分かってきて、二度目はむしろ最初の時より面白く読めることにもなるのだ。今の時代、それは大変ぜいたくな時間の使い方ではあるのだが。

小説を細部まで楽しみたいという読者のために、鑑賞の手引（?）として若干コメントをしておくと——

○事故保障付保険契約（三十三頁）

この時代、新聞各社が購読者獲得の手段として、一年分の購読料を払えば傷害保険の権利が付くというサービスを競っていたらしい。P・G・ウッドハウスの「怪我をする会」ではこれをネタにした保険金詐欺がもくろまれる。保険といってもインディスクライバブル社のそれとは関係ないので、念のため。

○ブリードンの仕事嫌い（三十七頁）

ブリードンが調査の仕事を嫌悪しているのは、その職務をスパイ同様のものと認識しているためであることが『三つの栓』に書かれており、そこで彼は「不本意ながらの探偵」として紹介されている。嬉々として捜査に首を突っ込むことの多い紙上探偵たちの中にあって、彼のキャラクターは異色である。

○カーマイケル（七十九頁）

古代史の専門家ということだが、『陸橋殺人事件』では専門はギリシア考古学とされていた。この微妙なズレは、ブリードンの叔父の記憶の曖昧さによるのだろう。本書にこの人物を引っ張り出してきたところに、ノックスの稚気が感じられる。作者が思い付き、まともに取り扱うつもりはないが捨てるにしのびなかった「石鹸製の人形」説——ブリードンやリーランドに語らせるわけにはいかないこの珍説を吐かせるためにこそ、カーマイケルは出番を与えられたに違いないのだ。

○動機と機会（八十八頁以降）

このあたりの議論は、「犯人は動機と機会を併せ持っていたはずだから、その一方でも欠く人物は犯人ではあり得ない」という考え方の枠組みにおいて行われている。当時の探偵小説によく見られる思考法であり、アガサ・クリスティーには「動機対機会」と題する短篇もある（『火曜クラブ』所収）。

○ナイジェルの詩集（百四十一頁）

ナイジェルの書いた詩が大叔母の好みに合わず、それで彼は相続人の地位を失った——というだけのことで、何ら注釈の必要はないのだが、このくだりが筆者には愉快でたまらない。文学の趣味の相違が人生の岐路をなすこともあるわけだ。これもウッドハウスの作品（「スープの中のストリキニーネ」）中に見える言葉、「文芸における同じ好みほど、美しい友情の礎として確実なものはない」の逆も真なりを証拠立てるケースといえよう。

○存在価値のない被害者（二百十一頁）

存在価値のない人間は殺してもかまわない、という思想は、バークリーもいくつかの作品で扱っている。探偵小説なのだからドストエフスキーのような深みには到達しようもないが、常に鮮烈な問題提起ではある。純粋に娯楽読み物の作者としての立場からは、被害者を悪人にすることにより悲劇的な雰囲気を避け、読者がパズルの楽しみに専念できるようにする、といった思惑もあったかもしれない。

○アヘンの夢（二百二十一頁）

アヘンの影響について、ディ・クィンシーの『阿片常用者の告白』には次のような記述が見られる——「私はそれを飲んだ。——そして一時間ほどたつと、——おお！ こは如何に！ 何と云ふ激変であつたらう！ 内的精神が、その最低の深淵から何と云ふ高揚をしたことであらう。私の内部の世界の何と云ふ啓示があつたことだらう！」。聖職者たる作者がアヘンをやっていたはずはないから、やはりこうした書物を参照したのであろう。

締めくくりに、本書におけるフェアプレイの在りようを検証しておこう。まずはゲームの規則としての、技巧面におけるフェアプレイだが、作者としてはそれを「あらゆる手がかりが発見され、あらゆる細部が正当に強調されること」（三十一頁）ととらえていたようである。「探偵小説の女神」のきびしい監視のもと、本書においてそれは十分に果たされており、その限りではこのルールは守られているといえるだろう。

しかし、フェアプレイの要求水準をもう少し上げるならば、違反行為《ファウルプレイ》を指摘できないこともない。たとえば二十九頁に「一方で、彼（デレック）が三十分以内、せいぜい一時間のうちに姿を見せるであろうことも明らかだった」という一文があるが、これは（デレックが現れないことを知っている）ナイジェルの視点に立っての記述なのだから、嘘を書いていることにならないか。あるいは、百六十四頁の「しばらく何やら考え込んでいた様子だったアメリカ人が口を開いた」という部分。この時点で、クアークを地の文で「アメリカ人」といってよいものだろうか。こうした記述レベルでのアンフェアにまでは、作者の注意が届いていなかったように見受けられる。

もっとも、この点は作者の記述スタイル（視点の取り方）を整合的に解釈することで弁護されうるかもしれない。事実を「事件に関わった者たちの目に映ったように伝えなければならない」（三十一頁）とか、「三階の巨大な迷宮のいずこかで、ブリードンは我々の視界から消えた」（三十七頁）といった表現からして、あたかも作者がその場面の視点人物のわきに立って、その位置から見える具合に事柄を記述していっているようにも考えられるからである。その場合、作者は全知全能ではなくなるから、クアーク氏のことをアメリカ人と書いても許されるわけだ。しかし、全篇を通じてそのような解釈ができるかというとあやしいところもあり（視界から消えたはずのブリードンの姿がすぐ後で描写されていたりする）、やはりその辺のことまでは作者の意識に上っていなかったというのが真相であろう。

本書が刊行された一九二八年という年は、この分野でフェアプレイのルールが唱えられ始めてからまだ日が浅かった（同じ年にセイヤーズが発表した文章（『Great Short Stories of Detection, Mystery and Horror』序文、邦訳「探偵小説論」）の中に、「現代になって探偵小説が〈フェアプレイ〉の方向に進化したのは、ほとんど革命と呼んでもいい変化である」という一文が見える）。エラズマス・クアーク（Erasmus Quirk）氏が合衆国に渡った翌年に登場した、彼と同じイニシャルをもつ作家などの手によって、この面の技巧はさらに磨き上げられていくことになるのである。

　さて、クアーク氏ことナイジェルは、唯美主義者と悪魔がくっついたようなろくでもない男、のはずだった。そんな彼が最後に「ばかげた何か」のせいで規則に縛られてしまい、いかさまをしなかったという報告をしている。これを筆者は、結局は彼が公明正大の価値を信じていたものと解釈して、前節に例示した。あるいはそれは、テキストの解釈としては無理があったかもしれない。「過去への憧れ」に曇らされた目が勝手な読みをしたのかもしれない。それでも筆者は言い続けるつもりである、「ばかげた何か」とはフェアプレイのことだと。

☆☆☆

※引用テキスト――ヘイクラフト『娯楽としての殺人』（林峻一郎訳、国書刊行会）／オーウェル「ラフルズとミス・ブランディッシュ――探偵小説と現代文化」（小野寺健訳、岩波文庫『オーウェル評論集』所収）／セイヤーズ＆ユースタス『箱の中の書類』（松下祥子訳、「ミステリマガジン」二〇〇一年一月号～三月号）／バークリー『毒入りチョコレート事件』（高橋泰邦訳、創元推理文庫）／ボルヘス「探偵小説」（木村榮一訳、書肆風の薔薇刊『ボルヘス、オラル』所収）／福原麟太郎「ヴィクトリア女王の長い治世」（文藝春秋新社刊『文学と文明』所収）／ウッドハウス「スープの中のストリキニーネ」（井上一夫訳、筑摩書房刊『マリナー氏ご紹介／マルタン君物語』所収）／ディ・クインシー『阿片常用者の告白』（田部重治訳、岩波文庫）／セイヤーズ「探偵小説論」（宮脇孝雄訳、創元推理文庫『顔のない男』所収）

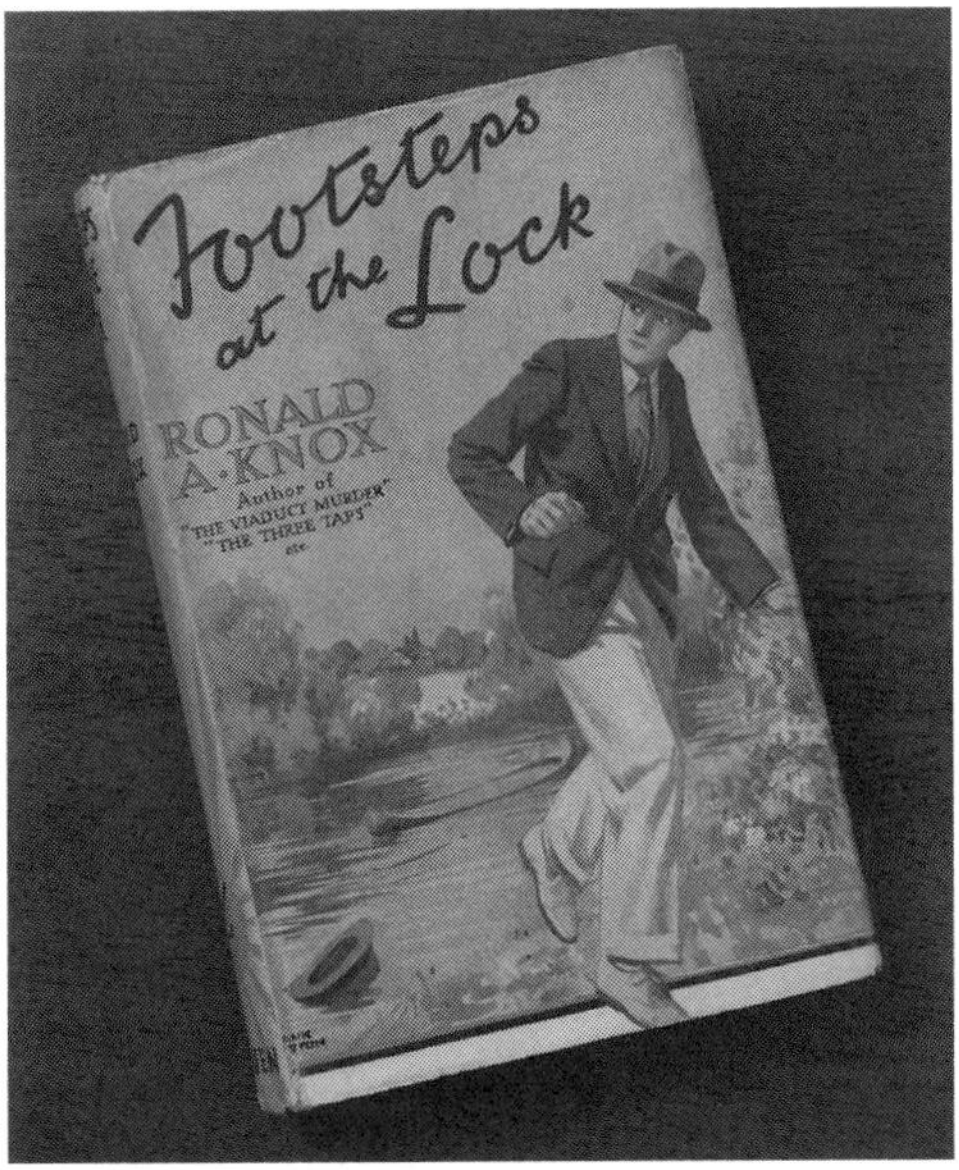

Methuen (1936)

ノックス流本格探偵小説の第一作

ノックス『三つの栓』解説

初出：同書（論創社　2017年11月）

1　ノックス小伝

ロナルド・アーバスノット・ノックス（Ronald Arbuthnott Knox）は、一八八八年、英国レスターシャー州ニブワースで、英国国教会のマンチェスター主教の父のもとに生れた。両方の祖父も僧職という聖職者の家系だった。兄にユーモア雑誌「パンチ」の編集者となったE・V・ノックスがいる。十歳にしてラテン語とギリシア語の諷刺詩を書くほどの早熟ぶりを見せたロナルドは、イートン校からオックスフォード大学ベイリオル・カレッジを通じてすばらしい学業成績を修め、大学では学生会長もつとめた。首席で卒業後、同大学トリニティ・カレッジで研究・講義を続ける間に、国教会の牧師に任命された。第一次大戦中は、軍の情報部に勤務した。

一九一七年、ローマン・カトリックに改宗（G・K・チェスタトンの著作から影響を受けた部分もあったが、後には逆にノックスの影響によりチェスタトンもカトリックに入信した）。二年後には司祭となり、セント・エドマンズ・カレッジで教えた後、一九二六年からはオックスフォード大学の礼拝堂付司祭に任ぜられ、一九三六年には国内最高位に次ぐ大司教の位階にまでのぼりつめた。一九三九年に大学を退いてからは、ラテン語のウルガタ聖書の新訳に専心し、一九五〇年までに完成した。これは「ノックス聖書」と呼ばれ、清新最上の英訳聖書として高い評価を受けた。一九五七年、肝臓がんのため六十九歳の生涯を閉じた。

ノックスは、カトリックの護教者としての立場からの宗教論や説教集のほか、一般文学の方面でも諷刺とユーモアのきいたエッセイや小説など数多くの著作を刊行した。BBCのラジオ番組のブロードキャスターをつとめたこともある。探偵小説はまったくの余技で、残された作品の数も多くはないが、ノックスの名は黄金時代の英国探偵小説の歴史のうちに確たる存在感を示している。

すでに一九一二年にはシャーロック・ホームズに関する研究論文を書いてコナン・ドイルを驚かせ、その後隆盛となったホームズ学に先鞭をつけていたが、探偵作家としての主な活動期間は、一九二〇年代後半から三〇年代後半にかけての十数年間である。この間、六冊の長篇(『陸橋殺人事件』及び保険調査員マイルズ・ブリードンと妻アンジェラを探偵役とする五作の本格探偵小説のシリーズ)と若干の短篇を書いたほか、一九三〇年にアントニイ・バークリーらによって設立されたディテクション・クラブの創立メンバーの一人として、同クラブのリレー長篇の制作にも参加している。一九二九年と三〇年には、それぞれ前年度に発表された短篇探偵小説の傑作集を編んでおり(ヘンリー・ハリントンとの共編)、二八年度版傑作集の序文中に探偵ゲームの競技ルールとして掲げた十箇条は〈探偵小説十戒〉として有名になった。

イヴリン・ウォーによる『ロナルド・ノックス伝』の中に、探偵作家としてのノックスについてコメントした一節があるので、拙訳により紹介しておこう。

「ロナルドはこれらの本(『陸橋殺人事件』以下の探偵小説)を、文字謎詩《アクロスティック》と同じように知性の体操とみなしていた。問題は正確に述べられるが精巧な偽装が行われる、作者と読者の間のゲームであると。彼は小説文学を書こうとはしていなかった。殺人者の情熱とか、犠牲者の恐怖、犯罪の道徳的異常性などには関心がなかった。心理学や暴力、オカルトや猟奇は避けて通った。彼は少数の熱烈な愛好者のために、純粋な知的パズルの精粋を提供したのだ」

2　ノックス受容史

§昭和戦前期

ノックス作品の本邦初訳は、昭和十一年(一九三六年)三月に柳香書院から刊行された井上良夫訳『陸橋殺人事件』である。一九二五年刊のデビュー作『The Viaduct Murder』が十一年後に紹介されたものだが、当時の海外ミステリの翻訳出版状況においては、よほどの話題作でもない限りその程度のタイムラグがあるのは当たり前だった。

ディクスン・カーの『夜歩く』の邦訳が原書刊行と同じ年（一九三〇年）に出たりしたのは例外中の例外で、ヴァン・ダインやエラリイ・クイーンの初期作が数年のうちに翻訳されたのもごく早い部類。F・W・クロフツ『樽』の初訳は原書刊行の十二年後、アガサ・クリスティーの『スタイルズの怪事件』は十七年後、ドロシイ・L・セイヤーズの『ピーター卿乗り出す〈誰の死体？〉』となるとずっと遅れて三十二年後、アントニイ・バークリーの『レイトン・コートの謎』にいたっては実に七十七年後という具合である。『陸橋』の十一年後というのは英国勢の中ではむしろ早い方だったし、その紹介のされ方も恵まれたものだった。

同書は、柳香書院の〈世界探偵名作全集〉の一冊として出版されている。昭和十年代初めのこの時期、翻訳探偵小説全集の出版が盛んになり、春秋社、黒白書房、日本公論社、柳香書院等が競い合うようにして全集叢書を企画・刊行したが、柳香書院のものはその内容的水準において一頭地を抜いていた。この全集は、江戸川乱歩の「監輯者の言葉」に「これは探偵小説にそれほどと思われるくらい大真面目な企てである。従って翻訳も出来るだけ抄訳をさけ原文に忠実にしたいと思っているし、たとえ通俗的には面白くても、場当りだけで情熱のない二流作品は入れたくないと考えている」というほどの意気込みで企画されたもので、営業上の問題から予告された三十冊のうち五冊を出しただけで中絶してしまったが、この全集に収録されたことは作品にとって幸運であったといえる。だが、それ以上の幸運は訳者に最適の人材を得られたことだ。

その業績が『探偵小説のプロフィル』（国書刊行会）にまとめられている井上良夫は、戦前における最もすぐれた探偵小説評論家で、原書も広く渉猟し、英米作品に対する理解は他の追随を許さぬものがあった。自ら翻訳もこなし、イーデン・フィルポッツ『赤毛のレドメイン一家』やクイーン（バーナビイ・ロス名義）『Yの悲劇』の初訳をはじめ多くの作品を紹介している。

『陸橋殺人事件』については、すでに昭和八年、当時井上が「ぷろふいる」誌に連載していた「英米探偵小説のプロフィル」で取り上げ（同稿中での題名は「陸橋上の殺人」）、「作中に横溢するのんびりした気分と、かなりなユーモア」に着目して「普通の探偵小説では味わえない面白味がある」と述べていた。これも柳香書院の全集で出た『赤毛のレドメイン一家』（昭和十年十月）に続けて翻訳の筆をとったのは、この作品に強く惹かれるところがあったものと思われる。

井上訳は八割程度の抄訳ではあったが、原作の精神をよく捉え、細部への配慮も行き届いたていねいな仕上がりで、当時から名訳との評を得ていた。「訳者の序」では本書の特質を明快に説き、「これは最早部分的のユーモアでなくプロット全体のユーモアであって、しかも探偵小説の面白味とユーモアとが奇蹟のように融け合っている。面白いことには探偵小説の厳粛さがそのままここではユーモアになっている」と述べている。さらに、これも抄訳ながら、「**ノックスの探偵小説論**」として『一九二八年版探偵小説傑作集』（The Best Detective Stories of the Year 1928、ノックスとヘンリー・ハリントン共編のアンソロジー）の序文――〈探偵小説十戒〉を含む――を併録しているのは、読者に親切な本造りの見本というべきだろう（この序文はやや先行して甲賀三郎も翻訳しており、「**探偵小説入門**」として「月刊探偵」誌の昭和十年十二月号、十一年一月号及び四月号に掲載されている）。

こうして当時としては理想的な形で行われたノックス初紹介だが、これが読者にどのように受け止められたかはよく分からない。その後のわが国での翻訳状況を見ても、大評判になったというようなことはまずなさそうだが、一つだけその辺の事情をうかがうに足る材料があって、「新青年」昭和十二年新春増刊号に掲載された「海外探偵小説十傑」のアンケート結果がそれだ。作家、翻訳家など二十六人が回答を寄せている中で、ベストテンのうちに『陸橋』を挙げたのは二人だけ――渡辺啓助（第六位）と角田喜久雄（第八位）で、やや意外な顔ぶれである。そもそもの『陸橋』の性格からしてベストテンに入れるような作品ではないともいえるが、それ以前に、この作の very British な味が当時はよく理解されていなかったというのが実際のところであろう。

それでも少数ながら理解者はいたようで、その一人が音楽評論家の大田黒元雄である。大田黒は西洋探偵小説通としても有名で、井上と同様に英米作品の原書を読んで紹介のエッセイを書いたりしていた。春秋社発行の雑誌「探偵春秋」の昭和十一年十一月号に掲載された同社の近刊予告（その前後の号にも掲載されていた可能性があるが、いま確認できない）を見ると、「ノックス／大田黒元雄・**駈落ごっこ**（三月）」とある。大田黒によるノックスの翻訳が企画されていた――仮題から推して原作は『The Body in the Silo』(1933)と思われる――わけだが、「この予告には必ず出版されるもののみを掲げました」という注書きにもかかわらず、これは実現せずに終わった。

結局、戦前におけるノックスの翻訳は、『陸橋殺人事件』のほかは短篇一つにとどまった。短篇の原題は、「Solved by Inspection」(1931)。黒沼健訳「**体育館殺人事件**」(「探偵春秋」昭和十一年十月号)と原圭二訳「**密室の行者**」(「新青年」昭和十四年五月増刊号)の二種の訳が出ている。

§ 幕間――探偵小説論争

この後、歴史は探偵小説が敵国の読み物として禁止される暗い時代へと移っていくが、精神的にも物質的にも圧迫された戦時下の生活を送りながら、胸の内に探偵小説への情熱をたぎらせている二人の男があった。江戸川乱歩と井上良夫である。彼らは「英米探偵小説の読後感や探偵小説本質論について、非常識なほど長い手紙のやりとりをつづけ」(乱歩『幻影城』扉)ていたが、その書簡論争の中でノックス論も闘わされた。

『陸橋殺人事件』について、乱歩が

「之は面白くない。こういうものも一つ位あって差支えないという程度の興味のみ。アーマチュア達がいくら尤もらしい推理をやって見ても、真相はそうではないという事が読者には分っているので、一向迫って来るものがない。それも一つ一つが、大してユニックな推理があるわけでもないので、論理の為の論理としてもさして面白くない。作者の教養は敬服するし、訳文は実に名訳だと感じました。が、夫《それ》以上には別に」
(昭和十八年一月二十二日付)

と冷淡な態度を示したのに対して、井上は、

「これがそんなに不評とは少しおどろきました。無論探偵小説としての純粋な面白味につき吟味すれば、大変下位に落ちるでしょうけれど、私はこれを大変高く買っていますから、これは別格の傑作としてのけておきたく思います。愛読探小十篇の中に入れる作品です。読んでいておかしくてたまらぬという作品、作者の教養と探偵小説的教養とにより十分な貫禄を持っていると思うのですが」

と弁護につとめている。

探偵小説の魅力の第一を不可能興味に求めていた乱歩にとって、ユーモアを基調とした『陸橋』が面白くなかったというのはよく分かる話だが、その影響力の大きさから乱歩の好みがその後の翻訳の動向をも左右するようになり、ノックスやバークリー、セイヤーズといったvery British な作家たちの紹介は著しく立ち遅れることとなった。

昭和二十年四月、終戦を前に井上良夫が肺炎のため亡くなり、ノックスはわが国における最大の理解者を失った。

§昭和戦後期——三十年代まで

敗戦後の混乱の中で翻訳権の問題等の整理に時間がかかり、探偵小説の翻訳出版が息を吹き返し始めたのは昭和二十五年頃からのことである。

新樹社の〈ぶらっく選書〉、雄鶏社の〈雄鶏ミステリーズ〉などが先鞭をつけ、それらの叢書の中で井上良夫の旧訳書も次々に再刊されたが、『**陸橋殺人事件**』はやや遅れて、昭和二十九年六月に〈ハヤカワ・ポケット・ミステリ〉の百四十五番として出た。柳香書院版にあったノックスの「探偵小説論」も再録されたが「訳者の序」は省かれ、代わって解説として江戸川乱歩の「ノックス略伝」が付けられている。この本は同年中に三版まで印刷され、二年後には四版も出ているから、それなりに売れたようだ。

短篇の方はこれに先立ち、黒沼健訳「**体育館殺人事件**」が「トリック」誌の昭和二十七年十二月号に再録されていた（同訳は「**密室の予言者**」と改題のうえ、「宝石」昭和三十年十月号の乱歩選世界短篇ベストテン特集にも掲載された）。この作品はなかなか人気があり、昭和三十二年には中村能三による新訳「**密室の行者**」が、乱歩編『世界短篇傑作集（一）』（東京創元社〈世界推理小説全集〉第五十巻）に収録された（同訳はその後も再録が繰り返されることになる）。

密室における餓死をもたらした奇想天外なトリックはインパクト大で、探偵作家ノックスのイメージは『陸橋殺人事件』などよりもこの作品に支えられている部分が大きいかもしれない。ちなみに、このトリックは島田荘司の某長篇で（仮説の一つとして）使用されているので、若い読者の中にはオリジナルの物語を知らずにトリックのみ承知している人もいるようだ。

「密室の行者」と並ぶノックスの短篇代表作に「**動機**」（The Motive, 1937）があるが、妹尾韶夫によるその初訳が「宝石」昭和三十二年八月号に掲載されている。この号は、経営不振が続いていた「宝石」の立て直しのため江戸川乱歩が編集に乗り出した最初の号で、「わたしが編集するからには、翻訳ものにも大いに力を入れたい」として海外名作五篇を並べたうちの筆頭がノックスの「動機」だったのである。ここでこの作品を取り上げたのは、ディクスン・カーのセレクトに示唆を受けてのことだったと思われる。

カーは、エラリイ・クイーンの編集する「EQMM」誌の企画〈有名探偵作家のお気に入りの探偵小説〉コーナーにノックスの「動機」を選んだ（同誌一九四八年十一月号掲載）。クイーンのエッセイ集『In the Queens' Parlor』にはその経緯を紹介する一篇が含まれており、同書は一九五七年（昭和三十二年）に初版が出ている。おそらく乱歩はそれを読んで「宝石」の翻訳企画を立てたものと思われるが、平成六年に同書の邦訳『クイーン談話室』（国書刊行会）が出るまで、わが国の読者には「動機」とカーのつながりは見えていなかったのである。

日本の読者が「動機」を読んでいた頃、昭和三十二年八月二十四日に英国でノックスが亡くなった。そのニュースが彼の旧作に目を向けさせることになったのであろう、翌年、『陸橋』以来初めて長篇の翻訳が出た。原作は、マイルズ・ブリードン物の第四作『Still Dead』（1934）。ところが、この企画が競合してしまったのだ。昭和三十三年二月、〈ポケミス〉から橋本福夫訳『**まだ死んでいる**』が、同年五月には東京創元社の前記全集で瀬沼茂樹訳『**消えた死体**』が出たが、同じ作品である。

この年にはもう一件競合事件があり、アントニイ・バークリーの『Trial and Error』（1937）の翻訳として、鮎川信夫訳『試行錯誤』（東京創元社・同全集）と中桐雅夫訳『試行錯誤』（ポケミス）の二者が、同じ七月中に出版された。この時期、年とともに隆盛の度を加えていた戦後の翻訳ミステリ出版がピークを迎えており、翻訳権を取得する必要のない作品であれば、企画がかちあう可能性は十分にあった。同一作品の翻訳が複数出ること自体は無駄ではないし、選択の幅が広がるぶん読者の立場からは歓迎できるが、営業的には望ましくない事態であろう。特にノックスのように翻訳の機会に恵まれない作家の場合は、もったいないという気分が先に立つ。

それでも、この時期の翻訳出版の勢いに乗って長篇の紹介が続き、昭和三十六年、ブリードン物第一作『The Three Taps』（1927）が丸本聡明訳『**密室の百万長者**』として「別冊宝石・世界探偵小説全集」第四十五巻「H・H・ホームズ&R・A・ノックス篇」に掲載、三年後、東都書房の「世界推理小説大系」第十六巻『コール／ノックス』に稲葉由紀訳『**三つの栓**』として収録されたが、『密室の百万長者』と基本的に同じ訳文である。

この東都書房の〈大系〉あたりを境に、全集叢書を中心に展開してきた翻訳出版の盛況は一段落し、空白期を迎える。以後しばらくは、ディクスン・カーのような人気作家の本ですら軒並み絶版・品切れとなり、容易に入手できないという状態が続いた。

昭和四十年の江戸川乱歩の死をもって、一つの時代が終焉したかのようだった。ノックス紹介に関しても、四十年代はほとんど見るべきこともなく経過してしまった。

§昭和五十年代以降

昭和五十年代にはいると、新しい風が吹き始めた。ミステリ読者の間に「推理小説」的なものより「探偵小説」的なものを求める動きが見られるようになり、それとともに過去の作品に目が向けられる機会が増えてきたのである。国産の作品が対象ではあったが、昭和五十年に〈探偵小説専門誌〉と銘打って雑誌「幻影城」が創刊されたのは象徴的な出来事だった。角川文庫の横溝正史リバイバルが進行していたのもこの頃である。

そんな中、ノックス「**動機**」の新訳が「ミステリマガジン」昭和五十一年三月号に載った。訳者の風見潤は「『陸橋殺人事件』や『まだ死んでいる』を古書店でも見かけなくなってから、ずいぶんたちます。短篇も「密室の行者」が入手可能（創元推理文庫『世界短編傑作集』に収録）なだけですから、ノックスを見直すいい機会だと思い、訳してみました」というコメントを添えているが、これも新しい風に吹かれてのことだったようだ。

引き続いて同年の「ミステリマガジン」七月号には、深町真理子訳「**一等車の秘密**」（The Adventure of the First-Class Carriage, 1947）が掲載された。これは、シャーロック・ホームズ物のパスティーシュで、作者のシャーロッキアンとしての側面が初めて紹介されたことになる。この面では四年後に、シャーロッキアーナの草分けたる論文「**「ホームズ物語」についての文学的研究**」（Studies in the Literature of Sherlock Holmes, 1912）も翻訳されている（J・E・ホルロイド編、小林司・東山あかね訳『シャーロック・ホームズ17の愉しみ』――講談社版昭和五十五年／河出文庫版昭和六十三年――に所収）。

昭和五十一年にはまた、「**探偵小説十戒**」（Detective Story Decalogue, 1929）の新訳も現れた。ハワード・ヘイクラフト編のミステリ論集に基づく鈴木幸夫編『推理小説の詩学』（研究社出版）に、前田絢子訳で収録されている（これに対応する旧訳は『陸橋殺人事件』併録の井上良夫訳「[ノックスの]探偵小説論」であり、同訳は荒地出版社、昭和三十四年刊の鈴木幸夫編『殺人芸術』にも「探偵小説十戒」として再録されていた）。

昭和五十年代後半には、ノックスの名がけっこう頻繁に目につくようになる。

まず、五十五年七月号～九月号の「ミステリマガジン」に中村保男訳『漂う提督』（The Floating Admiral, 1931）が連載され、翌年文庫化（ハヤカワ・ミステリ文庫）された。これはディテクション・クラブのメンバー十三人によるリレー長篇で、ノックスはその第八章を受け持ち「三九の疑問点」を列挙してみせている。

五十七年には、『**陸橋殺人事件**』の新訳（宇野利泰訳、創元推理文庫）が刊行された。ポケミス版はとうの昔に入手困難になっていたから、オビには「幻の名作、待望の完訳！」と謳われている。井上良夫の訳も名訳だったが、抄訳でもありさすがに賞味期限を過ぎていたから、実績のある訳者による完訳が出たのは大いに歓迎すべきことだった。だが、その内容が本格ミステリの埋れた傑作としてマニアの間で神格化されていたイメージとは合致しなかったためか、読者の反応は今一つであったようだ。この作品はノックスの代表作とされながら、今にいたるまで適切な読み方がされていないように思われる。

五十八年には、ディテクション・クラブの『**屏風のかげに**』（Behind the Screen, 1930）が翻訳され（飛田茂雄訳）、中央公論社刊『ザ・スクープ』に表題作と併せて収録された。これも六人の作家によるリレー小説で、参加者の間で事前の打合せは何もなされなかったらしいが、ノックスは最後の章を担当して見事な結末をつけている。「この上なくいびつな性格のなかにも人間らしい善意は宿っているものだ」と始まる文章が、いかにもノックスらしい味を出している。

五十八年十一月号の「ＥＱ」誌の表紙と背には、「特集：ノックスの十戒」の文字が大きく印刷されていて人目を引く。ノックス、ハリントン共編の『一九二八年版探偵小説傑作集』収録の二十篇のうちから三篇を紹介するとともに、「探偵小説十戒」の新訳「**序文／ノックスの十戒**」（宇野利泰訳）も載せている。

五年後の「ＥＱ」六十三年十一月号では、一八八八年生れのノックスの生誕百年を記念して、右の続きの特集が組まれている。「ストップ・ゲーム」として「特集：ノックスのストップ・ゲーム」というのは、傑作集所収の各篇について、ここまでで読者は犯人を知るに足るだけのデータを得ていると考えられる箇所に「中断」の指定が付されているからだ（エラリイ・クイーンの「読者への挑戦状」と同様の趣向）。この特集では傑作集の未紹介作のうちから四篇が訳出され、併せて（傑作集とは無関係だが）ノックス「**動機**」の新訳（深町真理子訳）が掲載されている。

「EQ」の二度の特集を元に、平成元年（一九八九年）には、晶文社〈幻の探偵小説コレクション〉の一冊としてノックス編『**探偵小説十戒**』が刊行された。その内容は、前記傑作集のうちの十三篇と「序文」、併せて「動機」を収録したものである。〈十戒〉は以前から知られてはいたが、「ノックスといえば十戒」という観念連合が多くの読者に刷り込まれたのはこの時期ではなかったろうか。

平成三年に出たヨゼフ・シュクヴォレツキー『**ノックス師に捧げる10の犯罪**』（宮脇孝雄・宮脇裕子訳、早川書房）は、その刷り込みをさらに強固なものにしたのではないかと思われる。同書は冒頭にノックスの〈十戒〉を掲げ、続く十の短篇でそれを一つずつ破っていくという趣向の本である。作者の犯した罪は、〈十戒〉の各条を破ったことではなく、改めてノックスを〈十戒〉にしばりつけてしまったことであろう。

§この四半世紀

以下、本書『三つの栓』刊行に至るまでの平成時代の動きについては、読者の記憶に新しいであろうから簡単に述べるにとどめよう。

平成六年末、国書刊行会〈世界探偵小説全集〉の第一回配本として、アントニイ・バークリー『第二の銃声』が刊行された。この全集は読者の支持を得て巻を重ね、これに追随する他社の動きも加わって、一躍クラシック・ミステリの発掘ブームが現出した。ひと頃の盛んな勢いはやがて減速したが、この流れは現在も途絶えてはいない。

同全集の第三期のラインナップにノックスも入り、平成十二年に『**サイロの死体**』（澄木柚訳、同全集第二十七巻）が刊行された。ブリードン物の長篇第三作『The Body in the Silo』(1933)の翻訳である。かつて頓挫した、大田黒元雄訳で予定された企画が六十四年後に実現したわけである。

次いで平成十六年には、第二作『The Footsteps at the Lock』(1928)が『閘門の足跡』（門野集訳、新樹社）として翻訳された。これら二長篇はある程度好評をもって迎えられ、本格ミステリ作家としてのノックスを再認識させる力になったのではないかと思われる。

短篇の方では、平成十年十月号の「ミステリマガジン」に、ノックスと元ロンドン警視庁警視コーニッシュとの合作「**落ちた偶像**」（小林令子訳）が掲載された。ディテクション・クラブのメンバーによる作品集『Six Against the Yard』（1936）に収録された一篇「The Fallen Idol」の翻訳である。これで短篇の未訳作品はなくなった。

人気作「**密室の行者**」（中村訳）と「**動機**」（深町訳）の再録も続き、前者は綾辻行人編のアンソロジー『贈る物語 Mystery』（光文社、平成十四年／光文社文庫、平成十八年）に、後者は『法月綸太郎の本格ミステリ・アンソロジー』（角川文庫、平成十七年）に収められた。

ホームズ贋作の「**一等車の秘密**」の新訳も、北原尚彦編訳『シャーロック・ホームズの栄冠』（論創社、平成十九年）に収録された。

「十戒」もまた新訳が出て、松井百合子訳「**探偵小説十戒**」がハワード・ヘイクラフト／仁賀克雄編『ミステリの美学』（成甲書房、平成十五年）に収録された（同書の目次に「犯罪小説十戒」とあるのは誤りであろう）。

最後に、ノックス自身の作品ではないが、平成日本におけるこの作家を語るうえで逸することができないのが、法月綸太郎のSF中篇「**ノックス・マシン**」（「野性時代」平成二十年五月号）である。〈探偵小説十戒〉の第五条、「中国人を登場させてはならない」という奇妙な条項の謎をSF仕立てで解明するという特異な小説。これにその続篇等を加えた中短篇集『ノックス・マシン』（角川書店、平成二十五年）は、「このミス」第一位をはじめ年末の各種ランキングで上位を占めた。日本中のミステリ・ファンが改めてノックスの名を意識する機会となったわけで、ノックス受容への貢献度は絶大なものがあった。一方では、これがさらに「十戒のノックス」というイメージを強固なものにしたという副作用もあったのだけれども。

3　本書について

『三つの栓』は、ノックスのマイルズ・ブリードン物の探偵小説第一作『The Three Taps』の翻訳である。前述のとおり昭和三十六年・三十九年に旧訳が出ており、本書は五十三年ぶりの新訳ということになる。

通常ノックスの探偵小説処女作とされる『陸橋殺人事件』は、筆者の考えでは〈探偵小説風ユーモア小説〉として読むのが適当な作品であり（この点、詳しくは『サイロの死体』の解説を参照されたい）、ノックス流本格探偵小説はこの『三つの栓』をもって始まる。

まず、ブリードン物の作品リストを掲げておく（3のみ短篇、他は長篇）。

1 The Three Taps : A Detective Story Without a Moral（1927）本書
2 The Footsteps at the Lock（1928）『閘門の足跡』
3 Solved by Inspection（1931）「密室の行者」
4 The Body in the Silo（1933）〔米題 Settled Out of Court〕『サイロの死体』
5 Still Dead（1934）『まだ死んでいる』／『消えた死体』
6 Double Cross Purposes（1937）

本書で初登場したインディスクライバブル保険会社の調査員マイルズ・ブリードンは、当時においてまったく新しいタイプの探偵役だった。その経歴や人柄のことをいうのではない。彼がユニークなのは、探偵仕事にいやいや手を染めている〈不本意ながらの探偵〉であることだ。

この点において、ブリードンは『陸橋殺人事件』に登場したモーダント・リーヴズと著しい対照をなしている。リーヴズは、とにかく探偵をやってみたくてたまらなかった人物である。ヒマを持て余した高等遊民の彼は、「秘密情報収集」の仕事を志願するがそんな職にはありつけず、代わりに身辺に降ってわいた殺人事件に嬉々として首をつっこむ。しろうと探偵気取りで事件を嗅ぎまわるが、ひねり出す推理は的を外してばかり。あげくの果てに友人の一人を殺人犯として告発するが……。はなはだお節介でハタ迷惑な男なのだが、彼はある意味、病気だったともいえるだろう。「探偵熱」に浮かされていたのだから。

「みぞおちのあたりに、いやな熱をお感じになりませんか？　それから、頭のてっぺんがガンガン鳴るような感じは？　ああ、まだでございますか！　でも、フランクリンさま、コブズホールにいらっしゃると、あなたさまもそいつにとりつかれますよ。私はそれを探偵熱と呼んでおりますが」

右はウィルキー・コリンズの『月長石』（一八六八、創元推理文庫）からの引用だが、この作品によって明確な表現を与えられた「探偵熱」（detective fever）は、不可解な犯罪の謎を解きたいという欲望が全国的熱狂へと高まった現実の社会現象をふまえていた。

『月長石』は、一八六〇年に発生して英国中にセンセーションを巻き起こしたロード・ヒル・ハウス殺人事件（コンスタンス・ケント事件）に一部を取材している。中流家庭の屋敷内で幼児が惨殺されたこの事件をめぐって、当時の英国社会は探偵気取りの熱狂に包まれ、スコットランド・ヤードへは謎解きを提言する一般人からの手紙が殺到した。その騒然たるありさまは、同事件を扱ったノンフィクション、ケイト・サマースケイルの『最初の刑事』（二〇〇八、早川書房）に詳述され、一方でプライバシー尊重が強く要請されたヴィクトリア朝社会における探偵への情熱が、形を変えたのぞき趣味でもあった事情が示されている。

同書の次の一節は、「のぞき魔」としての探偵の出自を明らかにしている。

「『detect（看破する、探偵をする）』という語は、ラテン語の『de-tegere』つまり『おおいをはがす（unroof）』に由来し、探偵（detective）のもともとの姿はユダヤの悪神アスモデ、家々の屋根をはがしてその中の生活をひそかにさぐる跛行の魔神だった。（中略）ロード・ヒル殺人事件に関する著書のなかでステイプルトンは、ケント一家が暮らす家の『プライバシーをのぞき込む』アスモデの姿に模して、この事件への世間の熱中ぶりを表現した」

先に引いた『月長石』の一節は、楽しげな筆致で書かれているが、作者は探偵熱を肯定的に捉えていたわけではないようだ。終盤における某人物の死体発見の場でのカッフ部長刑事や探偵少年グーズベリーの描写などには、探偵熱の忌わしき情熱としての側面が表現されている。

その後、多くの探偵小説が書かれ、多くの探偵たちが登場した。彼らも多かれ少なかれ魔神アスモデの血を引いていたはずだが、そのことに自覚的な人物はほとんどいなかったように思われる。そんな中で、マイルズ・ブリードンは探偵の本質が卑劣なスパイであることを十分に認識し、それでも生計のために〈不本意ながらの探偵〉を務めていたのだ。

この探偵の消極性は、作品の構造とも対応しており、ブリードン物の探偵小説はプロット中心の小説となっている。犯罪構成のプロットが非常に複雑であるとともに、実に巧妙に組み立てられているのがその特色であるが、裏を返せば、探偵は入り組んだプロットの解説者にすぎず、解明の論理が必ずしも十分でないということでもある。

しかし、そうした弱点は抱えながらも、ブリードン物は本格探偵小説として十分な面白さを備えている。井上良夫は、『探偵小説のプロフィル』所収の評論「探偵小説の本格的興味」において、探偵小説の論理的な面白味には「犯罪構成」から来るもの（探偵小説のプロットそのものから我々が感じさせられる面白味）と「探偵（デテクション）」の方から来るもの（作中探偵の推理の面白味）の二つがあるが、それらが一つの作品に共々充分に盛られていることは比較的少なく、「多くの場合が一方のみの面白味に傾いているものであって、そこで同じように本格的探偵小説と云われていても、各作品の持つ興味が異っているし、作家の持味などが判然と別れて来るわけでもある」と述べている。考え抜かれたプロットの面白さとその物語としての魅力がノックスの持味であり、その点にかけては黄金時代のどの作家と比べてもひけをとらないだろう。

キャラクターとしては、ブリードンのほか、シリーズを通じて彼と行動を共にする妻のアンジェラの存在が目を引く。快活で機転の利くアンジェラは、時にブリードンの手足となって調査を手伝い、時にワトソン役を買って出て夫の思考を助ける（彼女の溌溂とした魅力が十分に表現されているのは、新訳の手柄の一つであろう）。まことに息の合った〈おしどり探偵〉ぶりがほほえましいが、これはまた探偵の消極性を補完する作者の戦略でもあったろうか。

ウイットに富む彼らの会話を楽しみつつ、高額の〈安楽死保険〉と田舎の宿屋の三つのガス栓にまつわる謎にじっくりとお取り組みいただきたい。

※

作品の理解に資するよう、若干の事項に注釈を加えておこう。

○インディスクライバブル社

英国の大保険会社ロイズをモデルにしたとおぼしき架空の会社に付された名前だが、「Indescribable」とは「名状しがたい」「言語に絶する」といった意味であり、保険がらみの記述には冗談めかした色合いが強いことからしても、パロディの意図が濃厚である。〈安楽死保険〉というのも不思議なネーミングで、いわゆる安楽死とは無関係、むしろ〈長寿安楽保険〉とでも称すべき内容のものだが、あまりに高額の保険金といい、まさに Indescribable な保険である。マイルズ・ブリードンは同社お抱えの私立探偵ということだが、今でいう保険調査員であり、扱う事件の性格はかなり異なるものの、浦沢直樹描くところの「マスターキートン」の先達にあたる。

○〈災厄の積み荷〉

アンジェラが「古風な屋号」と言っているように、「Load of Mischief」ないしこれに類する名前の宿屋やパブは古くから英国各地に実在している。十八世紀の諷刺画家ウィリアム・ホガースは「A Man Loaded with Mischief」というパブの看板絵を残していて、そこには「酔っぱらいの女房と、いたずらものの猿と不吉の兆しであるワタリガラスを背負って、首に結婚生活という鎖つきの首輪をはめられて苦しそうに歩いている男の姿が描かれている」（櫻庭信之『英国パブ・サイン物語』研究社出版）という。ちなみに、マーサ・グライムズのパブ・シリーズ第一作『「禍いの荷を負う男」亭の殺人』（一九八一、文春文庫）の舞台となる店の名前も「The Man with a Load of Mischief」だった。

○賭け

ブリードンとレイランドは事件の解決をめぐって賭けをし、さらに金額を倍々にと引き上げていく。我々の感覚からするといささか不謹慎な振る舞いのようにも見えるが、英国ではこれはノー・プロブレムである。競馬に王室が熱心に保護を与え、私的馬券屋が公認されているお国柄、やり方が公正なら賭けそのものは悪ではないという考えに立っているのだ。そういうわけで何でも賭けの対象にしてしまうが、「スポーツ試合の勝負などは、ごく日常的なもので、日本人なら（ことにアマチュア・スポーツの場合には）神聖なスポーツマンシップへの冒瀆だと怒り心頭に発してしまいそうだが、彼らは平気である。（中略）総選挙でどの党が多数を取るか、いや、それどころか、皇太子妃が妊娠すると、未来の国王が男か女かが大っぴらな賭けの対象となり、国民が投票して、そのオッズが新聞面を賑わすこともある。王室尊崇の人も別に腹を立てることがない」（小池滋『英国らしさを知る事典』東京堂出版）。

○ワトソン役

「ワトソン役というのは、アンジェラが慎重に愚か者を装いながら、夫に新しい見方を示唆することを意味している」と本文五十七頁で解説されている。職業探偵の妻たるアンジェラの内助の功の一環というべきものだが、彼女くらい頭の良い女性でなければうまく果たせない役割でもある。なぜか途中でハドソン夫人に変わってしまうこともあるが、その時は相手はレストレードさんと呼ばれている。作者にはワトソンが「愚か」であるという思い込みがあったようで——筆者は決してそんなことはないと思うのだが——、〈探偵小説十戒〉の第九条においても「探偵の愚かな友人であるワトソン役は、自分の頭に浮かぶ思考を隠してはいけない。その知性は、わずかだけ、ごくわずかだけ、平均的な読者の知性を下回っていなければならない」とされている。

○ペイシェンス

イームズも汽車の旅の間カードに熱中していたというし、パルトニーもカードを二組持ち歩いていたというから、当時はトランプの独り遊びが流行していたらしい。もっとも、ブリードンの場合は自分で考案したやり方で、カードを四組も使う大がかりなものだから、どこでも気軽に楽しめるというものではないが、五十組ものカードを使う〈ビルマ式一人遊び〉（ロバート・L・フィッシュ『お熱い殺人』参照）のようないかがわしいものではなく、高度に知的な頭脳ゲームであったようだ。事件捜査の機が熟してくると、ブリードンは一人静かにペイシェンスに取りかかる。ゲームをやりながら得られる直観的洞察が彼を解決に導くのだが、その霊妙なからくりが読者に明かされることはなく、推理の過程がブラックボックス化している感は否めない。

○三つの栓

モットラムの部屋の三つのガス栓が一夜のうちにたどった経過は複雑で理解しにくいと思うので、老婆心からブリードンの説明を箇条書きに整理しておく。

①モットラムが火をつける前の状態

［　栓A：水平（閉）　栓B：垂直（開）　栓C：水平（開）］

②モットラムが火をつけるため栓Aをひねった状態

［　**栓A：垂直（開）**　栓B：垂直（開）　栓C：水平（開）］

この状態で壁掛け式ランプ（B）に火がつけられ、スタンドランプ（C）はガス漏れのまま放置される。

③モットラムが火を消すため栓Bをひねった状態

［　栓A：垂直（開）　**栓B：水平（閉）**　栓C：水平（開）］

壁掛けランプは消えたが、スタンドランプからガスが漏れ続けてモットラムを死に至らしめる。

④モットラムの事故死を発見したブリンクマンが自殺偽装の工作として栓Aをひねった状態

［　**栓A：水平（閉）**　栓B：水平（閉）　栓C：水平（開）］

この状態で早朝モットラムの部屋のドアが破られたわけである。

本文中に掲げられた二つの図のうち前者は③に、後者は④に対応する。

ちなみに、東都書房版の旧訳では、ガス栓に関わる記述と図版の一部に手が加えられ、原作とは異なるものとなっていた。三つの栓問題の分かりにくさを解消しようとした意図は推測できるものの、結果的に成功しているとはいえないし、そもそものような原作の改変は許されるべきではあるまい。

ミルワード・ケネディのプロフィール

初出：〈世界探偵小説全集〉月報7［第10巻］（国書刊行会　1995年6月）

巨匠というほどのスケールはないかもしれないが、たしかな腕とクセ者めいた雰囲気が妙に気をそそる、黄金時代の実力派——ミルワード・ケネディはそんな作家である。

読者の多くにとってケネディの名は、ディテクション・クラブによるリレー長篇『漂う提督』と『警察官に聞け』の執筆メンバーの一人としてかろうじて見覚えがあるという程度にすぎないだろう。チェスタトンが序文を書いているアンソロジー『探偵小説の世紀』にも短篇が収録されていたぞ、と言う人がいれば相当のマニアである。リレー長篇の担当部分もさほど光る内容ではなかったし（『警察官に聞け』では作全体を仕切る重要な役をつとめてはいたけれど）、筆者としても格別の注意を払ってはいなかったのだが、しばらく前にオヤと思わせられる発見が二つあった。

一つは、セイヤーズ編『探偵・ミステリ・恐怖小説傑作集』の第二集にケネディの短篇が二篇収録されていることである（米版には一篇のみ収録）。他の作家はみな一篇ずつなのに、なぜケネディだけ二篇なのだろう？　セイヤーズは後にエヴリマンズ・ライブラリ版の探偵小説アンソロジーでもポオ以降の厳選された十九作の中にケネディの作を採っているから、少なくともセイヤーズがケネディを同時代の重要な作家と見ていたことは間違いない。

もう一つの発見は、ケネディが筆者の愛するバークリーと親交があったらしいことである。一九三一年の『Death to the Rescue』という作にはバークリーにあてた序文が付されており、これに対し三年後にはバークリーが『Panic Party』にケネディへの献辞を付けて返礼している。前者の序文は、ケネディの探偵小説観を明らかにしていて興味深い。そこで著者はバークリーが（アイルズ名義の作品で）開拓した犯罪心理の探究の方向を評価しながらも、その道をたどればDetectionから離れていくのではないかと疑問を呈し、Detectionじたいを物語のモチーフにすることはできないかと問うている。

そんなことがきっかけでケネディに注目するようになったのだが、そうしてみるとこの作者、タダ者ではない様子なのである。探偵小説は余技で、本業としては官吏の経歴が長く、後にジャーナリストに転じた。一九二九年から五二年までの間に別名義・合作を含めて二十作の長篇を発表した。大部分はDetectionに主眼を置いた本格探偵小説だが、戦時中の情報局勤務の経験を生かしたスパイ小説などもある。リレー長篇の作からうかがえるように、ディテクション・クラブの初期の中心的メンバーの一人でもあった。その作風はシニカルな視点とひねったユーモアが特徴的で、その点バークリーにも通じるものがあるが、これといったシリーズ・キャラクターを持たなかったせいもあってか、人気作家の列には加われなかったようだ。（とはいっても、大部分の作品がゴランツ社から出版された実績はなかなかのものだが。）これもバークリーと似た点だが、長期間にわたって探偵小説の書評も手がけていた。

以下、紙幅の許す範囲で代表作と目される二作のあらましをご紹介しよう。先に序文についてふれた『Death to the Rescue』は、他に類例のない風変わりな作品である。本文は二部からなっており、全体の八割以上を占める第一部は田舎の村の地主エイマー氏の手記である。エイマー氏は村の名士なのだが、自惚れ屋で詮索癖があり、必ずしも人好きのする人物ではない。独身で金とヒマが豊富なのにまかせて探偵のマネ事を始め、かつて一世を風靡した映画俳優が人気の絶頂に突然引退した謎を解こうとする。女性秘書や私立探偵も使いながら調査を進めていくうちに、俳優の過去には二件の殺人事件が絡んでいることが分かってくる。やがて謎はすっかり解かれるのだが、エイマー氏が少しずつ集まってくる手掛かりを元に事件を再構成していく過程はなかなか読みごたえがあり、この第一部だけでも並の探偵小説以上に楽しめる。しかしこの作の読み所は「別の観点」と題された第二部で、まず大方の読者の思いも及ばぬ結末が待ち受けているのだ。序文にいうような Detection じたいの興味で読ませる作品であるが、一方でアイルズの作品にも通じるようなおそろしさも感じさせる。

一九三二年刊『The Murderer of Sleep』のタイトルは『マクベス』からの引用だが、ここでの Sleep は眠りではなく村の名前である。川べりに三軒並んだ貸家に一夏の借り手がついたとたん、夢みるようなのどかな村は連続殺人の悪夢に襲われることになる。関係者にはみなアリバイがあるが、なぜか現場付近にはいつも車椅子に乗った障害者の姿が見られた。彼は自ら立ち上がることも、目撃したことを他人に伝えることもできないのだが……。前作とは異なりオーソドックスな本格探偵小説であるが、キビキビした筆致とユーモアの味付けで描かれたアリバイ崩しの物語は、黄金時代の最良の果実の一つといってよいだろう。

※『Death to the Rescue』及び『The Murderer of Sleep』は、その後『救いの死』（国書刊行会）及び『スリープ村の殺人者』（新樹社）として刊行された。

探偵の研究

ケネディ『救いの死』解説

初出：同書（国書刊行会　2000年10月）

1　はじめに

本書の作者ミルワード・ケネディは、わが国の読者にはなじみが薄いものと思っていたが、年季の入ったミステリ・ファンにとっては案外そうではないのかもしれない。年季といってもこの場合二十年や三十年では駄目で、その倍くらいは必要なのだが。

することもない休日の午後など、雑誌のバックナンバーを何冊か引っ張り出してきて（その選択はアットランダムでなければならない）、あちこち気ままに拾い読みするのはまた格別の楽しみである。古い雑誌の黄ばんだページの間には、その時代の空気が封じ込められている。素朴なセンスの広告に郷愁を誘われたり、今よりも肉太な活字のたたずまいに不思議な新鮮味を感じたり、そしてもちろん、年月のかなたに埋もれてしまった数々の記事を掘り起こして読む面白さがある。そこには時折、ささやかな発見の機会も待ち受けている。

つい最近も、戦前の探偵雑誌「探偵春秋」を眺めていたら、思いがけずミルワード・ケネディの名に出くわすことになった。同誌昭和十二年三月号に、須藤蘭童という人の書いた「ロンドン便り」なる見開き二頁のエッセイが載っていて、これは前年十二月にロンドンで行われたドロシイ・L・セイヤーズの講演を紹介する内容のものなのだが、そこにこんな記述が見られる。

最初セイヤズ女史は、日本でも馴染まれている探偵小説家のミルワード・ケネディ氏に紹介されて登壇、縁無し眼鏡をつけたまま、ザッと小一時間あまり、現実生活の殺人、紙上の殺人、舞台での殺人に就て講演した。

「日本でも馴染まれている」とあるからには……やっぱり、なじまれていたんでしょうなあ。

実際、調べてみると、ケネディの長篇第三作（単独名義の作品としては第二作）『Corpse Guard Parade』(1929)は、原書刊行の翌年に『死の濃霧』の題で「新青年」に翻訳連載されている。もちろん抄訳ではあったが、戦前の翻訳事情からすれば異例の紹介の早さである。このほか、短篇もいくつか翻訳されているから、「新青年」時代からのオールド・ファンには、ケネディはそこそこ知られた存在であったろう。

右の記述からもう一つうかがえるのは、ケネディがセイヤーズと親交があったらしいことである。この講演会は「サンデー・タイムズ」主催のブック・エキジビションの折に開かれたものらしく、二人とも同紙で探偵小説の書評を担当していたから、ディテクション・クラブ（ロンドン探偵作家クラブ）のメンバー同士という関係のほかに、その面でもつながりがあったのだろう。本書の二百二ページ、グレゴリー・エイマー氏の手記の中の、当代の代表的な探偵作家を例示する文脈でセイヤーズの名が挙げられていることも、二人の交友の一つの裏付けとなろう（もっとも、セイヤーズはこのような場合によく引き合いに出されるので、格別有力な証拠になるわけでもないが[1]）。

このときのセイヤーズの講演はなかなか面白いものだったようで、きちんとした記録が残っていない（と思われる）のが残念だが、「ロンドン便り」によると、こんな一幕もあったらしい。

『探偵小説に、「モースト・アンライクリー・パーソン」という陳腐なギャグを持ち込むのは、もう流行りません。』と、女史は断言した。

「陳腐なギャグ」には恐れ入るが、たしかに、探偵小説のトリックなるもの、客観的に見ればギャグの類にほかなるまい。ただし、それが陳腐に陥るかどうかは、作家の腕しだいというべきだろう。本書もある意味ではmost unlikely personテーマの作品といえるのだが、そこに独特のひねりが加えられることによって他に類例のないヴァリエーションをなし、一読忘れがたい傑作となっているのだから。

2　作者について

戦前いち早く長篇が翻訳されたケネディだが、原作が特に出来のよいものでもなかったせいか、さしたる評判も呼ばなかったようで、後続作品の紹介が相次ぐという具合にはいかなかった。戦後も翻訳されたのは短篇二つと、彼も参加しているリレー長篇二作だけであり、現在に至るまで作者の真価を知らしめる代表作の紹介は行われなかった。翻訳されたわずかの作品ですら、現時点では手に取ることが難しくなっている。こうした状況では、やはり大方の読者にとってケネディは未知の作家であろう。

若い読者の中には、本全集既刊キャメロン・マケイブの『編集室の床に落ちた顔』（一九三七）を読んで、そこで引用されていた書評からケネディのことを探偵小説の「著名な評論家」として認識されていた方もいるかもしれないが、それはケネディの持っていた一つの顔にすぎない。セイヤーズやバークリーなどと同じく、実作者としてもすぐれた作品を残していることを知っていただきたいと思う。

　そこでまず、作者の紹介から始める必要があるが、筆者は先に本全集第十巻の月報でケネディについて一文を草しているので、その内容と若干重複するところがあるのはご容赦願いたい。

Ⅰ　作家事典ふうに

ミルワード・ケネディ（Milward Kennedy）
　本名、ミルワード・ロウドン・ケネディ・バージ（Milward Rodon Kennedy Burge）。一八九四年、英国生れ。オックスフォード大学卒。官吏及びジャーナリストの経歴の傍ら探偵小説を書き、また、探偵小説の書評家としても著名だった。一九六八年没。
　ケネディの公的な経歴は赫々たるもので、第一次世界大戦では情報部で軍務に就き、戦功章を受けた。終戦後に短期間カイロの財務省に勤務した後は、ＩＬＯ（国際労働機関）に入り、ジュネーヴ本部での勤務を経てロンドン事務局長に就任、長くその地位にあった。第二次大戦ではオタワで再び情報部の仕事に携わったが、終戦後は公務を退いてジャーナリズムの世界に転じ、「エンパイア・ダイジェスト」誌の編集長を務めた。
　探偵作家としては、一九三〇～四〇年代を中心に活躍し、別名義・合作を含めて二十作の長篇と若干の短篇を発表した。別名義としては、ロバート・ミルワード・ケネディ（Robert Milward Kennedy、ゴードン・マクドネルとの共著による処女作『The Bleston Mystery』にのみ使用）及びイヴリン・エルダー（Evelyn Elder、一九三〇年代初頭の二作に使用）がある。合作には、右の処女作のほか、ディテクション・クラブのメンバーによるリレー長篇『漂う提督』（一九三一）と『警察官に聞け』（一九三三）があり、特に後者では全体構想の立案・解決篇の執筆という重要な役を任されていることからもうかがえるように、同クラブの初期における中心的なメンバーの一人であった。
　ミルワード・ケネディ単独名義の長篇は十五作あり、戦時中の情報部勤務の経験を生かしたと見られるスパイ小説などもあるが、大部分は本格ミステリである。ただし、これといったシリーズ・キャラクターはなく、初期にコーンフォード警部物、私立探偵ジョージ・ブル卿物が二冊ずつ書かれたほかは、すべてノン・シリーズ物となっている。[2]
　その作風の中心をなす本格ミステリの中にも二つの系

列が見られ、オーソドックスなタイプのものと、「ケネディ流」とでも冠したい、ひねったタイプのものがある。後者の作品ではシニカルな視点と意地の悪いユーモアが特徴的で、その点、アントニイ・バークリーの作風にも通じるところがある。そのバークリーに宛てた序文の付された『救いの死』（一九三一）は後者のタイプの代表作といってよいが、オーソドックスな本格物の中にも、バーザン／テイラーの『A Catalogue of Crime』（1971）でも激賞されている『スリープ村の殺人者』（一九三二）のような佳作がある。

書評家としては、ドロシイ・L・セイヤーズの後を受けて「サンデー・タイムズ」の書評欄を担当し、長く健筆をふるった。サザランド・スコットは『現代推理小説の歩み』（一九五三）の中で、ケネディについて「有能で、歯に衣を着せない批評家でもある」と述べている。

Ⅱ　別の視点

右のスケッチは、海外の作家事典等の記述に基づき、できるだけ客観的にまとめてみたものなのだが、もとより、こうした教科書的な記述だけで一人の作家の全体像がとらえられるはずはない。そこで、同時代の作家仲間の目に映ったケネディ像を紹介することで、その補いとしてみたい。登場願う作家は、いずれ劣らぬ巨匠たち――ジョン・ディクスン・カー、アントニイ・バークリー、ドロシイ・L・セイヤーズの三人である。

カーの視点

ダグラス・G・グリーンによる評伝『ジョン・ディクスン・カー〈奇蹟を解く男〉』（一九九五）の第八章には、ディテクション・クラブの会員たちに関する興味深い記述が数多く見られる。ケネディについてもそこで言及されているのだが、その扱いは好意的とはいえず、いまやほとんど完全に忘れ去られている女流作家アイエンシ・ジェロルドについてふれた後、「彼女よりいくぶん重要だが、今日ではほとんど知られていない(3)」作家としてケネディの名が挙げられるのである。

これはあくまでグリーンが書いた文章であって、カーの視点とは別物であるわけだが、カーのケネディに対する評価も高いものではなかったようだ。「ディテクション・クラブに加わる前に、カーはケネディに面白がらせてもらい、悩まされもした」。

面白がったというのは、チェスタトンが序文を書いているアンソロジー『探偵小説の世紀』（一九三五）にケネディの短篇が収録された際に、彼が自らを「フィクシヨンのほかならぬこの分野で巨匠たちと肩を並べるものである」と位置づける宣伝文句を書いたことについてである。このアンソロジーが編まれた一九三五年までにはケネディもそれなりの実績を上げていたのだから、あながち身の程知らずともいえなかろうし、また一種のユーモアであったろうと筆者は思うのだけれども、カーには存外謙虚なところがあって、ベスト作品の選出に自作を含めるようなことはしなかったから[4]、ケネディの自信過剰な物言いが気にさわったのかもしれない。

悩まされたというのは、ケネディが〈サンデー・タイムズ〉に書いた書評に関してで、出版社との契約の関係で別名義「カーター・ディクスン」を用い始めたときに、ケネディが書評で作者の正体を詮索したことにカーはひどく腹を立てていた。もっとも、カー名義とディクスン名義の作品の間の作風の類似は別としても、ペンネーム自体が同一人物であることを宣言しているようなもので、ディクスンの正体は誰にも明らかだったろうから、それを指摘されたからといって腹を立てるというのはどんなものであろうか。グリーンの本には書かれていないが、「歯に衣を着せない」ケネディがカーのいずれかの作品に厳しい評価を下したこともあったかもしれず[5]、それがカーのケネディ観に大きく影響したという可能性はあるだろう。

ケネディが書評の中で、作家たちにもっと地図や見取り図を入れてほしいと要望していたことに対するカーのコメントもなかなか辛辣である。曰く、「やつがフリート街の大縮尺の地図なしでどうやって新聞社に原稿を届けられるのか、私にはわからんね。あの男のことだから、電話ボックスで迷子になったり、地下鉄に乗って殺されかねない。ただ、やつにもべつに悪気はないんだ。よかれと思って言っているだけなのさ」。ケネディの要望は、本格ミステリのファンからすれば至極まともなものに思われるのだが、要するにそりが合わなかったということであろうか。

なお、カーの妻クラリスの言うところによれば、ケネディの外見は次のごとし。「巨漢でした。体格がよくて長身、肩幅も広くて、体全体が少し太りぎみでした」。

バークリーの視点

ケネディについて語られるとき、彼と親交があった人物としてバークリーの名が挙げられることが多いが、実のところ、その交友関係を直接証拠立てる資料は見当たらない。互いに書評家として相手の作品を取り上げたことはあったかもしれないが（少なくともケネディがアイルズ名義の一九三一年刊『殺意』について論評を加えていたことは、マケイブ『編集室の床に落ちた顔』での引用から分かる）、それぞれが相手の人物についてふれた文章を目にすることはできない。

したがって、その「親交」は間接的に推測されるものである。先述したように両者の作風に似通ったところがあることから、お互いの作品に関心を持ち合っていたであろうし、二人ともディテクション・クラブの中心的なメンバーであったから、その運営等の場面で話をする機会も多くあったことだろう。これらは状況証拠だが、それ以上にはっきり裏付けとなる証拠が一組、作品自体の中に残されている。

バークリーに宛てられた本書の序文と、その返礼として三年後にバークリーが『パニック・パーティ』（一九三四）――シェリンガム物の最後の長篇となった作品――に付したケネディ宛ての序文がそれである。このやり取りは友情に満ちたエール交換といったのどかな性格のものではなく、ちょっとした毒が含まれているのだが、それを言うにはまず『パニック・パーティ』の序文がどんなものだったか、お目にかける必要がある（拙訳により引用）。

親愛なるミルワード・ケネディ様

貴兄は以前公刊された書物において、推理の興味のみで読ませる作品を書けるかどうか、私に挑戦されました。ここできっぱりと申し上げますが、私にはそんな退屈なことをする気はさらさらありません。その代わりに、多大なる喜びをもって、それとは正反対の本を貴兄に献じたいと思います。我々がともに所属している厳格なクラブのあらゆる戒律を破り、それがためにおそらく私の会員資格が剥奪されることにもなるであろうこの本を。

――アントニイ・バークリー

『パニック・パーティ』は「あらゆる戒律」を破るところまではいっていないが（そういうことができたら、それはそれで大したものだ）、フェアプレイの探偵小説ということは到底できず、多くの批評家の顰蹙を買った作品である。全篇推理的興味のみの作品を書いてほしいと注文を出した相手にこのような作品を捧げるというのは、皮肉たっぷりで、いかにもバークリーらしいパフォーマンスといえるが、こうした真似ができたのも、裏を返せばケネディとの関係がまったく遠慮のない間柄であったからだろう。

『第二の銃声』(一九三〇)の序文で今後の探偵小説の発展方向を示してから四年たったこの時点で、バークリーは「推理」を退屈(tedious)であると言っている。著者一流の皮肉な応酬を演出するレトリックでもあったろうが、それだけではないような気がする。こういう言い方をした背景を筆者なりに探ってみると、このときのバークリーの気持の中には、次の二つの要素が混じっていたのではないかと思う。

一つには、先に自分に宛てられた本書『救いの死』の序文を読んで、バークリーは必ずしも快く思わなかったのではないか。序文の中でバークリーは「小説の技巧においてすでに名人の域に達している貴兄」などと持ち上げられてはいる。多少のお世辞が含まれていたとしても、それはうれしいことであったろう。しかし(以下はバークリーの内心の声である)――「推理じたいを物語のモチーフに」した作品を貴兄なら発表してくれるのではないでしょうか、とは何事か。そのような作品を自分はもう書いているではないか。『毒入りチョコレート事件』(一九二九)こそ、まさにそうした作品ではなかったか。

……これはもちろん、筆者の想像にすぎない。だが、客観的に見てケネディの要求は既に『毒入りチョコレート事件』が十分に満たしていたと思うし、その方向でこれ以上の作品が産み出せるとも思われない。バークリー自身そう考えていたであろうことは、『第二の銃声』の序文において、自分はプロットや構成に工夫をこらす実験は『毒入りチョコレート事件』で試し終わったので、今度は第二の試みをするのだと宣言していることからもうかがうことができる。

本書の序文において、ケネディはどのようなつもりでバークリーに挑戦したのか。そこにもしバークリーの過去の達成を否定する(少なくとも十分には評価しない)意図が含まれていたとしたら、その毒はバークリーを刺激したことだろう。しかし、筆者には何となくケネディはあまり底意のある人だったとは思えないので(カーの目に映ったやや滑稽な人物像に影響されているせいかもしれない)、序文で「推理」の方向を強調したのは、単に本格物の愛好者として「心の過程」を追究する方向に反発した結果――その揺り返し――であるように思われる。そうであるとしても、公的な場で挑戦されたことだけで、バークリーはカチンときたのではないかと思うが。

バークリーの気持の中にはもう一つ、頑なに「推理」への志向を崩さないケネディに対する、そう、何といったらよいか、一種の軽侮の念があったのではないか。『第二の銃声』で転回の方向が示され、『殺意』と『犯行以前』（一九三二）が強力な牽引車となって、ミステリ文学はいまや新たな道を進みつつある。その時代の流れを理解しようとせず、というより、それを認識しながらことさら背を向けようとするケネディの姿勢に、バークリーはある狭小さ、あるいは貧困、といったものを感じたのではなかったろうか。

こうした二つの思いが入り混じって「退屈」という言葉になったのではないかと推測するのだが、それを証するものは何もない。バークリーに名を借りた筆者の視点だと言われるなら、批判は甘んじて受けるほかない。

セイヤーズの視点

三人の中では、セイヤーズが最も好意的にケネディを見ていたようである。それを裏付ける証拠を、間接的なものと直接のもの、二つあげてみよう。

間接的な証拠というのは、セイヤーズの編集した探偵小説傑作集である。セイヤーズ編のアンソロジーとしては、『Great Short Stories of Detection, Mystery and Horror』（米版『The Omnibus of Crime』）vol. 1～3（1928～34）がその序文とともに有名だが、セイヤーズはその後、デント社のエブリマンズ・ライブラリの一冊として、『Tales of Detection』（1936）という小型の本も編んでいる。後者の収録作品は十九篇で、前者の三巻本が合計七十七篇（怪奇小説等を除く）を収録していたのと比べると量的には四分の一にすぎないが、「それだけに、セイヤーズの好みによって撰りすぐったものが入っているわけで、ベスト・テン或はベスト二十を求めるような場合にはこの方がはるかに参考になる」（江戸川乱歩[6]）と言われるように、独自の価値をもった珠玉の傑作集なのである。そのポオに始まる厳選された十九作の中に、ケネディの作も含まれているのだ（ちなみに、三巻本の第二巻にもケネディの短篇が採られているが、他の作家は一人一篇ずつなのに、ケネディだけがなぜか二篇収録なのである。ただし英国版のみではあるが、これが優遇の証拠でなくて何であろうか）。

右の十九作の作者のうち、第一次大戦後に活動を始めた人々は次の十人である。――ロナルド・ノックス、アガサ・クリスティー、アントニイ・バークリー、F・W・クロフツ、ジョン・ロード、セイヤーズ、ヘンリー・ウェイド、H・C・ベイリー、C・デイリー・キング、そして、ケネディ。アメリカ作家からキング一人が入っている理由はよく分からないが（戦前の作家ではポオのみ）、他の顔ぶれは当時のイギリス探偵文壇の一流どころばかりであり、セイヤーズはケネディをこのクラスの作家として位置づけていたわけである（アイエンシ・ジェロルドよりいくぶん重要、といったレベルでは決してなかったのだ）。

直接の証拠は、セイヤーズの書簡集の中に見出される。アメリカの学者でシャーロッキアンとして有名だったハロルド・ベル宛ての一九三三年三月十二日付の手紙[7]には、シャーロック・ホームズに関する話題が満載なのだが（この時期ベルはホームズ学文献のアンソロジーを企画中で、セイヤーズにも相談をもちかけていたらしく、その返事と見られる）、その話題の一つとして、ホームズ物のパロディを書ける作家の品定めが行われている。ロナルド・ノックス、ヘレン・シンプソン、グラディス・ミッチェル[8]、E・C・ベントリーといった名前が上がった後に、ケネディが登場するのだ。拙訳により引用してみると、

ミルワード・ケネディはとても魅力的で元気いっぱい、そして愛想のよい人で、文章が上手です。ホームズの文体を真似られるかどうかは分かりませんが、彼にはウイットとユーモアがあります。彼は有力候補だと思います。

人柄は別にしても、セイヤーズに文章をほめられる作家というのは、そういないはずである。ケネディについてはこれで終りなのだが、次の数行がすこぶる興味深いので、引用を続けさせていただく。

……他にも何人か、熱意をもって取り組むだろう人たちを知っていますが、彼らはたぶん、本物の特徴を捉えそこなってしまうでしょう。これはデリケートな問題なのです。たとえば、アントニイ・バークリーは、パロディ作家としては粗雑すぎます。F・W・クロフツは文体が平凡すぎますし、ジョン・ロードのおやじさんときては、完璧な仕事人ではあるのですけれど、芸術家としてはどんなものでしょうか（この中傷的な意見はぜったいに内緒にしてくださいね!!!　みんな私の友人なんですから！）。

内緒にしてという女性のお願いを無視してしまったのは、いささか恥ずべき行いではあるが、文学史の真実究明のためには、筆者の名誉を犠牲にすることも吝かではない。ちなみに、失格の判定を受けた三人のうち、バークリーにはホームズ物パロディの実作があるが、それを読む限りでは、バークリーびいきの筆者といえどもセイ

ヤーズの判定に異をとなえる気にはなれない。(9)

3 『救いの死』を読む

★★★『救いの死』『第二の銃声』

本書は、その前年（一九三〇年）に刊行されたアントニイ・バークリーの『第二の銃声』を意識して書かれた作品であると考えられる。その理由としては、とりあえず、

①本書の序文に「貴兄は、殺人にいたるまでの『心の過程』を追求する新たな道を見いだ」し、「この新しい方向性を垣間見ることのできる優れた作品を発表しています」と書かれているのは、性格描写や作品の雰囲気を発展させる方向での実験たることを宣言し、人間性の謎の重視を標榜する序文を掲げた『第二の銃声』を念頭に置いていると見られること

②両作品とも、作中で重要な役割を果たす人物の「草稿」ないし「手記」を主体に構成されていること

の二点を挙げることができるが、これら表面的なつながりのほか、両作の間にはより深い意味での内的連関が認められる。その連関の意味は一言では説明が難しいのだが、写真のポジとネガの関係に類するともいえようか。いずれにせよ、もし『第二の銃声』がなければ、本書は少なくとも現にあるような姿では存在しなかったろうと思われるのだ。

そこで、以下においては『第二の銃声』と対比しながら本書の内容を吟味してみたいので、両作を未読の方はご注意いただきたい。

I 手記だ、当然のことながら(10)

読者の中には、右で『第二の銃声』を引き合いに出したことに疑問を感じた方もいるかもしれない。「『心の過程』を追求する道」を開いたのは、『第二の銃声』というよりもむしろ、フランシス・アイルズ名義の『殺意』ではないか、と。たしかに、作品内容的には『殺意』の方が序文の文脈により適合するように思われる。

ここでちょっと時間の順序を整理しておくと、

一九三〇年十月	『第二の銃声』初版刊行
一九三一年一月	『殺意』初版刊行（形態はペイパー・バック）
同年八〜九月	『殺意』が「デイリー・エクスプレス」紙に連載される
同年十月	『救いの死』初版刊行

という具合であるから、本書の序文で念頭に置かれていた作品は『殺意』だという見方も十分可能であるように思われる。というより、筆者自身てっきりそう思い込んでしまい、本全集の月報に寄せたケネディの紹介文の中にも「著者はバークリーが（アイルズ名義の作品で）開拓した犯罪心理の探究の方向を評価しながらも」などと書いていた。しかし、その際筆者はある事実を失念していたのであり、その事実に照らせば、序文が言及している作品は『殺意』ではありえない。遅まきながらそのことに気がついたので、右の引用文中の括弧書きは削除訂正をお願いしたい。

その事実というのは、本書の刊行時点では、アイルズがバークリーの別名であることは秘密にされていたということである。エアサム・ジョーンズが当時の新聞雑誌の切り抜きをもとにまとめた「フランシス・アイルズとは誰か」という文章[11]によると、『殺意』の作者アイルズについては、有名作家のペンネームであるというほか何も明らかにされず、その正体をめぐって様々な推理や憶測が乱れ飛んだ。第二作『犯行以前』の刊行時（一九三二年五月）においても秘密は守られており、そのジャケットには、それまでに疑いを向けられた二十人の作家の名前がズラリと列挙されている。リストの中にはオースチン・フリーマン、エドガー・ウォーレス等のミステリ作家のほか、Ｅ・Ｍ・フォースターやオルダス・ハックスリーのような文壇の大家も含まれていた。この作者当てゲームにようやくバークリーの名が登場するのは一九三二年九月のことで、正解を導いたのは、自身も推測の矢を向けられたＥ・Ｍ・デラフィールド[12]だった。

右の経過からすると、本書の序文を書きながらケネディが思い浮かべていた作品は、『第二の銃声』しか考えられないことになる（あるいは、公的には伏せられていたアイルズの正体を、ケネディほか親しい友人だけは知っていた、という可能性もあるが、仮にそうであったとしても——そうであればなおさら、親友の秘密を暴露するような文章を公にしたとは考えられない）。この場合、「心の過程の追求」というテーマに結びつくのは、『毒入りチョコレート事件』に匹敵する多重解決ミステリとしての印象がつよい作品本体よりは、『殺意』の出現を予告したかに見える有名な序文の方であり、本書の序文はそれに対する反論とも読めるから、まず『第二の銃声』の序文の内容を振り返ってみよう。

バークリーの序文の論旨は、次のように要約できる。探偵小説を発展させる道として考えられる二つの方向、すなわち、

①プロットの構成に様々な工夫をこらす
②人物の性格や作品の雰囲気に意を用いる
のうち、『第二の銃声』は後者の試みとして書いたものである。そして、今後優勢を占めていくのはこの後者の方向であり、時間や場所や動機や機会の謎に代わって、人間性の謎が重視されることになるだろう、と。

これに対してケネディは、②の方向の試みに一定の評価を与えながらも、それでは「推理」から離れていってしまうのではないかという懸念を述べ、自分は「推理」を主題とした作品を書いていくのだと宣言している。ここで用いられている「推理」（Detection）という言葉は、必ずしもバークリーの序文の中の言葉とは対応していないが、制作側の視点からすると探偵小説の推理はプロットにより支えられるのだから、大きな枠組みでとらえれば、それは上の①の方向を支持する態度表明とみてよかろう。

それでは、そのようなケネディの創作姿勢が、本書では具体的にどのような形で現れているだろうか。ここで「手記」という構成の問題が浮上してくる。先にもふれたとおり、『第二の銃声』も本書も「草稿」ないし「手記」という一人称視点の書き物を主体に構成されており、そのことがそれぞれの探偵小説的趣向に大きな関わりを持っているからである。

手記だ、またしても――。

本書の刊行当時、ディクスン・カーがこれを手にしていたとすれば、こんな呟きをもらしたのではなかろうか。というのは、評論「地上最高のゲーム」の中の、記述者即犯人トリックの作品についてふれた箇所で、『第二の銃声』にも言及しながら彼は次のように書いていたからである。「……一時期あまりにもこれが流行したため、またしても語り手が犯人ではないかとびくびくせずに、一人称の物語に取りかかることができなくなってしまったくらいだった[13]」。

しかし、本書は一人称記述ミステリの常套を脱しているという以上に、目ざましい新機軸を打ち出していると評価できるだろう。カーの心配は杞憂に終ったはずだが、カーのことだから、それよりもエイマー氏殺害の〈密室トリック[14]〉の方に気をとられていたかもしれない。

本書の構成を、作者に成り代わって「再構成」してみれば、

○手記の筆者が犯人である――これはもう、陳腐なギャグになりつつある。

○探偵小説に必須の登場人物は――犯人と探偵、そしてもちろん、被害者だ。

○とすれば、手記の筆者が探偵というのはどうだろう。あるいは、被害者というのは。そうだ、それを同時にやってのけたら……。

かくして、探偵が手記を書き、犯人を突き止めたあげくに新たな被害者になるという、独特の構成をもった本書が生れた——のではなかったろうか。

先に本書がある意味では most unlikely person テーマの作品だと書いたのは、「最も意外な被害者」という趣向の作品とも読めるからだ。いま読んでいる手記の筆者であり、探偵である人物が被害者になってしまうとは、いったい誰に予想できるだろう。作者は序文で「真相が明かされるかなり前に、読者はすでに結末を見越していることになるでしょう」と述べているが、そういう読者がたくさんいるとは思えない。

手記が終り、「別の視点」と題された第二部が始まったとき、読者は当然どんでん返しを予想する。それはせいぜい、犯人に関する別の解釈——エイマー氏の誤れる解釈に代わる事件の真相といったもの——が示されるのだろうという予想であろう。しかし、眼前に展開していくのは、事件の全体像に関する無意識の前提を根こそぎくつがえすような、驚くべき事態なのである。そこに感じる意外感は、ある種の不快感——自分のいる安全地帯が侵犯されるかのような不安な感覚をも伴っている。

いま題名も作者も思い出せないのだが、筆者は以前、一人称で書かれた短篇ミステリで、その語り手が最後に殺されてしまうというプロットの作品を読んだことがある。そのとき手にしていた雑誌(?)を床にたたきつけたくなるほど腹が立ったのは、語り手が殺される場面までが彼の一人称で書かれていたからである。この場合、一人称の記述は、どのような意味で成立するのだろうか。はじめからあり得ない設定で「結末の意外性」を演出されても、そこには探偵小説的趣向として評価できる何物もない。その噴飯ものの筋立ても、構成の仕方に一工夫あれば本書のような傑作たりうるのである。

改めて思うのは、探偵小説における構成法、ないし物語の語り方の決定的な重要性である。書かれる話の内容如何ではなく、それがある形式で書かれることによって、その話は探偵小説となるのだ。探偵小説の本質は、それに従った書き方がされることにより小説が一定の効果(謎解きの興味、意外性等)をもたらすことになる、その形式にこそある。

本書の場合も、素材としての物語(そこには、浮気女エリザベス・ビーヴァーの一代記、暗い過去から人気俳優にはいあがったハロルド・ビーヴァーの物語、ヘンリー・モートンの復讐と殺人の物語、ふとしたことからそれらと関わりを持つことになったグレゴリー・エイマーの生活と意見、等々が含まれている）からは、その取扱い方によって、どのような種類の小説でも――バルザック風の人生絵巻からジェイムズ・ジョイス風の言語実験まで、人間心理の解剖記録から血沸き肉躍る冒険活劇まで――書き上げることができたろう。それら無数の可能性の中からただ一つの種類を選び取るのは、第一次的には作者の意思であるが、探偵小説の場合にはそれ以上に物語構成の方法論がものをいう。その素材が過去を探る者の「手記」という形式の中に取り込まれ、加えて異なる視点の導入という構成上の工夫をこらしつつ語られたことにより、本書ははじめて探偵小説として成立したのだ。

以上に見てきたように、「手記」タイプのミステリに一ひねりを加え、新たな意外性を開発した点に、この作の探偵小説としての特長、探偵小説的趣向の大きな達成を見ることができる。……とりあえずは。

だが、勘所は本当にそこか。どこか見当違いの読み方をしてはいないないか。

もう一度本書の序文を読み直してみよう。作者は本書を「『推理』を主題とした小説」だと書いている。右に見た特長は、バークリーの序文にいう第一の方向、プロットの構成に工夫をこらした結果ではあっても、「推理」が主題となっているといえるのか。探偵役の人物が事件を調査しながら手記を書いているという設定をとることによって、そこでは推理の過程が逐次公開される形にはなっているが、それだけのことでは、「推理」を主題としているとまではいえないのではないか。

いえるのである。見方を変えてみるならば。

Ⅱ　別の視点

序文で「推理」と訳されている言葉は、原文ではDetection である。序文の文脈においては「推理」という訳で適当と思われるが、Detection にはもう少し意味に広がりがあって、推理もそのうちに含まれる探偵の作業、要するに「探偵すること」である。これを、探偵行為の主体をもイメージの中にすべり込ませながら「探偵」といってしまえば、本書はまさに探偵を主題とした物語なのである。

つまり、本書は「人はなぜ探偵をするのか」という問いに「好奇心ないし詮索癖から」という答えを出し、それゆえ探偵というのは不愉快でハタ迷惑な存在であること、それゆえ罰せられねばならぬこと、そしてその罰としての死が、探偵される側のみならず彼自身にとっても一つの救いであること――を語っているとも読めるのだ。

探偵小説の主人公たる人気者の探偵たちは、何がしかエキセントリックな性格や愉快ならざる性癖を付与されてはいても、基本的に愛され、又は畏れられる、プラスの価値を体現した人物として描かれている。そうでなければ、シリーズ・キャラクターとしての地位を保つことは難しいだろう。だが、そこでは個性的な風貌や持ち物、ユニークな趣味や特技といった色とりどりのデコレーションの下に探偵というものの本質が隠蔽されている。その本質は、「まだらの紐」事件でロイロット博士が名探偵に浴びせかけた罵言の中に端的に表現されている。――「この悪党め！　きさまのことは前から聞いて知っとるぞ。お節介者のホームズじゃろうが！　……出しゃばり屋のホームズめ！」(15)。名探偵はこれを微笑を浮かべながら聞いているだけなのだが……。

探偵小説の作者であるドイルのペンから出た表現は、まだまだ穏やかなものだった。しかし、探偵小説に何ら顧慮するところのない文学者、しかも彼が探偵嫌いを公言して憚らない人物であったりすれば、憎しと見た相手をこきおろす筆鋒はことのほか鋭い。

「凡そ世の中に何が賤しい家業だと云つて探偵と高利貸程下等な職はない」(16)という見解を表明するのは漱石の『吾輩は猫である』（一九〇五―〇七）の主人公だが、飼主の苦沙弥先生の意見はさらに激烈である。

探偵と云ふ言語を聞いた主人は、急に苦い顔をして

「ふん、そんなら黙つて居ろ」と申し渡したが、それでも飽き足らなかつたと見えて、猶探偵に就て下の様な事をさも大議論の様に述べられた。

「不用意の際に人の懐中を抜くのがスリで、不用意の際に人の胸中を釣るのが探偵だ。知らぬ間に雨戸をはづして人の所有品を偸むのが泥棒で、知らぬ間に口を滑らして人の心を読むのが探偵だ。ダンビラを畳の上へ刺して無理に人の金銭を着服するのが強盗で、おどし文句をいやに並べて人の意志を強ふるのが探偵だ。だから探偵と云ふ奴はスリ、泥棒、強盗の一族で到底人の風上に置けるものではない。そんな奴の云ふ事を聞くと癖になる。決して負けるな」(17)

引用が続いて恐縮だが、もう一つだけ、おつきあい願いたい。司馬遼太郎唯一のミステリ『豚と薔薇』（一九六八）の「あとがき」にあるという文章で、瀬戸川猛資

『夢想の研究』からの孫引きである。

私は、推理小説に登場してくる探偵役を、決して好きではない。他人の秘事を、なぜあれほどの執拗さであばきたてねばならないのか、その情熱の根源がわからない。それらの探偵たちの変質的な詮索癖こそ、小説のテーマであり、もしくは、精神病学の研究対象ではないかとさえおもっている。[18]

探偵――それはお節介者の出しゃばり屋か。スリ、泥棒、強盗の類か。暗い情念を抱えた変質者か。あるいはそれ以外の何者かであるとしても、いずれ人から疎まれるべき存在なのか。そして、それならば――

人はなぜ探偵になるのか。

探偵小説の制度としての名探偵という存在を無条件に受け入れることのできる作家であれば、このような問題は何ら考慮する必要がなかったろう。たとえば、アガサ・クリスティーやジョン・ロードがお抱え探偵たちの功名譚を次々に書き続けることができたのは、一つにはそんな問題に頭を悩ませたりしなかったからだと考えられる。あるいは、F・W・クロフツの警察官やロナルド・ノックスの保険調査員のように、探偵を職業にしてしまえば、そこを素通りすることができた。[19]だが、この問題に自覚的な作家がアマチュアの探偵を起用するときには、事柄は単純でなくなる。作家は犯人の動機と同じくらい、探偵の動機にも神経を使わざるを得ない。

例としてセイヤーズの場合を見てみよう。『誰の死体?』で初登場したピーター・ウィムジイ卿は、探偵仕事について「生活のためという以外に、こんなことをする言い訳はない」[20]と感じながらも、「事件に取り組むようになったのも、気晴らしのためでした。戦争が終わってすぐに辛いことがあって、そのせいで塞いでもいましたし」[21]と言い訳しつつ捜査に関わっていくのである。「探偵という仕事に手を染めたのは、……人生が塵と灰ばかりに見えた一時期において気分を高揚させるためだった」[22]（『雲なす証言』）、「探偵しているんです。趣味で。生来の詮索好きにとっては罪のない捌け口になるんですよ。さもないと内に向かって、内省と自殺をもたらすかもしれませんからね」[23]（『不自然な死』）、といった具合に初期作では同じ言い訳が繰り返されるが、ピーター卿がシリーズ・キャラクターとしての地位を確立してしまえば、そんな言い訳も不要になっていく。「娯楽としての殺人」には「趣味としての探偵」で十分釣り合うといえなくもない。

批評的意識にすぐれたもう一人の作家、バークリーの場合はどうであったろう。彼の場合はもう少し事柄の本質に迫り、ロジャー・シェリンガムを無作法な人間として造形した。無作法な人間であれば、他人の迷惑などおかまいなしに思う存分好奇心や詮索癖を発揮し、ごく自然に探偵活動に入っていくことができるわけである。だが、それは初めだけのこと。シェリンガムがシリーズ・キャラクターとして生き延びるためには、しだいに無礼な態度を改めていかねばならなかった。第三作『ロジャー・シェリンガムとヴェインの謎』（一九二七）の頃までには、彼は押しの強いところはあるが溌剌とした愉快な紳士に変わっており、最終作の『パニック・パーティ』では、孤島でパニック状態に陥った人々に対して理性的にリーダーシップを揮うヒーローとまで化しているのである。シェリンガムの人間的成長は、バークリーの作家的堕落の裏返しであったかもしれない。

シリーズ・キャラクターに色目を使わない本書の作者は、ワン・チャンスで徹底的に探偵の本質を暴いてみせた。グレゴリー・エイマー氏は最初期のロジャー・シェリンガムの精神的血縁であり、好奇心や詮索癖をさらに多く持ち合わせている人物である。エイマー氏は「手記」の中でたびたび隣人を探偵する動機についてふれ、映画俳優に対する芸術的な興味からなのだと仮定の読者を（加えて自らをも）納得させようとしているが、それは「公式見解」で、その裏には歪んだ好奇心と自分をコケにした人間たちへの恨みつらみが渦を巻いていることを読み取るのに、さほどの読解力は要しない。行間に見え隠れする下劣な欲望、うぬぼれと自己弁護に塗り固められた彼の人格の卑小さが（そこに自ずとにじみ出るユーモアを楽しめるという一面はあるにせよ）、読者に不愉快な気持を起こさせることを作者は容認している。というより、そのような効果を意図して、第一部の「手記」は注意深く言葉を選んでつづられている。探偵というものの真実の姿を読者の前に提示するために。ここには、動機の面から探偵という病の症例が克明に記録されている。アイルズの『殺意』が殺人者の研究であったとすれば、本書は、それと同じ方法論による「探偵の研究」なのである。

そして、別の見方をすれば、これはアイルズの『犯行以前』に先行する被害者の性格研究でもあるだろう。エイマー氏が殺されなければならなかった理由をなす彼の行為と人格は、いやおうなしに自らをさらけ出す結果となる彼の手記の中に描きつくされているのだ。全集月報の紹介文で筆者は、本書について「序文にいうようなDetectionじたいの興味で読ませる作品であるが、一方でアイルズの作品にも通じるようなおそろしさも感じさせる」と書いていた。単純に読後の印象を記したままで、自分でもその意味を十分理解してはいなかったのだが、そのとき感じていた「おそろしさ」の正体を分析してみれば右のようなことになるだろう。

このように見てくると、本書の序文に表明された作者の創作姿勢と、作品が現実に達成しているものの間には、矛盾が感じられはしないだろうか。すなわち、『第二の銃声』の序文に示された二つの方向のうちでは、作者は第一の方向（プロット）を重視していたはずだが、結果においては第二の方向（キャラクター）で成果が上げられている。そして、このネジレは『第二の銃声』でも、逆の関係において既に見られたのである。『第二の銃声』では、作者の意図は第二の方向への試みであったが、結果においては第一の方向での達成たる外観を呈しているのだ。先にポジとネガの関係と言った意味がお分かりいただけるだろうか。

プロットとキャラクターが作中で覇権を争う、この両者のせめぎ合いこそ、この時期の英国探偵小説を高い水準に導き、「黄金時代」を現出した原動力ではなかったかと思われる。ロナルド・ノックスの分析によれば、プロットとキャラクターという小説の二大構成要素のうち、探偵小説は基本的にプロット優位の小説として成立した。[24]しかし、プロットだけに興味の中心を置き、他の要素を無視した小説は、早晩行き詰まる運命にあった。そこで新鮮な空気として求められたのがキャラクターの風である。『第二の銃声』の序文が作品を離れて有名になったのは、ちょうどその時にあたっていたからでもあろう。ここにおいて、プロットをさらに練り上げることにより行き詰まりを打開しようとする勢力と、キャラクターに生命を吹き込むことにより小説としての活力を取り戻そうとする勢力とがぶつかり合い、角を突き合わせながら新しいステージに上っていくことになった。『第二の銃声』と『救いの死』は、そのような状況を呈していた一九三〇年代初頭のミステリ・シーンの縮図として読むこともできるだろう。

以上、『第二の銃声』と対比しつつ、全体的な構成と主題の観点から吟味を行ってきたが、視点を変えればまた別の読み方も考えられよう。筆者にもまだ、

○「手記」のテキスト自体に着目して、その成立事情、構成要素等を分析する視点

○エイマー氏の探偵としての業績、すなわち二つの事件

の謎解きのプロセスをチェックする視点

○エリザベス・ビーヴァーが不義の子を身ごもってからエイマー氏が殺害されるまでに至る一連の事実を年表にした上で、何をどういう順序で語ったことによって本書が出来あがったのかという、探偵小説の構成法を研究する視点

などから本書を読み直してみたい気持がある。だが、いくら見方を変えてみたところで、要するにみな筆者の視点であり、そこから読み取れるものを書き続けてみたところで、本稿全体が「第一部　解説者の手記」にとどまるという事情は変わらない。

第二部の語り手は、別の視点の持ち主——読者であるあなたをおいて他にない。

☆☆☆

(1)同じ場所でセイヤーズのほかJ・J・コニントンの名も挙げられており、彼らはゴランツ社の看板作家であった（そして、本書を含むケネディの多くの作品も同社から刊行された）ことからすると、商業政策的な意味合いも強く感じられる。

(2)本書の序文で、探偵役の存在が際立つと物語の構成上の面白さを弱めかねない、と書かれていることからすると、作者はプロットを重視する観点から、意識的にシリーズ・キャラクターを避けたのだとも考えられる（商業政策的には、それが得策だったとは思えないが）。

(3)以下、カギ括弧による引用部分は、国書刊行会版の森英俊・高田朔・西村真裕美訳による（同書二一六頁）。

(4)カーによるベスト・テンとして知られる傑作長篇十選の中に、カー自身の作品は含まれていない。その出版企画に対する序文として書かれた評論「The Grandest Game in the World」をEQMMに掲載した際、エラリイ・クイーンはそのことにふれ、「その除外は告発の言葉なしで見過ごすわけにはいかない」と述べている（HMM昭和四七年九月号掲載「世界最大のゲーム」（宮地謙訳）の「編集者序文」参照）。

(5)ケネディに作品を酷評された作家の一人にレオ・ブルースがおり、『結末のない事件』の中で、（おそらく前作『死体のない事件』が）「冗長」と評され、綴りの間違いまで指摘されたことをこぼしている。

(6)江戸川乱歩「英米の短篇探偵小説吟味」（『続・幻影城』所収）。

(7)Barbara Reynolds (ed.)．『The Letters of Dorothy L. Sayers 1899-1936 : The Making of a Detective Novelist』(Hodder & Stoughton, 1995)．pp.329-334.

(8)シンプソンとミッチェルは、ディテクション・クラブのリレー長篇『警察官に聞け』の参加メンバーで、探偵役を交換して互いに相手のパスティーシュをものしており、そんなところからセイヤーズは彼女らの才能を認めていたのではないかと思われる。

(9)バークリーの実作としては、「ホームズと翔んでる女」（エラリイ・クイーン編『シャーロック・ホームズの災難〔上〕』〔ハヤカワ・ミステリ文庫〕所収）等がある。セイヤーズは前記『警察官に聞け』においてバークリーと探偵役を交換しているから、バークリーに描かれたピーター・ウィムジイ卿の姿にも不満があったのかもしれない（このピーター卿のパスティーシュは、筆者にはなかなかのものと思われるのだが）。

(10)ウンベルト・エーコ『薔薇の名前』（河島英昭訳、東京創元社）の序文の表題を借用した。

(11)Ayresome Johns.「Who Was Francis Iles?—The Debate」(『The Anthony Berkeley Cox Files : Notes Towards a Bibliography』〔Ferret Fantasy, 1993〕所収)。その内容は、『創元推理3』所収の久坂恭「知られざるアントニイ・バークリー」でも紹介されている。

(12)「帰ってきたソフィ・メイスン」（創元推理文庫『怪奇小説傑作集2』所収）で知られるイギリスの女流作家。バークリーは『ウィッチフォード毒殺事件』（一九二六）を彼女に献じているが、同書の序文から二人が犯罪学に関して熱心な議論を交わしていたことが知られる。

(13)カー「地上最高のゲーム」（森英俊訳、翔泳社刊『グラン・ギニョール』所収）。同書二一三頁。

(14)ロバート・エイディーによる不可能犯罪物ミステリの研究書『Locked Room Murders and Other Impossible Crimes』（増補改訂版 Crossover Press, 1991）には、本書のトリックもしっかり収録されている。ただし、同研究書のフォーマットによると「探偵」の項目にエイマー氏の名前が入ってしまうというおかしな結果になっており、こんなところにも本書の「型破り」な性格が現れている。

(15)『詳注版シャーロック・ホームズ全集2』（ちくま文庫）四三四頁（中野康司訳）。

(16)・(17)『漱石全集』第一巻（岩波書店、一九九三年）一四一頁・五二八—五二九頁。

(18)瀬戸川猛資『夢想の研究』（早川書房）五四—五五頁。

(19)ノックスの場合は、マイルズ・ブリードンを「不本意ながらの探偵」として描き、探偵というのは卑劣なスパイだと語らせていることからして、この問題を意識していたと思われる。

(20)・(21)セイヤーズ『誰の死体?』（浅羽莢子訳、創元推理文庫）一七一頁・二四〇頁。

(22)セイヤーズ『雲なす証言』（浅羽莢子訳、創元推理文庫）一二〇頁。

(23)セイヤーズ『不自然な死』（浅羽莢子訳、創元推理文庫）五〇頁。

(24)本全集既刊ノックス『サイロの死体』の解説を参照。

霧に包まれたパズル

ケネディ『霧に包まれた骸』解説

初出：同書（論創社　2014年10月）

1　平成日本におけるミルワード・ケネディ

合作や短篇のほかは、わが国で長く翻訳の機会に恵まれなかったミルワード・ケネディだが、平成の世になってようやく、代表作と目される長篇二作が紹介された。平成十二年（二〇〇〇年）に国書刊行会「世界探偵小説全集」第三十巻として刊行された『救いの死』（一九三一）と、その六年後に新樹社から出た『スリープ村の殺人者』（一九三二）である。

この二作の評判からうかがわれる限りでは、残念ながらケネディは日本の読者に十分な好意をもって受け入れられているとはいえないようだ。

『救いの死』は、他にちょっと類例を見出しがたい風変わりな作品である。田舎の村の名士エイマー氏がしろうと探偵となって、隣人の元映画俳優の過去にからむ殺人事件の謎を探っていくという話で、物語の大部分はエイマー氏の手記の形で語られる。ところがこのエイマー氏、うぬぼれ屋で詮索癖があり、必ずしも人好きのする人物ではない――というより、大方の読者は彼に嫌悪感を抱かずにはいられないようだ。さらに、手記が終った後に「別の視点」から語られる結末というのが何ともショッキングなもので、これらキャラクターとプロット両面での違和感がこの作の印象をひどく後味の悪いものにしている――らしい。

これはおそらく、キャラクターに寄り添い、感情移入しながら小説を楽しむタイプの読者が増えているせいではないかと思う。もちろん、それが悪いというのではない。感情移入というのは昔ながらの小説の味わい方の一つだ。しかし、それができない作品はいっさい受け付けないというのでは、いかにも受容の幅が狭いという気がする。一方で、人物と物語を客観的に眺め、批評的に味わうといったスタンスもあってよいのではないだろうか。

エイマー氏の人柄や態度には筆者も好感はもてないが、珍妙な動物を観察する目で読んでいくと、嫌悪感というよりは滑稽な感じの方が先に立ってくる。適度の距離感はユーモアを生むのだ。時折、自分のうちにも同じような嫌なところがあるのに気づいて、自嘲まじりの苦い笑いをかみしめたりもするのだが、そのようにして自他の人間性に対する認識を深めていくこともまた読書の効用というべきだろう。

作者のシニカルな視点が前面に出た『救いの死』に比べると、『スリープ村の殺人者』の方はごくオーソドックスな作風の本格探偵小説である。夢見るようなのどかな村をおそう連続殺人の悪夢。関係者にはみなアリバイがあるが、なぜか現場付近にはいつも車椅子の障害者の姿が見られた。……テンポの良い筆致とユーモアの味付けで描かれたアリバイ物の佳品である。こちらの方は『救いの死』のように毛嫌いされることはなかったが、格別の好評も得られぬままに、出版されたことも忘れられかけている。

かくして、名前はそこそこ知られているけれども特にファンもついていない、というのが平成日本におけるミルワード・ケネディの姿であるといってよいだろう。その作風に似たところがあり、盟友と呼ばれることもあるアントニイ・バークリーが、今やわが国でも大きな人気を博しているのに比べると、いささか寂しいものがある。全ミステリ史を通じても主役級の存在であるバークリーと同列には扱えないにしても、英国探偵小説の黄金時代を支えた一流作家の一人として、ケネディももう少し注目されてもよいのではないかという気がする。すぐれた批評眼の持ち主でもあったドロシイ・L・セイヤーズの眼鏡にかない、探偵小説マニアのボルヘスのお気に入りでもあった通好みの作家なのだから。

作者のプロフィールについては『救いの死』の解説で詳しくふれておいたが、本書により初めてケネディに接するという読者のために、以下に簡単にまとめておこう。

本名、ミルワード・ロウドン・ケネディ・バージ（Milward Rodon Kennedy Burge）。一八九四年英国生れ、一九六八年没。オックスフォード大学卒。官吏の経歴が長く、後にジャーナリストに転じた。探偵小説は余技で、一九二八年から五二年までの間に別名義・合作を含めて二十作の長篇を発表した。大部分は謎解きの興味を中心とした本格探偵小説だが（自分は Detection の興味を追求するのだと宣言していた）、戦時中の情報局勤務の経験を生かしたスパイ小説などもある。ディテクション・クラブの初期の中心的メンバーの一人であり、同クラブのリレー長篇にも参加している。その作風はシニカルな視点とひねったユーモアが特徴的で、その点バークリーにも通じるものがあるが、これといったシリーズ・キャラクターを持たなかったせいもあってか、人気作家の列には加われなかったようだ。これもバークリーと似た点だが、長期間にわたって探偵小説の書評も手がけていた。

2　『霧に包まれた骸』を読む

本書は、ミルワード・ケネディの長篇第三作（共著を除けば第二作）『Corpse Guards Parade』の翻訳である。原書初版本は、一九二九年にヴィクター・ゴランツ社から刊行された。

　原題は Horse Guards Parade のもじりで、これはロンドンの官庁街ホワイトホールとセント・ジェームズ公園の間にある広場のこと。近衛騎兵隊本部が置かれているホースガーズという建物の裏手にあたり、騎馬衛兵の交代式が毎日行われて観光名所ともなっている。

　そこに忽然と死体（Corpse）が出現した事件を、新聞が Corpse Guards Parade という見出しで報じたのである。そういう含みのあるタイトルなので大変訳しづらいわけだが、ホースガーズ・パレードは死体発見の舞台となるだけで、その後の事件の展開とは無関係なのだから、無理にこれをタイトルにする必要はあるまい。死体を包む霧に着目した本書の訳題は、後述する意味からも作品の特徴をよく捉えているのではないかと思う。

★★★『霧に包まれた骸』

霧に包まれた読書

　その夜、ロンドンは一面濃い霧に包まれていた。午後十一時頃、おぼつかない足取りでホースガーズ・パレードを通りかかったジョン・メリマン氏は、路上に横たわるものにつまずいて転びそうになった。白髪まじりの髭をたくわえ、派手なストライプ模様のパジャマを着た老人――の死体。その額には丸い穴が穿たれていた。……

　つかみはOK、というところだろうか。わずか二頁で読者を否応なしに作中に引きずり込む、快調な出だしである。どこかディクスン・カーやエドマンド・クリスピンの物語性豊かな作品世界を髣髴させるところもある。が、ファンタスティックなのはそこまでで、スコットランド・ヤードから駆けつけたコーンフォード警部が捜査に着手するや、話の進行はしごくリアルで地味なものとなる。しばらくストーリーをたどってみよう。

　警察の初期捜査から分かってきたのは――被害者はヘンリー・ディルという男で、長い外国暮しの末に余生をイギリスで送るつもりで帰国し、顧問弁護士のテナントに連絡をとったのが先週のこと。トレーラーハウスで各地を回って落ち着く場所を決めたいということで、その朝ロンドンを出発し、まず近郊に住む甥のリチャード・ディルを訪ねていた。

　ヘンリーは若い頃に一族の財産を蕩尽してしまったが、その後外国でだいぶ悪辣なこともしながら産をなし、今では大金持ちの身分。遺産は唯一の親族リチャードに与えられる予定で、そのためその夜のリチャードの不審な行動が疑惑を呼ぶ。一方、ヘンリーは外国で敵を作り、ファンショーという男に命をつけ狙われていた。

かくしてヘンリー殺害の動機に不足はなかったが、数々の証拠が集まるにつれ、事件はかえって不可解な様相を呈してきた。死体は本当にヘンリーなのかどうかさえ疑わしくなってきたのだ。コーンフォード警部は嘆く――「最初はごく単純な事件に思えたのに――犯人を捕らえるのも時間の問題だと。なのに、捜査を重ねるにつれて、どんどん複雑怪奇になってくる」。

物語の中では、霧は冒頭の死体発見の場面に描かれているだけだが、読者は作品全体がモヤモヤと霧に閉ざされているような印象を受けるのではないだろうか。多すぎる手がかりと、それらをめぐる果てしない議論。終盤に至るまで被害者の身元が特定されない状況。容易に定まらない事件の輪郭。……これを読み進めるのは、さながら見通しのきかない霧の中を手探りで歩むかのような感覚だ。こういう霧中感（という造語を今ひねり出してみた）を味わわせてくれる作品というのは、ありそうでいて、そうないような気がする。

多目的犯罪と犯人の性格

この独特の霧中感は、犯行の多目的性に由来するものと考えられる。犯人テナントの基本的な動機は、「ヘンリーに死んでほしいが、死んだことがばれないようにしておきたい」というものだった。詳しく言えば、そこには

①財産の使い込みがばれる前にヘンリーを殺したい
②ヘンリーを狙っているファンショーを引っ張り込んで殺させたい
③同時にファンショーに疑いを向けたい
④リチャードから遺産請求されないようヘンリーは生きていることにしたい
⑤一方でリチャードにヘンリー殺しの罪を着せたい

といった、相矛盾するところもある様々な動機が含まれている。こうした複数の動機に対応する行動がとられ、それぞれに関連する証拠が残されたため、事件は容易にその意味を捉えがたい、曖昧模糊とした様相を呈することになったのだ。たとえば、被害者が後頭部への打撃で死亡した後で額に銃弾を撃ち込まれたというのは①と②に、その死体の髭や眉にほどこされた偽装は③と④に対応しているわけである。

しかし、この複雑さは必要なものだったのだろうか。もし犯人が狙いを①にのみしぼって、これに集中したならば、犯行は容易かつ完璧に成し遂げられたはずだ。英国でヘンリーを知る者はテナント以外にはほとんど誰もいなかったのだから、ヘンリーがリチャードを訪問す

る前に、人知れずどこかで殺害できたなら（たとえばハードカッツの森の空き地にファンショーをおびき出したりせず、自分だけ出向けばよかった）、死体をその場に残しておいたとしても（もちろんパスポートその他身元確認資料は回収したうえで）あとは何の心配もいらなかっただろう。唯一の親族のリチャードですら、それが誰なのか分からなかったはずだから。いつか森の中で身元不明の死体が発見されるだけで、それがテナントと結びつけられる可能性など万に一つもなかった。

それを、余計な手間をかけて②〜⑤もやってのけようとしたがために、自ら墓穴を掘る結果となったのだ。これを構成の論理の弱点と見ることもできるが、むしろ犯人の性格に根差した犯罪計画の非合理性と考えた方が面白い。

というのも、このテナントという人物、そこそこ頭は良いのだろうが、どうも冷徹に先を見通した計画犯罪には向いていないとしか思えないのだ。よく考えて計画的に動くのではなく、思いつきで行き当たりばったりに行動することが多いようだ。そのためしょっちゅうミスも犯していて、トレーラー内にパスポートほかの証拠品を置いたままにしていた（これは③④の目的のためあえてしたのかもしれないが）のをはじめ、銃にうっかり指紋を残していたり、ヘンリーの「遺言書」のことで口をすべらせたために後始末が必要になったり、という具合。この遺言書についてはさらに、警察に見せないようリチャードに助言したのは彼に頼まれたからだなどと、調べればすぐに嘘と知れることをその場逃れにポロリと言ってしまっている。車の運転が得意なようだが、スピード違反や飲酒運転の常習者であるらしいことも、その性格の一面を語っている。

この事件は、そういう人物ならではの、一貫性とまとまりを欠いた犯罪だったのである。

霧を見通す女性の直観

犯人はさして意外な人物ではなかったが（この人物配置から意外な犯人を演出するのは難しい）、探偵役の意外性は相当なものだ。まさかメリマン夫人が「そろそろ私の出番が来たようね」などと語り始めることになろうとは、正直言って予想もつかなかった。

が、まずはコーンフォード警部だ。警部は本書と前作『The Corpse on the Mat』（1929）の二作に登場しているが、参考書等でこの二作を「コーンフォード物」などと解説しているのは適切ではなかろう。警部は捜査の中心人物として活躍はするが、真相看破の役はしろうと探偵に奪われてしまうのだから（前作は筆者未読だが、本書の記述からうかがわれるところでは、メリマンが警部を出し抜いたのであったらしい）。

コーンフォードはなかなか有能な人物ということになってはいるが、どうもその有能さが読者には伝わってこない。勤勉であり、真摯に職務に取り組んでいるのは間違いないけれど、分析力や洞察力にはちと疑問符がつく。新たな証拠が発見されるたびにそれに関わる仮説を提示するが、だんだん自分でも収拾がつかなくなり、矛盾したことを口走って上司にたしなめられたりしている。名探偵というよりは、どちらかといえばコミック・リリーフ的な役回りである。食事を仕事と同じくらい重視しており、それで立派な体格を維持しているのだろうが、自分だけでなく他人の腹具合にも敏感なところがおかしい。

どう見ても警部は名探偵という柄ではないので、きっとメリマンがまた事件の謎を解くのだろうと予想しながら（でもそれも月並みだなと思いながら）読んでいったところが、思わぬ伏兵が現れた。この配役は面白いといえば面白いが、客観的に見れば無理スジだろう。

メリマン夫人の能力はさておき、彼女が事件に関わる情報をすべて把握しているとは思えないからだ。コーンフォードを夕食に招いて話を聴くまでは、新聞に書かれた程度のことしか知ってはいなかったのだし、警部の話とて事件の全体をカバーしきれてはいなかったろう。その程度の情報を得たばかりの人物が、たちどころにこの複雑な事件を再構成してみせるというのにはどうしても無理がある。

そのせいでもあろうか、彼女の説明は初めから真相を承知していたかのような、見てきたような物語として語られる。彼女に言わせれば「女性ならではの推理」ということになるのだろうが。ともあれ、混沌とした事件が整理され、一応きれいにまとまりがつけられたのは見事である。

ただし、探偵小説として見ると、こうした形式の解決は上々のものとは言えない。それは種明かしの論理ともいうべく、各種証拠の分析に基づく「推理」とは別物であるからだ。一つの整合的な解釈は提示されたが、その解が唯一のものであることの保証がないので、今一つ納得し切れないところがある。霧が晴れても青空は見えないのだ。

パズル作者の狡知

本作では特にトリックらしいトリックは用いられていないが、しいてあげれば、森の広場でヘンリーの死体を

生きていると見せかけてファンショーに射撃させた一件くらいだろうか。しかし、このくだりには

・ファンショーが一撃で相手の眉間を撃ち抜けるほどの射撃技術の持ち主であることや、死体をあらためもせず立ち去ることをどうして当てにできたのか

・ドアがすっかり開いてしまったトレーラーの車内でテナントがとっさに身を隠す場所はあったのか

といった問題があるうえ、検死によりファンショーの一撃が死因ではないことはすぐ明らかになるのだから、ファンショーに疑いを向ける役にも立たず、そもそも何のためのトリックかという疑問が残る。先述の犯行目的①〜③が十分整合しないため、構成の論理が混濁してしまっているのだろう。

だが、このトリックで全篇が支えられているという訳ではないのだから、ことさら問題とするには及ばない。本書の中心的興味は複雑なパズルを組み上げる面白さにあるのであって、そこでは死体の額が撃ち抜かれた一幕もパズルの一片たるにすぎない。

探偵小説をジグソーパズルになぞらえる見方は、イーデン・フィルポッツの『守銭奴の遺産』（The Marylebone Miser ／米題 Jig-Saw 1926）などにも見られたが、本作でもコーンフォード警部に「パズルのピースが集まるごとに絵はへんてこになってゆく」などと語らせて、作者がパズルに似た感覚で本作を組み立てていることをうかがわせる。後のクリスチアナ・ブランドなどにも受け継がれていく姿勢である。

してみれば、パズルの一片一片がどのように組み上げられているか――二つの死因、二枚の地図、二つの拳銃、死体の髭と眉の偽装、謎の長距離電話、等々の証拠がどのように真相の絵柄の中に収まっていくかを吟味するのが、本書の正しい鑑賞方法と思われる。それは読者各位にお任せするが、筆者の注意を引いた二三の点について最後にコメントしておこう。

①死体がパジャマ姿であったことの意味について

これは単に死体発見のシーンを印象的にするだけのものと思わせておいて、その裏で

・ヘンリーが生きていると思わせるために衣服一着を処分する必要があった

・ヘンリーに扮したテナントが警官に姿を見せる際、パジャマに注意を引き付けて人相が記憶に残らないようにした

という実質的な意味を担っていたというのはなかなかうまいと思う。

②犯行のあった月曜の夜にテナントがふだんの駐車場と

は別の場所に車を停めていた事実

これはメリマン夫人の謎解きの端緒ともなった重要なポイントだが、事件の翌朝マッチングスでテナントの車が埃に覆われているのにコーンフォードが不審を抱く場面をはじめ、数か所にわたって直接間接の言及がある。ふり返ってみると周到に伏線が張られていたことに気付くというのも、探偵小説の醍醐味の一つである。

③ヘンリーはなぜ唯一の親族であるリチャードあての遺言書を作ったのか、そもそもあれは遺言書だったのかという問題

これは二度にわたり疑問として持ち出されながら、結局解決がつけられずに終っている。テナントが処分してしまったのだから、物語の上では不明なままとならざるを得ないが、謎が魅力的なだけに読者からすれば不満が残る。

3　昭和初年のケネディ初訳

この作品は、早くも原書刊行の翌年にわが国に翻訳紹介されていた。「新青年」昭和五年五月号から八月号まで連載された『死の濃霧』がそれである。

これと時を同じくして横溝正史の『芙蓉屋敷の秘密』も連載され、この二作を対象に「犯人当て五百円懸賞」というのが企画された。両作とも四回完結のところ、三回までで犯人を当ててみよという読者への挑戦である。応募者は多かったにもかかわらず、正解したのは五人にすぎなかったという。

この時期、横溝は博文館の雑誌編集者をつとめる傍ら、諸雑誌に短篇小説を寄稿していたが、その多くはユーモアとペーソスを基調とした奇譚風の作品だった。『芙蓉屋敷の秘密』は、著者の初めての本格長篇と言われるように、欧米の長篇探偵小説の骨法に学び、後年の金田一物などの作風を先取りした注目作であり、本場イギリスの最新作と並べて発表されて恥かしくないものだった。もっとも、長篇というだけの分量はなかったが（角川文庫版で百三十七頁、四百字詰原稿用紙二百五十枚程度）、当時の雑誌連載の枠の中ではこのくらいが限度だったかと思われる。犯人当て懸賞付きという華やかな舞台設定は、横溝・延原謙の後を受けて「新青年」編集長をつとめていた水谷準の、新生面を拓こうとする著者の意欲に応えるはからいでもあったろう。

『死の濃霧』は、当時の海外作品の翻訳事情からすると、異例の紹介の早さである。一九三〇年刊のディクスン・カーのデビュー作『夜歩く』の翻訳が、同じ年のうちに単行本で出た例などもあるが、『夜歩く』はアメ

リカでベストセラーとなった話題作であり、いち早く翻訳が企画されたのも頷ける。『死の濃霧』原書刊行の一九二九年には、イギリスではアントニイ・バークリーの『毒入りチョコレート事件』、アメリカではヴァン・ダインの『僧正殺人事件』といった傑出した作品も生まれている。それらをさしおいて『死の濃霧』が優先的に紹介されるべきどんな理由があったのか、今となっては分からないが、おそらくは、たまたま持込み企画があったというような偶然的事情によるものであったろうと思われる。

『死の濃霧』の翻訳者は、連載時には明らかにされていなかったが、「新青年」昭和十二年新春増刊掲載の「邦訳海外長篇探偵小説総目録」(広川一勝・調査)によると、小此木礼助という人であったらしい(論創社編集部・黒田明氏のご教示による)。戦前のユーモア小説作家に同名の人がいるが、同一人物であろうか。

本場英国の最新作が、犯人当て懸賞付きといった鳴物入りで紹介されたのだから、ミルワード・ケネディの名は、当時の読者にはかなり強い印象をもって受け止められたのではないだろうか。筆者はあるとき戦前の探偵雑誌を読んでいて、ある記事の中に「日本でも馴染まれている探偵小説家のミルワード・ケネディ氏」という記述を見つけて不思議な思いをしたことがあったのだが、実際、昭和前期の読者にはなじみの深い名前だったのだろう。

しかしながら、『死の濃霧』は、『Corpse Guards Parade』の翻訳としてはきわめて不十分なものだったと言わざるを得ない。戦前の翻訳だから抄訳は当たり前としても、その圧縮の程度が甚だしいのである。今回の完訳『霧に包まれた骸』は四百字詰原稿用紙六百枚ほどの分量があるが、『死の濃霧』はざっと百五十枚程度。原作を四分の一にも縮めてしまって、なお翻訳と呼べるものだろうか(横溝の二百五十枚と比べてもその六割にすぎないのだから、犯人当ての企画も主役は横溝であったことが了解される)。

当然のことながら、小説的なふくらみなどは跡形もなく消え失せてしまっているが、むしろ、かろうじて小説の体は残しながら、原作の複雑なプロットをよく百五十枚にまとめられたものだと思う。各種の証拠等は一応もれなく拾い上げたうえで、筋を通し、前後のつじつまを合わせているのだ。翻訳というより、この要約の妙技は讃えられてよい。

細かいところをつければ、トレーラーで出かけたヘンリーが一両日中にロンドンに戻って口座預金の清算をするつもりであったこと（この点はテナントの犯行動機を形成するのだから重要）にふれられていなかったり、ヘンリーがレッドヒルの郵便局からテナントの事務所に電話をかけた一件が省略されていたり、といった問題はあるが、まず大筋のところは押さえられている。原作では証拠が発見されるつど、コーンフォード警部が主任とディスカッションする中で見当違いの仮説を提示したりして、それが多くの頁を食っているのだが、そうした探偵小説的な遊びの部分がゴッソリ削られているので、短い枚数にまとめることもできたのだろう。

しかし、プロットをたどることはできても味わいに欠け、小説として楽しめるというところまではいかないのである。原作は先述した意味での霧中感が特色となっているわけだが、「濃霧」の感じを出すには、せめてこの倍の分量は必要だったと思われる。

細部にわたるが、構成の論理の観点から不適切な訳し方をしている箇所があるので指摘しておきたい。『死の濃霧』は、かなり圧縮はしてもそのプロットは原作に忠実に訳されているのだが、次の二箇所の時刻に手が加えられている。すなわち、

・本書二百七十六頁七行目の「十一時」が「十時半」

・二百七十九頁十一行目の「九時頃」が「十時頃」

と変えられているのだ。前者は、メリマン夫人がコーンフォード警部を追いかけてマッチングスに向かう夫の車から降りた時刻、後者は、リチャード（実際はリチャードの車に乗ったテナント）が車で家に帰ってきた頃合いとしてメイドのメアリーが証言した時刻である。この変更の理由は分からないが、結果的に改悪である。

前者の時刻の五分前（十時二十五分）にはテナントが（マッチングスでの犯行を終えて）ロンドンの駐車場に戻っていたわけだが、一方、後者の時刻にテナントがマッチングスに着いたのだとすると、居間の乱暴狼藉の工作の後ロンドンに戻り始めたのは、早くても十時十五分頃になる。すると、マッチングス・ロンドン間を十分で走破したことになるが、車で二時間はかかるとされている（本書七十六頁）距離をこの時間で走るのは、いくらスピード違反が得意なテナントでも絶対的に不可能。つまり、この時間設定では構成の論理が成立しなくなってしまう（逆に言えばテナントのアリバイが成立してしまう）のだ。自由な抄訳であっても、プロットと密接に関わる時刻を勝手に変えてはいけなかったのである。

話がややこしくなって恐縮だが、実は、この点は原作自体がミスを犯しているのである。後者の時刻が原作では「十時十五分」となっているのだ（つまり、『死の濃

霧』は「十時十五分」を「十時頃」と訳し変えたということ）。しかし、このままだと右に記したと同様、構成の論理上の問題が生じてしまうので、それを回避するため、本書『霧に包まれた骸』では訳者はこの部分を現に訳されているように変えることとしたのである。

☆☆☆

ミルワード・ケネディ長篇作品リスト

1 The Bleston Mystery（1928）※ロバート・ミルワード・ケネディ名義（ゴードン・マクドネルとの共著）
2 The Corpse on the Mat〔米題 The Man Who Rang the Bell〕（1929）
3 Corpse Guards Parade（1929）本書
4 Half-Mast Murder（1930）
5 Death in a Deck-Chair（1930）
6 Murder in Black and White（1931）※イヴリン・エルダー名義
7 Death to the Rescue（1931）『救いの死』（横山啓明訳、国書刊行会）
8 The Floating Admiral（1931）『漂う提督』（中村保男訳、ハヤカワ・ミステリ文庫）
※ディテクション・クラブのメンバーによるリレー長篇
9 Angel in the Case（1932）※イヴリン・エルダー名義
10 The Murderer of Sleep（1932）『スリープ村の殺人者』（大澤晶訳、新樹社）
11 Bull's Eye（1933）
12 Ask a Policeman（1933）『警察官に聞け』（宇野利泰訳、ハヤカワ・ミステリ文庫）
※ディテクション・クラブのメンバーによるリレー長篇
13 Corpse in Cold Storage（1934）
14 Poison in the Parish（1935）
15 Sic Transit Gloria〔米題 The Scornful Corpse〕（1936）
16 I'll Be Judge, I'll Be Jury（1937）
17 It Began in New York（1943）
18 Escape to Quebec（1946）
19 The Top Boot（1950）
20 Two's Company（1952）

国書刊行会 (2000)

新樹社 (2006)

レオ・ブルースとの出会い

初出：「Aunt Aurora」第1号（1987年12月）
※「レオ・ブルース・ファン・クラブ」機関誌

私はレオ・ブルースの熱心なファンではない。こういう言い方は、通常なら当の作家に対する否定的な評価をほのめかしているものだが、今の場合、そのように受け取っていただいては困るのであって、単に客観的な事実を述べたにすぎない。

私が読んだレオ・ブルースの作品は、邦訳のある『死の扉』とHMMに載った短篇「庭園の死」のほか、『三人の探偵のための事件』と『ロープとリングの事件』だけなのである。こんな状態で、どうして「熱心なファン」を気取ることができようか。

しかし、名もない小さな花にも神の福音が与えられるように、こんな私のところへも「レオ・ブルース・ファン・クラブ」小林晋会長から原稿依頼の手紙が届いたのであった。省みるに、数こそ読んでいないけれども、私も読み得た作品の出来栄えには感嘆を久しくした一人である。してみれば、私のような者がおそれ多くも本誌に投稿したとしても、神は、いやさ会長は笑ってゆるしてくださるであろう。

私が初めてレオ・ブルースを知ったのは、「Annual Proceedings of the Society of Mystery & Science Fiction」誌に小林氏が連載しておられた「安楽椅子」の第二回（同誌第五号）を読んだときのことだった。そこで小林氏はブルースの二作、『Case for Three Detectives』と『Jack on the Gallows Tree』の紹介をしていたのである。

もっとも、「レオ・ブルース」という名前は、それ以前から知ってはいた。唯一の邦訳長篇『死の扉』を持ってさえいたのである。しかし、それは東京創元社の「現代推理小説全集」全十五巻を古書店でまとめて買った中にたまたま同書が含まれていたというだけのことで、特に同書を求めて入手したのではなかったから、格別の印象も持っていなかったのである。というより、なぜか知らねど「レオ・ブルース『死の扉』」という文字面だけを見てハードボイルド小説のような印象を持ってしまい（どことなくそんな感じもあるでしょう?）、ハードボイルドを好まない私としては、読んでみようという気すら起こさずに、本は書棚の片隅でホコリをかぶっていたのだった。

それが小林氏の前記紹介文を読むに及んで、私がまったくの勘ちがいをしていたことに気付いたのである。小林氏によれば、レオ・ブルースとは本格ものの作家、それも私好みのユーモアのある本格ミステリの作家だというではないか。私は作者の名前だけからその作風を誤解していた自分の愚かしさを恥じた。しかし、生来無精な私は、すぐに『死の扉』を読んでみようという気にはならなかった。

当時の私は絶版ミステリの蒐集に夢中で、毎月給料の半分近くを古書につぎ込むような無茶をしていたから、その成果はちゃくちゃくとあがっており、書棚には未読の古書ミステリがごまんと並んでいた。『ナイン・テイラーズ』も、『陸橋殺人事件』も、『検屍裁判』も、『Xにたいする逮捕状』も未読で、その他多数の名作が我さきにと読まれる順番を待ってひしめいていたのである。そんな状況ではすぐに『死の扉』に手が出なかったとしても仕方がないだろう。

しかし、その後加瀬義雄氏の編集発行に係る「ROM」誌においてもレオ・ブルースが高い評価を得ていることを知り、その名はしだいに私の中で大きな位置を占めていった。そして、ある日、ついに『死の扉』を読んだ。

『死の扉』は、期待にたがわぬ傑作だった。

もっとも、前半までは、ユーモアのある文章やいかにも英国の本格探偵小説らしいおっとりした味わいを楽しみながらも、やや平板な展開で、この調子で最後までいくのであればそう大したものでもないな、と淡い失望を感じかけたものである。しかし、なしのき農場でカロラスがリムブリック氏に会うあたりから興味が増しはじめ、容疑者の相次ぐ告白、カロラスの推理の方向転換、カロラスの危難をへて大詰めへと運ばれる後半の展開は、サスペンスも加わって一気に読まされた。カロラスの絵解きがまた充実した内容で、メイントリックの動機の転換を土台とする事件の再構成は見事なものである。犯人の意外性も申し分なく、伏線も巧妙に張られており、ミスディレクションもきいている。本格探偵小説の謎解きのダイゴ味を堪能させられた。当時かなりマメに書いていた探偵小説の読後感を記したノートを見ると、「印象点は九五点。推理の過程で直感がかなり大きな役割りを果たしており、そこが甘いといえばいえるので、百点はつけられない」、「この一作を読んで判断する限りでは、レオ・ブルースは、ユーモアとウイットに富む英国本格探偵小説の系譜において、ノックスとクリスピンの間をつなぐ見失われた一環であるように思われる」などとある。

『死の扉』に非常に感心したので、他に翻訳のないことが残念でならなかったが、それでは原書で、という具合にはいかなかった。学生時代の不勉強のせいで、語学力にはテンで自信がなかったからである。

探偵小説熱がこうじて何とか未訳の名作を原書で読んでみたいという気持はそれ以前からあり、ぼちぼち英語の勉強をしたりもしていた。ところがテキストを用意していざ読むだんになると途中で辞書を引くのがおっくうになって挫折することの繰り返しで、せいぜい翻訳で読んだもの（ホームズものとか、ミルンの『赤い館の秘密』など）を原書で読み直すにとどまっていた。レオ・ブルースもテキストを二冊ばかり入手したものの、なかなか手をつけかねていたのである。

そんなある日、昨一九八六年の二月のことだが、私の住む仙台に小林氏が来られた際、私の職場を訪問されるという出来事があった。それ以前にあることがきっかけで文通を開始していたからであったが、突然の訪問にびっくりすると同時に大変うれしく感じたことである。

翌日の土曜日の午後を拙宅にお誘いし、ミステリ本のつまった書棚に囲まれた私の部屋で数時間を過ごしたのだったが、話題はむろん探偵小説。さまざまの作家と作品について語りながらも、小林氏の話はともすればレオ・ブルースへと寄り添い、しばし離れてはまた立ち返っていくのだった。

そして小林氏が辞去される段になってバス停までお送りしたのだが、バスのステップに片足をかけながらふと思い出したように私を振り返って小林氏の発した一言というのが、

「レオ・ブルースを読んで下さいね」

私は内心思わずふき出してしまったのだが、同時に、宣教師を思わせるような氏の情熱にいたく感動したのだった。

ことここに至っては、もはやこれ以上レオ・ブルースを読まずに放置することは許されない事態となった。小林氏との会話の最中にも、レオ・ブルースを読みたいという気持は抑えがたいほどにたかまっていたのである。

かねて入手していたテキストにおそるおそる取り組むことになったのは、そのような経過をへてのことだった。実質的に初めてのオリジナル・テキストは、はじめのうちこそ私によそよそしい態度をとっていたが、三十ページを過ぎたあたりからぐっと読書のスピードがあがり、意外に短時間で読み切ることができた。オリジナル・テキストを読破したという満足感も大きかったが、それ以上に、よく出来た探偵小説を読み終えた後の快い満足感が私をとらえていた。その作品というのがブルース作品の中でも特に評価の高い『Case with Ropes & Rings』であってみれば、それも当然であったろうか。

実は、この原稿は、はじめ「『ロープとリングの事件』を読む」と題して同作品の批評めいたことを書くつもりであったが（大変面白く読んだのではあるけれども不満な点もないではないので、その点を述べてみたいと思って）、すでにかなりの紙数を費やしてしまったので、このへんで打ち切らねばならないだろう。予定していた本論は他日を期すことにして、くだくだしいイントロダクションを終えることにする。

Academy Chicago (1980)

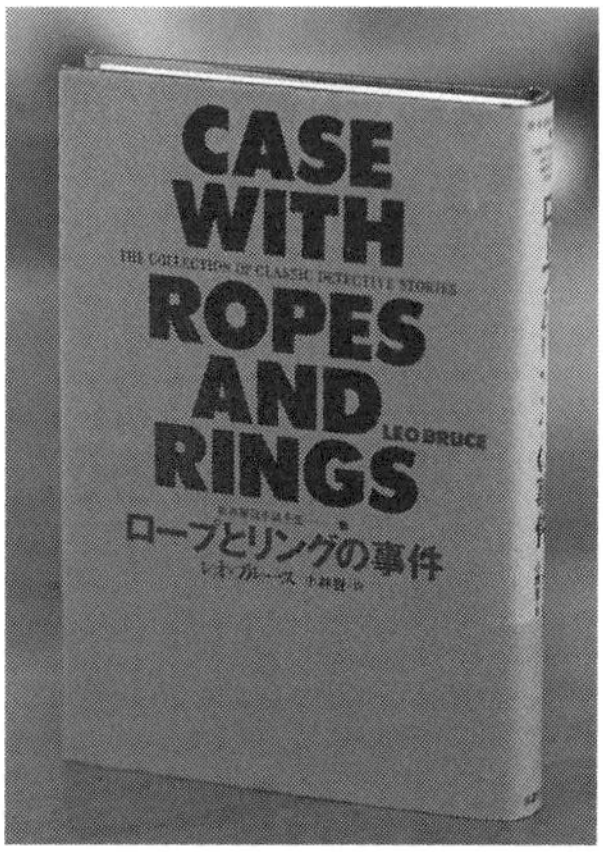

国書刊行会 (1995)

意外な犯人テーマの新機軸

レオ・ブルース『ロープとリングの事件』解説

初出：同書（国書刊行会　1995年3月）

1

この「世界探偵小説全集」の収録作家の多くはわが国で不遇だった人々で、本書『ロープとリングの事件』の作者もその例に漏れないが、レオ・ブルースの場合は本国でも生前は実力に見合った評価を受けることができなかった。探偵小説の歴史を扱った書物において従来レオ・ブルースのために数行以上のスペースが割かれたことはなかったし、各種名作表のいずれかにその作品が採られたこともない。

英米では近年ようやく再評価がなされ、遅まきながらブルースがファースト・クラスのミステリ作家であったことが認識されるようになった。再評価に先鞭をつけた評論家のチャールズ・シバクは、『Twentieth Century Crime and Mystery Writers』(1980)のブルースの項を次のような最上級の讃辞をもって書き出している。

「レオ・ブルースは傑出した長所をもった英国の一流探偵作家である。全く意想外の結末に至る謎を考案することにかけて、作者の創意の豊かさは他に抜きんでている。その巧妙さは並外れたものがあり、読者を迷わせようとする努力たるやアガサ・クリスティーにも比肩しうる」

そして再評価と併行して多くの作品が忘却の淵から救い上げられ、新たな装いで刊行された（それにあたって中心的な役割を果たした米国の出版社アカデミー・シカゴの功績は特筆に値する）。

しかし、わが国での翻訳紹介は依然として寥寥たるものであり、批評家の無理解もあって正当な評価はおろか未だおよその姿さえ十分には知られていない状況である。今回ここに代表作の一つである『ロープとリングの事件』が訳出され、わが国のミステリ・ファンにレオ・ブルースの真価を知る手掛かりが与えられることになったのは喜ばしい限りであり、これを契機にブルース作品の本格的な紹介が始まることを願ってやまない。

2

レオ・ブルースというのは筆名であり、本名はルパート・クロフト‐クックという。一九〇三年に英国で株式仲買人を父として生まれ、青少年期に多くの学校を転々とした後、ブエノスアイレス大学に進んだ。学校を転々としたのは、彼が独自の行動基準をもった、いわば教師の手に負えない子供だったためで、その自由な気質と個人主義的傾向は彼の生涯を通じて一貫している。大学在学中に「La Estrella」という雑誌を創刊して初代編集長をつとめたが、卒業後は英国に戻って教職についた。その後、第二次世界大戦中の従軍期間をはさんで、古書籍商、大学講師、書評家等の経歴がある。

そのボヘミアン的な気質によるものか、彼はこよなく旅を愛し、人生の多くの時間を外国で過ごした。サーカスやジプシーの友人たちとよく旅をしたようで、その記録が旅行記や自伝の一部として残されている。一九五四年以降十五年間もタンジールで暮らしたことがあるが、これは一九五三年にいわれなき同性愛嫌疑で投獄される事件が起き、そのショックが彼を英国から遠ざけたためのようである。

彼は一九七九年に七十六歳で亡くなるまでの間に百二十六冊もの著作を世に送った。そのうち三十一冊がレオ・ブルース名義の探偵小説で、他は本名で書いた本だが、その範囲は普通小説から劇作、詩、評伝、旅行記などのほか、サーカスや酒や料理やダーツに関するものまでの広きにわたっている。その中には二十七巻に及ぶ自伝も含まれているが、そこで語られているのは著者が見聞したり体験した事実のみで、内面的な自己表出は意識的に避けられている。自伝には探偵小説についても殆ど言及がなく、わずかに二箇所、筆名で探偵小説を発表したことがある旨の記述があるばかりだという。コナン・ドイルがシャーロック・ホームズ物語を自分の仕事の中で低く見ていた事実が思い起こされるが、今日ドイルの名が知られるのは何よりもまずホームズの生みの親としてであるように、ルパート・クロフト-クックの名が歴史に残るのも、探偵作家レオ・ブルースの本名としてということになりそうである。

※以上の記述は、B・A・パイク編『Murder in Miniature : The Short Stories of Leo Bruce』(1993)の編者による序文に負うところが多い。

3

生前刊行されたレオ・ブルースの三十一冊の本はいずれも長篇探偵小説であり、二つのシリーズから成っている。ウィリアム・ビーフ巡査部長のシリーズ(処女作『Case for Three Detectives』(1936)から第八作『Cold Blood』(1952)までの八冊)と、パブリック・スクールの歴史教師キャロラス・ディーンが探偵役をつとめるシリーズ第九作『死の扉』(『At Death's Door』1955)以降の二十三冊である。ビーフ物とディーン物の間では、探偵役のキャラクターががらりと変わるとともに作風にも変化が見られるが、いずれ劣らぬすぐれた本格探偵小説のシリーズであり、考え抜かれた構成、網の目のように張り巡らされた伏線、スマートなミスディレクション、読みやすくユーモアあふれる文章などが特長となっている。

キャロラス・ディーン物は、少ないながらも『死の扉』(東京創元社、絶版)と『ジャックは絞首台に!』(一九六〇、社会思想社ミステリ・ボックス)の二冊が紹介されており、まだ読者にもなじみがあるかと思われるので、ここでは本書『ロープとリングの事件』により初めて公に紹介されるビーフ物に焦点を当てることにしたい。まず、シリーズの主役たるビーフ巡査部長と、その相棒の事件記録者タウンゼンドのプロフィールを見ておこう。

一九三〇年代後半の初登場時には、ビーフ巡査部長は探偵役として異色の存在であったと思われる。田舎の村の警察官で、赤ら顔とほつれた生姜色の口髭の持ち主。人の笑いを誘わずにおかない鈍重な身のこなしと不器用な立居振舞。パブでビールを飲みながらダーツに興じるのが何よりの楽しみという御仁である。これより十年前にアントニイ・バークリーが、従来の名探偵像に対するアンチテーゼとして溌剌としたロジャー・シェリンガムを登場させたように、それとやり方は違うが、レオ・ブルースも当時流行の名探偵像——ピーター・ウィムジイ卿に代表されるような上流階級出身の気取った探偵たち——の対極にあるキャラクターを創造したのだった（このほか探偵小説に対する諷刺を身上としていた点など、ブルースはその精神においてバークリーに似通ったところが多い）。

ビーフはしかし、後のドーヴァー警部などとは違って、単なる道化ではない。彼には人間的な誠実さがあり、多くの人々の信頼を得るし、探偵活動にあたっては英国精神の真髄ともいうべき堅固な常識を働かせて、ねじくれた謎を見事に解決する。大いに笑わせてくれる一方で、頼むに足る人物なのである。

ビーフの扱った事件でワトソン役をつとめているのがライオネル・タウンゼンドだが、これが往々にしてビーフ以上に滑稽な存在である。ビーフとは対照的に高等教育を受けたインテリで、色々なことによく気がついて必要以上に気を回すけれども、いざというときには頼りにならない。とりすまして上品ぶっていて、悪く言えば自意識過剰のスノッブなのだが、作者の筆づかいには愛情のこもったからかいの気分が漂っており、憎めない人物として描かれている。

タウンゼンドのキャラクターのユニークさは、彼が常に自分をワトソン役として意識し、ビーフの事件を出来のよい探偵小説に仕立てることができるかどうか絶えず気にかけていることである。これが楽屋落ち的なユーモアを生み出しているほか、一種メタミステリ的な要素ともなり、この仕掛けを使って作者は随所で探偵小説談義に耽っている。

このビーフとタウンゼンドのコンビが、掛け合い漫才よろしく相手を非難し合いながら捜査を進めていく、その面白さがビーフ物の大きな魅力の一つとなっていることは間違いない。

4

次に、ビーフ物の各作品についてそのあらましをご紹介しよう。

第一作『**Case for Three Detectives**（**三人の名探偵のための事件**）』（一九三六）の「三人の探偵」とは、サイモン・プリムソル卿、アメ・ピコン、スミス神父——それぞれピーター・ウィムジイ卿、エルキュール・ポワロ、ブラウン神父のパロディである。サセックスの村の医師の家で起きた密室殺人事件をめぐって、当代きっての三人の名探偵が推理合戦を展開する。だが、名探偵たちがそれぞれに華麗な――しかし誤れる――推理を開陳した後で、結局は脇に控えていた地元警察のビーフ巡査部長が事件を解決してしまうのである。同一事件に複数の探偵役が異なった解決を提示する構成といい、最もそれらしくない人物が真相を言い当てる〈探偵の意外性〉といい、バークリー『毒入りチョコレート事件』（一九二九）の影響が顕著である。この作ではさらに、三人の名探偵のキャラクターと推理法のパロディを試みている分趣向に手が込んでいるわけだが、作者はよく健闘して見事な成功を収めている。マニアによるマニアのための、といった形容がふさわしい珍重すべき作品である。

ビーフは右の事件での活躍が認められて、ロンドン近郊のブラクサムという小さいけれども重要な町を管轄することになった。この町で起きた怪事件が、第二作『**Case without a Corpse**（**死体のない事件**）』（一九三七）である。ある晩、例によってビーフとタウンゼンドがパブでダーツを楽しんでいると、ロジャーズという若者がやってきて、殺人を犯したことを告げるや毒をあおって死んでしまう。しかし、どこの誰を殺したのかは言わないで。かくて死体なき事件の死体を求めて被害者探しが開始されることになる。ビーフはスコットランド・ヤードから派遣されたスチュート警部と競い合って捜査を進めるのだが、今回も勝利を収めるのはビーフなのだ。……前作では三人の名探偵の捜査ぶりに主眼が置かれていたから、ビーフとタウンゼンドの出る幕はあまりなかったが、この作では存分に彼らの活躍が描かれており、その意味では本当のビーフ・シリーズはここから始まるといってもよいくらいである。ブルース流ユーモアもエンジン全開となり、大胆な趣向とも相まって大変楽しめる一篇である（本作には本書の訳者小林晋氏による私家版の翻訳がある）。

難事件を二つも解決しても昇進を望めないビーフは、警察を退職し、ベーカー街の近くに居を構えて私立探偵を開業した。そこへ持ち込まれた最初の事件が、第三作『**Case with No Conclusion**（**結末のない事件**）』（一九三九）である。シデナムの糸杉荘の主人スチュアート・フェラーズは、ある晩少人数のディナー・パーティを催したが、明くる朝、糸杉荘の書斎で前夜帰ったはずの客のベンスン医師が死体となって発見された。スチュアートは医師の妻と噂があり、そのことで医師から恐喝されていたふしがあることから、ヤードのスチュート警部は彼を逮捕する。スチュアートの弟ピーターから真犯人を見つけて兄を救ってほしいという依頼を受けたビーフだが、状況はいかにもスチュアートに不利だった。裁判では有罪判決が下り、処刑の期日が迫ってきたが……。この作でビーフは表面上事件の解決に失敗してしまい、新聞でさんざんたたかれることになる。しかも、物語は「結末」がつかないまま終わるのである。この時代の作品には異例の幕切れだが、探偵小説としての出来栄えはすばらしく、緊密な構成と巧妙なテクニックには嘆賞すべきものがある。

前作での「失敗」のためにパッタリと事件の依頼の絶えてしまったビーフのもとへ、ある日サーカス団に所属している甥から奇妙な手紙が舞い込む。ジプシーの占い女が、サーカス内で殺人が起きることを予言したというのだ。第四作『Case with Four Clowns』(1939)の幕開けである。ビーフは気の進まないタウンゼンドを無理に誘ってしばらくサーカス団と起居を共にし、〈これから起きるはずの殺人事件〉を探偵することになる。サーカス内には、様々な人々が様々な感情を抱きながら暮らしていた。冷淡な実務家の団長とロシア人の綱渡り芸人との間には確執があるようだし、空中ブランコ乗りのフランス人兄弟とパートナーの女性は奇妙な三角関係にあった。道化師たちの憎しみと悩み。猛獣使いの報われぬ恋。――そんな中で、曲乗りの双子の姉妹の一方が他方をナイフで傷つけるという事件が起きる。さらに、ライオンが檻を出たり、空中ブランコの最中に照明が消えたりという事件が続き、芸人たちは不安に怯える。やがて、占い女が予言した殺人のタイムリミット、サーカス団の創立二十五周年記念公演の日がやってきた。……同書はサーカスに関する著書もある作者ならではの作品で、サーカスの内情やそこに生きる人々の気分といったものが詳しく鮮明に描き出されている(作者のペンが走ったためか、分量も他の長篇の一・五倍くらいある)。例によってビーフとタウンゼンドの掛け合いも楽しいし、珍しい舞台背景とも相まってビーフ物語としては興味深い一篇なのだが、肝心の謎解きのパートが竜頭蛇尾の感があって物足らず、残念ながら探偵小説としては上出来とは言いかねる仕上がりである。

続く第五作『**Case with Ropes and Rings(ロープとリングの事件)**』(一九四〇)は、学園ミステリである。パブリック・スクールの名門ペンズハースト校でボクシング大会が行われた翌朝、優勝した青年が体育館で首吊り死体となって発見された。新聞で事件を知ったビーフは、同校の教師であるタウンゼンドの兄を通じて事件への介入を図り、青年の父の侯爵の了解を得て、臨時の用務員の身分で捜査に取りかかる。ビーフは、証人を求めてタウンゼンドとパブ巡りをしたり、生徒たちの人気者になって学校中にダーツを流行させたりしながら捜査を進めていったが、やがて第二の事件が発生。ロンドンのカムデン・タウンのジムでも、若いボクサーの首吊り死体が見つかったのだ。両事件の間には何か関係があるのだろうか？　警察はそれぞれの事件の最有力容疑者を絞り込んでいったが……。〈意外な犯人〉テーマの新機軸というべき大胆な着想を、巧妙なテクニックとユーモアに富む話術で生かした傑作。

第六作『Case for Sergeant Beef』(1947) の冒頭の数章は、登場人物の一人の手記で占められている。手記の筆者はウェリントン・チックルという大層な名前（父親がウェリントン将軍の名を借りてつけたのだ）の老人で、チックル氏は時計屋としてそこそこの成功は収めながら地味で平凡な生活を送ってきたが、内心では「地に爪跡を残す」野心を抱き続けていた。死ぬ前に完全犯罪をなしとげて後世に名を残そうと思い定めたところから手記は書き始められ、長い時間をかけて犯行計画を練り上げ、まさに実行に移そうとする直前までの経過がつづられる。ここで手記は終わり、以降はビーフの探偵活動を描く三人称の物語になる――というのはニコラス・ブレイクの『野獣死すべし』（一九三八）を思わせる構成だが、全体の仕掛けはまったく異なっているし、この作の場合「手記」の目的はチックル氏の特異なキャラクターと犯行動機を描くことにあったと思われるから、構成の類似をもって単純にブレイクの模倣とするのはあたらない。一作ごとに新しい試みをなそうとした作者の苦心がしのばれ、色々と見所も多い作品だが、結末のひねりが今一つで（作者はサプライズ・エンディングの新手を編み出したつもりのようだが、その手は既にバークリーが先鞭をつけている）、傑作の域には達していない。

第七作『Neck and Neck』(1951) では、ビーフはタウンゼンドから出馬を要請されることになる。タウンゼンドの伯母オーロラ・フィールディングがへイスティングズの屋敷で毒殺され、他の近親とともに彼自身が容疑の渦中にあるというのだ。ビーフはちょうどコッツウォルドで起きた悪徳出版業者の殺人事件の捜査に着手したばかりだったが、急ぎへイスティングズに駆けつける。ほかならぬタウンゼンドの頼みだったからでもあるが、二つの事件を結ぶ細い糸をビーフは発見していたのだ。一見何のつながりもない両事件には果たしてどんな関係があるのか？　……この作の中心になるアイディアには有名な先例があるが、本格ミステリの形式では取扱いの難しいそのアイディアを、持ち前の細部の技巧を駆使してよく書きこなしている。作者の他の作品と比べてストーリーの起伏にも富み、着想のオリジナリティにこだわらなければ面白く読める一篇である。

第八作『Cold Blood』(1952)の舞台は、英国ミステリならではのカントリーハウス。人嫌いの富豪コズモ・デュクロウが、ある朝屋敷の庭で、後頭部をクローケーの打球槌でメッタ打ちされた死体となって発見された。容疑者として浮かび上がったのは、コズモの甥ルドルフである。彼はコズモの妻と不倫の関係にあったうえ、状況証拠は著しく彼に不利だった。コズモの旧友グレイからルドルフの無実を証明してくれるよう依頼されたビーフは、タウンゼンドとともに捜査に乗り出すが、やがて第二の事件が発生する。……探偵小説の筋立ての定石をそのままなぞったようなありふれた展開だが、例によって緻密な仕上がりには感心させられる。全体的な印象としてキャロラス・ディーン物の作風に近いものが感じられるが、年代的にもちょうどディーン物への橋渡しの時期にあたっており、この頃から作風の転換が図られたものと見られる。ブルース作品としては唯一、作中でエラリイ・クイーンばりの〈読者への挑戦〉がなされているが、伏線は豊富でも推理の決め手となる手掛かりに欠けるため、挑戦探偵小説としては成功していない。

以上の長篇八作のほか、ビーフ物の短篇が十作(いずれも一九五〇年代の初めにイヴニング・スタンダード紙に掲載されたもの)あり、小品ながら気のきいた犯罪パズルとして楽しめる。それらはブルースの他の短篇とともに先述のB・A・パイク編『Murder in Miniature』にまとめられている(稿末付記2参照)。

ビーフ物の傑作としては、『ロープとリングの事件』と『結末のない事件』、『三人の名探偵のための事件』が甲乙つけ難く、次いで『死体のない事件』、『Neck and Neck』といったあたりであろう。評者によっては『Neck and Neck』を上位に置くかもしれない——という具合に挙げていくと大半の作品を名指ししてしまうことになるが、それだけ水準の高いシリーズなのである。

探偵小説史の流れに位置づけた場合のビーフ物のユニークさは、シリーズ全体として探偵小説の伝統に反逆を企てている点である。探偵役の設定は先に見たとおりだし、物語の趣向も〈死体がない〉とか〈結末がない〉とか〈事件がこれから起きる〉とかいった按配で、探偵小説の常套をことごとくひっくり返してやろうとでもいった作者の意気込みが感じられる(もっとも、新機軸の模索は探偵作家の永遠の課題であり、その意味では伝統に深く掉さす創作姿勢ともいえるのだが)。

しかし、シリーズ最終作の『Cold Blood』あたりを境に作品に大胆な趣向を盛り込む傾向は影をひそめ、ディーン物では物語の展開は決まりきったパターンをなし、従来の伝統に則った定式性というのが大きな特徴になってくる。この作風の転換の理由は推測の域を出ないが、探偵小説のフォームが軽視され始めた時代にあえて定型にこだわったことからして、これもまた作者の反逆精神のなせるわざではなかったかと筆者は考えている。

5

★★★『ロープとリングの事件』

『ロープとリングの事件』の終盤でタウンゼンドは語る。

「文学的な観点から見ると、事件全体は絶望的だね。……探偵小説で二つの殺人が起きて、いずれの事件においても最有力容疑者が犯人だなんてとんでもない話だ。事実上、読者に対する背信行為と言ってもいい」(二百五十八頁)。

まったくその通りであるわけだが、作者はそこにちょいと手を加えてこの「絶望的」な物語を探偵小説の傑作に変えてしまったのだ。最後になって二つの事件の犯人を入れ替えるという、まことに人を食った、大胆きわまる手口によって。

これはトリック論的には〈意外な犯人〉テーマの新手と見るべきもので、ある事件の犯人として最も疑わしく見える人物は、そのことによって他の事件の犯人としては最も疑わしくない地位にある、という着想に基づいている。単純で、ほとんどバカバカしいほどでありながら、読者の盲点をうまくついており、大変すぐれたトリックと評価できる。

しかし一方で、すぐれたトリックであるほどそれを使いこなすのは難しいともいえる。その鋭い切れ味を作品において実現するためには、細心に考え抜かれたプロットと様々の技巧を必要とするからである。この作品の場合にも、二つの事件の犯人を入れ替えると一言でいうのは簡単だが、それを具体的な作品として結実させるためには、まずアラン事件においてジョーンズを、ビーチャー事件においてグリーンバウを怪しいと思わせる状況を作りながら、それと同時に、最後で犯人を入れ替えたときに読者を十分納得させるに足る伏線をそこかしこに敷いておかなければならないのである。この仕掛けを読者に気付かせず、しかもプロットをスムーズに運びながら小説として面白く読ませるというのはウルトラC級の離れ業で、とても凡手のよくするところではない。伏線とミスディレクションの技巧に熟達した作者だからこそ書きこなせたトリックといえよう。

トリックの単純さに見合うように作品の筋立てもシンプルで、その大筋は、①ペンズハースト校におけるアラン事件の捜査（関係者への聞き込み）——②カムデン・タウンにおけるビーチャー事件の捜査（同じく）——③各事件の最有力容疑者の逮捕——④ビーフの絵解き（犯人の構図逆転）、といった具合に要約できる。この作品のプロットは最後のどんでん返しを準備するために必要最小限のものから成っており、脇筋や枝葉はほとんどないし、装飾的なプレゼンテーションにも乏しい。かつて江戸川乱歩が傑作探偵小説の条件のうちに挙げた発端の不可思議性も中段のサスペンスもこの作品にはないが、結末の意外性は前二者の欠を補って余りあり、そのインパクトの強さのみをもって読者にアピールすることができるだろう。

不可思議性やサスペンスは探偵小説に宿命的な序盤・中盤の退屈さを避けて読者を終盤まで引っ張る手段であるわけだが、レオ・ブルースの場合、それらに代わるものとしてユーモアがある。ハラハラさせて読者を引付けておく代わりに、笑わせながらページを繰らせるのだ。本書も起伏に乏しいプロットなので書きようによってはひどく単調にもなりかねないところだが、作者はユーモラスな息抜きの場面を随所に織り込みながら、ナレーションの技巧を駆使してうまくそれを乗り切っている。

これを要するに、『ロープとリングの事件』は大胆なトリックを巧妙なテクニックとユーモアに富む話術で生かした傑作といってよかろう。しかし、どれほどすぐれた作品にも欠点はある。この作品も子細に見ていけば幾つかの点を指摘できるが、ここではロジックの面に関わる二点を挙げておきたい。

一つは、解明の論理の詰めの甘さである。最後の二章でビーフの絵解きが行われているが、それぞれの犯人を特定していく過程が論理的な手続をふんでおらず、まず結論が示され、しかる後に事実と符合することが検証されていくという形になっている。数々の伏線が援用されるために論理的な説明のようには見えるのだが、基本的には種明かしにすぎず、厳密に言えばこれは推理ではない（もっとも、そうした意味で満足のいく作品はごく少ないのだが）。

もう一点は、アランの死体は密室状況で発見され、周囲に鍵が見つからなかったというのに警察がこれを自殺と考えたことのおかしさである（それは同時に、犯人が鍵を現場に残しておかなかったことのおかしさでもある)。この点はビーフを事件に介入させるための作者の苦しい便法かと思われるのだが(現にビーチャー事件では同様の状況が他殺と判定されている)、何とかつじつまの合う説明がほしかったところである。

最後に、翻訳に関してコメントしておきたい点が一つある。二つの事件の現場になる「ジム」は、原語はgymnasiumで共通しているが、翻訳では本来はペンズハースト校のは「体育館」、カムデン・タウンのは「ジム」と訳し分けるのが適当であろう。しかし、これをそのように訳し分けてしまうと、二百六十九ページ三行目のビーフのセリフが問題になる。ここでビーフはカムデン・タウンのジムのつもりでgymnasiumと言っているのだが、作者はこれを読者にはペンズハースト校の体育館のことだと思わせたいわけで、訳し分けた上で「ジムだ」とやっては、原文のダブル・ミーニングが生きてこないばかりか、本書のサプライズ・エンディングにとって致命的となる。この点をふまえて訳語の取扱いにつき訳者と協議した結果、不自然さは残るが両方を「ジム」で統一するというやり方がとられたのである。

☆☆☆

(付記)わが国にレオ・ブルース・ファン・クラブ(会長・小林晋氏)が誕生してすでに十二年になるが(一九九五年現在)、その存在はわが国よりも海外でよく知られているかもしれない。マニアの必携書たる地位を確立したJ・クーパー&B・A・パイク著『Detective Fiction, The Collector's Guide』第二版(1994)の〈個人作家別研究/愛好団体〉の項に、世界で唯一のレオ・ブルース関係団体として(そして日本のこの種のクラブとしても唯一)紹介されているからである。クラブの目的は「ひたすら、黙々と、レオ・ブルースを読む」ことなので集会などは開かれたことがないが、機関誌「Aunt Aurora」は第六巻まで発行されており、第二巻以降には毎巻一篇小林氏によるディーン物の長篇の翻訳が掲載されている。

(付記2)二〇二二年に刊行された小林晋編訳『レオ・ブルース短編全集』(扶桑社ミステリー)により、全短編四十編がまとめられた。

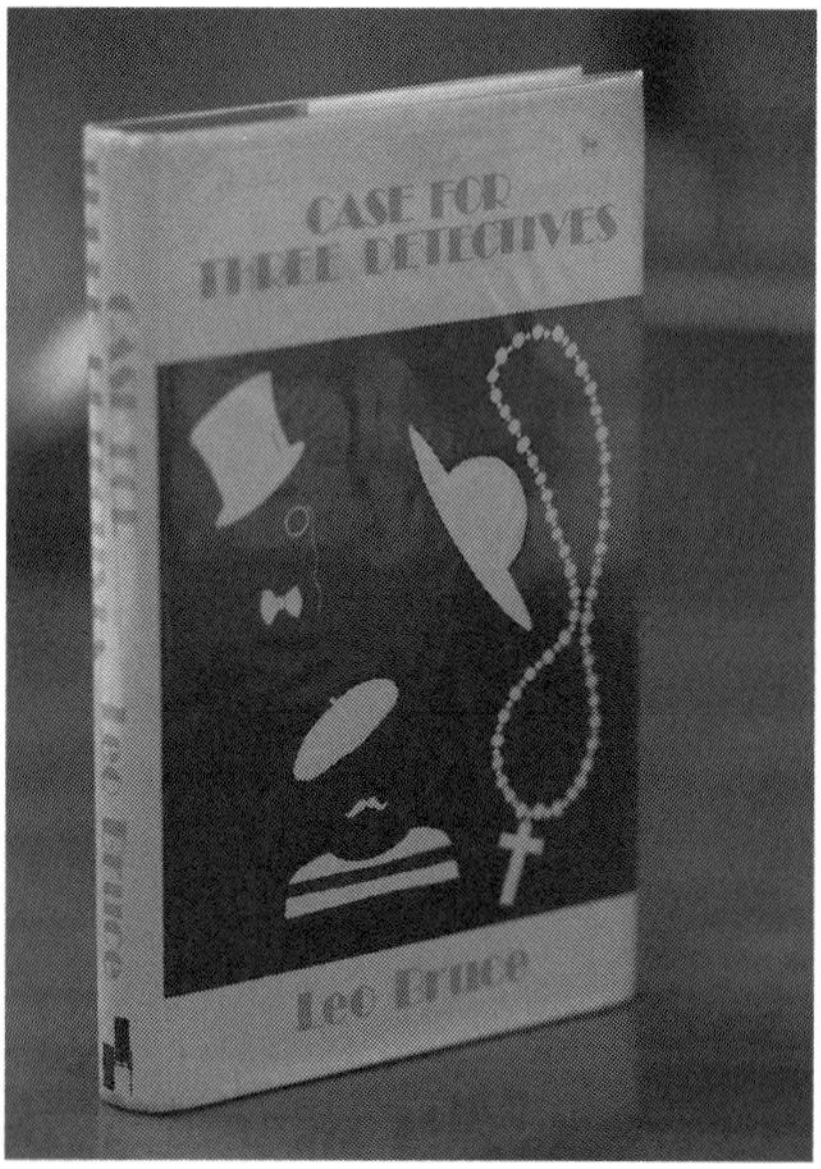

Ian Henry (1975)

名探偵パロディと多重解決のはなれわざ

レオ・ブルース『三人の名探偵のための事件』解説

初出：同書（新樹社　1998年12月）

1　はじめに

時代がいよいよ世紀末の混迷を深めていく中、救いと展望のない現実に多くの人々が打ちひしがれているときにこんなことを言うのはいささか不謹慎かもしれないが、話をミステリに限るならば――いや、良い時節を迎えたものだ。

クラシック・ミステリ再評価の動きのことである。国書刊行会「世界探偵小説全集」は順調に巻を重ねつつあるし（第三期の企画も進行中であると聞く）、創元推理文庫のセイヤーズの長篇全訳も共著を除けば二冊を残すばかりとなった。ディクスン・カーのほか、ニコラス・ブレイク、ピーター・ディキンスンといったシブいセレクトで勝負してきた原書房や、先に『これが密室だ！』を出して話題を呼び、今回カーの初訳と併せて本書『三人の名探偵のための事件』の刊行に至った新樹社もこの動きに加わろうとしている。

社会思想社「ミステリ・ボックス」の続刊がしばらく途絶えているのがややさびしいけれども、これはもうちょっとしたブームといってよかろう。ほんの十年前にはおよそ考えられなかった事態であるが、今や埋もれた旧作の発掘・再評価は、着実に一つの流れを形成しつつあるように思われる。クラシック・ミステリをこよなく愛する一人として、まことに喜ばしい限りである。

だが一方では、こうした動きに対して冷ややかな視線を投げかける批判勢力も存在するようだ。一部の書評家は、発掘された作品にことさら低い評価を下し、あるいは埋もれた作品の発掘という作業じたいに否定的な口吻をもらしたりする。

しかし、筆者は旧作の発掘紹介には大きな意義があると考えている。何となれば、ミステリはミステリによって作られるからだ。(注)ミステリは常に先行作品の在り様を、すなわちミステリの伝統をふまえて書かれてきた。過去の未紹介作を忘却の淵から救い上げる作業は、アンティークを愛でるといったふうの懐旧的な手すさびなどではなく、ミステリの可能性を探る足場を固めるために、その伝統を全体として誤りなく把握しようとする試みなのだ。温故知新は孔子さまのすすめておられたところでもある。

それより何より、一番大きな理由は、クラシック・ミステリが今読んでも十分に面白いからである。この感覚が特殊なものでないことは、J・T・ロジャーズの『赤い右手』やT・S・ストリブリングの『カリブ諸島の手がかり』が年間人気投票で上位にランクされ、アントニイ・バークリーの『第二の銃声』などはこの十年のベストにも選ばれている事実によって明らかだろう。しかもその面白さは、現代ミステリの多くからは失われてしまったものだから、どうしても過去の作品に目を向けざるを得ないのだ。本当に探偵小説らしい探偵小説、探偵小説本来の面白さをそなえた作品を読みたいと思ったら、黄金時代を中心とした過去の作品をあさるしかないのである。

アンチ・クラシック派の人々のミステリ観は必ずしも一様ではなかろうが、その基調となる考え方は、共通してある種の進化論に支えられているように思われる。過去の単純素朴な探偵小説は歴史の進展とともに進化して、小説としてよりすぐれた現代ミステリへと成長をとげたのだ、というような。彼らはおそらく、探偵小説から犯罪小説への進化を説いたジュリアン・シモンズの犯罪小説論なども肯定的な気分で読んでいただろう。

しかし、これとは逆の認識もあるのだ。たとえば——

探偵小説がたくさん書かれ、たくさん出版されるようになればなるほど、探偵小説は悪くなる。探偵小説が自らの伝統を受けついでより大きな完成にいたろうとする代わりに、逆にだんだん悪くなる。私たちはいろんなものが下降する時代に生きている。これらの下降傾向《デカダンス》の一つが探偵小説の堕落である。

カレル・チャペックは、「探偵小説について」と題するエッセイ（社会思想社刊『コラムの闘争』所収、田才益夫訳）の中で右のように書いている。この文章は、実は今を去ること七十年近くもの昔に発表されていたものなのだが、彼が現代のミステリの量産ぶりを目の当たりにしたら、はたしてどんな感想をもらしただろうか。

筆者はチャペックほどに歯切れのよい物言いをする勇気はないけれども（やはり第一次的には個々の作家の志向と才能によるであろうから）、ジャンルとしてのミステリの進化論を信じていないことだけは明言できる。ミステリに限らず、文学一般について、いや、広く人間の精神に関わる領域においては、進化論など成立しないことは明らかではないだろうか。

思わず前置きが長くなってしまったが、ここに紹介される『三人の名探偵のための事件』は、進化も堕落もしない本来の姿の探偵小説であり、しかもその最上の一篇である。愛好家が読後に心からの満足を味わい、会心の微笑を浮かべるであろう逸品である。

ただ、本書を十分味わい尽くすためには、読者にはある程度ミステリの素養が必要とされる。というのも、本書は「ミステリはミステリによって作られる」というミステリの創作原理に最も忠実な作品であるからだ。本書にとりかかる前に、読者は少なくともチェスタトンのブラウン神父物、クリスティーのポワロ物、セイヤーズのウィムジイ物をそれぞれ数冊くらいは読んでいる方がよいだろう（その意味では、本書がわが国の読者に受け入れられる環境は、セイヤーズの邦訳テキストがほぼ出揃った最近になってようやく整ったといえる）。もちろん、初心者が読んでいけないという法はないが、そしてそれはそれで満足のいく読書体験になることだろうが、それではあまりにもったいない。読者が探偵小説を数多く読んでいればいるほど、この作はより大きな楽しみを与えてくれる筈だからだ。

本書は、サザランド・スコットの『現代推理小説の歩み』などで推賞されていたこともあって、一部のファンの間では長く刊行が待ち望まれていた作品であり、ようやくそれが実現したことは慶賀にたえない。だが、レオ・ブルースはこれ一作だけの作家ではない。早くこのすぐれたミステリ作家の真価が認められ、多くの作品が紹介される運びとなることを願ってやまない。

（注）その意味合いについては、丸谷才一氏のエッセイ「二次的文学」（『低空飛行』所収。初出は「ミステリマガジン」昭和五十一年八月号）を参照されたい。そのサワリを引用すれば、「ポーとシャーロック・ホームズがなければそれ以後の探偵小説はすべてなかつた。これはまつたく当り前の話だが、そのぞろぞろつづく名探偵の系列は、互ひに前の名探偵たちをひどく気にしてゐて、つまり、その分だけ、探偵小説は探偵小説から作られてゐる」ということになる。このエッセイは、福永・中村・丸谷『決定版　深夜の散歩』（講談社）でも読むことができる。

2　レオ・ブルース――人と作品

レオ・ブルースの作品は近年、『ジャックは絞首台に！』（社会思想社「ミステリ・ボックス」）と『ロープとリングの事件』（国書刊行会「世界探偵小説全集」）の二作が紹介されており、小林晋氏と筆者の解説でブルースの人と作品についてふれられているので、それらをお読みの方はおおよそのイメージをお持ちであろうが、本書により初めてブルース作品に接する読者のために、改めてそのあらましを述べることにする。前記解説と内容が一部重複する点はご容赦願いたい。

まず、作者の履歴をまとめておこう。レオ・ブルースというのはもっぱら探偵小説の発表名義として用いられた筆名で、本名はルパート・クロフト-クックという。一九〇三年に英国のケント州イーデンブリッジで生れた。不羈独立の精神の持主であった彼は、青少年期には問題児扱いされて多くの学校を転々とせねばならなかった。ブエノスアイレス大学に学び、在学中に「La Estrella」という週刊誌を創刊して編集にあたった。卒業後は教師になり、当初は英国内で、後にはブエノスアイレスやスイスのツークでも教壇に立った。その間、古書籍商を営んだこともあるが、書籍蒐集は自身の趣味でもあったようだ。第二次世界大戦ではマダガスカルやインドで軍務についたが、終戦後は英国に戻って書評家になり、やがて著述専業となった。彼は弱冠十九歳にして最初の著書（詩集）を刊行していたのだが、晩年にいたるまでコンスタントに本を出し続け、生前に出版された本は百二十六冊にも及ぶ。一九七九年、七十六歳の生涯を閉じた。

著作の範囲は幅広く、小説、劇、詩、評伝など文学関係のほか、心理学、料理、ワイン、サーカス、ダーツ、ジプシー等を主題とした専門書や実用書まで含まれている。別名義を用いたのはレオ・ブルース名義の探偵小説だけで、それらは三十一冊を数える（他に本名で書いた犯罪小説が数作ある）。すぐれた出来栄えにもかかわらず、それらは作者にとってはまったくの余技であったと見え、二十七巻に及ぶ長大な自伝の中にも、自作の探偵小説に関する記述はほとんどないらしい。

ブルースは、あるとき英国のロックリフ社が刊行したハウツーものの叢書の編集に携わり、自分でも海外旅行の手引書を書いている。これも作者の多芸多才ぶりを示す事績の一つといえるが、面白いことに、この叢書の一冊として一九四七年に出た探偵小説の入門書（ギルバート・トーマス著『How to Enjoy Detective Fiction』）に収められた探偵作家小事典に、レオ・ブルースも取り上げられているのである。そこで項目を立てられた作家は二十人だが、ブルースはバークリーやカーをさしおいての登場であるから、仕事を与えてもらった（?）トーマス氏の配慮によるものであることは明らかで、その記述内容もブルースの意にかなうものであったと思われる。そんな興味もあるので、その文章を拙訳により引用しておく。

レオ・ブルースは、才気にあふれ、博識で多趣味の作家である。彼はアンティーク家具と稀覯本の権威であり、ジプシーと彼らの伝承についての専門家でもある。

ブルース氏は、ビーフ巡査部長という、田舎者の地方警官ながら思いがけぬ鋭敏さを発揮する人物を創造した。ビーフ巡査部長は、さえない外見とあかぬけない物腰にそぐわぬ知性を備えた探偵役の一例である。彼は一見、スコットランド・ヤードの捜査官の後をとぼとぼついて歩いているようだが、実際は、終始彼らの先を行っているのだ。

ビーフの名前が出たところで、目を作品に転じることにしよう。

ビーフ巡査部長（Sergeant Beef）は、処女作である本書を含めレオ・ブルースの初期作に登場するシリーズ探偵である（第三作からは警察を辞めて私立探偵に転身しているが、その後も通称として Sergeant と呼ばれる）。ビーフ物の長篇としては、次の諸作がある。

1 Case for Three Detectives（1936）本書
2 Case without a Corpse（1937）
3 Case with No Conclusion（1939）
4 Case with Four Clowns（1939）
5 Case with Ropes and Rings（1940）『ロープとリングの事件』
6 Case for Sergeant Beef（1947）
7 Neck and Neck（1951）
8 Cold Blood（1952）

他にビーフ登場の短篇が十篇あり、一九九三年刊のB・A・パイク編『Murder in Miniature : The Short Stories of Leo Bruce』にその他の短篇作品とともにまとめられている（前稿付記2参照）。

ビーフ物は、全体として非常に水準の高いシリーズである。一作ごとに工夫のこらされた、ミステリマインドをくすぐる大胆な趣向に加えて、それを支える考え抜かれた構成と伏線、ミスディレクション等の細部の技巧には嘆賞すべきものがある。古典的な本格探偵小説のファンなら、随喜の涙をこぼしそうな作品が目白押しなのである。

ビーフ物にはまたユーモア・ミステリとしての魅力もある。まるで名探偵らしくない、田舎者まる出しでビールとダーツに目がないビーフのキャラクターも笑いを誘うが、その相棒の事件記録者タウンゼンドも自意識過剰のユニークなワトスン役で、彼ら同士、あるいは周囲の人々とのやりとりが実に滑稽なのだ。第一作の本書では探偵小説としての仕掛けや趣向に力点が置かれていたためか、作者のユーモア・センスが十分発揮されていないうらみがあるが、第二作以降はユーモアの味付けもたっぷりで、たいへん楽しい作品に仕上がっている。

筆者としてはビーフ物はすべて邦訳されることを望みたいが、『ロープとリングの事件』及び本書に続いて優先的に紹介されるべき作品を上げるとしたら、先のリストの2と3、次いで7といったあたりであろうか。

『Case without a Corpse』は、タイトルどおり死体（被害者）のない事件である。ビーフ曰く、「殺人事件というのは死体があって始まるもんだと思っていたよ。そしたら、誰のしわざか見つけることになる。この事件では誰が犯人かは分かっている。でも、死体が見つからないんだ」。この奇妙な事件を解決すべく、ビーフはスコットランド・ヤードの敏腕警部を向こうに回して大活躍する。同書には小林晋氏による私家版の翻訳があるが、それを読んだミステリ・ファンの間での評価も高い。

『Case with No Conclusion』は、これまた奇妙なタイトルだが、Conclusion（結末）はなくともSolution（解決）はあるのでご安心を。緻密に構成された本格探偵小説としてまことに見事な出来栄えの作品であり、私見ではブルースのベストである。バークリーなどから影響を受けたと見られる「名探偵」批判も読みどころの一つ。

『Neck and Neck』では、まったく無関係と思われた二つの殺人事件の関係をビーフが突きとめる。中心となるアイディアは先例のあるものだが、それを本格物の形式で書いたのは同書が初めてだろう。例によって緻密な仕上がりには感心させられるし、起伏に富んだ物語も楽しめる。

このほかの作品も、探偵小説としての完成度の点ではやや落ちるにしても、作者の知悉していたサーカスの芸人たちの世界が生き生きと描かれた異色篇『Case with Four Clowns』、殺人計画の手記から物語が幕を開ける『Case for Sergeant Beef』、ブルースには珍しく〈読者への挑戦〉を試みた『Cold Blood』とそれぞれに特色があって飽きさせない。

残念なことにビーフ物は八作で打ち止めになり、作者はビーフとはがらりと性格の違った探偵役を起用して新たなシリーズを開始することになる。一九五五年刊の『死の扉』（At Death's Door）以降二十三冊の長篇に登場するキャロラス・ディーンは、パブリック・スクールの歴史教師で、ディレッタント風のスマートな名探偵である。ビーフとは対照的に、通念としての名探偵像にピッタリあてはまる人物である。

探偵役のキャラクターのほか、作風にも変化が見られ、ディーン物では物語の展開のスタイルは一様で（大半の作品はインタビューの繰り返しと関係者一同を前にしての絵解きからなる）、ディーン・ファミリーともいうべきレギュラー登場人物たちの毎度おなじみの言動も含めて、強固な定式性が特徴となってくる。ビーフ物では一作ごとにいかに従来の型を破るかに腐心していた作者は、ここへきて意識的に型に寄り添い、決まった枠組みの中でいかに面白い物語を提供するかに精力を傾け始めたようである。ユーモアの彩りはなお豊かだが、ビーフ物のコミック調よりはおとなしくなり、全体に動から静へと変化した印象がつよい。

ビーフ物からディーン物への転換がなぜ行われたかは明らかにされていないが、筆者はその理由を次のように推測している。——ビーフ物の最終作となった『Cold Blood』の発表が一九五二年。三年後に『死の扉』が出ているが、この間に、作者に大きなショックを与えたある事件が起きているのだ。それは、一九五三年にブルースがいわれなき同性愛嫌疑のために投獄されたという事件で、翌年彼は英国を離れ、その後の十五年間をタンジールで過している。この事件のせいでブルースは警察当局に大いなる不信と憎悪を抱くようになり、警察官上がりのビーフの物語を書き続ける意欲を失ったのではないか。そして、新たな主人公として、警察ないし権力とは無縁な（だけでなく、あからさまに侮蔑している）人物キャロラス・ディーンを創造したのではなかったろうか。

両方のシリーズを比べた場合、筆者の好みではビーフ物に軍配を上げたいが、『A Catalogue of Crime』の著者J・バーザンとW・H・テイラーのようにディーン物の方を高く評価する人々もいる。ディーン物は、小林晋氏が私的に紹介の努力を続けてきておられるが、公刊された作品は『死の扉』と『ジャックは絞首台に！』の二冊だけである。気軽に安心して読める本格物として支持者も多いと思われるので、ビーフ物とともに今後の本格的な紹介が待たれるところである。

さて、これら二つのすぐれたシリーズを擁するレオ・ブルースは、探偵小説史の上ではどのような位置を占めることになるだろうか。――筆者の認識によれば、英国余裕派の一選手、というのがそのポジションである。と、書いたそばから注釈を加える必要があるが、「英国余裕派」なるタームはいまだこのジャンルで認知されていない、筆者の造語である。一般にユーモアとウイットに富む英国の本格ミステリの書き手のうちでも、とりわけその傾向が強く、したがってまた遊び心が旺盛で、ゆとりと落ち着き、現実との適度の距離（諷刺とユーモアはここから生れる）といったものをその作品に感じさせる作家の一群を勝手にそう呼んでいるわけなのだ。『トレント最後の事件』のE・C・ベントリー、『赤い館の秘密』のA・A・ミルン、『陸橋殺人事件』等のロナルド・ノックス、そしてアントニイ・バークリー、シリル・ヘアー、エドマンド・クリスピン、といった人々が筆者が考えるそのスクールのメンバーであり、レオ・ブルースもその系譜に位置づけられる。

サザランド・スコットの『現代推理小説の歩み』では、ブルースはロナルド・ノックス（彼もまた、わが国ではいまだ正当に評価されていないように見受けられる）と並べて論じられているが、筆者はそのつながりを前後にもう少し伸ばしてみたいと思うのだ。英国余裕派――単に自分の好きな作家たちを一くくりにしただけ、というのが真相のような気もするが、ここで独断と偏見を発揮するならば、彼らこそが探偵小説の特質を最もよく生かしてこのジャンルの最高の作品を生み出した人々であり、その作品こそが真正の探偵小説と呼ばれるべきものである。レオ・ブルースは、このスクールの伝統を受け継ぎ、真正の探偵小説を書き継いだ作家の一人であった。

3　本書について

★★★『三人の名探偵のための事件』

一九三〇年代半ば――本格ミステリに特有の各種技法がほぼ開発されつくしてゲームとしての探偵小説は

完成の域に達し、紙上に活躍する名探偵たちは、その経歴を飾ることになる難事件を次々に解決しつつあった。その探偵小説の爛熟の時代を背景に発表された本書は、副題に「マニアのための探偵小説」とでもつけたいくらいに探偵小説的密度の濃い、凝りに凝った作品である。いわばミステリ・グルメのための特別料理であり、connoisseur（目利き）をもって任ずる愛好家にはことのほか喜ばれることだろう。

　その魅力を解剖するにあたり、まず全体の筋立てを大まかにまとめてみると、

　地方の邸宅でのウィークエンド・パーティの夜。客人たちの間でひとしきり**探偵小説論**がたたかわされた後、探偵小説を地で行くような密室殺人事件が発生する。人々の混乱をよそに、地元警察のビーフ巡査部長はさっさと捜査を切り上げて帰ってしまう。

　翌朝、どこからともなく三人の名探偵が登場。それぞれが著名な名探偵を思わせるスタイルで捜査を行い（**名探偵のパロディ**）、さまざまな手がかりの発見、関係者全員への尋問、近在の村での聞き込み等を経て、翌日の夕方までには各人が自分なりに事件の解明を終える。

　その夜、書斎で三人の名探偵による絵解きが始まる。犯人と動機と方法（**密室トリック**）が三者三様に物語られ（**多重解決**）、事態は行き詰ったかに見えたとき、ビーフが意外な真相を明らかにする（**どんでん返し**）。

という具合であり、太字で示した言葉がこの作の探偵小説的趣向の構成要素である。ざっと見ただけでも大変に手の込んだ作りになっていることがお分かりいただけると思うが、その趣向を改めて整理すれば、探偵小説の骨格に近い順に、①多重解決（どんでん返しはこれに吸収される）、②密室トリック、③名探偵パロディ、④探偵小説論、ということになる。以下、それぞれの側面について見ていくことにしよう。

多重解決

　本書では一つの事件に対して三人の名探偵による三様の解決、それにビーフの真相解明を加えた四通り（ビーフの解決は読者に対しては二種類提示されている——少なくとも作者はその効果を狙っている——と考えられるから、実質的には五通り）の解決が示される。このような多重解決（multiple solution）はアントニイ・バークリーが得意とした手法であるが、最後に真相を言い当てるのが予想外の人物であるという〈探偵の意外性〉をも

含めて、本書はバークリーの代表作『毒入りチョコレート事件』に大きな影響を受けていると見られる。ちなみに、作者とバークリーの結びつきはそれにとどまるものではなく、他の作品にもいくつか影響関係を指摘できるものがあるし、何より探偵小説の諷刺を身上としたその批評精神において、ブルースはバークリーから多くを受け継いでいるといえる。

『毒入りチョコレート事件』における複数の解決は、後の解決は先の解決の欠陥を指摘し、それを乗り越え、次の解決はまた前の解決を乗り越えるということを繰り返して、一歩一歩真相に近づいていく螺旋階段状の構造をもっていたが、本書の場合は各解決の間にそのような関係はなく、それぞれが他とは関わりなく並列的に提示されるにすぎない。その意味では、同じく多重解決といっても『毒入りチョコレート事件』の趣向には及ばないという見方もできるが、本書ではそれはやむを得ないことであった。何しろ解決にあたるのが先輩作家諸氏の看板探偵たちをモデルにした面々なのだから、その解決の間に優劣をつけるわけにはいかなかったろうからである（それをいえば、彼らをさしおいて自らの探偵を勝利させているのはどうかと思われるが、ビーフがしきりに三人の探偵たちの解決――いみじくも「物語」と呼ばれている――の見事さをほめちぎっているのは、せめてものの罪滅ぼしであろうか）。

こうした複数解決の技巧というのは、筆者のごとき素朴な読者の目には奇跡的なはなれわざのように映るのだが、バークリーやブルースのような頭のよい作家にとっては、格別の難事でもなかったらしい。その秘密をバークリーは、『毒入りチョコレート事件』に登場する探偵作家ブラッドレー氏の口を借りて次のように明かしている（引用は創元推理文庫の高橋泰邦訳による）。

……お話ししたことは全部事実です。しかし、真相の全部をお話ししてはいません。技巧的な論証は、ほかの技巧的なものがすべてそうであるように、ただ選択の問題です。何を話し、何をいい残すかを心得ていさえすれば、どんなことでも好きなように、しかも充分に説得力をもって、論証することができるものですよ。

なるほど。たしかに、名探偵たちはみな充分な説得力をもって語ったけれども、それぞれ言い残していたこともあったようだ。

密室トリック

本書は密室ミステリとしてもすぐれた出来栄えを示しており、森英俊氏などは密室物のベスト・ファイブに上げているほどである（新樹社刊『これが密室だ！』巻末のリスト参照）。

ビーフを含めた探偵たちの絵解きの中で四通りの密室トリックが説明されているが、それらは次の二つのグループに分けることができる。

A　ロープの使用による密室からの脱出トリック（プリムソル、スミス師）

B　時間差により密室を構成するトリック（ピコン、ビーフ）

ピコンの語る「いつでも、いいですかわが友よ、密室殺人のような事件ではいつでも、問題なのは脱出手段ではなくて、犯行が行われた時間なのだということを頭に入れておいて下さい」（二四八頁）というセリフには密室物の真髄にふれるがごとき趣があるし、ビーフの解明する真相もこのタイプだから、作者は時間差トリックの方を重視していたらしく見える。だが、このパターンは古くからの先例のあるものであり、多少のひねりが加えられてはいてもインパクトは強くない。

本書においては、筆者はむしろAタイプのトリック――素朴である一方、ヌケヌケとした味わいもある――に面白味を感じた。ロープを上下方向への移動手段に用いるのではなく、横に振るという発想が新鮮で、初めて本書を読んでいて原文の swing という語を目にした際には、一瞬あたりがシーンとなり、この言葉がふうっと浮き上がってくるやに感じたものである。筆者は、いまや膨大な作例の蓄積がある密室トリックに通暁しているわけではないので、確かなことは言えないけれども、このようなロープの使用法とからめたトリックの例は珍しいのではあるまいか（ただし、二本のロープを使うスミス師のトリックは、×印をなすロープの象徴的意味を含めて面白いことは大変面白いけれども、さすがに成立が困難と思われる）。

名探偵パロディ

本書に登場する三人の名探偵――ロード・サイモン・プリムソル、ムッシュー・アメ・ピコン、スミス師は、いうまでもなく、それぞれロード・ピーター・ウィムジイ、エルキュール・ポワロ、ブラウン神父のパロディである（バターフィールドはもちろん、バンター）。本書について何ら予備知識を持っていなくても、ある程度探偵小説を読み慣れた読者ならば、彼らが登場してから一頁と進まぬうちにその正体を見破ることができるだろう（見破れないようなら、本書を読むのは少し早すぎるということになる）。

名探偵物のパロディないしパスティーシュは数多く書かれており、汗牛充棟のホームズ物のほか、思いつくままにあげてみても、クリスティーの『二人で探偵を（おしどり探偵）』、マリオン・マナリングの『殺人混成曲』、トーマ・ナルスジャックの『贋作展覧会』、ジュリアン・シモンズの『知られざる名探偵物語』、ジョン・L・ブリーンの『巨匠を笑え』、西村京太郎の『名探偵なんか怖くない』以下のシリーズ、ウィリアム・ブリテンの〈読んだ男（女）〉シリーズ、ユーモア作家コーリイ・フォードによるヴァン・ダインのパロディ『The John Riddell Murder Case』などがあるが、本書はそれらの中でも最も成功した作品の一つに数えられよう。

パロディの対象とする探偵を作者がどのような基準で選んだのかは不明だが、そのポピュラリティの高さが大きな要素の一つであったことは想像に難くない。作者の選択眼のよろしきを得て、この人選は現代にもそのまま通用する――というのは彼らが永続的な人気を獲得しているからだが――絶妙の組合せとなっている。

作者はモデルにした三探偵の登場作をよほど読み込んでいたと見えて、彼らの特徴を実に的確にとらえており、その再現ぶりは堂に入ったものである。作者にこの技量あればこそ本書は傑作たり得たのであり、なまなかの技術の持主にかかっては、あたら趣向だおれに終わったことだろう。名探偵たちの喋り方や趣味のような表面的な事柄にとどまらず、その物の見方や発想の仕方、推理法もよく本物に似せており、さらにはそれを描く文体まで元の作者を模していると思われる部分もあって（一例を上げるなら、二一一頁の最後の段落などは、さながらGKCのタッチではないか）、ブルースの芸達者なのには脱帽せざるを得ない。このほか、「鳴鐘術」（九九頁）、「全員が犯人」（二〇四頁）など、探偵たちの扱った代表的事件を連想させる記述も見られ、細部にまで行きわたった遊び心が読者を楽しませてくれる。

探偵小説論

本書はまた、探偵小説について語る探偵小説でもある。メタ・ミステリの次元にまでは至っていないが、本書には多量の探偵小説に関する議論が含まれており、多少なりとも探偵小説のあり方について関心をもつ読者の注意を引かずにおかない。

その議論は冒頭のパーティでの話題として提供されるほか、さまざまな場面でタウンゼンドの語りを通じて提示されることになる。一つ例を引けば、

翌朝になると、かなり早い時間だというのに、殺人事件の起きるところその人ありと思われる疲れ知らずの名探偵たちが続々と到着した。彼らの習慣についてはいくらか知っていたので、彼らがどうしてやって来たのだろうかと僕は推測した。一人はたぶんこの地方に滞在していたのだろう。もう一人はテイト医師の友人で、三番目の探偵はおそらく前からサーストン家に滞在するよう招待されていたのだろう。(三十八頁)

これは、探偵小説において名探偵が都合よく事件に関わりをもつことになる代表的なパターンのパロディであり、多くの場合、その関わりに必然性がないことへの痛烈な諷刺なのである。古典的な本格探偵小説の世界におけるこの種の約束ごと(それには、死者に対して必要以上に哀悼の意を表さないといったことも含まれる)に対し、自覚的なワトスン役であるタウンゼンドは何度も穏やかな疑問を呈しつつ、すぐにそれがこの世界の決まりなのだと自らを納得させている。こうしたタウンゼンドの述懐には探偵小説をめぐる議論の芽が幾つも含まれており、作者の鋭敏な批評意識を感じさせる。

一方、パーティの席におけるノリスとウィリアムズの応酬は、探偵小説の基本的な性格に関して数十年来繰り返されてきた議論を端的に要約しているといえる。「探偵小説が単なるゲームに成り下がってしまった……だから僕は、探偵小説には我慢がならない。あれは嘘っぱちだ。ありえないことを書いている」と糾弾するノリスと、「それでもゲームは面白い。……結局のところ、われわれはフィクションが実人生をしのぐものであって欲しいと願っているし、本の中の殺人が現実よりも謎に満ちていることを期待しているんだ」と弁護するウィリアムズ。彼らの意見に代表される二つの立場は、この先も容易に折り合うことはないだろう。

作者は、面白いゲームとしてこの本を書いたのである。本書が探偵小説を人生の慰安と心得る人々にささやかな楽しみをもたらすならば、ノリスの一派が何を言おうが知ったことではない。

☆☆☆

『死体のない事件』を読んで

初出：「ＲＯＭ」第73号（1989年3月）

一九三七年発表の『死体のない事件』は、『三人の名探偵のための事件』（一九三六）に続くレオ・ブルースの第二作である。

この作品については、既に「ＲＯＭ」51号に塚田よしと氏の行き届いたレビューがあるし、「Aunt Aurora」所収の小林晋氏の「レオ・ブルースのビーフ物」においても、他のビーフ登場作品とともに取り上げられている。したがって、筆者が改めて紹介に及ぶ必要はないのだが、これからビーフ・シリーズを読もうと思っている方にご注意申し上げたい点があるので、あえてペンを取ることとした次第である。あらすじ等については前記二稿に書かれているので省略させていただく。この稿は、塚田氏及び小林氏の文章の補足としてお読みいただきたいと思う。

さて、ご注意申し上げたいことというのは、ビーフ・シリーズは発表年順に順を追って読まれた方がよろしい、ということである。というのは、レオ・ブルースは作品中で自作について言及するクセがあるからである。そういうクセはディクスン・カーなどにもあったようだが、レオ・ブルースの場合は単に事件名をあげる程度にとどまらず、先行作品の基本的なアイディアのヒントになるようなことが何気なく書きつけてあったりするので困るのだ。

筆者の場合、ビーフ・シリーズはこれまでに第一作・第二作のほか、第三作『結末のない事件』(一九三九)及び第五作『ロープとリングの事件』(一九四〇)を読んでいるが、発表順ではなく、第五作、第一作、第三作、第二作の順に読んできた。『ロープとリングの事件』の中でも、その前の第四作『四人の道化師の事件』(一九三九)についての言及があったように思うが、その内容は忘れてしまった。しかし、少なくとも第三作までの範囲では、前記のクセ(悪いクセというべきか)が見られるのである。すなわち、第二作には第一作の、第三作には第二作の、それぞれ作者が隠していたある事柄についてのヒントとなりうる記述がある。既読の方が確認できるよう、その場所を示しておくと、

①『死体のない事件(Case without a Corpse)』(Academy Chicago,1982,cloth)の十三頁八行目。このビーフの短いセリフの中の is(イタリック)と this time が問題である。これは、「was not …… last time」を暗示しているからだ。

②『結末のない事件(Case with No Conclusion)』(Academy Chicago,1984,cloth)の二百二十一頁下から次頁二行目にかけての、「Just as in that last case of mine ……」と始まる一文。この文章は、この作及び前作の基本的なアイディアのヒントとなっている。

もちろん、これらの個所でトリックや犯人がすべて分かってしまうというわけではない。特に①の場合はヒントというのも大げさかもしれないが、注意深い読者ならば、この一文を念頭に置いて『三人の名探偵のための事件』を読んでいくと、早い時期にその構成に気づいてしまうだろう。

②ははっきりヒントといってよいもので、これで真相がすべて分かるわけではないが、探偵小説のサプライズはトリックや犯人が暴かれる場面よりも、作品中の基本的な図柄が転換される瞬間にこそあるのだから、②の文章を読んだあとで『死体のない事件』に取りかかるということになると、どうしてもサプライズが半減してしまうことは否めない。筆者は先日こういう経験をしたばかりなので、読むなら順番に、とご注意申し上げる次第である。

以上のことを書けば本稿の目的は達したわけだが、せっかくだから、ついでに『死体のない事件』の感想を記

しておきたい。右のような事情でサプライズが幾分割り引かれはしたものの、真相をすべて見抜けたわけではなく、十分楽しんで読むことができた。

ご趣向好みのレオ・ブルース、この作品では「被害者は誰か」という謎を読者に突きつける。趣向自体のユニークさもさることながら、ブルースの場合、趣向が単なる趣向に終わっていず、それがまた一つのミスディレクションになっているという巧妙至極な組立てで、よくまあ次々と色んなことを考えつくものだと感心してしまう。よほど人をダマすのが好きだったのでしょうね。塚田氏の指摘するとおり解決のロジックには若干の甘さがあるが、全体としてよく考えられており、本格探偵小説として水準以上の出来栄えである。小林、塚田両氏はややきびしい評価をしておられるが、なお佳作たるの地位を失わないと思われる。

ブルース作品の特長は構成の巧みさ、緊密さにあり、トリックにはさほど見るべきものはないが、この作ではスチュート警部の仮説の中にちょっと面白いアリバイトリックが出てくる。面白いというより gruesome と形容すべきかもしれないが。クリスチアナ・ブランドの某作品に使われた大トリックの原型とも見られる。

ブルース流ユーモアも第二作で本領発揮というところで、ユーモア・ミステリが好きな人はそれだけでも楽しく読めるだろう。小林氏も指摘しておられる「ブエノスアイレスからの第二の手紙」のほか、もっさりしたゴールズワージー巡査と要領のよいスミス巡査の対照の妙など、読みながら頰がゆるんだり、思わずふきだしてしまったり。人前での読書はあまりおすすめできない。

なお、小林氏はライオネル・タウンゼンドが「スチュアート・タウンゼンド」と名乗る場面について疑問を呈しておられるが、筆者の考えでは、タウンゼンドが後でトラブルに巻き込まれるのを恐れてとっさに偽名を使ってしまったのではないかと思う。そういう性格の男なのだ、タウンゼンドというのは。

タウンゼンドはこの作品においても、探偵小説においてワトスン役が果たすべき役割についてしきりにコメントしたりしているが、結婚問題に関しては、ご先祖ワトスン博士よりも慎重な考えを持っていたようだ（エピローグ参照）。もっとも、そのおかげで後続のビーフ・シリーズが書き継がれることになったのだとしたら、我々としては彼の判断の賢明さを讃えるべきかもしれない。

謎と笑いの被害者捜し

レオ・ブルース『死体のない事件』解説

初出：同書（新樹社　2000年3月）

ユーモアのセンスがなくては文筆で生計などたてられない。
レオ・ブルース『ロープとリングの事件』

本書『死体のない事件』は、『三人の名探偵のための事件』（一九三六）に続くレオ・ブルースの長篇ミステリ第二作、『Case without a Corpse』（1937）の翻訳である。

『三人の名探偵のための事件』は、雑誌等の書評もおおむね好意的だったし、古典本格ファンの間からは絶賛の声も聞かれたが、マニア好みの趣向が幾重にも凝らされた特殊な作品なので、どうしても読者を選ぶきらいはあった。その点、本書は特別な知識がなくとも十分楽しめるので、より広い範囲の読者にアピールできると思われる。

こういう言い方をしたからとて、探偵小説としての出来は前作より劣るんだろう、などと早合点をされぬよう。本書もまた（前作とは違った意味で）マニアをもうならせるユニークな趣向の作品であり、面白さの点では甲乙つけがたい。特に、ユーモア・ミステリが好きな方には絶対のお奨め品である。

題して『死体のない事件』。——これはまた、いかにも奇妙なタイトルである。単純ながら謎めいている。そも、死体の出てこない探偵小説などというものがあったろうか。これはヴァン・ダインの探偵小説初等文法を無視した作品なのだろうか。

本書のあらましについて、アカデミー・シカゴ版のテキスト（一九八二年刊）のジャケットに要領のよい内容紹介があるので、まずそれを訳してお目にかけよう。

ビーフ巡査部長が手がけた、はなはだ興味深くしてやっかいなる事件の一つがこれ――殺人が起きたのに死体が見つからないという事件である。ロジャーズ青年が、田舎のパブに集まっていたビーフと他の面々に向かって殺人を犯したことを告げるや、毒を飲んで死んでしまう。だが、被害者はどこに？　殺人はどんな具合に起ったのか？　ビーフ曰く、「殺人事件というのは死体とともに幕が開き、それから犯人を突き止めるものと常々思っていた。今回は犯人はわかっているが、死体が見つからないときている」。

しかし、ビーフ巡査部長はへこたれない。彼は死体の発見に取りかかり、特有のやり方で長い捜査を終えた後で、ついに真相に到達するのだ。

以下においては、読者がすでに本書を読まれたことを前提として、その出来栄えについて吟味してみたいと思う。食前酒《アペリチフ》代わりに解説を先に読まれている方は、ここで作品に取りかかっていただきたい（本稿は消化薬としてお役立ていただければ幸いである）。

※

★★★『死体のない事件』

探偵小説の紹介というのはなかなか難しいもので、読者の興味を誘うためにある程度は内容に立ち入る必要があるけれども、作者が秘密にしている部分にまでは決して踏み込んではならない。場合によっては、不用意な一語が肝心かなめの秘密を暴露してしまう結果にもなりかねないのだから、紹介文は慎重に言葉を選んでつづられるべきである。

事新しくこんなことを言うのは、本書のようなきわどい趣向の作品の場合には一層そうした注意が必要になるからで、現に、右に掲げたアカデミー・シカゴ版のジャケットの内容紹介に不用意な言葉づかいが見られるのである。訳ではそこを変えておいたわけだが、末尾の「真相に到達する」という部分が、原文では「he does indeed find “oo done it”」すなわち「実際に誰がやったのかを発見する」となっている。

こういう書き方をしてはいけない。犯人はロジャーズ青年であることが分かっているが被害者が分からない、という設定なのに、「真犯人を発見する」というような書き方をしては、「犯人はロジャーズ青年」というのがウソであることを早々と明かしてしまうことになるではないか。

もっとも、同様のネタ割りを作者自身がしてしまっているのだから、紹介文の執筆者ばかりを責めるわけにもいかない。というのは、次作『Case with No Conclusion』（1939）の中に、『死体のない事件』ではみんな誰が殺されたのかをばかり追及して誰が殺したのか考えようとしなかった、と述べられているくだりがあり、こんな言い方をされては、アラン・ロジャーズは犯人ではなく被害者なのだろうというところまでは、すぐ見当がついてしまうのである。

実際の話、筆者は『Case with No Conclusion』の方を先に読んでその部分を記憶していたため、『死体のない事件』で味わえるはずだったサプライズが半減してしまった経験がある。読者が必ず発表年順に作品を読むとは限らないのだから、作者としてもこの種の不用意な記述は避けてほしかったと思うのだが、今さらどうなるものでもなし、せめて今後紹介批評にあたる者の自戒としたいものである（ちなみに、本書十三ページ五行目のビーフのセリフ「本物の血だぞ、今度こそ」などもその意味で危険な記述で、『三人の名探偵のための事件』の読者には思い当たるフシがあるだろう）。

最初から話が横にそれてしまったが、本筋に戻って『死体のない事件』の内容吟味に取りかかることにしよう。以下、(1)物語、(2)論理、(3)技巧の三つの観点からこの作品を分析してみたい。

(1) 物語

一読してお分かりのように、この作品の筋立ては大変ユニークである。

本格探偵小説の筋立てというのは決まりきったパターンをなしていて、①死体の発見——②探偵の捜査（犯人捜し）——③解決（犯人の指摘）、という流れをたどるのが通常である。ところがこの作品の場合、冒頭から死体が転がりはするのだが、表向きそれは犯人の自殺死体と思われていて、被害者としての死体が見つからない。そこで、②の探偵の捜査は、犯人捜しならぬ被害者の捜索となるのである。

被害者候補として何人かの名前があげられ、彼らの追跡のもようが物語の主要部分を占めることになる。しかし、被害者はなかなか見つからない。スチュート警部は言う、「われわれが殺されたと思った人物の一人に対する捜査を開始すると、その人物はぴんぴんしていることが判明し、知っていることをぺらぺら話してくれる」ので、捜査の範囲はだんだん狭まっていくけれども、「いずれ狭まりすぎてなくなってしまう」だろうと。警部の予言は的中し、捜査線上からフェアファックスが消え、スマイズが消え、頼みの綱（？）の外国人もブエノス・アイレスからの航空便によって消されてしまう。

こりゃどうしたことだ、と素朴な読者ならあわてることだろう。物語の八割方が経過したというのに捜査は振り出しに戻ってしまい、いまだに被害者さえ見つからないなんて！　しかし、心配ご無用、被害者捜しの過程で得られた情報をもとにビーフが頭を働かせ、結局死体は初めから目の前にあったこと、そして犯人は別にいたことを突き止めるのである。

この意外性に富み、一面人を食った物語の展開には、探偵小説を数多く読んでいる人ほど大きな愉快を感じることだろう。これほど大胆に定型を崩しながら、結末においては見事に本格探偵小説として収束させるその技量の冴えは、大いに賞賛に値する。

「被害者捜し」という趣向は、アントニイ・バークリーの『地下室の殺人』（一九三二）――同書の第二部をなすロジャー・シェリンガムの草稿の登場人物のうち、誰が殺されるはめになったのかという被害者当ての推理が第三部の冒頭で行われている――にヒントを得たものとも考えられるが、これを独立のテーマとして扱い、物語の主軸に据えたのは本書が初めてであろう。パット・マガーの『被害者を捜せ！』（一九四六）ほかの作品が発表されるのは、さらに十年の後である（本書よりはマガーの作の方がよりストレートにバークリーのアイデアを受け継いでいるといえる）。

本書は、筋立て自体がコミカルであるうえ、人物や情景によるユーモアの彩りも豊かで、全体にユーモア・ミステリとしての味わいが濃い。

能率の権化スチュート警部と鈍重なビーフのやりとりは掛け合い漫才めいているし、要領のよいスミス巡査ともっさりしたゴールズワージイ巡査の対照も面白い。自覚的なワトスン役であるタウンゼンドも随所で頬をゆるませてくれるが、それというのも、犯罪事件の物語作家に要求される資質が「生来の愚鈍さという天分を持ち、ここぞと言うときに滑稽な質問をすることができる」ことであると見抜いている彼が、身をもってそれを実践しているからにほかならない。とりわけ、クロイドン空港で百ポンド盗まれたとロジャーズを訴える名演技には、大げさに秘密めかしたビーフの尾行ぶり以上に笑いを誘われる。

きわめつけは、ブエノス・アイレスからの第二の手紙に描かれているエリベルト・アンセルミ・ドミンゲス副警視の滑稽にして不運なる活躍で、愛すべき副警視のためにインフルエンザの一日も早い快癒を祈らずにはおれない。

意想外な物語の展開は、これらユーモアの味付けによって一層興味深いものとなり、読者は心から楽しんでページを繰ることができるだろう。

(2) 論理

探偵小説の論理は、犯人の側の論理（構成の論理）と探偵の側の論理（解明の論理）の両面から検討される必要がある。前者は犯行の動機と手段の必然性ないし首尾一貫性の問題であり、後者は犯人特定の推理の厳密性の問題である。こうした観点からチェックしてみると、この作品の論理には意外な弱さがあることを指摘せざるを得ない。

構成の論理

まず、ビーフの絵解きに基づいて構成の論理を要約してみよう。

(a)ブラクサムの町で靴屋を営んでいるロジャーズは、フェアファックスらと麻薬の密輸入を行っていた。外国航路の船の船室係をしているアランを養子にして運び屋として利用し、ブエノス・アイレスからコカインを仕入れていたが、ブエノス・アイレスの仲間から、彼の地の警察が密輸のことをかぎつけ、アランが戻りしだい逮捕しようと待ち構えているという知らせを受けた。

(b)ロジャーズはアランをブエノス・アイレスにやらぬため、陸で職につくよう勧めたが、これを聞き入れないので、彼を殺すことにした。

(c)その方法は、アランが以前暴れたときにビーフに留置場に入れられたのを根にもって仕返ししたがっていたことを利用して、ビーフの前で殺人の告白と狂言自殺を行わせる（そのためにスコットランド・ヤードを呼んだりしたらビーフは大目玉を食う）ように仕向け、その際本物の毒薬を飲ませるというもの。

(d)毒薬として青酸カリを使うことにし、図書館で調べてそれが電気メッキに使われていることを知ったので、ロジャーズはアランが帰るに先立って、ある日金物工場のあるクレイダウンに出かけ、作業服を着て工場の作業員を装い、薬局で薬を入手した。
(e)一方、当夜妻がいては邪魔なので、フェアファックス夫人を使ってロンドンに引き止めた。
(f)アランはその晩婚約者のカトラー嬢と会うことになっていたが、ロジャーズは彼女が都合が悪くて会えなくなったとアランを騙し、かわりにビーフをひっかけるトリックを提案した。アランはこれに乗り、ビーフらの前で狂言自殺を図った（つもりが本当に死んでしまった）。

以上の流れのうち、動機の形成の部分（a、b）はまず納得できるのだが、計画的な犯行にしてはその方法がずいぶん杜撰であると思わざるを得ない。

まず、アランに狂言自殺を仕向ける筋書(c)であるが、いくらビーフが慌てたとしても、スコットランド・ヤードに報告する前に死亡の確認くらいはするだろう。死んだフリをしている（睡眠薬で眠っている）だけだと分かったら、当然のことヤードに報告するはずもなく、またビーフに叱られるのがオチでアランの目的は達せられないわけである。そうした結果になることが分かりきっているプランにアランを乗せようというのは、つまりそこまでアランの無考えをあてにするというのは、犯行計画として万全とは言えないのではないか。

また、(e)の工作からすれば計画の実行はまさに当夜を予定していたと考えられるが、そうだとすると、アランが七時前に一度家に戻ったときに(f)の提案をするというのは、まるで行き当たりばったりではなかろうか。だいたい、ロジャーズはその日のアランの行動予定をどの程度把握していたのか。アランが七時前に家に戻る保証はあったのか。戻らずに直接デートに行ってしまえば、それで計画はおじゃんになってしまうのである。黒幕的大犯罪者ロジャーズにしては、ずいぶん考えが足りないものだと思わざるを得ないが、どんなものであろうか。

以上の点は、論理的なミスとまでは言えないかもしれないが、作者としてはそうした疑問にも答えられる準備をしておくべきだったと思われる。

解明の論理

第三十一章から第三十三章にかけてビーフの絵解きが行われているが、厳密な意味ではこれは解明の論理となり得ていない。そこで語られているのは構成の論理の説明にすぎず、単なる種明かしであって、証拠に基づいて犯人を指摘する推理とは別のものである（ここで「推理」とは、エラリイ・クイーンの国名シリーズにおけるような犯人特定の論理操作をイメージしている）。

　証拠ならたくさん挙げているじゃないか、とビーフは不服を言うかもしれないが、探偵小説の推理でいう証拠とは、事前に正々堂々と――こっそりとでもかまわないが――読者の前に提示されていたものをいうのである。読者の知らないところで聞き込みをして裏付けをとったり、写真を見せて確認してもらったりしても、それは証拠とは認めがたい。ロジャーズを法廷で有罪にするために、ソーヤーの弟のおあつらえ向きの証言を持ち出してきたりすることにはまだ目をつぶるにしても、登場人物のうちからロジャーズを犯人として特定する段階の証拠には、もっと別なものが必要なのである。

　もっとも、そのような意味での証拠がまったくないと言ってはビーフに（そして作者に）酷であろう。アランには小さ過ぎた作業服の問題がある。しかし、この作業服は一連の推理の一つの環となるに過ぎない。すなわち、犯人は毒薬をどうやって入手したかをめぐる推理で、それは青酸カリ――電気メッキ――クレイダウンの金物工場――作業着という要素から成っている。けれどもこの連鎖の中間部分について十分なデータが与えられていないので（フェアプレイとの関連で後述）、作業着だけを提示されても、これを毒薬の入手方法に関係づけて考えるのは無理な話である。

　ちなみに、体系的・組織的捜査をモットーとするスチュート警部が、青酸カリの入手経路についてまったく調べてみようとしないのもおかしな話で（ビーフの絵解きの始まりばなに説得力のない言い訳をしているが）、作者のご都合主義と受け取られても仕方がなかろう。

　右の作業着も証拠というよりは、言及されたときにハハアあれかと読者を頷かせる伏線としての意味が大きいわけだが、伏線ということであれば、これは十分以上に張り巡らされている。他の作品を読んでも感じることだが、ビーフによる解明の論理が厳密には推理と呼べないようなものであるのに、一見きわめて論理的に見えるのは、この伏線の技巧によるところが大きいと思われる。単なる種明かしに過ぎないものであっても、そこで語られる一々の事柄に対応する伏線が張られていれば、フムフムと頷きながら読者は何となく「推理」を聞かされた気分になって納得してしまうのである。

(3) 技巧

ここで技巧というのは、トリックやミスディレクション、フェアプレイ等の探偵小説に特有のテクニックを総称している。以下、良くも悪くもこの作品に特徴的な技巧をいくつか取り上げてみる。

ミスディレクション

「被害者捜し」という趣向がこの作品のストーリーに大きなツイストをもたらしていることは先に見たとおりだが、技巧的にはこれが犯人捜しの目くらましになっている点が重要である。ミスディレクションというのは、事件の真相から疑いをそらす誤導テクニックであるが、この作の場合は真犯人を隠すために、まず被害者を「犯人」として提示するという手法をとっている。

いわば読者に最初のボタンをかけ違えさせようとする試みであって、その大胆な着想には舌を巻かされる。この試みは、実際に被害者の捜索がえんえんと続けられることによって補強される。何だかおかしいぞと読者が疑いを抱く頃には、物語は相当部分を語り終えられてしまっているのである。

オリジナリティの不足を指摘されることもあるレオ・ブルースだが、少なくともこの作品における「被害者捜し」という趣向とこれをミスディレクションに用いている技巧には、十分な独創性を認めてよいと思われる。

このほか、「外国人」やソーヤーの弟の存在などもミスディレクションのうちに数えられるかもしれないが、いずれも大した効果は上げていない。前者はその正体が判明した際の笑いの効果を高める役割の方が大きいし、後者はクレイダウンの町のもつ意味から読者の注意をそらす狙いなのだろうが、注意が向かうべき対象があいまいにしか表現されていないのでは（後述フェアプレイの項参照）、ことさら注意をそらす必要もないのである。

むしろ小技ながら印象的なのは、クロイドンでビーフがタウンゼンドにロジャーズを窃盗で告発するよう頼んだ時に言った「生きるか死ぬかの問題」というセリフで、それはロジャーズ以外の人間の生死の問題と受け取られるのが普通だから、読者に先の展開を読みにくくさせる役に立っている。その意味が幕切れで明らかにされるあたりは、心にくい演出ぶりである。

トリック

右の「被害者捜し」をミスディレクションに利用する技巧は、一面、作者が読者に仕掛けたトリックといってもよいものだが（その意味で、物語／趣向／トリック／ミスディレクションが一体となった技巧といえる）、これを別とすれば、この作品には特にトリックとして見るべきものはない。

ただ、パリからの帰途の海峡横断蒸気船の上でスチュート警部が立てた仮説の中に、一つ面白いアリバイ・トリックが出てくる。娘の死体をロープでバイクの座席に固定して、生きているように見せかけるというのがそれだ(面白い仮説――正解であろうとなかろうと――を提示できるのが名探偵の条件であるとすれば、警部にもやはり名探偵の資格ありというべきだろう)。

このいささかグルーサムなトリックから、筆者はクリスチアナ・ブランドの某有名作を連想した。グルーサムの度合はあちらの方がすさまじく、トリックとしてのインパクトも上だが、基本的なアイデアは同じである。もう一つ、カーター・ディクスンの『孔雀の羽根』(一九三七)で用いられた死体を一時的に隠すトリックも思い出したのだが、これは死体を即物的に扱う作者の手つきが似ていたためであろう。

フェアプレイ

フェアプレイに関しては、この作には良い点をつけられない。謎解きに必要なデータが事前に十分提示されているとはいえないからである。ビーフは「わしが知っていることは君たちと同じなんだ」と強調しているが、はっきり言ってそれはウソである。ビーフは次の二点を隠していた。

i青酸カリが電気メッキに使用されていること

iiクレイダウンに電気メッキをやっている金物工場があること

解明の論理を検討した際にもふれたが、これらのデータがなければ、作業着を毒薬の入手方法に結びつける推理は導けないのである。

iは一般的な知識なので、これを隠していたという言い方は穏当を欠くかもしれないが、ビーフ自身この知識を図書館で仕入れてきたのだから、それを読者に伏せたままにしておくのはフェアとは言えないだろう。iiの方は読者にはまったく見当のつけようもない。クレイダウンについて読者が知らされているのは、近辺では一番のショッピング・センターであることと、そこでソーヤーの弟が塗装・装飾屋を自営していることくらいである。電気メッキをやっている金物工場があるというのなら、たとえばソーヤーの弟がその下請けをしているというような形ででも、その存在を知らせておくべきだろう。

物語の終わり近くになってビーフが読者に内緒の捜査をしているあたりは、確認のための裏付け捜査ということで許容できるけれども、右に指摘した点は大目に見るわけにはいかない。

伏線

これも解明の論理の項でふれたように、伏線は網の目のように細かく張り巡らされていて、この作の本格探偵小説としての「論理性」を支えている。それらを一々指摘することはしないが、一つだけ、謎解きとは関係のない部分に用いられている巧妙な伏線を取り上げてみよう。

事件の起きた夜、《司教冠》亭のシモンズが十時になったので店を閉める場面の描写に、さりげなく次の一文がはさまれている。「閉店時刻はイギリス全土で一番尊重されている慣習だった」——お気づきだろうか、これはドミンゲス副警視の不運に対する伏線になっているのである（再び、インフルエンザが早く治りますように）。

☆☆☆

※

以上の吟味の結果をまとめれば、『死体のない事件』は、奇抜な趣向と豊かなユーモアに彩られたユニークな物語であるが、これを本格探偵小説として見るときには論理面の弱さとフェアプレイの不足を認めざるを得ない、ということになろう。

いずれの要素を重視するかで総体的な評価が決まるわけだが、ユーモア・ミステリが大好物の筆者としては、前者の要素だけで本書を傑作と持ち上げてしまおうという誘惑にかられている。読者諸賢の判定はいかがであろうか。

Academy Chicago (1982)

Happy Few Press
「ヴィンテージ・ミステリ vol.1」(1992)

レオ・ブルース
『Case with No Conclusion』
ご紹介

初出：「ＲＯＭ」第68号（1988年4月）

一九三九年刊の本書は、『三人の名探偵のための事件』（一九三六）、『死体のない事件』（一九三七）に続くレオ・ブルースの第三作である。レオ・ブルース・ファン・クラブ会長の小林晋氏が『ロープとリングの事件』（一九四〇）と並ぶビーフ物の傑作として推奨する作品なので、大いに期待して読み始め、その期待はもちろん裏切られなかった。

ブルース第三作はビーフ巡査部長のシリーズの第三作でもあるが、この作品ではビーフは警察を辞めており、私立探偵として活躍する。

物語は、私ことタウンゼンド（ビーフの事件記録者）が私立探偵の開業通知を受けて、ロンドンはベイカー街に近く居を構えたビーフのもとを訪ねるところから始まる。ビーフは、前二作におけるタウンゼンドの書き方があまりにも自分をバカにしているように見えることに不満を抱いており、著名な探偵とその記録者たちを引き合いに出して、自分にももっと優秀な伝記作者が必要だと主張する。タウンゼンドは、この次から気をつけるからと言うのだが、本書においても彼の筆づかいには反省の色が見えぬようである。

最初の事件は、ピーター・フェラーズという青年によって持ち込まれた。彼の兄スチュアートが殺人容疑で逮捕されたので、兄を救ってくれというのである。

スチュアート・フェラーズは、シデナムの糸杉荘という屋敷に数人の使用人と共に住んでいた。二週間前の夜、彼は男性ばかりの小パーティを催した。客はピーターと、その友人でピーターと共同で左翼系の新聞を出しているブライアン・ウェイクフィールド、それにフェラーズ家の主治医であるベンスン医師の三人だった。

ウェイクフィールドとピーターは、スチュアートに自分たちの新聞に対する経済的援助を頼んだが、きっぱりと断わられた。当夜の話題はウェイクフィールドの主導により政治的な議論が多かったが、ピーターが兄の歓心を買おうとして持参したオマル・ハイヤームの『ルバイヤート』の一節を、スチュアートが朗読する一幕もあった。

ピーターとウェイクフィールドは九時半頃に屋敷を去ったが、執事のダンカンの証言によると、二人が帰った後で、残ったベンスン医師とスチュアートの間で激しい口論が持ち上がったらしい。口論の最中にベンスン夫人の名が出たのと、医師が「それは私の診察室にある」と口走ったのをダンカンは記憶していた。

明くる朝、糸杉荘の書斎で、ベンスン医師が安楽椅子にかけたまま喉を刺されて死んでいるのが発見された。死体の側のテーブルには凶器と思われる短剣があったが、それにはスチュアートの指紋だけが残っていた。

スチュアートは、十一時十五分頃ベンスンを見送ってからすぐ床につき、朝までぐっすり眠っていたと説明したが、彼と医師の美しい妻の間にとかくの噂があり、そのことで医師に恐喝されていたふしがあることから、関係者の中で唯一の動機がある人物として、警察は彼を逮捕した。

事件を担当したスコットランド・ヤードのスチュート警部が捜査を進めていくうちに、スチュアートが運転手兼庭師のウィルスンに医師の車についているギアのことを尋ねたり、当夜ウィルスンに休みを取らせたりしていたことが分かってきた。

一方、ピーターの依頼を受けて独自の捜査を開始したビーフは、警察が見落としていたいくつかの証拠を発見した。書斎の長椅子にあったクッションに血のついたナイフをぬぐったような染みがついていたこと（これを警察が見逃していたというのはあんまりだと思うが）。デカンターに残っていたウイスキーに砒素が入っていたこと。女中の一人が深夜屋敷を歩み去っていく怪しい人影を目撃していたこと。浮浪者が屋敷内のあずまやから持ち去ったと思われる仕込み杖を近所の古物屋に売りつけていたこと。――これらの奇妙な事実は、警察のスチュアート犯人説とどのように符合するのだろうか。
やがてダンカンの自殺、ウィルスンの失踪事件が起こり、事件は新たな展開を見せる。……

やがて迎える結末は、まず大方の読者の思いもよらぬもので、最後の十五頁で全体の図柄ががらりと転換するさまは圧巻である（結末のない事件といっても、謎は余すところなく解かれるのだから、その意味での結末はもちろんある）。

一般にブルース作品の美質として指摘されるもの――緊密な構成、網の目のように張り巡らされた伏線、スマートなミスディレクション、読みやすくユーモアあふれる文章、といった諸点は、この作品にもことごとく当てはまる。中でも『ルバイヤート』を使ったミスディレクションなど実に巧妙で、長く記憶に残るファインプレーである。例によって驚天動地の大トリックといったものはないが、組み立ての巧妙さはそれを補って余りある。このような作品を読むとき、探偵小説のエッセンスは考え抜かれた構成と作話術にあることをつくづく思い知らされるのである。

印象点は九十点。細部に疑問な点もあるので満点はつけられないが、本格探偵小説ファンなら必ずや満足できる水準の傑作である。

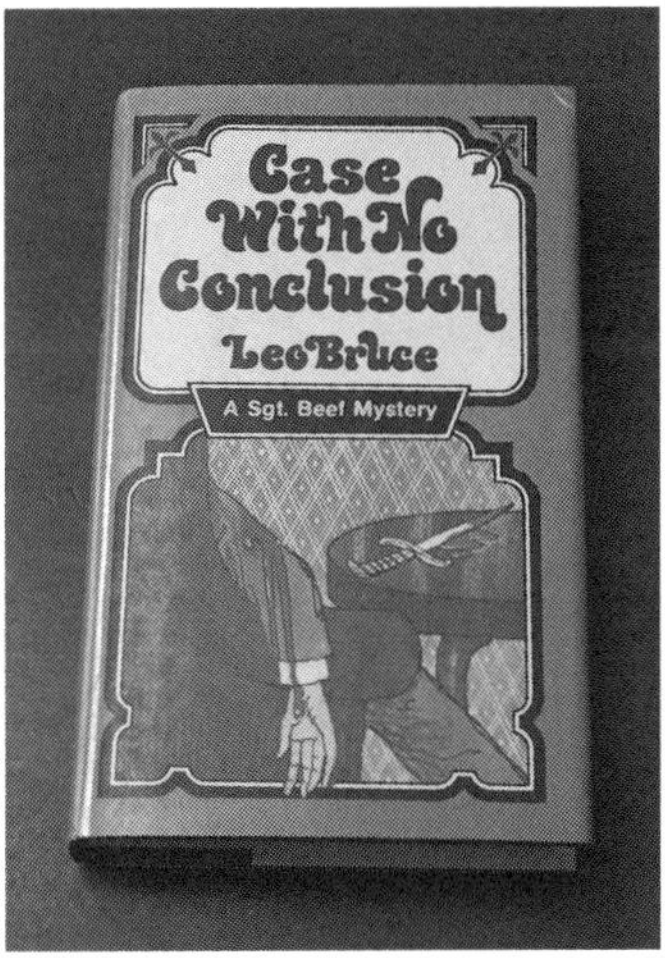

Academy Chicago (1984)

新樹社 (2000)

メイキング・オブ・探偵小説

レオ・ブルース『結末のない事件』解説

初出：同書（新樹社　2000年9月）

本書『結末のない事件』は、『三人の名探偵のための事件』（一九三六）、『死体のない事件』（一九三七）に続くレオ・ブルースのビーフ物の長篇第三作、『Case with No Conclusion』（1939）の翻訳である。レオ・ブルース・ファン・クラブ会長にして本シリーズの訳者、小林晋氏がブルース初期の傑作として推称される作品であり、前二作の面白さに味をしめて本書を手に取られた読者は、決して期待を裏切られることはないであろう。

真実《まこと》少なきジャーナリズムの世界にあっては、川の流れに木が沈み石が浮くかと見える現象は珍しくないが、探偵ジャーナリズムにおいても事情は同じ。実力ある作家がすべてそれに見合った評価を受けてきたわけではないことは、近年の旧作発掘ブームの過程で多くの人が認識されたことと思う。レオ・ブルースの場合、わが国はおろか本国でも十分な評価を得られなかったことは、本書の中でも冗談交じりに語られている（確認するすべはないが、前作についてはレイモンド・ポストゲイトの好評があったほかは、さしたる評判も呼ばなかったという第一章の記述は厳然たる事実なのであろう）。

わが国でも、『ロープとリングの事件』（一九四〇）が心ない書評家に「中学生の読み物」だとか、「手術（トリック）は成功したが患者（物語）は死んでしまったような作品」などと酷評され、レオ・ブルースはついに受け入れられぬまま終わるのかと思われたこともあった。しかし、『三人の名探偵』が出てからはだいぶ風向きが変わり、『死体のない事件』ともども大方の書評が好意的であったことはファンの一人としてまことに喜ばしい。特に、新保博久氏や三橋暁氏のような当代きっての読み巧者からも支持をいただいているのは心強いかぎりである。

さて、前作の末尾で予告されていたとおり、本書ではビーフは警察をやめ、ロンドンはベイカー街の近くで開業したばかりの私立探偵として登場する。ビーフは前二作におけるタウンゼンドの書きぶりがあまりにも自分を馬鹿にしているように見えることに不満を抱いており、ナイジェル・ストレンジウェイズやアントニー・ゲスリン、アルバート・キャンピオン、ギデオン・フェル博士といった著名な探偵たち（加うるに「従弟」のマシュー・ビーフ巡査部長）とその事件記録者たる作家たちを引き合いに出して、自分にももっと優秀な伝記作者が必要だと主張する。タウンゼンドは今度から気をつけるからと言うのだが、本書においても彼の筆づかいには反省の色が見えぬようである（それどころか、もうビーフを見限って、もっと有望な探偵に鞍替えしようと画策したりするのだ）。

開業後最初に持ち込まれた事件は、新聞が「シデナム殺人事件」と名づけた医者殺しで、殺人容疑で逮捕された兄を救ってほしいという青年から依頼されたものだった。ヤードでは『死体のない事件』にも登場したスチュート警部がこの事件を担当しており、数々の証拠で容疑者への嫌疑を強固なものにしていた。ビーフは警察が見逃していた手がかりを次々に発見していくが、真犯人の指摘もできぬうちに容疑者は公判で有罪を宣告され、処刑の期日は容赦なく迫ってきた……。

こうして筋書きだけ記してみると、趣向に満ちた前二作に比べて本書はしごく地味で型にはまった作品のように見られるかもしれないが、ありふれた展開の末につけられる結末は、なかなかもって尋常でない。そこはタイトルが暗示しているとおりであり、常套につくことを潔しとしない作者の面目は、この作でも十分に発揮されているのである。

私事にわたるが、筆者が初めてこの作品を読んだのは、今から十二年前のことになる。小林会長にそのかさ——いや、熱心なおすすめを受けて『ロープとリングの事件』、『三人の名探偵のための事件』と読み進み、いっぱしブルース・ファンになりかかっていた折りしも、米国のアカデミー・シカゴから復刊（米国では初刊）されたのが本書だった。会長からの情報で、相当に出来の良い作であり、かつまた非常にレアな本であったことを知っていたので、飛びつく思いで手に入れて読んでみた。このとき前作『死体のない事件』と読む順番が前後してしまったために、同書で味わえるはずだったサプライズが半減してしまったことは、先に同書の解説で書いたとおりである。この悲劇を繰り返さぬため、これからビーフ物を読んでみようという方には、是非にも第一作から発表年順に読まれることをおすすめする。

それはともかくとして、本書を読んで筆者はいたく感心し、そのレヴューを「ＲＯＭ」（加瀬義雄氏の主宰する海外ミステリ研究誌）に寄稿したものである。読んでみると当時どの辺に感心したのかが分かるので、その一部を次に引用させていただく。

私もミステリはある程度読んできており、自分がそれほど鈍い読者だとも思っていないのだが、この事件は最後の十五ページになっても結末が見えないので、もしや題名どおりに結末がないままで終ってしまうのではないかといささか慌てさせられた。しかし残りの十五ページを読み進むうちに、私の顔にかげった不安の雲は晴れやかな微笑にとってかわられたのである。『結末のない事件』といっても、謎は余すところなく解かれるのだから、その意味での結末はもちろんある。題名の意味を伝えようとするとミステリ紹介のタブーを犯すことになりかねないので、「罪と罰」の問題には決着がついていない、と抽象的にいうばかりでここは素通りするしかない。

それにしても、たった十五ページでそれまでの二百数十ページで組み上げられた図柄を一変させ、さかのぼって数々の伏線を静かに輝き出させる作者の技巧はまあ何というべきであろうか。まあ、何といってもかまわないが、これが探偵小説というものだ。これこそ、他ではちょっと味わえない本格探偵小説のダイゴ味というものであろう。

これまでにも何人かの紹介者によって指摘されてきたブルース作品の美質——緊密な構成、網の目のように張り巡らされた伏線、スマートなミスディレクション、読みやすくユーモアあふれる文章、といった諸点は、この作品にもことごとくあてはまる。なかでも『ルバイヤート』を使ったミスディレクションなど、思わずうめき声を上げてしまうような巧妙さである（なんてことを書いちゃいけないのかな。でもいいでしょう、どうせ誰も気づきっこないと思うから)。例によって驚天動地の大トリックといったものはないが、組み立ての巧妙さはそれを補って余りある。このような作品を読むとき、探偵小説のエッセンスは考え抜かれた構成と作話術にあることをつくづく思い知らされるのである。

(中略)

探偵小説じたいに対する風刺というのもブルース作品の特徴のひとつだが、この作品では殊にそれが際立っているように思われる。冒頭のビーフとタウンゼンドのやりとりなどにもそれはうかがわれるが、第三十章などはほとんどその目的のためにだけ書かれたのではないかと思われるような部分で、ここでは探偵小説における名探偵の全能ぶりに対する風刺が(ジャーナリズムに対する風刺とあわせて)最大級のスケールでくりひろげられる。

いささか張り扇的な調子が感じられるのが自分でも気になるが、多少興奮して書いていたのだろうからそこは大目に見ていただきたい。それよりも、右の文章は紹介文として書いたものなので、奥歯に物のはさまったような言い方しかできなかった部分がある。以下においては

その制約を取り払い、一歩踏み込んでこの作の技巧等を吟味してみたいので、未読の方はご注意ください。

★★★『結末のない事件』

この万象の海ほど不思議なものはない、
誰ひとりそのみなもとをつきとめた人はない。
あてずっぽうにめいめい勝手なことは言ったが、
真相を明らかにすることは誰にも出来ない。

※

格調高く、オマル・ハイヤームの『ルバイヤート』(小川亮作訳、岩波文庫)の引用から始めてみたが、『ルバイヤート』は本書で重要な役割を果たしているのだから、この程度の気取りはお許しいただけよう。右の詩は創世の神秘の解き難いことをうたったものだが、第一行の「万象」という語を「手がかり」とでも置き換えてみれば――あらあら不思議、詩全体が何やら探偵小説(それも特に本書)の暗示のようにも読めてくるではないか。

手がかりの海。こんな表現があながちオーバーとも思われないくらい、本書にはたくさんの手がかりが鏤《ちりば》められている。順不同でリストアップしてみれば――短剣の

指紋、運転手への外出許可、自動変速ギアについての質問、スチュアートとベンスンの口論、ベンスンの「今は私の医院にある」という言葉、五〇〇ポンドの領収書、砒素の入ったウイスキー、クッションの血痕、スチュアートとベンスン夫人の噂、ダンカンの自殺、スチュアートが引き出していた多額の金、フリーダが深夜目撃した人影、小道に落ちていたドアの鍵、仕込み杖、謎の浮浪者、金貸しオッペンスタイン、四阿に落ちていた燃えさし、ピーターの部屋で見つかった紙切れ、『ルバイヤート』と「無愛想な給仕」……という具合である。

スチュアート犯人説が真相でないことは明らかだだが、ではこれらの手がかりすべてに符合するどのような仮説が可能なのか、容易に見当がつかない。ビーフはいつまでたっても絵解きをしてくれないし、話が拡散するだけ拡散してしまって、収束することなどあり得ないような気がし始めたときに、残りわずかなページで一気に真相が語られる。それが予想外の、しかも十分な伏線に支えられた物語なので、ウサギが飛び出した手品師の帽子を見つめる観客よろしく、読者は目を丸くすることになる。

少なくとも筆者は、最後の最後に事件が連続殺人事件であったことを明かされて驚嘆したものだ。三件の殺人のうち最初のフェラーズ老人殺しについては、それを推測する手がかりはほとんど与えられていないから、唐突な感は否めない。だが、残り二件を構成するプロット（一人を殺し、もう一人に罪を負わせて刑死させる）だけでも十分面白いし、スチュアートが事情を十分に説明できない理由が第一の殺人に起因するという有機的連関もあるので、筆者としては特に不満は感じなかった。しかも、それまで表面化していた手がかりのほかにも多くの伏線が援用され（例えば、ベンスンの医院が泥棒にはいられたこと、ピーターが分析化学者を知っていたこと、ベンスンが火葬を奨めていたこと、等々）、それらが要所要所でプロットを裏打ちしているのであってみれば、タウンゼンドのいうとおり確実な証拠は不十分であるにしても、ビーフの説明に異を唱える気にはなれない。

こうして見ると、本書における手がかりないし伏線の多さは、プロットの複雑微妙さに対応していることがわかる。それら手がかりを仕分けしてみれば、

a　スチュアートとベンスンによるフェラーズ老人殺害に関するもの
b　ピーターがそれを知ったことを裏付けるもの
c　ピーターによるベンスン殺害に関するもの
d　ピーターの偽造にかかる「スチュアートによるベンスン殺害」を示唆するもの

e　スチュアートによるベンスン殺害未遂に関するもの

があり、さらに、これら以外の方面に読者の疑いを誘うミスディレクションたるものも含まれている。錯綜するこれらの手がかりをうまく捌き、スムーズに物語を織り上げる作者の手際はまことに見事なものである。

ここで一つひとつの手がかりの役割についてまでふれる余裕はないが、その取扱いの巧みさを示す例として、筆者が思わずうめき声を上げた（膝をたたいたというより実感がこもっているでしょう?）『ルバイヤート』の件を取り上げてみよう。

この本は、証拠でありかつミスディレクションでもある手がかりで、ピーターが短剣にスチュアートの指紋を残させた手段を示すものであると同時に、「無愛想な給仕」ウィルキンスンへの疑惑を生じさせる元になっている（この場合、後者は読者にウィルキンスンを疑わせること自体が目的なのではなく、証拠の意味から読者の注意をそらすことに主眼があるのは言うまでもない）。証拠としての意味は物的存在としての本そのものにあるわけだが、それが詩集であれば誰しも詩の文句に注意を向けてしまうから、多少こじつけの気味はあっても「無愛想な給仕」がミスディレクションとして成立するのである。これはなかなか高度なテクニックといえる。

だが、さらに感心させられるのは、詩集のモノとしての側面を極力読者の意識にのぼらせないように企まれた、叙述の技巧の巧妙さである。問題の『ルバイヤート』がアンカット装で、ページを切らなければ読めない本であると知れば、そこからページを切る道具としての短剣に気づくのは容易なことのはずである。しかし、大方の読者がそれに気づかないのはなぜか。テキストの該当する場面を振り返ってみよう。

ビーフは大判の本の分厚いページをゆっくりとめくって、最後に「ああ」と勝ち誇ったような声を上げた。「どこを朗読したのかわかるぞ」

僕は自分に期待されている役割を演じて、彼に尋ねた。「どうしてわかるんだい?」

ビーフは単純素朴な喜びに顔を輝かせて、顔を上げた。「どのページをカットしたのか見たんだ。ほら! たった二ページしかカットしていない！　あまり朗読しなかったんだ」（本書七十七ページ）

問題の本がアンカット装であり、カットされたページがあるという情報はここで読者に提示されるわけだが、それがビーフとタウンゼンドの漫才風のやり取りにまぎれて行われるので、読者はいつもの冗談だと思ってなにげなく読み過ごしてしまうのである。

別の観点からいえば、ページがカットされているという情報は、問いに対する答えの形で、すなわち、スチュアートが朗読した詩がどれかわかったことの理由としてもたらされるので、それでこの小問題は一件落着してしまい、読者の心の中でこの答えからさらに問い（何を使ってカットしたのか）を立てて答えを求めていくという経過はたどりにくい（そこに思い至るか否か、勝負はビーフの一行半のセリフを読む一瞬のことであり、よほど眼光紙背に徹する読者でなければ瞬時に作者の手の内を読み取ることは難しいだろう）。こうした微妙な叙述のテクニックによって情報の真の意味を気づかせない、これはメタ・レベルのミスディレクションといえるかもしれない。

『ルバイヤート』がらみでもう一点。これは謎解きとは関係ないが、第九章では例の「無愛想な給仕」の詩のほか、「腑に落ちないのは酒を売る人々のこと、／このよきものを売って何に替えようとする」という二行が引用されている。第二十八章でタウンゼンドに探偵はやめてパブを買うよう電報で奨められたときのビーフの返事、「ぱぶハ　キャクニナル　ホウガイイ」は、この二行と照応していたのにお気づきだろうか。それがどうした、と言われると困ってしまうが、筆者はこうした芸の細かさが好きだし、細部を味わわなくては小説を読むかいがないと思っているのである。

以上、手がかりの技巧を中心としてこの作品の美質を称えてきたが、本書にも欠点がないわけではない。それは、ブルース作品の通弊ともいえる、謎の解明の論理の不十分さである。

先に最後のビーフの説明に感心したと言ったのは、それにより明らかにされたプロット（構成の論理）に対してであって、謎解きのプロセスを評価したのではなかった。その点についていえば、ビーフの謎解きは決して論理的ではない。それは基本的に初めから知っていることの説明、すなわち種明かしであり、数多くの伏線に支えられてはいても、「推理」とはいえないものである。わずか十数ページのうちにそこまで求めることは無理だろうが、必要ならページはいくら使ってもかまわないだろう。プロットのすべてとは言わないが、せめて「真相は連続殺人事件だった」という、基本的な図柄の転換をもたらす中心アイデアが浮上するきっかけくらいは、種明かし以上のものが欲しかったと思う。

さらに細部にわたって吟味してみれば、いくつか疑問な点や説明不足と思われる点もある。たとえば、血のついたクッションを警察が見逃していたというのはあんまりではないか。証拠物件の仕込み杖を発見するに至る経緯があまりにも偶然ではないか。ビーフが策を弄してピーターのフラットを調べにもぐり込んだのはいいが、どうやってフラットを脱出したのか……といった点。しかしそれらも全体を通じて見れば些細なキズでしかないし、厳密にリアリズム的観点からチェックを加えること自体、本書のような作品の評価方法として適切ではないかもしれない。

本書の基本的な性格が本格探偵小説であることは間違いなく、ここまでの吟味はもっぱらその角度から行ってきた。しかし、本書の性格はそれに尽きるものではなく、本格探偵小説のフレームには収まりきらないものを抱え込んでいる。

それは、タウンゼンドという仕掛けに由来する。本書の語り手タウンゼンドは、ワトスン役という自分の役割を過剰に意識し、常にその観点から物を眺め、ビーフが扱う事件を出来の良い探偵小説に仕立て上げられるかどうか絶えず気にかけている。このような人物の筆になる探偵小説は、おのずから探偵小説について語る探偵小説（それをメタ・ミステリと呼んでもいいかもしれないが、通常イメージされるそれとは異なる）としての側面を持つことになり、本書はその種の語りに満ちている。

「ビーフの事件は典型にぴたりと従っているのに、ここからどうやって素晴らしい物語を作り出せるだろう？」こう嘆きながらタウンゼンドはお決まりの「激しい口論」に文句をつけ、執事に新機軸を期待しては裏切られるが、それを一々書き込むことによってしっかり物語に諷刺とユーモアの味付けをしている。そして「四六時中驚いていなければならない観察者という役割」を演じ続ける一方、物語の進行に気を配って「事件に女の存在が必要だ」と考えたり、ベンスン夫人がガーデニングをしていたと聞いて「これこそ物語に必要なことだ」と評価したりする。事件に目だった進展がない時期の、いまは「中だるみ期間」なんだな、という認識も正確である。

終盤の法廷の場面では「証言の最中にビーフに名案がひらめいて、手遅れになる寸前に真犯人逮捕に結びつくのではないか」と期待するが、それもかなわぬとなると、今度は「スチュアートを絞首台から救うことよりも一層重要なのは、最後の瞬間の救出という陳腐な結末から事件を救うことではないか」と、物語を超えた次元で物語の帰趨を心配し始める。これはもう事件の記録者というより、すっかり探偵小説の制作者としての視点である。その制作者とはもちろん作者と重なるわけで、作者は自分の用意している結末が陳腐なものでないことを十分承知しているのである。土壇場まで次々に読者の予想を外していく自信と、その裏付けとなる技術を持った作者にしてはじめて書くことのできるセリフである。

本書はそれ自体よく出来た探偵小説であると同時に、その制作過程を主題とした、いわば「メイキング・オブ・探偵小説」小説であり、本格探偵小説としての謎解きと並んで、探偵小説のドラマツルギーの研究（というと大仰だが、ま、その書き方についての批評的おしゃべりというくらいのもの）をもう一つのテーマとしている。この性格の二重性は多かれ少なかれブルース作品に共通する特色だが、本書はその後者の性格が最も際立っている作品の一つである。これを面白く読むか、つまらない楽屋落ちと見るかは読者の趣味如何にもよるが、『三人の名探偵のための事件』に対する評価と同様、年季の入った探偵小説ファンほど楽しめる趣向であろう。いずれにせよ、本書の最大のユニークさがここにあることは間違いない。

ユニークさという意味では、むしろ「結末のない」と形容される結末の附け方、「名探偵の失敗」という趣向に着目する読者がいるかもしれないが、これらはアントニイ・バークリーをはじめ他の作家にアイデアの先例や類例があり、その点で本書がオリジナリティーを主張することは難しい。しかし、そのような主張をするまでもなく本書が十分にすぐれた作品であることは、多くの読者が承認されるところであろう。

前後の照応を重んじる筆者としては、最後にもう一度『ルバイヤート』からの引用をしてこの稿を終えることにしたい。すべての名探偵に捧げる、と言いたいところだが、第三行を読めばやはり最もふさわしい相手はビーフかもしれない。

魂よ、謎を解くことはお前には出来ない。
さかしい知者の立場になることは出来ない。
せめては酒と盃でこの世に楽土をひらこう。
あの世でお前が楽土に行けるときまってはいない。

☆☆☆

『ミンコット・ハウスの死』読後感

初出：「Aunt Aurora」第4号（1990年12月）

美しい作品——それが読後の第一印象である。探偵小説の読後感としてはいささか奇異に受け取られるかもしれないが、その意味は追って明らかにしていきたい。なお、以下では作品の細部にまで立ち入るつもりなので、未読の方はご注意を。

第三号の編集後記で小林氏はこの作品を「傑作と呼んでもさほど言い過ぎではないと思う」と述べられているが、筆者もそれに同感である。しかしながら、一方ではこれを傑作どころか退屈な作品と見るであろう読者の存在も予想できる。筆者自身、仮に十年前にこの作を読んでいたとしたら、そうした見方に傾いていたかもしれない。十年前というのは、筆者が大学を出て間もない頃、ディクスン・カーに心酔していた時期である。当時筆者はディクスン・カーの作品こそ最高の探偵小説であると固く信じ、それと異なるタイプの作品には目もくれなかったものだ。異なるタイプというのは、ハードボイルドやら警察小説やらのことではない。それらはそもそも筆者にとって探偵小説ではなく、いわゆる本格探偵小説しか探偵小説とは認めていなかったのであるが（この考えは基本的に現在も変っていない）、その中でもカー風の作品を特別に愛好しており、その他の本格ものには冷淡だったのである。たとえばアガサ・クリスティーの作品なども、それがベストセラーになったためにかえって読む気が失せたこととは別に、退屈でつまらないミステリとみなしていたのだ。

ここでカー風の作品というのは、冒頭、密室内でバラバラに切断された死体が発見される、といった具合の不可能・不可解犯罪で華々しく幕を開け、スリルとサスペンスに彩られたハラハラドキドキの展開をへて、大団円で意外な犯人と驚天動地の大トリックが明らかにされて幕を閉じる、というような作品――より一般的にいえば、江戸川乱歩が「探偵小説の定義と類別」（『幻影城』所収）の中で傑作探偵小説の三条件としてあげた①出発点における不可思議性、②中道におけるサスペンス、③結末の意外性、をさながら満たすような作品のことである。この種の作品の魅力にはまことに強烈なものがあって、本格ミステリ・ファンの多くの心をとらえている。特に、若い読者（過去の自分も含めて）はこのタイプに魅かれるあまりにこれこそ本格中の本格であるとみなし、他のタイプの作品は全然相手にしないということも少なくないようだ。マニアがこうじて作家になった人々もいて、近年講談社ノベルスを中心に登場してきた日本の若手作家たちの作品なども（自分で読んだことはないのでよくは分からないが）、おおむねこのタイプに属するように見受けられる。それら若手作家たちの指導者的立場にあると見られる島田荘司の本格作品もこのタイプの典型的な作例であろうが、その島田は「本格ミステリー論」（『本格ミステリー宣言』所収）の中で本格ミステリーを「幻想的で、魅力ある謎を冒頭付近に有し、さらにこれの解明のための、高度な論理性を有す（形式の）小説」と定義している。島田のこの評論は事実の解釈、論理の運び等に疑問を感ずるところが少なくないが、それはともかくとして、ここでは「初段階での、吸引力ある魅力的な謎」という言い方で、乱歩が「不可能興味」と名づけた謎の難解性が必須の条件としてあげられており、このタイプの作品こそがすなわち本格ミステリーである（これ以外は本格ではない）、とまで言われているのである。

★★★『ミンコット・ハウスの死』『ミンコット荘に死す』

こうしたタイプの作品をのみ愛好する読者からすれば、『ミンコット・ハウスの死』は退屈至極の作品とも見られるであろう（島田の定義からすれば、本格ミステリですらないことになる）。この作は、発端の不可思議性も、中盤のサスペンスも、ゼロとはいわないまでも極めて乏しいからである。物語は大変穏やかな（もちろん、ミステリとしては、という意味である）すべり出しを見せる。一家の旧友である老夫人マーガレット・ピップフォードから義理の息子の「自殺」の報を受けたキャロラスが現場に向かう、というだけで、その無駄のなさはミステリの書出しとして理想的ともいえるが、不可能犯罪の派手派手しさと比べればまるで大人しく、何か物足りない感じも否めない（後から振り返ってみれば冒頭第一行から犯人と探偵の対決が始まっていたわけで、そこに一種のスリルを感じることはできるが）。キャロラスが現場を調べていくと、幾つかの謎が出てはくる。「無残な死体、レディ・ピップフォードの奇妙な落ち着き、無人とは思えない静かな家、開いた流し場の窓、消え失せたミルクの入っていたグラス、開け放したフランス窓に揺らめいていたカーテン。数多くの謎めいた点があった」。しかし、それらはことさら不可思議というほどのこともなく、探偵小説の謎としてはいかにも小粒で、とてもカー／島田風小説愛好者のお気に召すようなものではあるまい。その後の展開も、「事件関係者の知り合いや、何かを見たり聞いたり、あるいは疑惑を抱いたりした人物、情報を持って近づいて来たり、隠し事をしたりする人間、召使い、友人、訪問者や反感を抱いている証人、誰であれ役に立つ情報を持っている人物などから、長いけれども彼（キャロラス）にとっては魅力的な一連の尋問を通じて真相を組み立てていく」というもので、ストーリーにはさしたる起伏もなく、サスペンスもこれといって感じられないので、そうしたインタヴューの連続がキャロラスにとっては魅力的でも読者にとってはどうか、というところがある。こうして見ただけで既に傑作探偵小説三条件のうちの二条件までを満たしていないことになり、とても傑作などとはいえないのではないか、と言われるかもしれない。

しかし、謎の小粒さとサスペンスの欠如を認めたうえでも、『ミンコット・ハウスの死』は筆者にとって十分に面白かったし、本格探偵小説として大変すぐれた作品であると確信している。カー／島田タイプの小説のみが本格探偵小説ではないのであり、江戸川乱歩の三条件を満たすものだけが傑作ではないのである。特にレオ・ブルースを読むようになってから、筆者は乱歩の傑作三条件が本格探偵小説のすべてに適用され得るものであるかどうか、疑問を持ち始めている。傑作三条件は、これもカーの賛美者であった乱歩がカーに入れあげていた時期に提唱したものであり、それはもともとカー風の作品を念頭に置いて言われていたのであって、その意味で一般的な通用力を持つものではないと考えられる。

思うに、本格探偵小説の本質的要素は、謎とその論理的解決――これに尽きるのであって、ことさらな（「幻想的な」とか「不可能な」とかいった）修飾語は不要である。この骨格に対する肉付けの仕方、衣装のまとわせ方は、作家の自由に任されている。謎のプレゼンテーションに趣向を凝らすもよし、推理の筋道に重きを置くもよし。それに応じて本格探偵小説にもさまざまなタイプがありうる。早い話が、ポオの三つの探偵小説（これらをみな本格探偵小説と見ることに異論はないだろう）からして、それぞれに異なるタイプの作品であった。怪奇な不可能犯罪の謎と意外な結末をもつ「モルグ街の殺人」はカー風作品の始祖と考えられるが、「隠さないことが最も有効な隠し方」という逆説を物語化した「盗まれた手紙」も、謎の解明の論理を唯一の興味とした「マリー・ロジェの謎」も、本格探偵小説として「モルグ街」とはまた違った面白さを備えている。カー／島田タイプの作品はその派手やかな演出によるめざましさ、華やかさのために本格中の本格といった印象をもたれやすいが、それが本格ものの唯一のタイプでないことはもちろん、中心的・優越的な作風であるとする根拠もないのである（ポオの三作品の中では「盗まれた手紙」を最上の作とするのが衆目の一致するところであろう）。各作品はそのタイプに応じた評価がなされるべきであり、カー／島田タイプの作風を唯一の評価基準とする愚は避けねばならない。

レオ・ブルースの作風を一般的に、何らかの探偵小説的なテーマ（ひねりのきいたプロットのアイデア、逆説的なものの見方など）をもとに、それを物語化しているものと要約してよければ、ポオの三つの作品の中では「盗まれた手紙」の作風に最も近いといえるのではないだろうか。たまたま例にあげた上記三作品との間の相対的な類似性を言っているにすぎないので、直ちにこれを同一作風であるとすることはできないが、少なくともあるテーマを物語化しているという点で共通するものがあるように思われるのである。

『ミンコット・ハウスの死』の場合、物語化されているテーマというのは、キャロラスが「僕を魅了してやまない絶妙のバランス」と言い、ルパート・プリグリーが「美しいシンメトリー」と呼ぶところのものである。すなわち、ダリル・モンタコードがマーガレット・ピップフォード殺害に関し有罪である証拠は、ダリルがマーガレットに殺されたことであり、マーガレットがダリルの殺害犯人として告発する根拠は、マーガレットがダリルに殺されたことであるという、二つの逆説のバランス／シンメトリーである。この作品は結局、このシンメトリーを構成するために仕組まれた物語であるということができるのであって、それは幾何学的な均整の美学に支えられているともいえよう。この作品に取りかかるにあたって作者の念頭にあったのは、一定の数学的パターン、というか、数式ないし図形に類似したシンメトリックなテーマであったろう。このテーマを物語化するために、作者は人物を配し、プロットを組み立てていったと思われるのである。骨組が出来上がるとそこには様々な伏線やらミスディレクションやらがちりばめられ、ユーモアが点綴されていった。こうして完成されたモザイク画がこの作品であるが、そこには作者の苦心は跡もとどめておらず、自然でよどみない物語の中にテーマであるる幾何学的な構成が実現されているのである。そのようなやり方で作られた作品は芸術ではなく、作者は芸術家ではないかもしれない。しかし、少なくともそれは見事な工芸品に似たものであり、その仕上がりの姿の良さには目を見張らされるものがある。冒頭に記した「美しい作品」という印象は、主にここから来ている。練達の職人の腕になる職人芸の極致――小さな傑作なのである。

この「美しいシンメトリー」を考えるとき、筆者にははじめメイ・スウィロウの死の意味がよく分からなかった。すなわち、シンメトリーはダリルとマーガレットの間で、かつ、それのみで成立しているのであり、それとかかわりのないメイの死はシンメトリー構造を乱す余計なもののように感じられたのである。しかし、改めて考えてみると、キャロラスが殺人者の七つの条件としてあげた事項は、メイとマーガレットの毒死事件に基づいて、毒殺者の肖像として描き出されたものであり、その意味で解明の手がかりになっているのだから、メイの死を不要なものということはできない。もっとも、解明の手がかりとしては、レディ・ピップフォードが戸棚に隠したチョコレートに毒が入っていたことが分かればよかったのであって、そのためにはメイを事故死させなくとも、ジェイスンの尋問等によって明るみに出すことはできたと思われる。しかし、そうした場合には話が単純化してストーリーにさらに起伏がなくなり、中だるみの危険が生じる。物語としての興趣を盛り上げるためにはやはり中盤でのひとひねりが欲しいところであって、そのためにも死体がもう一つ必要だったといえるだろう。見方によってはメイの死は物語の回転軸、ないしは扇の要のような役割を果たしているともいえる。甘いものが大好物だった善良な女、哀れなメイ・スウィロウよ、あなたの死は決して無意味ではなかったのだ。安んじて眠れ、アーメン。

「シンメトリー」以外の探偵小説的趣向について見ると、まず犯人の意外性をあげたい。レディ・ピップフォードはともかく、ダリルが犯人の一人であったというのは、筆者には意外な結末であった。冒頭死体として提示されたというだけで単に被害者としてしか見ていなかった筆者のヨミの甘さのせいなのだが、振り返ってみると作者の周到な演出の跡が見え、まんまとその術中におちいっていたことに気付く。それはダリルを死体として提示したことに尽きるものではなく、その後の展開においてて作者は巧妙にダリルを（読者から見た）容疑者の範囲からしめ出していったのである。

その手口は、ダリル以外の全員を容疑者にしてしまう、というものである。ダリルの死の当夜だけみても、ミンコット・ハウスにはレディ・ピップフォードがいたほかに、ジェイスンが帰ってきていた。ノッキングズが賛美歌を歌いながらボイラー室から出てくるところと、フリース牧師が門からはいろうとしているところを、アリシア・クリックが目撃している。そのアリシアは裏庭から回ってきたところをタクシーに乗ったエディ・ブレトンに見られている。――こりゃあちょっとやり過ぎじゃないかね、と筆者は思ったものだ。一体何人怪しげな人物をうろつかせれば気がすむんだ。

「書斎の外のバラの茂みの周りを容疑者八人にパレードさせるのもいいさ。すてきだよ。だけど、どうして彼らがそこにいたのか、納得のできる理由がなくっちゃ」

これはディクスン・カーの評論「世界最大のゲーム」（宮地謙訳、ＨＭＭ№197掲載）からの引用であるが、こんな呟きも口をついて出そうだ……しかし、容疑者のサークルは上記の人々に限定されない。

キャロラス「すると、誰が犯人であってもおかしくはない、というわけだね？」

ムーア巡査部長「誰であってもね。屋敷の人間の一人かもしれない。レディ・ピップフォードだって分からないぞ。スウィロウ、ポッピー・マン、ノッキングズかもしれない。牧師あるいはその妻、ボーター、ブレトン、アリシア・クリックといった土地の人間かもしれない。あるいはまた、ジェイスンやラニー・ピップフォードみたいな、こっそり遠くからやって来た親戚の一人ということもあり得る。ニューミンスターに住む人たち、ゴリンジャー夫妻、トム医師、あるいは君自身かもしれない」

これでは結局登場人物のリストを作っているようなものだが、その大部分はまた牧師館のリンゴ酒にあたって苦しむキャロラスの悪夢の中で「一人一人、悪魔のような形相をして彼の眼前に浮かび上がった」。そして、これらの人々がみな最後の晩餐会に招かれるのである。こうしたストーリーの流れからすれば、人を疑うことを知らない素朴な一読者（筆者のことである）が、このディナーの席でキャロラスが出席者の誰かを犯人として名指しするのだろうと思ったとしても仕方がないだろう（もっとも、それにしては残りのページ数との関係でディナーの始まりが早過ぎるな、とは思ったのだけれど）。作者は、容疑者の範囲を最大限に広くとったかのように見せかけておいて、その影で巧妙にダリルを容疑の圏外に追いやっているのである。これはストーリー全体に仕掛けられたミスディレクションといえるかもしれない。「意外な犯人」を演出するための作者一流の技巧である。筆者は読み進めながら、なぜこんなに容疑者の範囲を広げてしまうのだろう、これじゃ誰が犯人であってもかまわない気がしてくる、なんぞと思っていたのだが、この作者が何事をも無意味になすことはないということを肝に銘じておくべきだったのである。

ブルース作品について書くときにはいつもふれることになるが、伏線の技巧は例によって見事なものである。筆者は本稿を書くためにこの作を再読してみたのだが、二度目に読むと伏線が物語の随所に埋め込まれていることがよく分かって感嘆させられる。まさに伏線の網の目なのである。先の「美しい作品」という印象は、こうした細部のつくりの精緻さからもきている。ただし、キャロラスが「驚くべき証拠や、手がかりといったものによってではなく、七つの条件によって僕は毒殺者の正体を知ったのです」と言っているように、それだけで犯人を指示する手がかりとなる決定的な伏線といえるものはなく、その意味では一抹の不満が残らないではない。一方ではまたキャロラスのいう「七つの条件」というものも、殺人者の性格などレトリックに依存していると思われるものもあって、いま一つ決め手に欠ける感じがする。何かもう少しピタリとくるものを用意できなかったのだろうか。――しかし、この点は、少し考えれば分かるようにこの作品の場合には望めないものなのである。

作者の技量をもってすれば、犯人を指示する決定的な証拠をさりげない伏線として用意しておくことくらい、いともたやすいことであったろう。しかし、作者はあえてそうしなかった。「決定的な証拠」となる伏線は、この作品のねらいと矛盾してしまうからである。すなわち、この作のねらいであるシンメトリーの内容は、繰り返すと「AがBを殺した証拠は、AがBに殺されたことであり、BがAを殺した証拠は、BがAに殺されたことである」というものであったから、このシンメトリーじたいが最大の証拠（であるべき）なのであって、これ以外の「決定的な証拠」はシンメトリーの効果を発揮するうえで邪魔であり、他の証拠はより漠然としたものでなければならなかったのである。そうした意味では、このシンメトリーは美しいけれども儚い夢のような絵、虚空に描き出された幻のようなものであるともいえよう（だからといって、その美しさにキズがつくわけではない）。

また、この作品では作者お得意のミスディレクションは（先述の「多過ぎる容疑者」というストーリー全体に仕掛けられたものを除いては）あまりきいておらず、これはと思うようなものが見当たらなかった。容疑者の範囲を広げるためには、特定の人物を特に疑わしく見せることもできなかったのだろうから、それも仕方がないといえるかもしれない。しかし、一つアンフェアではないかと思ったのは、ダリルの死の当夜、お屋敷に通じる道に自動車が停まっていた（ノッキングズの証言）という件で、これは読者の注意を外部に向けさせておきながら、結局何の説明もなく終るのである。メイの死の当日も道路に車があったというレディ・ピップフォードの話は、先の夜の自動車にヒントを得た彼女の作り話だということで、それ自体はウソならウソでもかまわないが、ダリルの夜の自動車の件が説明されないことには、このウソにも不満が残る。その他、細部で疑問に思った点はいくつかあるが、全体から見れば取るに足らぬ問題ばかりである。

☆☆☆

最後になったが、小林晋「レオ・ブルース・ファン・クラブ」会長にはこのような面白い作品を読ませていただいたことに対し、心からお礼を申し上げたい。それにしても、短期間での翻訳作業は大変なご苦労だったでしょう。本当にお疲れさまでした。

ここまで書いてきて今ふと気が付いたのだが、冒頭に記した「美しい作品」という印象には、もう一つ別の理由もあったようだ。それはほかでもない、この作品の翻訳が「Aunt Aurora」に掲載されることになったいきさつである。『ミンコット・ハウスの死』は、原書を小林氏に譲られたB・A・パイク氏の厚意と、さっそくその翻訳にあたられた小林氏の熱意のたまものなのだ。美しい作品の影の美しいエピソードである。

　ところで、「期待」という言葉が、筆者はあまり好きではない。そこには、自分は何もしないで他人の努力を待ち望む安易な身勝手さが感じられるからだ。されば会員諸兄、そして我が心よ、長篇の翻訳が二号続いたからといって、次号にもまた長篇を、などと期待することはやめよう。小林氏に過大なプレッシャーを与えることは厳に慎まねばならない。期待してはいけない。いけないのだが……。

※本稿は、レオ・ブルース・ファン・クラブ機関誌「Aunt Aurora」第三号に訳載された『ミンコット・ハウスの死』の読後感である。同作はその後改訳の上『ミンコット荘に死す』（扶桑社ミステリー）として刊行された。

Leo Bruce Fan Club
JAPAN（1990）

キャロラス・ディーン、試練の時

レオ・ブルース『ハイキャッスル屋敷の死』解説

初出：同書（扶桑社ミステリー　2016年9月）

1

同人出版なので入手している方は限られると思うが、『アントニイ・バークリー書評集』（三門優祐・編訳）なるものが刊行中であるのをご存じだろうか。

黄金時代の英国探偵小説を代表する作家の一人であったアントニイ・バークリーには、書評家としての顔もあった。その旺盛な批評精神は創作にも反映され、多くの革新的な作品を生んだが、よりストレートに他作家の作品評としても結実したのである。フランシス・アイルズ名義の犯罪心理小説『被告の女性に関しては』（一九三九）を最後に実作を離れた後も、晩年に至るまで書評活動は続けられた。

『アントニイ・バークリー書評集』は、一九五六年から七〇年にかけて、「マンチェスター・ガーディアン」（後に「ガーディアン」）紙にアイルズ名義で執筆された新刊ミステリ評のうちから抜粋して翻訳編集したものである。第一巻はエラリイ・クイーン、ジョン・ディクスン・カー、アガサ・クリスティーの三巨匠の、第二巻はジョルジュ・シムノンほかフランス・ミステリの、第三巻は英国女性ミステリ作家の作品評をまとめている。先頃刊行されたばかりの第四巻は英国男性ミステリ作家篇（上）で、その対象作家のうちに我らがレオ・ブルースも含まれているのだ。バークリーがブルースをどのように評していたか、これは興味津々。

というのも、ブルースはバークリーの強い影響のもとにミステリを書き始めた作家だからだ。処女作『三人の名探偵のための事件』（一九三六）は、その多重解決の趣向等においてバークリーの名作『毒入りチョコレート事件』（一九二九）にインスパイアされたものであることは明らかである。他にも影響関係を指摘できる作品はあるが、それ以上に、従来の探偵小説の陳腐化した部分を諷刺ないし批判する姿勢が共通しており、ブルースはバークリーから多くを学んだものと考えられる。

バークリーの方でも、自分の作風にかなり近いものを持っているこの後輩作家のことは十分意識していたと思われるが、実際のところどのように見ていたのかを具体的な作品評の形で知ることができるというのだから、これは大いに興味をそそられる話だろう。

『書評集』第四巻には、一九五八年から六二年にかけてブルースが発表した八作品のうちの五作が取り上げられている。ほんの少しずつだが、そのサワリを引用してみよう（括弧内は対象となった作品名）。

「ミスター・ブルースの初期作ほどの切れ味はおそらくないにせよ、好ましいエンターテインメント作品として受容されるだろう作品」（『Dead Man's Shoes』）
「私は、ミスター・レオ・ブルースのお茶目なユーモアをいつでも楽しんでいる」「休暇に読むにはもってこいの作品」（『Our Jubilee Is Death』）
「今月良かったことの一つは、レオ・ブルースの探偵役キャロラス・ディーンがユーモアのセンスを決して失ってはいないことが分かったことだ」（『ジャックは絞首台に！』）
「この生き生きとした物語」（『骨と髪』）
「ミスター・ブルース、時にはあのルパートを再登場させてやってはくれないものか」（『Nothing Like Blood』）
　以上はすべてキャロラス・ディーン物の探偵小説の評だが、もう一冊、本名のルパート・クロフト－クック名義で発表された犯罪小説（『Thief』）も取り上げられていて、その評は「本当に息が止まりそうな、背筋が凍るような恐るべきサスペンス小説……スリラー中毒の読者には「必読」」というもの。
　全体として実に好意的な、あたたかさに満ちた評といえるだろう。ブルースがバークリーに認められていたことが分かって、レオ・ブルース・ファン・クラブの会員たる筆者としても、わが事のようにうれしい。
　念のため申し添えておくと、バークリーは誰にでも愛想をふりまくような親切おじさんではない。相当に狷介なところもある人物で、書評の場でもハッキリと自分の好みを打ち出し、気に入らない作品は歯に衣着せず酷評していた。その例としてここに上げるのはやや穏当を欠くかもしれないが――エラリイ・クイーンには何か含むところでもあったのか、「作中のエラリイ君は、５語で済むところを必ず50語喋るような、もったいぶったおしゃべり野郎だ」（『クイーン警視自身の事件』）、「これほど説得力に欠ける解決編は滅多なことでは見かけない」（『最後の一撃』）、……といった具合にさんざんのけなしようだ。他にも手きびしい評を下している作家・作品は少なくない。
　ブルースへの好評が掛け値なしのものであることが納得いただけるだろう。

2

本書『ハイキャッスル屋敷の死』は、レオ・ブルースの後期シリーズたるキャロラス・ディーン物の第五作、『A Louse for the Hangman』(1958)の翻訳である。

ディーン物の邦訳(商業出版されたもの)としても五冊目にあたるが、既刊の四冊は次のとおり。

『死の扉』(At Death's Door, 1955) 創元推理文庫

『ミンコット荘に死す』(Dead for a Ducat, 1956) 扶桑社ミステリー

『ジャックは絞首台に!』(Jack on the Gallows Tree, 1960) 社会思想社現代教養文庫ミステリ・ボックス

『骨と髪』(A Bone and a Hank of Hair, 1961) 原書房

ディーン物を読むのは初めてという方は、本書に取りかかる前に『死の扉』と『ミンコット荘に死す』を読まれることをお勧めする。その方がシリーズとしての設定がよく呑み込めるし、両書に付された小林晋氏及び塚田よしと氏の解説によりブルース作品の全体像も把握できるだろう。

さて、本書は前記『書評集』の対象期間内の作品なのだが、書評はされていない。もちろん、バークリーとてすべての新刊に目を通していたはずはないから、単純に読み逃しただけのことかもしれないが、読んだ上でスルーしたのだとすればそれは何故だったろうか。

一つ理由として考えられるのは、本書におけるユーモアの乏しさである。

先の引用からもうかがえるとおり、ブルースがバークリーの眼鏡にかなったのは、そのユーモアの力によるところが大きいようだ。本書においても、独特のしゃべり癖のある人物や皮肉をきかせた文章など笑いの要素がないではないが、全体的にユーモア風味は今一つと言わざるを得ず、その辺がバークリーのお気に召さなかったのかもしれない。

実際、ユーモアはブルースの強力な武器である。初期のビーフ物を読まれた方は、一作ごとに工夫を凝らした大胆な趣向の「切れ味」とともに、ビーフ巡査部長と相棒の事件記録者タウンゼンドがかもし出すコミック調のユーモアを大いに楽しまれたことだろう。『死体のない事件』(一九三七)や『ロープとリングの事件』(一九四〇)などはユーモア・ミステリと称してもよいほどだ。

キャロラス・ディーン物はビーフ物とはかなり作風が変わって、物語の展開のスタイルは一様となり（大半の作品は関係者へのインタビューの繰り返しと一同を前にしての絵解きからなる）、強固な定式性を特徴としている。だが、ビーフ物よりはおとなし目だけれどもユーモアはなお豊かで、作中におけるその役割はそれまで以上に重要なものとなっている。

かつて江戸川乱歩は、探偵小説の面白さの条件として、出発点における不可思議性、中道におけるサスペンス、結末の意外性の三つを挙げた（『幻影城』所収「探偵小説の定義と類別」）。これに照らしてみると、ディーン物は中盤までの物語の展開は平板で、初めの二つの条件はほとんど無視されている形である。もっぱら結末の意外性で勝負する作風なのだ。不可思議性やサスペンスは、多かれ少なかれ退屈な本格ミステリの前半部分を乗り切り、結末にたどりつくまで何とか読者の興味をつなぐ手段であるわけだが、これらに頼らないとすればどうするのか。一つの答えが、ユーモアである。読者をハラハラドキドキさせる代わりに、笑わせながらページを繰らせるのだ。

したがって、ディーン物にとってユーモアの要素は不可欠といえる。そして、そのユーモアの主要な源泉となっているのが、ディーン・ファミリーとも呼ばれるレギュラー登場陣の言動である。

学校の評判に傷がつくことを恐れて、いつもキャロラスが事件に関わりを持つことに反対している（そのくせ謎解きへの興味を隠し切れない）ゴリンジャー校長。やはりキャロラスの探偵活動には批判的で、「お暇をいただきます」が口癖の家政婦スティック夫人。生意気なことこの上ない悪ガキだが、キャロラスを慕ってむりやり捜査に同行したりする教え子のルパート・プリグリー（この少年がバークリーにも愛されていたことは、先の引用が示すとおり）……彼らとキャロラスとの「おなじみ」感漂うやり取りが毎回読者を楽しませてくれる。

しかし、本書にはゴリンジャー校長を除いてファミリーの面々が姿を見せず、その校長もいつもとは違った役柄での登場である。それがシリーズ物の中の変化球として新味を添えているとともに、今回の校長の役柄が事件と密接な関わりを持っているというあたりは面白いが、ことユーモアの観点からするといささか残念な設定と言わざるを得ない。

キャロラス・ディーンは、粋な服装に身を包み、愛車ベントレー・コンティネンタルを乗り回し、アン女王朝様式の贅沢な住まいで気ままに暮らすといった風の、人もうらやむ境遇のスマートな紳士である。気の利いたジョークは口にできても、彼自身が道化役を演じられるようなタイプではないから（その点で彼は、ビーフ巡査部長やタウンゼンドのような「愛されキャラ」とはなり得ていない）、ファミリー不在の状況では、ユーモアという武器を取り上げられたようなもの。徒手空拳で真っ向から事件の謎に挑まねばならないことになる。

3

★★★『ハイキャッスル屋敷の死』

「ハイキャッスル屋敷を見る前から、事件全体と彼自身の行動は虚飾だらけになることがキャロラスはわかっていた」――第二章冒頭のこの一文が、この先本書で繰り返されることになるテーマを予告している。美しく立派に装われた外観と、卑俗で醜悪なところもあるその真相、という二重構造の欺瞞がさまざまな場面において露呈するのだ。

高名な建築家の手になるハイキャッスル屋敷の広壮な建物は、時代がかった見かけを保つよう修復が繰り返されてきたが、その内部では浴室にラジオのスピーカーが設置されたりしている。貴族の称号をもつ主人は爵位を金で買った成り上がり者で、豪華な食事をはじめ大貴族の暮らしを維持するため莫大な金が費消されるが、その金は大量生産のチープな食品販売で稼ぎ出したものだ。一見幸福な家庭の中で、夫婦の仲は冷え切っている。そして、その家庭の礎であるはずの結婚は、解消されていない過去の過ちの上に重ねられた、法的には無効なものだった。……

これらに照応して、ミステリのプロット構成においても二重構造が見られる。

〇ロード・ペンジと間違われて秘書のラチェットが殺され、犯人の再度の襲撃によって結局ロード・ペンジも殺された

という事件の外観と、

〇自分と間違われたという状況を偽装してロード・ペンジがラチェットを殺し、偽装を見破られたため他殺を装って自殺した

という真相が重ね合わされ、

「ラチェットとロード・ペンジは同一人物の手にかかって殺された」

という言い方がダブル・ミーニングとして成立するという仕掛けがこらされている。このあたりの組み立ての巧妙さはこの作者ならではのもので、それを支える数々の伏線やミスディレクションの技巧も健在である。

本書の謎の構成には、レオ・ブルースの諸作に特徴的なパターンを踏襲しているという意味での典型性と、そのパターンの形成が独特の仕方で行われていることによる特異性の両面がある。

ブルース作品において特徴的な謎の構成パターンというのは、二つ（時により三つのことも）の事件の関係性に謎を仕掛けることである。単体としての事件に関わる時間や場所、動機や機会等の謎を問題とするのではなく、それ自体は謎をはらむことの少ない（ある意味平凡な）A・B二つの事件がどのような連関のもとに発生したのか、その関係性の謎解き――そこに意外であるとともに納得のいく筋書を見出すこと――に創意が傾けられ、作品ごとにそのヴァリエーションが追求されている。この手法を用いれば、トリックなしでもミステリは書けることになり、現にブルース作品においては、初期作を除いていわゆるトリックはあまり目につかない。あるいは、トリックの次元がずらされていると言った方が適切だろうか。

この関係性の意外性というテーマは、『死の扉』や『ミンコット荘に死す』をはじめキャロラス・ディーン物の諸作において顕著に見られるが、ビーフ物でも『ロープとリングの事件』や『Neck and Neck』（1951）はこのタイプに属していた。本書もまた、ロード・ペンジと間違われて襲われたかに見えるラチェットの死と、引き続くロード・ペンジ自身の死がどのような文脈に位置づけられるかという謎を取り扱っている点で、ディーン物の典型的な作品といえる。

一方、この作の特異なところは、その謎の形成にキャロラス・ディーン自身が関わっていることだ。他の事件においては、謎を生み出すのはキャロラス以外の誰か――犯人を中心とする事件関係者であり、外から与えられた謎を解くことだけがキャロラスの仕事だった。創造的な芸術家は犯人の役回りであり、探偵は批評家にすぎない以上、それは当然のことだ。キャロラス自身、探偵という役割の限定性を繰り返し語っている。だが、自身の言葉とは裏腹に、この事件でキャロラスはその固定的役割を踏み外してしまっている。早い段階から犯人＝ロード・ペンジに真相を見抜いていることをほのめかし続けることで、犯人に次の行動を促しているのだ（両者のさりげない会話の裏で展開されていた心理的闘争が本書の読みどころの一つであり、ここにも外観と真相の二重構造が見られる）。当初の犯行計画にロード・ペンジの死が含まれていたはずはないが、キャロラスの介入によりそれが付加されることになった。彼は謎解き以前に、もっぱら犯人が行うべき謎の形成に加担してしまったのだ。

　このことの結果として、本書前半におけるキャロラスの言動も謎の衣をまとっている。既に真相を看破していることを公言しながら、彼はなぜ動こうとしないのか。見えない襲撃者からの保護を求めるロード・ペンジや家族たちを冷たく突き放すような態度を見せるのはなぜか。一家の人々とともに読者も戸惑わざるをえないだろう。そして、謎の側に深入りしてしまった彼の立場は、終局において自らを「ロード・ペンジの死に責任のある人物」と称さざるをえないものとなっている。これはほとんど「犯人」とのダブル・ミーニングであり、ここで探偵は限りなく犯人の立場に近づいているわけである。いや、犯人はあくまでロード・ペンジなのだから、犯人を断罪する者というべきか。本書の原題（A Louse for the Hangman）はベン・ジョンソンの戯曲からの引用だが、Hangman（絞首刑執行人）には、断罪者に姿を変えた探偵のイメージが重ねられているのかもしれない。

　探偵のふるまいが批評家の分を超えるとき、堅固なはずの探偵小説のフォーマットは揺すぶられ、何らか緊張をはらむ。バークリーの『ジャンピング・ジェニイ』（一九三三）において、ロジャー・シェリンガムはある不用意な行動をとったがために、探偵として危険な領分に足を踏み入れてしまった。具体的な状況や行為の性質はそれと異なるが、本書におけるキャロラス・ディーンも、進行中の事件に対する意識的介入により探偵の役割を逸脱するという点で、同様の危険に直面しているといえるだろう。その意味合いや是非については様々な観点からあげつらうことができようが、本格ミステリにおける名探偵の役割を考える上で、本書が一つの素材となりうる興味深い事例を提供していることは間違いない。

　しかし、この作のミステリとしての出来栄えを手放しで賞賛するわけにはいかない。謎の形成の仕方が特異だったせいでもあるまいが、プロットの構成において疑問を感じる部分が散見するのだ。たとえば、

○ロード・ペンジの他殺を偽装した自殺トリックは、なかなか成立が危ういのではないか

○彼が手袋をはめていたことが最後まで伏せられているのはフェアでないし、警察がそれを問題にしていないようなのもおかしい

○ピゴットないしロックヤーに疑いを向ける工作は、ゴリンジャーに告白文を託したことと矛盾するのではないか

といった点が十分説明されていないように思われる。

また、これはブルース作品の通弊ともいえるが、解明の論理の詰めの甘さも気になるところだ。キャロラスは犯人が満たすべき十三の条件を列挙し、これらすべてに当てはまる唯一の人物としてロード・ペンジの名を持ち出すのだが、決定的といえる証拠に欠けるので、この推理はゴリンジャーがいみじくも述べているように、「状況証拠のようなおしゃべりと君の個人的意見」であるとの印象をぬぐえない。

ちなみに、バークリーの書評の中でも「それにしても、ミスター・ブルースはいわゆる「状況証拠」に重きを置き過ぎではないだろうか」（『Our Jubilee Is Death』）という指摘がされていた。

今回の探偵仕事は、キャロラスにとって大きな試練だったといえよう。望みもしない事件の渦中に無理に投げ込まれ、ファミリーという援軍もなく、警察の冷ややかな視線を意識しながら居心地悪く捜査を進め、謎を解いても大きな責任を背負い込むはめになった。その上さらに、うるさい読者（誰のことだ？）からあれこれ批判されるのでは、たまったものではないだろう。だが、真摯に悩み苦しむ経験を重ねるならば、いつかそれが共感と愛情で報いられる時が来るかもしれない。

☆☆☆

扶桑社ミステリー (2016)

ROM 叢書 (2021)

『死者の靴』読後感

初出：「Aunt Aurora」第3号（1990年7月）

二時間ほど前に『死者の靴』（「Aunt Aurora」第二号に訳載）を読み終えた。

その後作品の内容を反芻したり、「ROM」のバックナンバーを引っ繰り返して小林氏によるこの作品のレビューやその他のブルース特集を読み返したり、正月気分とないまぜになって幸福な時間がうつらうつらと過ぎていったが、そうしているうちに思いはやがて「あるミステリ・マニアの軌跡」といったことに移っていった。この思いをどうやって表現したらよいものかと考えながら、今ペンを取ったところである。

まず何よりも、飢えたヒナにエサを与える親鳥のように、自らこの長篇を翻訳し、我々会員に読ませて下さった小林会長に深く感謝したい。ヒナはこのうえない美味を堪能しつつ胃袋を満たしたのである。

小林会長は、第二号に寄せた拙稿（「『ロープとリングの事件』を読む」）に対し、編集後記で「頭が下がる思いがする」と書いて下さったが、筆者としては、小林氏の偉業を目の前にして頭が地面にめり込む思いである。もとより揶揄でも何でもなく、「偉業」という言葉を使わせていただきたい。掛け値なしに、これは偉業である。

思えば、現在この日本にレオ・ブルース・ファン・クラブなるものが存在し、会誌が発行され、何人かの会員が原稿を寄せているという事実自体、ある意味では驚くべきことである。何しろ、三十を超える長篇のうち、邦訳されたのは今回の『死者の靴』を含めてたったの二作という状況なのだから。小林会長なかりせば、今日のレオ・ブルースの盛名（とまではまだゆかぬところがもどかしい）はなかったのである。

わが国で過去にたった一冊翻訳されていた『死の扉』。小林氏以前にも、この作品を読んで面白いと思った読者は少なくなかったろう。しかし、小林氏以外に、さらに進んでこの作家の全貌を探り当てようと試みた者はなかったのだ。小林氏は探求の手をゆるめず、海外の具眼の士と歩調を合わせながら、わが国はもとより英米においても「埋もれた作家」となっていた黄金のレオ・ブルースを掘り出し、読みまくり、すすめまくり、その復活の礎を築いたのである。この間、居並ぶ評論家連中は何をしていたのか。出版社は何をしていたのか（いるのか）。

しかも、掘り出されたレオ・ブルースは、並のタマではないのである。筆者の私見（数作を読んでの印象にすぎないが）によれば、黄金時代の英国探偵作家十指に入れてもよいほどの力量の持主である。小林氏によるレオ・ブルース発掘の経緯を思うとき、筆者は、一人のミステリ・マニアの軌跡として最も幸福な姿をそこに見る。そしてついには長篇翻訳ときた。頭がめり込まずにいられようか。

この原稿の主題は二つあって、一つはこれまで述べたところの小林会長頌なのであるが、これは編集者の朱筆が入らぬうちにこの辺で切り上げることにして、もう一つの主題である作品の読後感に話を進めることにしたい。

さて、『死者の靴』であるが、この作品を読みながら筆者はふとバークリーの『ピカデリーの殺人』を連想した。プロットにもトリックにもこれといって目に立つ類似点があるわけではないので、大方の読者は不審に思われるかもしれないが、当初一見明白で疑問の余地がないと思われていた事件が徐々にその様相を変えていき、結末に至って全く異なった図柄の犯罪であったことが明らかになる、というあたりの大筋の流れが似ているように思われたのである。もっとも、『ピカデリー』というのは単に筆者の読書範囲の狭さと読書量の乏しさがなさしめた連想であって、その程度の類似性を持った作品なら他にもたくさんあるに違いない。

この作品では、作者は珍しく――というのも数作を読んでの印象でしかないが――犯人のトリック一本で勝負している。という意味は、ブルース作品の特徴は作者が直接読者に対して仕掛けるトリック、というか、作全体を包む趣向にあり、作中犯人が用いるトリックにはあまり見るべきものがないという印象を持っていたので、この作品が作者ではなく犯人の大きなトリックによって支えられていることに、ちょっと意外な感じを受けたのである。いつものようにカラメ手からではなく、真正面から堂々と読者に挑戦した正攻法の作品であるといえよう。

★★★『死者の靴』

もっとも、トリック自体は格別目新しいものではないし、それも通俗作品によく使われるような現実性の乏しい性格のものである。すなわち、伯父殺しを計画したランスが架空の人物ラーキンを創造し、ラーキンが殺人を犯したという状況を作っておいて、船上からの投身自殺と見せかけてラーキンを消す、というもので、詰め物や何かを使ってランスが大男ラーキンに変装する一人二役のトリックは、いささか実現可能性が危ういようにも思われる。しかし、この作品の見所はトリックそれ自体ではなく、その非現実的なトリックを見事に作中に生かしきった作者の技巧にある。伏線とミスディレクション――作者十八番の技巧が、この作においても十全に発揮されているのだ。

☆☆☆

一般に小説作品の出来はディテールの良し悪しで決まると言われるが、それとは別の意味において、探偵小説においても細部が重要である。どんなすぐれた探偵小説であっても――というより、むしろすぐれた探偵小説であればあるほど――トリックとかアイディアそれ自体は単純で、それだけ取り出してみれば馬鹿馬鹿しいようなものだ。それを馬鹿馬鹿しいとは感じさせず、逆に「こいつは凄い」と思わせるのは、そのトリックを成立せしめている細部の技巧なのである。

考え抜かれた構成とディテールへの配慮、その精密な仕掛けを読者に気づかせることなく、ゆうゆうと物語を進めていく話術――レオ・ブルースはこれら探偵小説のエッセンスを形作る技巧において傑出した作家であり、その技巧はこの作品にも惜しみなく注ぎ込まれている。たとえば『死者の靴』という題名一つ取ってみてもよい。題名がそれ自体一つの伏線になっているような作品は、そう多くはないはずだ（その数少ない例の一つにカーの『皇帝のかぎ煙草入れ』がある）。

しかし、率直に言えば、筆者はこの作品にすっかり満足しているわけではない。『結末のない事件』や『ロープとリングの事件』クラスの傑作と比べれば、一段落ちる作品のように思われる。小林氏は「ＲＯＭ」誌のレビューでこの作に九十点を与えているが、筆者の印象点は八十点程度である。

その印象は、およそ二つの理由から来るのだろうと思う。一つは、ユーモアにいつものような生彩が見られないことである。筆者はディーン物の作風の特徴はよくつかんでいないのだが、『死の扉』ではもっとユーモアがきいていたように思うし、ビーフ物の諸作に見られる溌剌としたユーモアに比べると、だいぶ見劣りがすると言わざるを得ない。もちろん、この作者のことだから、単調になりがちな尋問場面においても一人一人クセのある喋り方をさせたりして読者サービスにはおさおさ怠りないのだが、それでもイマイチの感はぬぐえない。ユーモアは探偵小説にとって不可欠の要素ではないし、それを評価基準に持ち込むことには異論もあろうが、レオ・ブルースの場合ユーモアがプロットに彩を添えて作品の主要な魅力の一つとなっているので、こんな不満も言いたくなるわけなのだ。

★★★『死者の靴』

印象点が低くなってしまったもう一つの理由は、筆者が途中で事件の大枠＝犯人とトリックの見当がついてしまったことである。「この事件の場合、真相は徐々に、ゆっくりと細部から意味を持ち始めて判明していくのではなく、全貌が突然見渡せるようになるのだろう……事件全体を解く、或る秘密の鍵が存在する、そういった事件の一つなのである」（p.93）という記述が本文に見えるが、筆者の場合、その「突然」が案外早い時期に来て「秘密の鍵」を見つけてしまったのである。

それはキャロラスと指紋係の警官がラーキンの住居の指紋を調べた結果、少なくとも三種類あるはずの指紋がランスとキャロラスの二人分しかなかったという場面（p.119-120）で、もしラーキンが指紋をすべて拭き取っていたのでないならば、推論は必然的にラーキン＝ランスという図式に導かれてしまう。筆者はここでその可能性に思い当たり、振り返ってみるとラーキンの振る舞いにはどうも不自然なところが多かったので、「これはやはり」と大いなる疑惑を抱くに至ったのである。この場面は、大胆という以上に危険な伏線であるように思われる。

☆☆☆

加瀬義雄氏は、「Aunt Aurora」第一号への寄稿「Prosit Leo Bruce !」において、昔『死の扉』を読んだ際に完全にそのトリックとミスディレクションを見破り、むしろそれ故に文句なしの傑作として印象に残っていると述べられているが、筆者の場合、そういう心境にはなりにくい。殺人鬼が血を見ないではいられないように、意表外の結末を見せてくれないことには満足できないのだ。

以上のような理由で筆者の印象点はやや低くなってしまったのだが、主観的な理由ばかりで、客観的な評価において考慮すべき事柄ではないかもしれない。いずれにしろ、先に述べたような精緻な作りは讃嘆に値するし、本格探偵小説として水準以上の出来栄えの作品であることはもとより疑いない。

翻訳は、ごくまれに直訳風の固い文章が見られないではなかったが、全体としてよくこなれた日本語で、安心して読み進むことができた。レオ・ブルースを日本語ですらすら読むことのできるこの幸せ！　いっそのこと小林氏にはプロの翻訳家に転向してブルース作品の翻訳に励んでいただきたい――なんぞと望みたいところだが、それはあんまり虫のいい注文というものであろう。

『怒れる老婦人』読後感

初出：「Aunt Aurora」第7号（1997年8月）

『怒れる老婦人』（「Aunt Aurora」第六号に訳載）と併せて同誌に掲載された小林晋氏の《蒐集日記》――面白い読物であると同時に、筆者にとっては大変刺激的・啓発的なアジテーションでもありました――の（一九九二年）五月二十七日の記事は同書の読了後の感想で、筆者の読後感もほぼそれに重なる内容である。

小林氏の感想は次の五点であった。

「①評判ほどの作品ではない。

②お馴染みのメンバーが活躍しないためか、生彩に欠ける。

③前作『ジャックは絞首台に！』の方が楽しさでは上

④ミステリとしては『ジャック』よりも『老婦人』に軍配が上がるかもしれないが、

⑤このトリックでは既訳の初期作の方が成功している」

①の「評判」とは『A Catalogue of Crime』等での好評をさしているが、「Bruce's wittiest and best-plotted」というバーザン&テイラーの評には、たしかに首をかしげざるを得ない。ブルースにはもっとすぐれた作がいくらもあるのではないか。

②の「お馴染みのメンバー」とはルパート・プリグリーほかクィーンズ・スクールの生徒たちのことだろうが、平板な印象は必ずしも彼らが登場しないせいばかりでもないように思う（バーザン&テイラーはプリグリーの不在を喜んでいるが、もちろんこれには反対）。基本的には、第二の事件の発生まで間がありすぎて、しかもその間は一本調子のインタビューがえんえんと続くという、ストーリーの組み立ての問題ではないか。

③・④は『ジャックは絞首台に！』との比較だが、言われるとおりミステリとしての仕掛け・構成の点では『老婦人』が、ユーモア・ウイットなど「楽しさ」の点では『ジャック』がまさると見てよいだろう（またまたバーザン&テイラーに異を唱えることになるが、『老婦人』が「ユーモアとウイットに富み最上のクリスピンを思わせる」というのにはアゼンとしてしまう。見解の相違もここまで大きくなるといささかどうも――）。

⑤の「既訳の初期作」とは『ミンコット・ハウスの死』をさしていると思われるが、トリックの取扱いはたしかに『老婦人』の方が落ちる。この最後の点をもう少し詳しく見て見ると――

※

★★★『怒れる老婦人』『ミンコット・ハウスの死』

ここで『ミンコット・ハウスの死』が引き合いに出されるのは、「第二の事件の犯人が、既に死亡している第一の事件の被害者だった」という〈意外な犯人〉トリックのパターンが共通しているためだが、同じパターンを用いながら『老婦人』の方が劣ると見られる理由は次の二点である。

第一に、トリックの成立可能性の問題である。ミリセントはグレイジアを亡き者にしようとして、最初の訪問の際に戸棚の中に見たボトルを薬入りのジンのボトルと取り換えるわけだが、そのチャンスと手際の良さがあったにしても、これを成功させるには神だのみ的な危うさがある。その点は作者も十分意識していて、次のような釈明をせざるを得なくなっている。

「ここで彼女（ミリセント）は大ざっぱな見当に頼って、二度目に訪れる際にどの程度の分量がボトルの中に残っているのか決めなければなりませんでした。彼女の勘が正しかったのか、あるいは分量が違っていたとしても幸運にもグレイジアは気づかなかったのです」（p.121）

そりゃまあ、そういうことがないとは言いませんがねえ……。殺人者の幸運と作者の安直さに神のおとがめなきことを。

第二に、このトリックによる「死者の殺人」の、作全体における位置づけの問題である。『ミンコット・ハウス』の場合には、AによるBの殺人とBによるAの殺人がセットになって「美しいシンメトリー」を構成していたのだが、この作ではミリセントの死はグレイジアのあずかり知らぬ所で「事故」によりもたらされる。複数の事件の関係性がどのように提示されるかがブルース作品の読みどころの一つとなっている（「君が捜査する事件では、死亡者名簿に記載されるのは一名に限って欲しいものだ」（p.95）というゴリンジャー校長の願いもむなしく）ことからすると、この作にはそのような関係性は見出せず、その点で成功している『ミンコット・ハウス』より見劣りがするのは当然であろう。

もっとも、作者はこの作において、別の観点から一種の関係性を提示しようとしたらしく思われる。それは、三つの事件が「殺人、自殺、事故」であるという警察の解釈にキャロラスが同意しながら（p.109）、「ただ、その順番通りではなかったというだけですよ」（p.122）と解釈をズラしてみせる点にあったのかもしれない。しかし、この点は必ずしも作者の狙いどおりの効果を上げてはいないようである。

まず、最後のフローラの事件については、「自殺を企てていた際の転落事故」であることはチャンパー警部もキャロラスも意見が一致している（p.109）のだから、これを事故というも自殺というも同じことである。また、ミリセントの事件については、殺人ではなく事故だったということのようだが、階段上でミリセントが顔に浴びたバケツの水は、バケツがひとりでひっくり返ったせいではなくナオミが故意にかけたものだろうから（この点必ずしも判然としないが、p.117のキャロラスの説明からはそう考えられる）、その結果の転落と後頭部を打っての死亡が純然たる事故であるとはいえないだろう。残るグレイジアの事件についても、自殺ないし事故であるという警察の解釈（どちらなのか判然としない。「殺人、自殺、事故」という順番通りとすれば自殺ということになるが）が殺人としてくつがえされることになるが、これは探偵小説作法的には既定のコースといってよく、この解釈の変更が読者にインパクトを与えるとは思えない。

——といった次第であるから、「殺人、自殺、事故」という解釈が百二十度ズレて「事故、殺人、自殺」に変わるという絵柄の転換が作者の狙いだったとすれば、それが十分成功しているとはいえないように思う。

☆☆☆

※

タイトルにもなっているのだから当然だけれども、この作には「怒り」が渦巻いていて、それが一種重苦しい印象を与えてもいるようだ。

老婦人たちの怒りの対象は個々に違うのだろうが、その背景には、フラストレーションに満ちた現代生活、いたずらにテンポが速くなり無秩序が拡大しつつある時代の病理といったものがある。それは作者の意識が投影されたものであることは明らかで、人一倍自由を求める気質の強かったブルースが、神経症的な時代の雰囲気に大いなる苛立ちと反発を感じていただろうことは容易に察することができる（もっとも、この作の発表が一九六〇年という、今からすればまだまだ色々な面で余裕のあった時代であることを考えると、この世紀末に生きる我々の気分はどうしてくれるんだという思いもあるのだが）。

作者の怒りの対象の一つに「警察」がある。このことは前から漠然と気づいてはいたが、この作ではキャロラスの友人であるジョン・ムーアが登場しないせいもあって、警察ないし警察官に対する反感がとくに強く感じられた。村の駐在スラットも、ＣＩＤのチャンパー警部も、キャロラスないし作者にとって侮蔑と反感の対象でしかないように見える。警官嫌いを広言するボビン夫人の舌鋒も鋭い。

　思えば、ビーフ物はそうではなかった。ビーフ自身警察官（出身）であったわけだし、敵役のスチュート警部がコケにされるとはいっても、それはあくまでビーフの引立て役としてからかわれていただけのことであり、からかいというのは基本的に愛情の表現である。それがこんな風に変わってしまったのはいつからなのか。――こういう視点から振り返ってみると、ディーン物への切り換えの時期こそそのターニング・ポイントだったのではないかと気づく。

　ビーフ物からディーン物へという作歴に作者の経歴を重ね合わせてみると、ちょうどビーフ物の最終作『Cold Blood』（一九五二）とディーン物第一作『死の扉』（一九五五）の間に、ある事件が起きているのだ。それは、一九五三年にブルースがいわれなき同性愛嫌疑のために投獄されたという事件であり、そのショックの故かブルースは翌年英国を離れ、その後の十五年間をタンジールで過ごしている。この事件のせいでブルースは警察当局に大いなる不信と憎悪の念を抱き、そのためシリーズ・キャラクターとして警官出身のビーフを捨て、警察ないし権力とは無縁の人物キャロラス・ディーンを起用することにした――というのは、単なる推測に過ぎないが、大いにありうる話のような気がする（そういえば『死の扉』で扱われていた事件は「警官殺し」だった――とまで言うのはヨミ過ぎであろうけれど）。ビーフからディーンへのキャラクター交代を説明する一つの仮説として提示してみたい。

　ところで、怒れる老婦人たちに精神安定剤を処方していたピント医師は「あなただったら何がしてやれます？」と反問する（p.103）。筆者なら――クラシック・ミステリを読むことをすすめたい。クラシック・ミステリというのは、何とも心の落ち着く読物ですからね。

ROM叢書（2023）

天地創造《クリエーション》のうちに開示される秘密
イネス『盗まれたフェルメール』解説

初出：同書（論創社　2018年2月）

1　イネス、自らを語る

マイケル・イネスの作家歴の初期に、ハワード・ヘイクラフト（『娯楽としての殺人』）や江戸川乱歩（『海外探偵小説作家と作品』）による作者紹介のネタ本として用いられたのが、ヘイクラフトとスタンリー・クニッツ共編の『二十世紀著述家事典（Twentieth Century Authors）』である。同書は、ヘイクラフトが編者の一人であることから探偵作家の収録が多く、また作家自身のコメントが多数掲載されているので、乱歩も座右の書として愛用していたようだ。

イネスの項（本名の「ジョン・イネス・マッキントッシュ・スチュアート」で立項されている）にも作家の自己紹介文が掲載されており、これをもとに解説記事が書かれたわけである。すでに創元推理文庫版『アプルビイの事件簿』の戸川安宣氏による解説の中で紹介済だが、同書は現在新刊書店では入手できないようなので、以下に拙訳をお目にかけよう。

「私は、エディンバラのほんの少し外側、ほとんど『ウェイヴァリー』の作者の百年記念碑の影の中で生まれた。私が通ったエディンバラ・アカデミーはスコットが創立者の一人で、ロバート・ルイス・スティーヴンスンも少しの間そこの生徒だった。校長は私に、いつか君も『誘拐されて』や『宝島』を書くのかもしれないな、と言った。いくぶんとがめるような口調であったのを覚えているが、彼は伝奇小説の類いはあまり好きではなかったのだと思う。私はそれらをむさぼり読み、間違いなく心を染められた。だが、子供のころ読んだ本で一番感動したのは、クリスチャン・デ・ウェットの『三年間の戦争』、スウィンバーンの『カリドンのアタランタ』、そしてバーナード・ショーの戯曲と序文だった。今では、ホーマーとダンテとシェイクスピアが世界でもっとも満足できる作家であると承知しているが、それでも少年時代の愛読書ほどの電撃的な感動を与えられることはない。

オックスフォードでの私の指導教官は、偉大なエリザベス朝研究者だった。私は英語で首席を取り、骨休めに一年間ウィーンに外遊した。その後運良くフランシス・マイネルと出会い、彼のためにフロリオ訳モンテーニュのナンサッチ版を編集すると、それが今度はリーズ大学の講師の職をもたらした。私を任命した教授たちからは、申し分のない下宿を二軒推薦された。一方にはすでに若い女性の下宿人がいて、他方にはいなかった。私は自然な選択をして、一年後、その女性と結婚した。妻は医師で、小さな息子が三人いるが、時間をこしらえては乳幼児福祉の仕事に従事している。

リーズには五年いたが、ナンサッチ版の本を売りつくして家賃の支払いのことを案じていた時、アデレイド大学の英語教授に招聘された。最初のミステリ小説を書いたのは、赴任の途上である。年に九か月、朝六時から八時まで執筆するが、南オーストラリアの気候はこの種の著作に適している。それで、同じような小説をたくさん書いた。いくつかの作品は、探偵小説とファンタジーの境界線上にあると言ってみたい。いくらか「文学的」な趣きもあるが、その価値はメロドラマのそれであって、小説本来のものではない。時々、陽のあたる浜辺に寝ころんで、いつか他のものを書くことはないのだろうかと考えている。」

以上がその全文である。冒頭の「『ウェイヴァリー』の作者」とは、十九世紀初期のスコットランドの文豪ウォルター・スコットのこと。歴史小説『ウェイヴァリー』が好評を博したのでその後次々と歴史物を発表し、それらは「ウェイヴァリー小説群」と呼ばれた。

『二十世紀著述家事典』の初版は一九四二年に刊行されているから、右は第八作『The Daffodil Affair』を書いた頃までの小伝ということになる。分量的には片々たる小文にすぎないが、それだけに著者イネスが重要と感じていたことが凝縮されているとも見られよう。筆者が思うに、ここにはイネス作品を理解するためのキーワードが少なくとも二つ書き込まれている。「スティーヴンスン」と「ファンタジー」がそれだ。節を改めて、これらに注釈を加えておこう。

2　スティーヴンスンの影のもとに

エディンバラ・アカデミーの校長が、少年時のイネスにスティーヴンスンの再来を予見した（期待を込めて、というわけではなかったようだが）エピソードはまことに興味深い。実際、マイケル・イネスの小説にはスティーヴンスンの影響が色濃く感じられるからである。

ノン・シリーズの冒険スリラーはもとより、アプルビイ物にもしばしば冒険的要素が加味されているが、そこには『誘拐されて』や『宝島』をむさぼり読んで心を染められた作者の嗜好があからさまに反映されているだろう（この分野ではスティーヴンスンと並んで、やはり同郷の作家であるジョン・バカン——『三十九階段』、『緑のマント』等の作者——の影響も大きいようだ）。イネスは自作の中でもスリラー系統の作品を重視していたフシがあり、自伝的エッセイ『Myself and Michael Innes』においては、本格ミステリよりも『The Secret Vanguard』、『The Journeying Boy』、『海から来た男』等について多くを語っている。『The Journeying Boy』は江戸川乱歩が「イギリス風お伽噺」という言葉でその味を称揚したので、わが国でも『旅する子』というタイトルだけは有名だが、作者の自己評価ではこれがマイケル・イネスの最上作ということになる。

『Myself and Michael Innes』にはまた、『ある詩人への挽歌』とスティーヴンスンの伝奇小説の代表作『バラントレーの若殿』とのつながりを認めるくだりがある。背景や人物の設定にもプロットにも似たところはないが、二人の人物の間の確執が物語の核をなし、スコットランドを中心に海を越えて舞台が移り変わる筋立てが共通している。『ある詩人への挽歌』を包んでいる伝奇的雰囲気がどこに由来するものであるかが了解されよう。

本書に先立ってこの叢書から出た『ソニア・ウェイワードの帰還』は、犯罪ファルスの傑作として好評を得ているが、この系統の作品もスティーヴンスンに源流を訪ねることができそうだ。義理の息子ロイド・オズボーンとの共著で『箱ちがい』という作品がある。こんな話組合加入者のうち、最後に生き残った一人が莫大な金額を受け取るしくみのトンチン年金。今や生存者はマスターマンとジョゼフのフィンズベリー老兄弟のみとなり、彼らの親族は、どちらが先に亡くなるのか気が気でない。そんな折、ジョゼフと甥たちは大規模な鉄道事故にあい、別人の死体を伯父と誤認した甥たちは、死亡を隠すために死体を樽詰めにしてロンドンの自宅に送った。ところが、イタズラ者が輸送中の荷物の荷札を付け替えてしまい、樽は赤の他人のもとへ運ばれる。かくして、不意に出現した死体の扱いをめぐっててんやわんやの大騒動が始まるという、爆笑ものの「喜劇的探偵小説」である。

トラブルを背負わされた人々の困惑と、トンチンカンな対処法が何ともおかしいのだが、『ソニア・ウェイワードの帰還』の主人公の言動に感じられるおかしさも、まさにそれだろう。スティーヴンスンが大好きで、（その諸作から明らかなように）ユーモア感覚にもすぐれたイネスが、スティーヴンスンが遺した唯一のユーモア小説『箱ちがい』を愛読していたのは間違いないと思われるが、それには別の証拠もある。

「マイケル・イネス」という筆名と、「ジョン・アプルビイ」というレギュラー探偵の名前が、この小説に起源を持っていると考えられるのだ（イネスの筆名については、本名のミドル・ネーム「イネス・マッキントッシュ」をアレンジしたものという説（森英俊『世界ミステリ作家事典［本格派篇］』、他）があるが、筆者はここで新説を提示してみたい）。

『箱ちがい』の登場人物に、マスターマンの息子のマイケル・フィンズベリーという男がいる。凄腕の弁護士で、最後に混乱を収拾する重要な役をつとめる人物である。彼がある必要から偽名を使う場面があるのだが、その時用いられる名前が「アプルビイ」なのだ。つまり、「マイケル・アプルビイ」。これにイネスの本名の前半分「ジョン・イネス」をかけ合わせると、

「Michael Appleby」×「John Innes」
→「Michael Innes」＋「John Appleby」

という具合に、おなじみの名前が二つ出来上がる。これが偶然だとしたら、――ここにイネスの意思が働いていないのだとしたら、まさに「小説より奇なり」というべきではなかろうか。

ブルース・モンゴメリーの筆名「エドマンド・クリスピン」と紙上探偵の名「ジャーヴァス・フェン」は、イネス『ハムレット復讐せよ』の登場人物の一人「ジャー

ヴァス・クリスピン」に基づいているというのが定説だが、イネス自身が先行して同様のことをしていたわけだ。というより、私淑するファルス派の先輩作家の遊び心に気づいていたモンゴメリーが、そのひそみに倣ったのではなかったろうか。

3　ファンタジーの奥にいます神

「探偵小説とファンタジーの境界線上にある」作品というのは、邦訳のあるものでいえば『ストップ・プレス』、『アララテのアプルビイ』、『アプルビイズ・エンド』といった、ある意味最もイネスらしさの横溢した諸作をさしているものと思われる。

『ストップ・プレス』の場合、小説中のヒーローが本の中から抜け出してきたかのような出来事が頻発し、しまいには作家の頭の中にしかないはずのプロットとそっくりの事件が起きる。いかにもファンタスティックな展開だが、それがすなわちファンタジーなのではあるまい。それら不可思議な現象は（探偵小説でもある以上）まやかしであり見せかけであって、何らかの意図を有する人物の企みによるものであることは明らかだからだ。やはり人為的な演出にすぎないディクスン・カーの「オカルティズム」がファンタジーとは呼ばれないのと同じことだ。それでは、『ストップ・プレス』のどこがファンタジーなのであろうか。

イネスの言うファンタジーを理解するために恰好の参考書と思われるのが、Ｅ・Ｍ・フォースターの『小説の諸相』である。この本は、『ハワーズ・エンド』や『インドへの道』の作者が一九二七年にケンブリッジ大学で行った連続講義の記録で、小説の主要な要素七つ――ストーリー、登場人物、プロット、幻想（ファンタジー）、予言、パターン及びリズムを分析しながら「小説とは何か」という問題を考察している。ここで同書を参照するのは、これが二十世紀の小説論の古典であるばかりでなく、議論の材料として取り上げられている作例に、ロレンス・スターンの『トリストラム・シャンディ』や、マックス・ビアボームの『ズリイカ・ドブソン』やら、イネス好みの（はずの）小説が目につくからだ。

フォースターによれば――幻想的小説の技法には、「日常生活のなかに神や幽霊や天使や猿や怪物や小人や魔法使いなどを登場させる」、その逆に、「ふつうの人間を無人島や未来や過去や地球の内部や四次元の世界などへ送りこむ」、など種々のものがある。そこでは「日常的な現実がいろいろなかたちに歪められ、世界がいたずらっぽくあるいは深刻そうに揺さぶられ、意外なあるいはあまり見たくもないようなものに照明が当てられ」たりするが、必ずしも超自然そのものが描かれる必要はない。ファンタジーの要素を持つ最大の小説である『トリストラム・シャンディ』では、超自然的なことは何も起きない。しかし、そこで起きる無数の出来事は、超自然からそれほど隔たってはいない。この長大な小説においては、「登場人物が何かをすればするほど何もかもがだめになり、言うことがなければないほど彼らは多弁になり、……そしてさまざまな出来事は、品行方正なふつうの小説のように筋の発展には寄与せず、みんな勝手にくつろいで小説の進行を邪魔するという困った傾向にある。全体がすっぽりと魔法にかかったような感じの小説であり、その背後には明らかに「混乱」という名の神が隠れている。

『ストップ・プレス』にも結局のところ超自然は不在だが、これは全体がすっぽりとファルスの気分に包まれたような感じの小説であり、その背後には明らかに「冗談」という名の神が隠れている。この神は、個々のプラクティカル・ジョークのからくりが暴露された後にも消え失せたりはしない。終始一貫、物語の奥に鎮座ましまして、この特異な世界を統べておられる。この神の存在こそ、『ストップ・プレス』がファンタジーでもあるゆえんなのだ。

イネスの作品世界においては「冗談」の神が威勢を張っているようだが、その親類縁者と思われる神々——「諧謔」とか「ドタバタ」とか「荒唐無稽」とか——も出没する。たとえば『ソニア・ウェイワードの帰還』には、「思慮深き無分別」という神がおわすようだ。

ちなみに、「思慮深き無分別に勝るものなし」(Nothing like a judicious levity)というのは、『箱ちがい』のマイケル・フィンズベリー（またの名をアプルビイ）氏のモットーだった。

4　既訳長篇ガイド

二〇〇〇年代後半に邦訳刊行が六冊続き、このまま軌道に乗るかと思われたイネス紹介だが、二〇〇八年の『霧と雪』を最後に途絶えてしまっていた。十年近いブランクの間に多少読者層の交代もあったかと思うので、この機会に『ソニア・ウェイワードの帰還』を除く既訳長篇をまとめて紹介しておこう。『学長の死』から『アリントン邸の怪事件』までの九作はアプルビイ物、最後の『海から来た男』のみノン・シリーズのスリラーである。

『**学長の死**』（一九三六）

被害者は、オックスフォード大学のセントアントニー学寮長。額を撃ち抜かれたその死体は、頭をガウンで包まれ、周囲には標本の人骨がばらまかれているという謎めいた状況で発見された。諸事情から、容疑者は門の鍵を所持している大学の評議員の教授など特定の範囲——ほぼ七人——に限定された（米題は Seven Suspects）。八年前に卒業した母校にヤードから派遣された若きアプルビイは、地元警察と協力して捜査を進めるが、一癖も二癖もある関係者たちの証言から浮かんでくるのは、錯雑をきわめた事件の様相だった……。

実際、時間と場所と人物の関係は錯綜しており、一読しただけでは十分理解できないほどの複雑さである。アプルビイも純粋な推理だけでは真相を把握しきれず、目撃証言に大幅に頼らざるを得ない。プロットの中心となるアイディア——その喜劇的パターン——は大変ユニークで魅力的なものだが、いかんせん細部があまりにゴタゴタしすぎている（翻訳の問題もあるかもしれない）。容疑者の範囲をさらにしぼり（四人が適当）、余計な枝葉を刈り込んで整理すれば、狙いどおりのウイットと皮肉のきいた物語になったのではないかと惜しまれる。

『**ハムレット復讐せよ**』（一九三七）

英国有数の大貴族ホートン公爵の居館スカムナム・コートで『ハムレット』の素人芝居を上演中、その筋書に合わせるかのように、垂幕の陰でポローニアス役の大法官が射殺された。事件の前には何度か、関係者に謎めいたメッセージが届けられていた。大法官が所持していた国家機密文書が狙われたのだとすれば、重大な結果を招来しかねない。首相直々の命により現場に急行したアプルビイは、多くの容疑者を前に捜査を開始するが、やがて第二の死体が発見される……。

登場人物の多さには（容疑者だけで二十七人）少々たじろぐが、各人物が手際よく書き分けられているので、特に混乱なく読み進むことができる。物語は、舞台、筋書、テーマ等さまざまな面で『ハムレット』と深く関わっており、英文学愛好家にはこたえられない美味をたたえた作品だろう。小説的興趣のほか、ミステリとしての骨格や細部の技巧もよく練られており、じっくり味わうに足る完成度を示している。『学長の死』でアプルビイと知り合った英文学者兼探偵作家のジャイルズ・ゴットが再登場して、なかなかの名探偵ぶりを見せてくれるのも楽しい。一つ残念なのは、犯人の口から犯行の真の動機を聞けなかったことだ。

『ある詩人への挽歌』（一九三八）

クリスマス・イヴの深夜、雪に閉ざされたスコットランドの古城の高塔から、城主ラナルド・ガスリーが墜落して死んだ。学者で詩人のラナルドは、近在の村では変人として有名で、その吝嗇ぶりは狂気じみていた。被後見人の美少女クリスティンは、古くからガスリー家と敵対してきたリンゼイ家の若者ニールに求婚されていたが、ラナルドは強硬に反対していた。彼の墜死の直後、塔を立ち去るニール・リンゼイの姿が目撃されていた……。

目撃者は、雪道に迷い助けを求めて城に滞在していたノエル・ギルビー――『ハムレット復讐せよ』の主要登場人物の一人だった青年である。アプルビイは、駆け落ち途中のニールとクリスティンを保護して城に連れ帰る役回りで登場する。事件の顛末は、ウィルキー・コリンズ『月長石』の話法にならって、ギルビーとアプルビイを含む五人の人物の手記や手紙のリレーの形で語られる。後半、話者が交代するごとに事件の「真相」が改められてゆくが、いわゆる多重解決とも違って、欠けていたパズルのピースがはめ込まれるごとに絵柄が全体像に近づいていくような趣きだ。冬のスコットランドの荒涼たる風景の中、ネズミが走り回る中世の城を出入りする個性豊かな登場人物たち。真犯人のねじくれた悪意とたくらみに満ちた犯罪。繰り返し引用されるウィリアム・ダンバーの詩「詩人たちへの挽歌」。物語的情趣あふれる重厚な伝奇探偵小説の逸品である。

『ストップ・プレス』（一九三九）

冒険ミステリの人気シリーズ〈スパイダー〉が誕生して二十年、作者エリオットの屋敷ラスト・ホールでは関係者を集めて記念パーティが催されていた。周辺ではしばらく前から〈スパイダー〉に関連づけた悪ふざけが頻発していたが、パーティが始まるやジョーカーの動きはさらに活発になり、作者の頭の中にしかない筈の未刊行作品のアイディアまでもが取り入れられていた。〈透視力〉を備えているかのごときジョーカーの正体は何者か。そしてその目的は？　事件はさらにエスカレートし、アプルビイは「殺人の準備は整った」と宣言する……。

ファルス派と呼ばれるイネスの持ち味全開のユニークな――という以上に、他に類例のない破天荒な作品である。邦訳五百二十頁に及ぶ長大な小説だが、大方の読者は、右往左往する登場人物たちと同様、五百頁を過ぎても作中で起こっていることの意味を把握できないだろう。脈絡のない無秩序な物語と見えたもの（ストーリー）の中から、アプルビイの絵解きによって一貫した筋書（プロット）が浮上するのは、ようやく最後の十数頁においてなのだ。しかもその真相の、絶句するほかない味わいときたら……。物語の核にあるのは少年の空想めいたものであり、それが全体を壮大な冗談小説のように見せている。読者を選ぶ作品であることは間違いない。

『霧と雪』（一九四〇）

かつて修道院であったベルライヴ屋敷は、今では工場や幹線道路に取り囲まれ、当主バジル・ローパーは地所を手放す算段をしていた。クリスマスに集まった親族たちは芸術家気質の変り者揃いだが、バジルの意向に反対の者もいた。ディナーに招かれていたアプルビイが玄関口に立った時、ホールにメイドの悲鳴が響きわたった。バジルの書斎で、甥のウィルフレッドが胸を撃たれているのが発見されたのだ。致命傷には至らなかったが、至近距離から発砲したはずの犯人はなぜ的を外したのだろうか？

物語はバジルの従兄弟である小説家の一人称によって語られ、そこにある企みが仕掛けられているほか、終盤、一堂に会した者たちの間で互いの告発合戦が始まるという多重解決的な趣向も用意されており、濃厚な本格ミステリの味わいを楽しめる。事件の真相はきわめて物理的であると同時に、きわめて文学的なものである。アプルビイが有能な捜査官というにとどまらない一面——強引で行儀の悪いところもある人物像を示してくれるのも興味深い。訳書にはつきものの登場人物表がないが、家系図を書きながら読み進めることをお勧めしたい。

『アララテのアプルビイ』（一九四一）

舞台は、第二次世界大戦下の南太平洋。オーストラリアにＣＩＤの補助機関を立ち上げる手伝いに派遣されたアプルビイが航海中、乗客の一人が鯨と見間違えた敵潜水艦の魚雷攻撃を受けてあえなく船は沈没。サン・デッキの喫茶室にいた彼ら六人は、ひっくり返ったデッキに乗ってどんぶらこと漂流を始め、とある島——ノアの方舟が上陸したアララテ山になぞらえられる——にたどり着く。無人島らしく見えたその島でサバイバル生活を始めた矢先、一行のうちの黒人の人類学者が何者かに殺害された……。

冒頭の謎は何やらクローズド・サークル物を思わせ、南海の孤島で〈雪の山荘〉テーマというのもイネスらしい、などと分かったつもりになるが、それはとんだ早合点。オフビートの見本のような小説で、この先のストーリーはまるで予想外の展開を見せ、大方の読者はアゼンとした面持ちで頁を繰ることになるだろう。そのとき口元に笑みを浮かべているか、渋面をこしらえているかは読者しだいだが、最後まで読み終えてみれば、ハチャメチャに見えてそれなりに首尾一貫した物語ではあるのだ(冒頭の設定にも必然性がある)。冒険小説とミステリと冗談小説のカクテルのような作品で、読者にとってはイネス受容の試金石の一つ。

『証拠は語る』(一九四三)

地方大学の中庭で、隕石に押しつぶされた教授の死体が発見された。石は傍らに立つ塔の上階の窓から落下したものと見られた。なぜまた凶器に隕石のようなものが使われたのか? 地元警察の警部補とともに事件を担当することになったアプルビイは、かつての恩師を含めた奇人変人ぞろいの大学関係者たちから話を聴きながら捜査を進めていく。一見関連性のないさまざまな手がかりからアプルビイが探り当てた真相とは?

隕石が登場する意味を含め、真相をなすプロットはなかなか面白いが、その前に繰り広げられる偽の解決(多重解決的な趣きもある)や、捜査の過程で関係者たちが語る奇説怪説もそれぞれに楽しめる。例によって文学的引喩も豊富で、ディケンズの『ピクウィック・クラブ』のあるエピソードが事件の核心的部分のヒントになっていたり、マックス・ビアボームの『ズリイカ・ドブソン』が脇筋の一つに関連していたりという具合だ。『アララテ』事件で異常な経験をしてきたせいか、アプルビイは初期作と比べ性格が軟化してきたようで、捜査もけっこう行き当たりばったり、冗談交じりに行っている気配。生真面目なホブハウス警部補から「まったく、いい加減にしてくださいよ!」とたしなめられているくらいなのだ。一応本格ミステリではあるが、謎解きにばかり注意を向けず、物語のままにその場面場面を楽しんでいけばよい作品だろう。

『アプルビイズ・エンド』(一九四五)

地方警察の要請で汽車旅行中のアプルビイは、車中で知り合った百科事典編纂家エヴァラード・レイヴンから自邸ドリーム荘への招待を受けた。レイヴン家の一行とともに降り立った駅の名は「アプルビイズ・エンド」。アプルビイは彫刻家のジュディスと一緒に迎えの馬車に乗せられるが、馬車は途中で川にはまって漂流を始める。何とか岸に上がり、雪の道を屋敷に向かった二人は、御者をしていた召使のヘイホーの首まで雪に埋まった死体を発見することになった。――この事件の前から、周辺では奇妙な事件が多発していた。自分の墓石を送りつけられたり、牛や豚や犬が大理石の像に変えられていたり。一連の事件はみな、エヴァラードたちの父親で流行作家だったラナルフ・レイヴンの小説を再現したものであるかのような外観を呈していた……。

この奇妙な事件の渦中にあって、アプルビイはこんな感想を抱く――「もちろん、何もかもが支離滅裂だ。それでもなお、審美的観点から眺めれば、このでたらめきわまりない事件もそれなりに面白みがあった」。筆者の感想もまったくこのとおりである。ユーモアとファンタジー、奇想と冗談でつむがれた典型的イネス小説で、『ストップ・プレス』や『アララテのアプルビイ』の系譜にあるが、それらよりもまとまりがよい。妻となるジュディスとのなれそめを描いている点で、アプルビイ年代記においても重要な作品。

『アリントン邸の怪事件』（一九六八）

シリーズの中期以降で唯一訳されている本書は、『アプルビイズ・エンド』から二十三年後の作。この間にアプルビイは警視総監の地位にまでのぼりつめていたが、本書では既に引退しており、妻ジュディスが相続したドリーム荘で悠々自適の暮らしをしている。近在の豪邸アリントン・パークに招かれ、当主オーウェンに前夜まで行われていた催しのための夜間照明設備を案内されていたアプルビイは、感電死した男の死体を発見する。さらに翌日には、庭園内の広壮な池に車ごと突っ込んでいた当主の甥の死体も見つかった。偶然に続いた事故だろうか、あるいは事件性があるのか。隠された財宝の伝説もあるアリントン・パークにひそむ秘密とは？

二件の死が続いた後でさらにもう一人の死体が現れるが、もちろんそれらは単なる事故であるはずはなく、ある人物の邪悪な意図がもたらした結果なのである。大がかりで特殊な舞台装置、それを十分に活用した犯行方法（トリック）、それらをデザインした犯人像の三つがうまくマッチしている。終盤近くまでは地味で穏やかな展開の物語だが、犯人とアプルビイが対決するラストで一気に盛り上がりを見せ、見事に本格ミステリとして収束する。

『海から来た男』（一九五五）

ケンブリッジを卒業したばかりのリチャード・クランストンがスコットランドの浜辺で人妻と逢引していると、海から泳いできた男がある。その後をモーターボートの一団が追ってきたが、リチャードは機転を利かせて男を急場から救ってやった。男は数年前ソ連に亡命していた有名な原子物理学者ジョン・デイで、核兵器の開発中に放射能で死病を得たので、残してきた妻子に会うため逃亡してきたのだという。追手が次々と迫る中、リチャードは砂で目が見えなくなってしまったデイを助けてロンドンに向かう……。

いわゆる巻き込まれ型のスパイ・スリラーだが、この作者のことだから並みのスパイ小説とはひと味ちがう。戦車まで出現する中盤の展開は意表をつき、冗談とシリアスのあわいを駆け抜けるような印象がある。かといって荒唐無稽なところはなく、登場人物たちは常に理詰めでものを考えている。どちらを向いても裏切りばかりの物語で、「私の紳士としての名誉にかけて誓う」などという立派な言葉も、彼がもともと紳士でなければ意味をなさないのだ。よくできたエンタテインメントとして楽しめばよい小説だが、信頼と背信、節度と暴走といったテーマは重く、あと味には少々苦みも混じる。『ハムレット復讐せよ』の舞台スカムナム・コートとその主ホートン公爵への言及もあり、作品世界はアプルビイ物と地続きであることを証拠立てている。

5　本書について

本書『盗まれたフェルメール』は、アプルビイ物の長篇第十三作『A Private View』(1952)の翻訳である。原題は、物語の発端をなす〈ダヴィンチ〉画廊での内覧会――若くして亡くなった画家ギャビン・リンバートの遺作の追悼展示会のことだが、彼の恋人メアリー・アロウによるアトリエの「秘密の覗き見」の意味もかけられている。アメリカでは『One Man Show』の別題で出版されたが、これもリンバートの個展を指しているとともに、アプルビイの単独捜査の意味をも含んでいる。

『Twentieth Century Crime and Mystery Writers』でイネスの項を担当したミシェル・スラングは、その作風を次の四つのタイプに分けて説明している。

①「追跡と逃走」がテーマのもの――『The Secret Vanguard』、『Operation Pax』、『From London Far』、『The Journeying Boy』、『海から来た男』など
②美術の世界を風刺的に扱ったもの――本書、『A Family Affair』など
③大学を舞台としたもの――『証拠は語る』など

④純粋なファルス――『アプルビイズ・エンド』、『ストップ・プレス』など

イネスの〈美術ミステリ〉には、既訳の短篇「ヘリテージ卿の肖像画」や「四季（魔法の絵）」なども含めてよかろうが、このタイプの長篇としては本書が初紹介ということになる。もっとも、アプルビイの美術好きは、アートが主題とはなっていない作品からもうかがうことができた。

『ハムレット復讐せよ』では、国家機密にも関わる重大事件として首相から直々に命を受け、極度の緊張のうちに捜査にあたっていたはずのアプルビイが、ホートン公爵邸のある部屋に飾られていたゴーギャンの絵に心を奪われるさまが次のように描かれている。

そういったアプルビイは、なおも戸口から立ち去ろうとせず、むこうの壁をじっと見つめていた。ほんの束の間ではあるが、この刑事人生の一大事に名画を鑑賞しているのだ。ゴットはいささか呆気にとられたが、それがため妙に気持ちが軽くなるのを感じた。

『ストップ・プレス』においても、エル・グレコの大作を前にして感動をかみしめる彼の姿が見られたし、中篇「死者の靴」では、ルーベンスの風景画についての専門的知識を披露している。短篇「アプルビイ警部最初の事件」で回想されるのは、美術館通いをしていた十四歳のアプルビイ少年の初手柄。イネス自身、少年時にはスコットランドのナショナル・ギャラリーをよく訪れていたというから、紙上探偵の美術愛好は作者の趣味の反映であったようだ。

アプルビイ夫妻も出席していた内覧会からの絵画の盗難で幕を開け、売れない画家やモデル、個性的な画商や美術評論家が登場し、フェルメール作（という設定）の絵が重要な役割を演じる本書が美術物に分類されるのには十分な理由があるわけだが、本書はまた「追跡と逃走」の物語でもある。問題の絵を持って逃げのびようとする一味をアプルビイが追い、それを別の犯罪者集団が追いかけ、その後をさらに警察が組織をあげて追跡するという大捕物が繰り広げられるのだ。その味わいは、本格ミステリというよりは、『海から来た男』などの冒険スリラーに通じるものがある。

本書におけるアプルビイは、警察官として既に二十年以上の勤務経験があるというから、年齢は四十代半ばというところだろう。警視監（アシスタント・コミッショ

ナー）に昇進し、久しく現場を離れている。敵のアジトに単身乗り込んでワンマンショーを演じるような向こう見ずな行動をとったのは、自分の目と鼻の先から絵画を盗み出した不敵な犯行にいたくプライドを傷つけられたことが直接の原因だが、毎日の単調なデスクワークに飽きあきしていたせいもあったろう。そこにはまた、しばしば危険を伴うことが警察官の自尊心を支えているという自覚があった。

　画廊での一件の後、夕方ヤードに戻ったアプルビイは、キャドーヴァー警部補からその日あったことの報告を受けるが、その内容は、

○ウォーターバス研究所の警備スタッフからの、外国訛りのある少年たちが忍び込んで写真を撮っていたという訴え
○ホートン公爵が来て「誰かに水槽と金魚と銀魚を盗まれた」と警視監に伝言
○レディ・クランカロンから、最近のわが国の演劇が不道徳で世俗的であるとの苦情

そして、

○どこかのギャラリーで――錚々たる招待客の目の前で――絵画が盗まれた一件

という雑多なもので、それらの間に関係のありようはずはなかった。しかし、そこに不思議な脈絡をつけてみせるのが小説の奇なるところ。各エピソードはやがて所を得て全体として一つのプロットを形づくる。捕物のカーチェイスの後には、その謎解きが控えているのだ。

　意外な真相を見通していたかのように、アプルビイは事件の早い段階でキャドーヴァーが無意識のうちに核心をつくセリフを発していたことを指摘する――「表面的な見方をひと皮むけば、まったくちがうものが隠れているのかもしれない」。

　ちがうものとは何か。それはどのように隠されているのか。注意力と想像力を全開にして、覆い隠された宝と露出する秘密にまつわる物語をお楽しみいただきたい。

※引用テキスト――フォースター『小説の諸相』（中野康司訳、みすず書房）／スティーヴンスン&オズボーン『箱ちがい』（千葉康樹訳、国書刊行会）／イネス『アプルビイズ・エンド』（鬼頭玲子訳、論創社）／同『ハムレット復讐せよ』（滝口達也訳、国書刊行会）

マイケル・イネス長篇リスト

アプルビイ物

1　Death at the President's Lodging〔米題 Seven Suspects〕(1936)
『学長の死』（木々高太郎訳、東京創元社）

2 Hamlet, Revenge!（1937）
『ハムレット復讐せよ』（滝口達也訳、国書刊行会）他
3 Lament for a Maker（1938）
『ある詩人への挽歌』（桐藤ゆき子訳、現代教養文庫／高沢治訳、創元推理文庫）
4 Stop Press〔米題 The Spider Strikes〕（1939）
『ストップ・プレス』（富塚由美訳、国書刊行会）
5 There Came Both Mist and Snow〔米題 A Comedy of Terrors〕（1940）
『霧と雪』（白須清美訳、原書房）
6 The Secret Vanguard（1940）
7 Appleby on Ararat（1941）
『アララテのアプルビイ』（今本渉訳、河出書房新社）
8 The Daffodil Affair（1942）
『陰謀の島』（福森典子訳、論創社）
9 The Weight of the Evidence（1943）
『証拠は語る』（今井直子訳、長崎出版）
10 Appleby's End（1945）
『アプルビイズ・エンド』（鬼頭玲子訳、論創社）
11 A Night of Errors（1947）
12 Operation Pax〔米題 The Paper Thunderbolt〕（1951）
13 A Private View〔米題 One-Man Show／米改題 Murder Is an Art〕（1952）
『盗まれたフェルメール』（福森典子訳、論創社）
14 Appleby Plays Chicken〔米題 Death on a Quiet Day〕（1957）
15 The Long Farewell（1958）
16 Hare Sitting Up（1959）
17 Silence Observed（1961）
18 A Connoisseur's Case〔米題 The Crabtree Affair〕（1962）
19 The Bloody Wood（1966）
20 Appleby at Allington〔米題 Death by Water〕（1968）
『アリントン邸の怪事件』（井伊順彦訳、長崎出版／論創社）
21 A Family Affair〔米題 Picture of Guilt〕（1969）
22 Death at the Chase（1970）
23 An Awkward Lie（1971）
24 The Open House（1972）
25 Appleby's Answer（1973）
26 Appleby's Other Story（1974）
27 The Gay Phoenix（1976）
28 The Ampersand Papers（1978）
29 Sheiks and Adders（1982）
30 Appleby and Honeybath（1983）
31 Carson's Conspiracy（1984）
32 Appleby and the Ospreys（1986）

その他

33 From London Far〔米題 The Unsuspected Chasm〕（1946）
34 What Happened at Hazelwood（1946）
35 The Journeying Boy〔米題 The Case of the Journeying Boy〕（1949）
36 Christmas at Candleshoe〔改題 Candleshoe〕（1953）
37 The Man from the Sea〔米改題 Death by Moonlight〕（1955）
『海から来た男』（吉田健一訳、筑摩書房）
38 Old Hall, New Hall〔米題 A Question of Queens〕（1956）
39 The New Sonia Wayward〔米題 The Case of Sonia Wayward〕（1960）
『ソニア・ウェイワードの帰還』（福森典子訳、論創社）
40 Money from Holme（1964）
41 A Change of Heir（1966）
42 The Mysterious Commission（1974）
43 Honeybath's Haven（1977）
44 Going It Alone（1980）
45 Lord Mullion's Secret（1981）

エドマンド・クリスピンの『お楽しみの埋葬』

レディに薦める殺人物語☆その第二冊

初出：「謎謎通信」第118号（1986年4月）

ミステリ・グルメのための極上メニュー、エドマンド・クリスピンをご紹介しましょう。

クリスピンは、わが掌中の珠。僕のとっておきのお気に入り作家なので、この連載の切り札としてしばらく暖めておこうと思っていたのですが、先日買いもらしのミステリ文庫をあさって書店を回っているうちに、彼の本が店頭から消えていることに気がつきました。HM文庫の目録にはまだ載っているのですが、なにやら胸騒ぎを感じたので、予定を早めて今回取り上げることにした次第です。

エドマンド・クリスピン——この軽やかな響きの名前の作家をはじめて知ったのは、都筑道夫氏のミステリ評論集『死体を無事に消すまで』を読んでいて、次の文章に接したときのことでした。

「本格推理小説でいえば目下の私には「E・A・ポオのイマジネーション、エラリイ・クイーンのロジック、エドマンド・クリスピンのウイット、それに売ろうとするならば、アガサ・クリスティーのメロドラマを併せもったもの」が理想の小説ということになる。」

もう十年も前、僕はまだ前途ヨウヨウたる学生で、チェスタトンやカーの作品に夢中でした（前途はヨイヨイになってしまいましたが、後者に関しては今でも大して変わりありません)。その頃はツヅキ理論の信奉者で、長篇評論『黄色い部屋はいかに改装されたか?』のモダーン・ディテクティヴ・ストーリー論にいたく感心したりしていましたから、その都筑氏が理想の本格推理小説の一要素として――しかもポオ、クイーン、クリスティーといったビッグ・ネームと並べてあげているクリスピンの名は、僕の灰色の脳細胞に非常に印象深く刻み込まれたのでした。

すぐにも読みたくてたまらなかったのですが、本が手に入りません。クリスピンの作品は、九作の長篇のうち『金蠅』、『消えた玩具屋』、『お楽しみの埋葬』の三作がポケミスで出ましたが、当時はみな品切れ(あの頃のポケミスの惨状ときたら! 今でこそ毎月重版が出たりしていますが、当時は目録を見てちょっと読んでみたいと思うような作品は軒並み品切れだったのです)。

仕方がないので、僕としては珍しく県立図書館から『消えた玩具屋』を借りてきて読み、大変気に入ったので、残り二冊はそれからしばらくして神田に出かけた折に大枚をはたいて買ってきました。大枚といっても一冊三千円でしたから、今からすれば大したこともありませんが、十年前の学生にとってはかなりの負担であったことは確かです。『金蠅』にはそれほど感心しませんでしたけれども、『お楽しみの埋葬』は本当に楽しく読み、『消えた玩具屋』の好印象と相まって、僕はすっかりクリスピン党になってしまったのでした。

『お楽しみの埋葬』は、一九四八年発表の第六作。物語は、オックスフォード大学セント・クリストファーズ・カレッジの英語・英文学教授ジャーヴァス・フェンが、十四世紀の詩人ラングランドの校訂を終えた後の気分転換に(!)下院議員に立候補すべく、選挙区内の農村サンフォード・エンジェロールムを訪れるところから始まります。フェン教授はクリスピンの全長篇に登場するレギュラー探偵ですが、「おれは口惜しくもわが世ならぬ時代に生まれて大成しそこねた冒険家だ」とうそぶく、ちょっと大学教授らしからぬ人物です。

フェンは、魅力的な黒い髪の娘の運転するタクシーに乗って、村の唯一の旅館である〈フィッシュ館〉にたどり着いた。館には、同じ汽車に乗ってきた金髪の娘(彼女には何かしら秘密の用向きがあるらしい)のほか、ロードン・クローリーと名乗る男が泊っていた。ロードン・クローリーといえば、サッカレーの『虚栄の市』の登場人物と同じ名だが……? フェンは彼に見覚えがあるような気がしたが、その筈で、クローリーは大学の同級生で現在ロンドン警視庁の警部であるチャールズ・ブッシーの変名だったのだ。

ブッシーは、最近この付近で起きたランバート夫人毒殺事件の真相を探るために、非公式に派遣されてきていたのだった。彼は既に真犯人の目星をつけており、証拠固めにかかっていたが、ロンドンに帰った様子を見せて犯人をワナにかけようとした矢先、ゴルフコースにある小屋の中で殺害されてしまう。凶器に使われたナイフが盗まれた家には、折しも近くの精神病院を脱走した狂人が残したと見られるペンキの落書があったが……。


フェンは選挙戦を戦いながら捜査を進め、鮮やかな推理によって犯人を指摘します。

フェアプレイの本格ミステリがクリスピン作品の骨格で、大きなトリックはないかわりに、巧妙な伏線やミスディレクションの技巧は黄金時代の諸大家にひけをとりません。マイケル・イネス、ニコラス・ブレイク等ミステリとしての技巧よりも文学味の勝った新本格派の作家たちの中にあって、クリスピンはストレートに英国本格派の正統を継ぐ地位を占めています。

しかし、それはあくまで骨格であるにすぎません。クリスピンの作品を特徴づけるものは、先に引いた都筑氏の文章にもあったように、ウイットに富んだ文体であるといえます。そして、時に皮肉な、時には気違いじみたファースにまで至るユーモア。クリスピン流ユーモアの典型的な例としては、『消えた玩具屋』のクライマックス・シーンをあげるのが適当でしょう。ここでは、故障してものすごい勢いで回り出した遊園地の回転木馬の上に、犯人と探偵とが必死の思いでしがみついているという、何とも形容しがたい一幕が演じられます（このシーンは、ヒッチコックが「見知らぬ乗客」で使っています）。

『お楽しみの埋葬』の大詰めの犯人追っかけの場面も一場のドタバタ喜劇ですし、フェンの皮肉な選挙演説は政治風刺になっています（フェン教授は、はたして当選したでありましょうか）。「ゴクツブシ」と名づけられた豚も含めて村人たちはみな生き生きと描かれ、それらの人々とフェンとのやりとりがまたとても楽しいのです。

英国探偵小説は一般に、「ユーモアとウイット」に富むことを特徴としていますが、クリスピンはこの点においても正統を継いでいるといえるでしょう。時として十分以上に。

ミステリの楽しみはここにあり。あなたが洗練された趣味というものを愛する人であれば、『お楽しみの埋葬』は、一読後長く記憶の宝物入れにしまっておきたくなるに違いありません。

それにしても、クリスピンの本が書店に見当たらないというのはどうしたことでしょう。ハンランする粗悪品に押されて市場から葬り去られ、再び品切れの闇に埋もれてしまうのでしょうか。……コラコラ、それをしも〈お楽しみの埋葬〉と呼んだりするのは、タチの悪い冗談というものだ。

ハヤカワ・ミステリ文庫（1979）

クリスピン問答

クリスピン『大聖堂は大騒ぎ』解説

初出：同書（国書刊行会　2004年5月）

「あなたはクリスピンもお好きなようだから、またお話をうかがいに来ました」

「クリスピンに関しては、この全集に収録されている『愛は血を流して横たわる』（一九四八）の小林晋さんによる解説と、宮脇孝雄さんの『書斎の旅人』（早川書房）の中のクリスピン論くらいを読めばまず十分だから、僕は適当に何かしゃべればいいんだろ」

「……お察しのいいことで」

「自分の立場はわきまえているさ」

§まだ見ぬ恋人のように

「それじゃまあ、一応敬意を表して、クリスピンとの出会いあたりから語っていただきましょうか」

「僕はどうも本を借りて読むということができないタチでね、なぜかというと借りた本は返さねばならない。それが面白い本なら当然そばに置いておきたいし、つまらなかったとしても、読書というのはそれなりの時間と労力を費やすものだからね、自分のエネルギーが投入されたその本を手元から離してしまうのはイヤなんだ。だから、読みたいと思う本は、かなり無理をしてでも全部買うことにしている」

「ご随意にどうぞ。で、それがクリスピンと何の関係があるんです」

「いや、つまりね、そういう僕が図書館から借りて読んだ唯一の本が、クリスピンの『消えた玩具屋』だったというわけさ」

「ほう、なるほど」

「読みたいんだけどどうしても手に入らないという本は、やっぱり借りるしかないからね。昭和五十年頃の話だからもう三十年近く前のことになるが、当時は、昔ポケミスで出ていたクリスピンの三冊は品切れになって久しい時期でね。『消えた玩具屋』（一九四六）と『お楽しみの埋葬』（一九四八）はやがてハヤカワ・ミステリ文庫に収録されることになるんだが、それまではクリスピンの本は容易に入手できなかったんだよ。その頃はまだ古本屋歩きもしていなかったし。ある日、県立図書館の棚に並んでいたポケミスの中に『消えた玩具屋』を見つけたので、どうしても読みたくなって借りて帰ったというわけさ。これがご存知のとおりの傑作でね、すっかり気に入ってしまったものだから、読み終えて返却するのは本当につらかったよ」

「その時点ではクリスピンはまだ読んだことがなかったわけですよね。なぜそんなに読みたいと思ったんですか」

「それは都筑道夫さんのせいなんだ。その頃『黄色い部屋はいかに改装されたか?』と並んで愛読していたミステリー論集『死体を無事に消すまで』の中に、こんな一節があったんだよ。

作者にしても、読者にしても、ひとはそれぞれに、理想の小説を持っているだろう。読者の場合は、ひとりあるいは数人の作家の名が、理想を象徴することになるに違いない。それに倣って、いわゆる本格推理小説でいえば、目下の私には「E・A・ポオのイマジネーション、エラリイ・クイーンのロジック、エドマンド・クリスピンのウイット、それに売ろうとするならば、アガサ・クリスティーのメロドラマを併せもったもの」が理想の小説ということになる。

たぶんクリスピンの名はこの文章で初めて知ったのだったと思うけれど、それと並べられているのが何しろポオとクイーンとクリスティーだからね。非常に印象的だった。エドマンド・クリスピン、という軽やかな響きの名前も気に入ってね。それ以来、まだ見ぬ恋人のようにクリスピンは僕の憧れの対象となっていたわけさ」

「今は復刊も含めてクラシック・ミステリの紹介が盛んで、新刊書店の棚も大賑わいですが、当時は本集めも大変だったんでしょうね」

「よくぞ訊いてくれた。本集めの苦労話なら一晩でも語り明かせるよ。僕が初めて神保町に足を踏み入れたのは……」

「それはまた別の機会にうかがうことにして、そろそろ本代……じゃない、本題に入りましょうか。まずはクリスピンの作風について、総論的に解説していただきたいと思います」

§アマチュアリズムの作家

「クリスピンの探偵小説は――そう、ディクスン・カー、マイケル・イネス、M・R・ジェイムズ、そしてマルクス兄弟のブレンドといえるだろう」

「それって、アントニー・バウチャーの評言じゃなかったですか」

「あ……すまん。どこかで見たような気はしたんだが、やっぱり自分で考えたんじゃなかったのか。でも、これ以上的確な表現はちょっと思いつかないね。別な言い方をすれば、不可能犯罪を文学談義と怪奇趣味とドタバタ喜劇で味付けしたものということになるだろうか」

「『そういうふうにすべてを類型化することに、うんざりすることはありませんか』」

「何だって?」

「本書百八十頁のフェン教授のセリフを引用してみただけです」

「それならこちらはシェイクスピアの引用で答えよう――『言っている内容はそうでもない。言い方が気にくわぬだけだ』。出典は『アントニーとクレオパトラ』だよ」

「『言葉のあやよりも肝心のことを』――『ハムレット』で受けましょう」

「む……『我々がていねいな物腰と親切な話しぶりで接すれば、相手によっては、本当はぶしつけなことでもすぐには跳ね返されないものだ』――ショーペンハウエル」

「『巧言令色、鮮矣仁』」

「えーと、えーと……引用ごっこはやめだ。僕だって空疎な議論はしたくないよ。早くディテールに即して個々の作品について語りたいんだが、君が総論をなんていうものだから。……でも、この引用癖というのがクリスピンの大きな特徴で、そこから作者の創作姿勢に話を持っていくことはできそうだ」

「といいますと?」

「アマチュアリズムの作家――彼をそんなふうに規定してもいいんじゃないかと思うんだ」

「クリスピンがアマチュア作家だったというんですか」

「その言い方はちょっとニュアンスが違うね。君はアマチュアを当然のごとくプロの下に置いているのだろうが、それには異論がある。その心根の純粋さ、すがすがしさ、嫌味のなさにおいて、僕はアマチュアの方をこそ高く評価したいね。もっとも下手の横好きじゃ話にならないから、ある程度の技術は備えているという前提でだが。自分の言葉ではうまく説明できないんで、小池滋先生の『英国らしさを知る事典』のアマチュアリズムの項から引用してみよう。


わたしたちはアマチュアというと「しろうと」として軽蔑しがちである。「こっちは生活がかかっているプロなんだぞ」と威張る。だが、イギリス人に言わせると、生活がかかって金のために何かをやったり、名声や地位を求めて仕事をすることこそ軽蔑すべきであって、「しろうと」アマチュアが、何の見返りも求めずにやることが尊いのだ。アマチュアとは「愛する人」という意味から生まれた言葉なのだから。

というわけで、イギリスではアマチュアリズムはプロフェッショナリズムと同等、あるいはそれ以上に評価されているんだ。芸術の基本はアマチュアリズムにこそある。しばらく前から愛読している福原麟太郎先生の本にも同じ趣旨のことが書かれていて、英国の文学はアマチュア文学であると明言されている。さらに、英文学者としては両先生の先達にあたる夏目漱石も、『素人と黒人』という評論で『純粋でナイーヴな素人の品格』を高く評価し、『素人が偉くつて黒人《くろうと》が詰らない』と結論づけていることを付け加えておこう」

「また色々と引っ張り出してきましたね。アマチュアリズムの良さは分かりましたから、それとクリスピンの関係を説明してください」

「まずクリスピンは、探偵小説を本業とはしていなかった。生涯に九冊の長篇と二冊の短篇集しか残さなかったことでもそれは明らかだが、実際、生計の資は主として音楽家としての仕事から得ていたのだろう。本格的な作曲のほかに、映画音楽をかなり手がけているね。また、映画やラジオの台本を書いたり、SFや怪奇小説のアンソロジーを編んだり、とその活動は多方面に及んでいる」

「多芸多才の人だったのは分かりますが、創作を離れてからも書評をやったりして、探偵小説とは終生関わりを持っていますよね」

「それはもちろん、探偵小説が大好きだったからさ。ディクスン・カーやマイケル・イネス、グラディス・ミッチェルらの作品が面白くてたまらず、自分もこういうものを書いてみたいと思ったことが、彼が探偵小説に手をそめた動機だったわけだからね」

「それは探偵作家の多くにあてはまりそうですが」

「初めはね。けど、年を経るにつれて初心を忘れて「プロ」のやっつけ仕事に走ってしまう作家も少なくない中で、クリスピンは最後までアマチュアリズムを失わなかったと思う。その作品は常に初心を感じさせる清新の気に満ちている。それはロナルド・ノックスやシリル・ヘアーあたりにも感じられる、一種溌剌とした雰囲気だ。何より自分が好きだから、自分自身が読みたいと思うような作品を、同好の士である限られた範囲の読者に向けて書くという姿勢が一貫していたと思うんだ」

「その姿勢が引用癖と関わりがあるという話でしたが」

「長篇第一作の『**金蠅**』(一九四四)を例にとってみよう。作中での文学、音楽、美術など芸術関係の引用、言及は実におびただしい量に上っている。ちょっと数えてみたんだが、シェイクスピアへの言及だけでも十八箇所もあるんだよ。これは舞台が大学町オックスフォードだし、事件の関係者も芸術家や学者ばかりなのだから、それが自然といえば自然なんだが、こういう書き方はどうしたって読者を選んでしまうよね。教養のひけらかしと見て反発を覚える人もいるだろう。でも作者はそんなことには頓着しないで好きなように書いている。不特定多数の読者というよりは、自分の仲間である知識人層の限られた読者しか念頭に置いていないんだ」

「この作品を書いたとき、クリスピンはまだオックスフォードの学生だったんですよね。そうと知って読むせいか、やはり若書きの印象は免れませんね」

「実際、あまり出来の良い作品ではないね。ストーリーは単調だし、プロットにも無理があってゴタゴタしている」

「〈準密室〉のトリックも、きわどい条件が前提となっていて、どうも成立があやうい感じがします」

「作者の持ち味のユーモアがまだ十分出ていないのもさびしいね。その難しさは自分でも意識していたと見えて、作中人物の一人にこんなふうに言わせている——『喜劇は必然的に薄っぺらですよ。しかも喜劇演技のテクニックが、よし真面目な劇の演技のテクニックと違うからといって、それだけ容易だとはいえませんからね』」

「作中人物の言葉を借りて劇や小説の創作論、批評論もふんだんに盛り込まれていますね。フェンに創作の動機を尋ねられた劇作家が、『金のため——それに名誉心の満足のためでしょう。たいていの作家は、いや大作家ですら、そういった目的のために書くのだと思いますね』と答える場面もあって、これは作者のアマチュアリズムと抵触するようですが」

「作中人物の発言がすべて作者の考えであるはずはないさ。このセリフはサミュエル・ジョンソン大博士の『よほどの馬鹿者ならいざ知らず、古来、金銭以外の目的で筆をとった者は一人としていない』という言葉をふまえているのだと思うが、クリスピンはむしろ「よほどの馬鹿者」であることに誇りを抱いているのだと思うね」

「たしかにこの劇作家はあまり好意的に描かれてはいませんね」

「作者が好意的に描いているのはみなアマチュア、ないしそういう気質の人物であるといえるのじゃないかな。しろうと探偵のフェンをはじめとして、英文学が何より好きで文芸批評の著書もある警察署長のサー・リチャード・フリーマン、音楽一筋のドナルド・フェロウズ、退学したシェイクスピア研究家ニコラス・バークレイ……。

本当に何かが好きで、馬鹿の字がつくくらいそれに打ち込んでいる人間ばかりだ」

§想像力に富み、人工的な物語

「以下、『金蠅』に続く各作品について見ていきたいと思いますが、第二作の本書『大聖堂は大騒ぎ』は後回しにして、次の**『消えた玩具屋』**に進みましょう」

「この小説は多くの批評家の賞賛を得て、クリスピンの代表作としての評価が定まっているが、実際、代表作たるにふさわしい作品であると思う。僕がそう思うのは特に、これが作者の創作信条を最もよく体現した作品であるからだ」

「創作信条というと?」

「『Twentieth-Century Crime and Mystery Writers』に寄せたコメントの中で、クリスピンはこう述べている

スパイ小説はあまり好きではなく、いわゆる「現実的な」犯罪小説はなおさら好きではない。一般的に犯罪小説は(また、特に探偵小説に言えることだが)、その効果を最大限に発揮するためには、本質的に想像力に富み、人工的でなければならないと信じている。

(小林晋訳)

小説の中に「現実」を持ち込むのを嫌う姿勢は、H・R・F・キーティングのインタヴューを受けてアガサ・クリスティーの成功の秘密について語った「簡潔さの女王」にもよく現れていて、そこでは「現実逃避」の意義と効用を強調していた。実生活的、新聞記事的な現実へのアンチテーゼとしての「想像力に富み、人工的」な(imaginative and artificial) 物語の世界。クリスピンの諸作の中でもとりわけファンタスティックな味わいの濃い『消えた玩具屋』は、最もそれにかなったものといえるだろう」

「誰もが言うことですが、冒頭の一夜にして玩具屋が消えてしまうという謎は魅力的ですね」

「ここで注意しなければならないのは、玩具屋はただ消えたわけではないということだね」

「それはどういう意味ですか」

「玩具屋が消えたというのは嘘ではないが、別に家屋自体が消失してしまったわけではない。玩具屋の消えた後には食料品店が出現していた」

「たしかに、エラリイ・クイーンの『神の灯』のようなイメージで紹介すると誤解を招きますね。そこの謎解

きに探偵小説的な仕掛けがあるわけではないから、期待外れに終わってしまう」

「いや、そういう問題じゃなくてだね。玩具屋というのは「想像力に富み、人工的」な、いわば空想的な世界の象徴なんだ。一方、食料品店というのは、これはもう現実世界の代表だね。玩具屋が食料品店に変わった——空想が現実に場所を奪われたというのがポイントなんだ。しかし、そのことによってより大きな空想が姿を現すことになる。消えた玩具屋の謎をめぐっておかしな人物が次々に登場し、起こりそうもない出来事が次々に起きて、今度はオックスフォードの町全体が空想的世界として息づき始めるんだ。玩具屋の消失というのは、町全体に空想のヴェールをかけるスイッチのような機能を果たしているわけさ」

「分かったようで分からない理屈ですな。ただ、作者も初めに断り書きをしているように、この小説の中のオックスフォードが、ありそうもない人物や事件が限界をこえて出現する土地として描かれているのはたしかです」

「とにかく意表を突く展開とユーモアで楽しく読める作品に仕上がっているね」

「しかし、その展開が偶然のオンパレードで成り立っているところがあって、その辺がやはり私には気になりますね。たとえば、ある喫茶店でフェンが『おれはミス・アリス・ウィンクワースをさがし出そうと思う』と言ったとたん、近くのテーブルにいた女がやってきて『いま、わたしの名前を言ったわね?』なんて具合」

「臆面もない偶然と評するほかないね。それほどではなくとも、振り返ってみると事件の関係者同士の出会い方はほとんど偶然といっていい。ある場面で『気ちがいじみた暗合』を指摘されたフェンが『探偵小説のなかで、偶然に人物と人物が出っくわすのを不自然だと言いながら、隣りの教区に住むだれかと外国で出会ったりすると、声を大きくしてそのことを言いふらす。きみはそういう種類の人間なんだ』などと言っているのは作者の予防線とも見られるが、その程度の言い訳で不自然が解消するわけのものでもない。ハッキリ言ってこれは荒唐無稽な話なんだ。偶然の邂逅と絶えざる追跡。文学の世界と現実生活との暗合と相互侵犯。作中でキャドガンがフェンに言っているように『正気の人間には、とうていでっちあげられないほど異常な事件』だ。この作品を読むときには、だから現実にかけられた空想のヴェールを見逃してはならないんだ。このヴェールにおおわれたオックスフォードを支配しているのは、探偵小説というよりはファンタジーの文法、いや、ナンセンス詩の論理といった方が適切かな。何しろプロットを導いているのはエドワード・リアの滑稽詩なのだからね」

「うーん、私のような探偵小説プロパーの人間からすると承服しかねる部分がありますがね。ストーリーの組み立てでも、フェンたちが次々に関係者に会って、彼らが語る話で事件の全体像が見えてくるという作りで、推理の要素はほとんどありませんし」

「ほとんどということはないだろう。一応「不可能犯罪」の謎解きもあるし」

「でもその解明にはある医学的知識が必要ですからね、必ずしも読者にフェアな推理とはいえないでしょう」

「そうかもしれないが、そういう読み方だけですべての探偵小説を評価しようとするのはどんなものかな。その作風に応じて評価のポイントも変わってしかるべきじゃないか。この作品は、僕にはユーモアとウイットに富んだ英文学的探偵小説として最上の出来ばえを示していると思われる」

「私もあえて検事役をつとめてみただけで、傑作との評価にことさら異を唱えているわけじゃありませんよ」

「たしかにアバタもエクボじゃ評価にならないからね。だが、この作の欠点をいうとしたら、それはむしろ空想性の不徹底――そのために君の指摘するような普通のミステリの読み方を許してしまう点にあるんだ。Imaginative ではあるが artificial になりきっていない。そしてそれは、たとえばチェスタトンの文章のような、強固な作品世界の構築にたえる自在な文体を作者が十分には獲得できていないことによるのだと思う」

§ユーモアあの手この手

「次の作品『**白鳥の歌**』（一九四七）は、劇（オペラ）の準備中に出演者中の嫌われ者が殺され、それが不可能犯罪の様相を呈しているという話で、大枠の設定は『金蠅』に似ていますね」

「そう言われればそうだな。ただし、構成においても筆力の点でも作者は格段の進境を示しているがね」

「二つのプロットが絡まり合って一つの構図を形作ることになるという構成はうまいと思います。不可能犯罪のトリックにもアッと言わせるものがあるんですが、仕掛けが複雑でよくのみ込めないところがありますね」

「仕掛けというか、トリックを成立させるダンドリがね。こういう馬鹿馬鹿しくて大胆な手口は僕も好きなんだが、やはりトリックのためのトリックという印象で、トリックが物語から浮き上がっているなあ。小説全体のややシリアスなトーンとミスマッチなんだ。この作は、登場人物のキャラクターとかで細部のユーモアはきいているんだけど、お得意のドタバタ騒ぎは影をひそめていて、全体としては笑いの色が希薄だ。もっとドタバタした雰囲気を作って、トリックの不自然をカモフラージュする必要があったと思う。トリックが現実離れしたものなら、物語もまた現実から浮揚させなければならない。『金蠅』の中でフェンが、探偵小説において重要な実体を隠すために『もっと興味あるカモフラージュの形式』が考案されてしかるべきだと言っていたが、そのカモフラージュの形式として作者が考案したものこそ、M・R・ジェイムズ風の怪奇趣味であり、マルクス兄弟流のドタバタ喜劇であったはずなんだ」

「そういえば、都筑道夫さんがポケミスの『金蠅』の解説で同じようなことを言ってましたよ。クリスピンがマルクス兄弟の馬鹿さわぎを思わせるような喜劇的要素をなぜ探偵小説に持ち込んだかという理由についてです。

　そこにクリスピンの独自性があるのだ。現代の本格作家の悩みは、謎の子どもっぽさが、小説構造の弱点に、しばしばなるというところにある。クリスピンは、その弱点を、おとなの中の子どもっぽさを発揚させる——小説ぜんたいを、マルクス兄弟もどきの、気狂いじみた馬鹿さわぎで構成することによって、カバーしているのである。

もちろんあなたも独自に同じことを考えられたんでしょうが」

「僕の考えることくらい、もちろん既に誰かが考えていたに違いないさ。しかし、改めて考えてみるとそれは既にカーがやっていたことだよね。クリスピンが「小型カー」ともいわれるゆえんだ。英文学の衣に身を包み、洗練のマントをまとったカー。——フェル博士とフェン教授程度の体格の差はあるが」

「ドタバタないしユーモアという点では、次の『**愛は血を流して横たわる**』の方が成功していますね。終盤のカーチェイスはケッサクでした」

「クリスピンのユーモアは、繰り返しのおかしみというのが一つのパターンになっているね。フェンが自作の探偵小説の筋書を語る場面が断続的に出てきたり（ついでに言えば、あの筋書が一部ホームズ物のパロディになっているのには気がついたかな）、彼の赤いスポーツカーがバックファイヤーを繰り返したりとか。『消えた玩具屋』では、警察本部長が電話をかけてくるたびに〈報復〉についての考察を聞かせてくれたし、ホテルのバーに行くと必ず、角縁の眼鏡をかけた首の長い若い男が黙々と読書にふけっている（ついでに言えば、彼が読んでいた『悪夢の僧院』『怪異の城』『奈落のホール』というのは、ゴシック小説めいたタイトルだがそうではなくて、トマス・ラヴ・ピーコックという十九世紀の作家の諷刺小説らしい）」

「ついでに言えば、水でなでつけたフェンの髪の毛がいつも立ち上がりかけていたり、同僚のウィルクス教授がたえずフェンのウイスキーをねらっていたり、なんていうのもそれですかね」

「ドタバタやユーモアの面白さだけではなくて、この作品はクリスピンの中でもすぐれたものの一つだろうね。ストーリーは工夫されていて起伏もあり、読ませるし、解明の論理も詳細かつていねいだ。渾然たるまとまりという点では一歩を譲るとしても、『消えた玩具屋』や、次作『お楽しみの埋葬』と並ぶAクラス作品だと思う」

「シェイクスピアの未発表原稿にからまるプロットはなかなか興味深いんですが、やや細部を作りすぎている感じもあるんじゃないでしょうか」

「たしかに、アリバイ工作のトリックなんかは余計な気がしたな。不必要な複雑さをもたらしている。『殺人計画に余計な技巧を凝らすと、それだけ手がかりや痕跡をばらまくことになり、危険を増すだけ』なんて自分で書いておきながら」

「クリスピンが用いるトリックには、けっこう理化学的なものが多いですね。あるいは医学的なものとか」

「文科系の作者（クリスピンは現代語学専攻の文学士）にしては妙だね。あるいは、そのために逆に理系的なトリックに新鮮味と面白さを感じていたのかもしれないが、多くの場合それが物語から浮いてしまい、作品のキズにもなっている」

「そういう意味では、次の『**お楽しみの埋葬**』にはトリックというべきものは何もありませんね。ある技術がそれに近い役割を果たしてはいますが」

「だからというわけでもないが、この作品は非常に姿のよい仕上がりになっているね。とてもエレガントで、チャーミングな小説。フェンの選挙運動をネタにしたストーリーは面白く、これにユーモアとサスペンスとロマンスが色を添えている。無理のない堅実なプロットで、解明の論理もクレバーだ。諸々の要素がバランスよく一体化していて、完成度が高い。牧師館の妖精とか、ゴクツブシの豚の可憐さなどまで含めて、本当に楽しませてもらったよ。少し前まではこれがクリスピンの最高傑作と思っていたんだが……」

「もっといいものがありますか」

「最後の長篇、『The Glimpses of the Moon』(1977)を読んで以来、どちらを上に置くべきか迷っている」

「へえ、最後のやつがそんなにいいものだという評判は聞いたことがありませんでしたが、それはまあ後の話にして……。『お楽しみの埋葬』はユーモア度もかなり高いですね」

「ドタバタこそ少ないけれども、全篇が上質のユーモアにくるまれているね。ここでクリスピンのユーモアについてちょっとまとめてみようか。クリスピンの作品を全体的に見渡してみると、そのユーモアはおおむね次の三種類に整理できるのではないかと思う。
(i) 状況と行動のユーモア
(ii) 性格のユーモア
(iii) 文章のユーモア
(i)は、あるシチュエーションにおいて単数又は複数の人物が何かしら滑稽な行動をとる、そこに感じられるおかしみで、一番分かりやすいものだ。いわゆるドタバタがこれで、『消えた玩具屋』の悪漢とフェンたちと警察の三つ巴の追っかけっこ、特に有名な回転木馬のシーンなんかが典型例。(ii)は登場人物の性格に感じられるおかしみで、奇人変人とまでいかなくとも、ちょっとばかり変わった性格や奇妙な癖の持ち主が多数登場し、笑いを提供してくれる。フェン自身がそんな人物だし、『お楽しみの埋葬』にも探偵小説家のジャッド氏、選挙運動屋ウォトキン、精神病院長のボイセンベリ、ミルズ牧師等々、おかしなキャラクターがいっぱいだ。そして最後に、文章自体に感じられるおかしみというのがある。これは人の行動や性格といった材料に頼らず、言葉の選択と配列だけで笑いを生み出すのだから、ユーモアの手口としては最も高度なものだろう。『お楽しみの埋葬』からいくつかサンプルを拾い上げてみよう——
a 『フェンとキャプテンはこの共闘者のうちに、自らの忍耐心に対する厳しい試練を見出していた』
b 『それはわけがわかっての言葉というより、犬がむずかしい曲芸をやったのを見ていた男の声であった』
c 『孤島に棄てられた水夫が、自分を救ってくれるかもしれない船が、無慈悲にも水平線の彼方に消えていく時の、悲嘆と憤怒の交り合った感情、そんな気持で彼はフェンが立去っていくのを眺めていた』
d 『第十七代伯爵の答えは、フェンのいなかったのがこの完璧な午後の玉に瑕だったと言わんばかり、誠意に溢れていた』

e『この頃になるとハンブルビーのピストルのまずさ加減は、その運転のまずさ加減によってのみ凌駕されるものだという事がはなはだ明瞭になってきた』

――どうだい、面白いだろう。文章に表情を与える巧みな言いまわし。意想外に出てしかも的確な比喩や誇張表現。こんな箇所に出くわすとストーリーそっちのけで、しばらくその妙味を反芻していることがあるよ」

「私には、そんな文章を一々ノートに書き留めておくあなたの性格の方が面白いですがね」

「僕に言わせれば、文章自体を味わわなくては小説を読んだことにはならないんだがな。でも、翻訳の場合には原文と訳文があるから、それを言い出すとちょっとやっかいなことになるけどね。『お楽しみの埋葬』のユーモアがきいているのは、深井淳氏の訳文によるところも大きいだろう」

§作風転換、沈黙、そして晩年の復活

「次の長篇第七作、『Frequent Hearses』(1950) から作風が変化しているらしいですね」

「この次の作『永久の別れのために』は読んでいるだろ、あのトーンを思い浮かべてもらえばいい。ミステリとしての構成は、『お楽しみの埋葬』あたりから変わってきていたように、すっきりとして無理のない作りになっている。一番目につくのはユーモアが、まったくないとは言わないけれど、かなり下火になって、代わりにサスペンスの要素が前面に出てきていることだ。クリスピンらしくないというわけか、この辺の作品はあまり人気がないようだけど、これはこれで僕は好きだな」

「『A Catalogue of Crime』のバーザン&テイラーなんかは、むしろこちらを高く評していますね」

「彼らの好みがだんだん分かってきたよ。レオ・ブルースについても、ビーフ巡査部長のシリーズ以上にキャロラス・ディーン物を評価しているようだったし」

「この作は映画制作現場が舞台になっているようですが、これには当然作者が映画作りに関わった経験が生かされているのでしょうね」

「フェンがある映画会社の依頼で、十八世紀の詩人アレグザンダー・ポープの生涯に取材した映画の文学的考証面でのアドヴァイザーをつとめているという設定なんだな。クリスピンは現代文学よりも古典が好きだったみたいで、シェイクスピアと並んでポープもよく作品に取り入れているね。『消えた玩具屋』の原題もポープからの引用だったし」

「M・R・ジェイムズの引用もあるとか」

「他の作品でもジェイムズへの言及は少なくないけれども、この場合は使い方が特殊でね。ある屋敷に造られていた迷路の中で犯人とヒロインが追いかけっこをする場面があるんだが、その描写の中に、やはり迷路が出てくるジェイムズの小説（「ハンフリーズ氏とその遺産」）の文章が織り込まれて独特の効果を上げているんだ。このシーンはなかなかサスペンスフルだよ」

「これも翻訳が待たれますね」

「そういえば、こんな一節もあるんだ。『専門家に対する不信の念は英国人の国民性に深く根ざしたもので、コスモポリタンでないフェンは十分にその心性を分かち持っていた』――作者のアマチュアリズムの傍証の一つ」

「『**永久の別れのために**』（一九五一）もよくまとまった佳作といえますね」

「後期の作は不出来だという情報を得ていたので、ほとんど期待せずに読んだんだが、なかなかどうして面白かった。いつも感じることだが、他人の評価を鵜呑みにしちゃいけないね。他人とは違う感性を持った自分である以上、どうしたって自分で読んでみないことには始まらないよ」

「そうなると私たちの対話も無意味になりそうですが」

「もともと意味なんかないさ。せいぜい、一つの参考程度に受け止めてもらえばいいんだ」

「この作はディケンズを読んでいるとなお面白く読める部分がありますね」

「そうそう。あれを読んでいると、登場人物の頭ごしに作者と目配せを交わしてニヤリとできる」

「この小説ではヒロインの女医を軸にしたロマンスとサスペンスが物語を彩っていて、そのストーリーも十分楽しめるんですが、謎の構成の部分で私がうまいと思ったのは、犯行をめぐるある不可能状況がごく自然なやり方で生み出されていることです」

「そのあたり、ミステリ作家としての作者の成熟を感じるね。メイン・トリックも目新しいものではないが、プロットに自然に仕込まれているし」

「解明の論理もスッキリ、しっかりしていますしね。推理の基礎をある偶然の事実に頼っている点だけはイマイチでしたが」

「先入観のために敬遠していた人がいるとしたら、もったいないと思うな」

「さて、この第八作までクリスピンはほぼ年一作の割合で長篇を発表してきて、二年後には短篇集も一冊出したんですが、それを最後に探偵小説の創作からは離れることになります。この沈黙の原因は何だったんでしょうか」

「さあ、その事情は推測するしかないんだが、本業の音楽関係の仕事が忙しくなったことに加えて、ミステリ・シーンの変化ということがあるだろうね。第二次大戦の末期にデビューしたクリスピンは、もともと遅れてきた探偵作家——幕が下りてから舞台に登場してきた俳優のようなものだった。黄金時代本格ミステリへの嗜好を強く持ちながら、時代はどんどん本格黄金期を遠ざかっていく。四〇年代にはまだ見られたその残光も、五〇年代に入ればもはや薄れはて、ジュリアン・シモンズが犯罪小説論を唱えるに至ったような状況が見えてくるに及んで、クリスピンは自分が時代遅れの存在であることを意識させられたのだろう。巷には自分の嫌いな「現実的」なミステリがあふれ、それがもてはやされている。そこに感じた閉塞感が、彼の創作意欲をしぼませてしまったのじゃなかったろうか」

「『永久の別れのために』のような作風なら、一九五〇～六〇年代のスパイ・スリラー全盛期にも決して浮き上がることはなかったと思うんですがね」

「『Frequent Hearses』からの作風転換は、精一杯時代の雰囲気に合わせようとした作者の努力の結果だったような気もするのだけれど、アマチュア作家クリスピンはそこに自分自身への裏切りを感じたのじゃないのかな。彼の持ち味はやっぱりユーモアとウイットにこそあるのだから」

「いずれにせよ、クリスピンの沈黙は四半世紀にも及ぶことになり、それは一九七七年発表の第九作、『**The Glimpses of the Moon**』で初めて破られることになったのでした。そして作者は翌年、五十六歳の若さで急逝してしまいましたから、これが遺作ともなってしまった。この作品をだいぶお気に入りのようでしたね」

「うん、正直な話、クリスピンのベストの一つだと思っている」

「ジュリアン・シモンズはクリスピン唯一の失敗作と言っていますが」

「僕は僕の感性でものを言うしかないさ。実をいうと僕も実際に読むまでは何ら傑作の予感はなかった。これが発表された年の『ミステリマガジン』に紹介記事が出て、そこでは英国の書評に基づいて『残念ながら、今度の新作は純粋なミステリではなく、〝犯罪〟を中心に展開するコミック・ノヴェルであるということだ』と書かれていた。当時は僕も本格至上主義者だったので、この紹介ではあまり読んでみたいという気も起らなかったし、同じように二の足を踏んだ読者も多かったのじゃないかな。しかし、読んでみるとこれは想像していたよりずっとミステリに近い、というよりミステリといっても決しておかしくない作品であることが分かったんだ」

「小林晋さんも『犯罪を扱ったファースといった趣がある』と書かれていますよ」

「読者が与えられたデータに基づいて犯人を推理できるという作りではないのでね、本格ミステリとまでは言いにくいのだけど、最終章での事件の解明は、それまでの伏線の網をすべて引きしぼって興味深い真相を提示している。特に、章名にもされている The Chesterton Effect――チェスタトン流の逆説を土台にした事件の解明は、ミステリの醍醐味を十分に味わわせてくれるよ」

「小林さんの解説でおおよその筋が紹介されていますが、だいぶ変わった話のようですね」

「事件そのものはバラバラ死体を扱った陰惨なものなんだが、それを圧倒するほどのユーモアが全篇をおおっているのでね、それこそ「コミック・ノヴェル」とか「ファース」といわれるような印象の作品に仕上がっているのさ。僕はあくまでミステリだと思うから、「ユーモア・ミステリ」と呼びたいところだけど」

「ユーモアあの手この手が総動員されているわけですか」

「そう、どの一人をとっても個性的な――というより奇矯な登場人物たち、彼らが織り成す喜劇的状況、それらを描く作者の筆づかい。特に、物語の終盤では作者お得意のスラプスティック・コメディが前面に出てきて、大小のドタバタが波状攻撃で押し寄せる。その執拗なまでの狂騒は、過去の諸作のドタバタ場面を総動員してもかなわないほどだ」

「いずれにしろクセのある作品のようですから、人によって好き嫌いが分かれそうですね」

「クリスピンの愛読者には受けるに違いないと思うんだがな。逆に、この小説の面白さが分からないようでは、クリスピンの本質をつかまえているとはいえないと言いたい」

「これも翻訳を期待しておきましょう。さて、本書を除く長篇について一通り見てきましたが、クリスピンは短篇もけっこう書いていますから、これにも簡単にふれていただけませんか」

「クリスピンの短篇は、そう、フェアなペテンとでも言ったらいいかな」

「それもアントニー・バウチャーの評言じゃないですか」

「あ……すまん。でも、こんなに僕と意見が合うとは、バウチャーという男はやはり大した評論家であったのだな」

「何を寝ぼけたことを言ってるんですか。しかし、短篇は枚数の少ないものが多くて、あまり読みごたえのあるものはありませんね」

「新聞の読み物として書いたものが多かったようだからね。どうしても推理パズル的な印象は否めないだろう。しかし、この種のものとしては最上の出来栄えを示していると思うがね」

「ベスト・スリーを選ぶとしたら？」

「僕が読んだ範囲では『窓の名前』、『列車に御用心』、それに『決め手』というあたりかな。『誰がベイカーを殺したか？』は有名だけど、この語りのペテンがそんなに面白いとは思えないな。あと、あの長いタイトルのやつ――『君が執筆で忙しいのは判ってるけれど、ちょっと立ち寄っても気を悪くするはずはないと思ったんだ』、これもウイットのきいた好短篇。初出の際はタイトルが長過ぎるからといって『執筆中につき危険』と切り詰められてしまったらしいが、遊び心のない編集者にも困ったものだ」

§『**大聖堂は大騒ぎ**』吟味

★★★『大聖堂は大騒ぎ』

「それでは最後に本書『**大聖堂は**大騒動』……じゃなくて『**大騒ぎ**』（一九四五）について語っていただきましょうか」

「この作品は、ディクスン・カー、マイケル・イネス、M・R・ジェイムズ、マルクス兄弟の巧みなブレンドといえるだろう」

「……いい加減にしてくださいよ。何回同じネタを繰り返せば気がすむんですか」

「『これでも面白可笑しくしようとひと知れず苦労しているんだ。たとえば、こんなくだらないくすぐりをいれてだな』――本書百三十一頁のフェンの言葉を引用させてもらおう。ただ、またバウチャーの言葉を引っ張り出したのは、必ずしもネタというわけじゃなくて、本書はこの四者のブレンドという言い方が最もよくあてはまる作品だと思うからなんだ」

「たしかに不可能犯罪をメインにして、文学談義あり、怪奇趣味あり、ドタバタ喜劇ありで、典型的なクリスピンといえますね。それじゃあ、それぞれの要素について順次見ていくことにしますか。まず〈不可能犯罪〉ですが、この事件の謎のスケールの大きさというか、不可能状況のプレゼンテーションの派手さ加減といったら、カーも顔負けですね」

「大聖堂の壁に埋め込まれた巨大な墓碑が落下して人を押しつぶす。墓碑を固定していた南京錠が外されていたから、事故ではない。しかし、大聖堂はそのとき誰も出入りできる状況にはなかった。……すごい謎だよね。初心の読者にはわくわくするような魅力的な謎だろうけど、ある程度ミステリを読みなれた人間からすると、こんな大胆なことしちゃって大丈夫なんだろうかと心配になるくらいだ。趣向だおれでこけおどしの設定に終わって、とても満足のいく解決はつけられないんじゃないかと」

「して、その解決には――」

「満足したよ。パイプオルガンの音の振動で壁を震わせるという、奇抜な物理的トリック。このアイデアは面白い。一瞬笑い出したくなるような馬鹿馬鹿しさがあるんだが、それが探偵小説の面白さというものだろう。振り返ってみると、伏線も張ってあるしね。――『三十二鍵足鍵盤が発する重低音などは、怒涛のうねりとなって堂宇を揺るがし敬虔の徒の度肝を抜く……』」

「それは比喩的な表現だと思っていたんですが、実際に石造りの建物を揺らせるんですかね」

「実際のところどうなのかは僕にも分からないが、作者は音楽の専門家で、パイプオルガンを演奏した経験だってあっただろう。間違ったことは書かないと思うよ」

「そこはそのまま受け入れるとしても、ストーリー上はこの大掛かりなトリックを犯人が一人でとっさに計画したということなんですよね、そこはかなり無理があるんじゃありませんか」

「たしかに不自然だよね。これもやはりトリックのためのトリックという印象は否めないんだが、『白鳥の歌』なんかと違ってこの作では大聖堂にまつわる幽霊話とか、ドタバタなんかで味付けがされて――都筑さんの言葉を借りれば子どもっぽさが発揚させられて、不自然さがある程度カモフラージュされているのじゃないかな」

「許せますか」

「乱歩の『芋虫』」

「え？ ……ああ、「ユルス」ですか。クリスピンには甘いんですね。しかし、不自然といえばオルガン奏者のブルックス殺しもそうです。病院の廊下での薬のすりかえなんて、うまくいく可能性はかなり低いと思いますね。そもそも初めに襲撃したときに薬など使わず、もっと確実に殺しておくべきなんだ。スパイ組織の犯行にしては素人じみてますね」

「実際、素人だったんだろうさ。ところで、この作品はエスピオナージと本格ミステリの融合なんて紹介される場合があるが、それは違うよね。スパイ小説嫌いを明言している作者がそんなことをするはずがない。スパイを出してきたのはストーリーの都合からで――大聖堂を舞台にした不可能犯罪を書くためにその場所で何かの企みが行われていることにした、その企みとして戦時下のスパイ活動が選ばれただけで、それ以上の意味はないんじゃないかな。そのことによって共犯の設定も自然になったし、冒険小説風の味も加えることができたから、悪い選択ではなかったと思う」

「共犯というのはミステリにとっては常に弱点になると思いますが」

「そのとおりだが、この作では肝心の部分は主犯格のフランシス一人の単独犯行だし、共犯者たちが物語の興趣を盛り上げてくれている部分もあるので、それほど気にはならなかったな」

「また『芋虫』ですか。〈文学談義〉に話を移しましょう。のっけから「ヘンリー・フィールディング」氏が出てきたりしてニヤリとさせてくれます」

「ご本人が『トム・ジョーンズ』を知らないというのは嘘くさいが、韜晦なのかな。このフィールディング氏、探偵をやりたがったり、諜報員を志願したりと、ちょっとノックスの『陸橋殺人事件』に出てきたモーダント・リーヴズを連想させられたよ。おせっかいなんだが何か憎めないのは、やっぱり彼が「アマチュア」だからだろう」

「各章のエピグラフは言わずもがな、イヴリン・ウォーとギボンの両『衰亡史』Decline and Fall がらみのジョークがあったり、ポーの『鴉』がうまく使われていたりと、相変わらずにぎやかですね。オックスフォードの数学教授なんて、作者がルイス・キャロルの『スナーク狩り』を引用したいがだけのために登場させられています」

「プロットとの関わりで重要なのは、第六章の章題だ。「大聖堂の殺人」というのは、一九三五年に発表されたT・S・エリオットの詩劇のタイトルを借用したものに違いない。『寺院の殺人』として邦訳があるが、原題は両方とも Murder in the Cathedral というのだよ」

「ほほう、なかなか学識豊かですな」

「……すまん、英文学史の本でタイトルを見覚えていただけなんだ。今回調べてみて内容的には無関係であることを確認したが、このタイトル自体が発想の核となった可能性は十分あると思う。クリスピンはきっとこれに触発されて本書のメイン・プロットを構想したに違いないと僕はにらんでいる。それから、メイン・プロットとの関係で一つ不思議な暗合を発見したので紹介しよう。――唐突だが、ここである日本の詩を引用すれば、

おるがんをお弾きなさい　女のひとよ
あなたは黒い着物をきて
おるがんの前に坐りなさい
あなたの指はおるがんを這ふのです

と始まるのだがね」

「ふーむ。フランシスに囁きかける悪魔の声、という趣もありますね。誰の詩ですか」

「萩原朔太郎さ。『青猫』に収録されている「黒い風琴」という詩だよ。中ほどにはこんな箇所もある――。

ああこのまつ黒な憂鬱の闇のなかで
べつたりと壁にすひついて
おそろしい巨大の風琴を弾くのはだれですか
宗教のはげしい感情　そのふるへ
けいれんするぱいぷおるがん　れくれえむ！　……

本書を念頭に置いて読むと、まるで犯行場面の描写のように見えてこないかい。大聖堂の闇の中に地鳴りのごとく響いたパイプオルガンの重低音は、バトラー牧師に捧げられたレクイエムでもあったわけだ。もしクリスピンが日本語を解してこの詩を読んでいたら、きっと本書のどこかで引用したくなったに違いないと思うんだがな。朔太郎の詩には探偵小説的な雰囲気が濃厚なものも少なくないから、その気になって探せばエピグラフに使えそうな詩句でいっぱいだよ」

「これはたしかに面白い暗合といえますね。クリスピンは言語学の専攻でしたが、まさかほんとに日本語が読めたわけじゃないだろうな。――あと、ミステリがらみでは『月長石』についてのコメントがあって、これはなかなか鋭い指摘でした」

「フェンのアプルビイへの鞘当てには笑わされたな」

「牧師寮の蔵書リストはお遊びでしょうが、黒魔術研究家の書棚の描写はストーリーにも密接に関わってきますね。〈怪奇趣味〉としては、その書斎でジェフリイが読むサーストン主教の日記が圧巻です。カーの『プレーグ・コートの殺人』の「黒死病日誌」を思わせるような――」

「あるいは、M・R・ジェイムズの短篇が一つそこに

埋め込まれているような。『金蠅』でウィルクス先生が物語る幽霊話もそんな感じだったが」

「『マグナス伯爵』の名も出ていましたね。魔女裁判ないし主教が弄んだ娘の話をフランシスの魔女的性格に結びつけようとしているみたいですが、これはちょっと強引ですよね」

「まあね。でも、さっきも言ったように怪談が不可能犯罪の弱点をカバーしている部分もあるから、うまく物語にとけ込んでいると思うよ。ブルックスのうわごと『ワイア。宙吊りの人――ロープ。うごく墓碑』――なんてなかなか雰囲気を出してるじゃないか。黒ミサがスパイ活動の一環をなしていたりといった結びつきもあるし」

「必ずしも浮き上がってはいないということですね。〈ドタバタ喜劇〉についてはどうですか」

「開巻早々デパートで一騒動やらかしてくれているが、この場面はマルクス兄弟の、その名もズバリ一九四一年の『デパート騒動』(The Big Store)にヒントを得たものに違いない。音楽家が殺し屋に付け狙われたり、デパートの各売場で騒ぎが起きるシーンがあったから、影響関係は明らかだろう」

「スポーツ用品の売場も出てくるんですか」

「それはなかったようだが、グルーチョら兄弟が商品のローラースケートをはいて店内を駆け巡るシーンもある。あと、エレベーターもうまく使われていたな。そうそう、ドタバタとは関係ないが、このデパートの場面のある箇所に僕はカーの『曲った蝶番』のエコーを聴き取ったんだが、君はどうかね」

「これと似た場面なんて『曲った蝶番』にあったかなあ」

「本書二十一頁、フィールディングが階下の売場主任から『階上でなにをやらかしたんだ!(What the devil are you doing up there?)』と怒鳴られるところがあるね。『曲った蝶番』の第二部の終りで、心神喪失状態のメイドを看護していた医師が言うセリフが『上の連中、なにをしたんじゃ?(You devil up there, what have you done?)』。どうだい、似てるだろ。進行形と完了形の違いはシチュエーションの差によるのさ」

「似てるといえば似てますけど、そんなの特別意味があるわけでもない、ごく当たり前のセリフでしょう。たまたま似ただけのことじゃないですか」

「普通はそう考えるところなんだが、クリスピンが初めて『曲った蝶番』を読んだときのことを回想した文章の中で特にこのセリフを引用していたとなると、事情は変わってくるだろう。本書でそれと似たセリフを書くことになったとき、作者の頭には必ずや思い出深い『曲った蝶番』のその場面がよみがえっていたに違いないと思うのさ。少なくとも、そんな想像をしながら読んだ方が楽しいだろ?」

「読み方は自由ですがね。あと、ドタバタとしては、エピソードとして語られるだけですが、フェンがつかまえた特大の蝗が主教さまのスープ皿に飛びこんだ話とか、終盤、フェンが牧師寮の部屋に隠れていたジェイムズに殺されかけたとき、戸棚からハチの大群が現れた場面などもそれに数えていいでしょう。いささかグロテスクではありますが」

「捕虫網もなしにどうやってそんな大量のハチを集めたのかは謎だがね。昆虫採集はフェンにとって純粋な趣味で、ハタメイワクにこそなれ何の有用性もないはずのものなんだが、時には趣味が命を救ってくれることもあるわけだ。無用の用、アマチュアリズムの勝利だね。ただ、クリスピンは自分ではあまり昆虫採集などしたことがなかったのじゃないかな。というのは本書に、夜の道でトンボの姿を見かける場面があるんだが(二百二十二頁)、トンボは夜行性じゃない。『日の盛り細くするどき萱の秀に蜻蛉とまらむとして翅かがやかす』(北原白秋)と詠われるくらいのもので、昼間活動する昆虫なのさ。『♪あーおいおそらをとんだから〜』という歌もあっただろ。もっとも、トンボは英語でdevil's darning needle(悪魔のかがり針)とかwitch's needle(魔女の針)とかいう別名もあるくらいで、欧米では不吉な、気味の悪い虫と考えられているようだから、夜のイメージがつきまとっているともいえるんだが」

「ここで昆虫の話をしていてどうなるんです。そろそろまとめにかかってくださいよ」

「人生も文学もそんなきれいにまとめられるものじゃないんだ。いいじゃないか、尻切れトンボで」

☆☆☆

国書刊行会(2004)

クリスピン『Frequent Hearses』ご紹介

初出：「ROM」第118号（2003年9月）

オックスフォード大学英語英文学教授にして素人探偵のジャーヴァス・フェンは、ある映画会社の依頼で、詩人アレグザンダー・ポープの生涯に取材した映画の文学的考証面でのアドヴァイザーをつとめていた。

ある朝、フェンがヘンリー・ジェイムズの『使者たち』を読みながらスタジオに続く道を歩いていると、後ろから来た車が傍らに止まり、スタジオへの道を尋ねた。見ればスコットランド・ヤードのハンブルビー警部で、『お楽しみの埋葬』事件以来の再会である。

昨日の深夜、一人の若い女性がウォータールー橋の上から身投げをした。乗っていたタクシーを途中で止めての出来事で、初めタクシーに告げた行き先は彼女の下宿だったが、前日越してきたばかりで誰も彼女のことを知る者はなかった。しかも、下宿の部屋は警察が行く前に何者かに荒され、身元を示すような物はすべて持ち去られていたのだ。

警察は新聞に彼女の写真をのせて情報を求めたところ、某映画会社の社員から彼女を知っているという通報があった。そこでハンブルビー警部はスタジオに向かっているところなのである。

通報者のミス・フレッカーは音楽部門の事務担当者で、身投げした女性と特に親しかったわけではないが、警部とフェンに一通りの情報を提供することはできた。自殺したのはグロリア・スコットという十九歳の駆け出しの女優で、フェンの関わっているポープの映画で端役をもらえることになっていた。その名は芸名であるらしかったが、本名を知る者は誰もなく、身寄りの存在も知られていなかった。

検死によりグロリアは妊娠三か月であったことが分かった。彼女は高慢な性格で友人らしい友人もいなかったが、魅力的な容姿の持主で、カメラマンのモーリス・クレインと、主演のポープ役の俳優スチュアート・ノースの二人から言い寄られていた。三か月前にはスチュアートはアメリカで仕事をしており、かつ、モーリスが彼の母の屋敷にグロリアを招いていた事実があったので、子供の父親はモーリスに違いないものと考えられた。

モーリスのきょうだいに女優のマッジ・クレインと映画監督のニコラス・クレインがおり、二人とも今回のポープの映画に関わっていた。マッジはポープの相手役のヒロインを演じることになっていたが、実生活でもスチュアートに恋しており、グロリアの存在を快く思っていなかった。ニコラスは、以前一緒に仕事をした経験からグロリアに好意をもっており、彼女がポープの映画に出演できるよう取り計らったのも彼だった。

グロリアは、一昨日の夜、他の関係者とともにニコラスの誕生パーティに出たが、それが終わって帰宅する途中で突然自殺したのだった。映画界での成功を激しく望み、端役ながら今回の仕事をとても喜んでいた彼女には、自殺する理由など考えられなかった。たとえ妊娠が障りになったとしても、躊躇なく子供を堕ろしていただろうに……。

ハンブルビーの捜査への同行を中断して、フェンは本来の目的の、映画の脚本の検討会議に参加した。脚本は小説家のエヴァン・ジョージが書いたもので、フェンはあまり気に入っていなかったが、何度かの手直しの後どうやら了承されそうになっていた。会議の終わり近く、出席していたモーリス・クレインが突然席を立ち、まもなく戻ったかと思うと戸口で苦しみだし、そのまま死んでしまった。

捜査の結果、モーリスが常用している薬の中に毒物が混入されていたことが分かった。この殺人は、グロリアの不可解な自殺と関係があるのだろうか。一つ考えられるのは、何らかの理由でグロリアのために復讐を図ったということだ。グロリアの身元の隠蔽工作も、彼女とのつながりを隠そうとする犯人Xのしたことではなかったのか。

そうこうするうち、ある後ろ暗い事情から、ニコラス・クレインがマッジにあてた手紙が赤新聞に公表されることになった。その文面は、ニコラスとマッジが共謀してグロリアを罠にはめたことを物語るものだった。モーリスの死が復讐者Xのしわざであったとすれば、次なる標的はニコラスとマッジになるのではないか……？

――と、中ほどまでの筋を紹介してみたが、このあと、実際にニコラスとマッジの命が狙われることになる。が、それが復讐者Xのしわざかどうかは、もちろんここでは明言できない。あるいは、クレインきょうだいが死に絶えることによって利益を得る人物がいるのかもしれない。あるいは、……。そこは読者諸兄姉がご自分で見届けていただきたい。

一九五〇年発表のクリスピンの第七作だが、それ以前の六作とはがらりと作風が変わっている。本書の次の作『永久の別れのために』を読まれた方は、同書の雰囲気を思い浮かべていただければよい。

一番目につくのは、クリスピンの一般的作風を特徴づけるところのユーモア――往々にしてファースにまでエスカレートするそれが、あまり感じられないことである。クリスピン一流の文学的ジョーク――冒頭フェンがヘンリー・ジェイムズを読んでいたのに対してハンブルビーは「麻薬だな。お産のとき麻酔薬代わりに使えるかもしれない」などと言ったりする――や、何人かの人物についての諷刺的な描写などは見られるものの、ユーモアたっぷりの前作『お楽しみの埋葬』などと比べると、まるで別人の作のように思われるほどである。

その代わりに印象的なのはサスペンスである。『永久の別れのために』でも、ヒロインの女医がじわじわと追い詰められていく過程などにそれが感じられたが、本書でも、物語の後半、ミス・フレッカーがクレイン家の屋敷に造られていた迷路の中で犯人と追いかけっこをする場面などは相当にサスペンスフルで、クリスピンの新たな一面を見る思いがする（この迷路の場面にはM・R・ジェイムズの影響も強く出ているから、その限りにおいては昔ながらのクリスピンだが）。

ミステリとしての組立についていえば、『お楽しみの埋葬』あたりから変わってきたように、謎の構成には無理がなくスッキリしている（ただし犯人の犯行方法については、いささか疑問もある）。また、謎解きの論理についても、その提示方法が変則的なので不満を感じる読者もいると思われるが（小林晋氏が「読者に対してフェアな作品ではない」と言われているのはそのためか？）、少なくとも最後にフェンの口から語られる犯人特定の論理は明快で、筆者はその点に感心してしまった。謎が解かれた後に浮かび上がる背後の物語は悲劇的な色調を帯びており、特にグロリア・スコットの短くも不幸な生涯には胸を突かれるものがある。

全体として、読んで損はない、シブい佳作という印象である。筆者は『永久の別れのために』も面白く読んだので、作風転換後、作者がこの路線を二作だけで絶ってしまったのはとても残念なことに思われる。

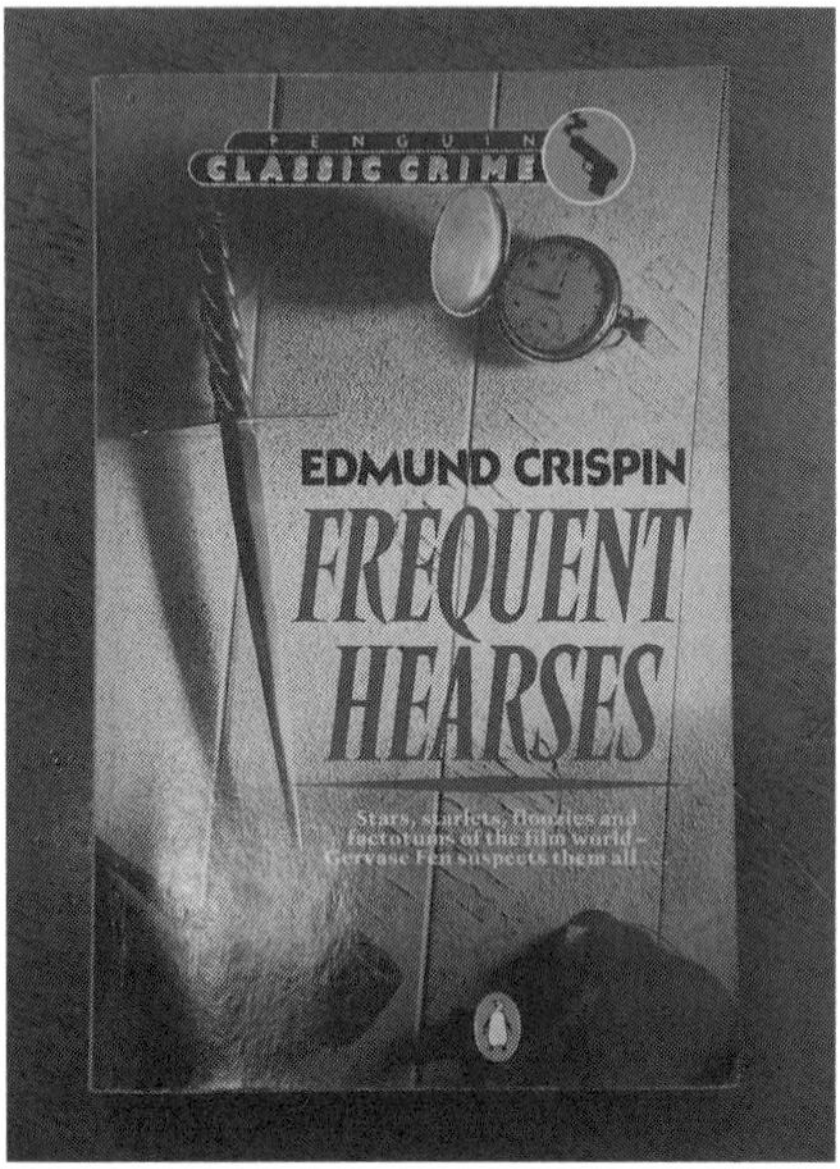

Penguin (1982)

クリスピン
『The Glimpses of the Moon』
ご紹介

初出：「ROM」第118号（2003年9月）

エドマンド・クリスピンの長篇第九作にあたる本書は、極上のユーモア・ミステリである。前作『永久の別れのために』が一九五一年に出てから二十六年ぶりに発表されたものだが、その翌年に作者は五十六歳の若さで亡くなり、この復帰第一作が遺作となってしまった。

オックスフォード大学英語英文学教授にして素人探偵のジャーヴァス・フェンは、サバティカル・イヤー（七年毎の休暇年）を利用して現代英国作家論を書くために、デヴォン州のある村に一人で家を借りて暮らしていた。

村では、しばらく前に猟奇的な殺人事件が発生していた。農場主のラウスという男が、首なし死体で発見されたのである。しかも、両腕両脚も切断され、腕は脚の、脚は腕のあるべき位置に置き換えられていた。そして、頭部は、ラウスと親しくしていた某夫人宅の食堂に一度出現した後、小さなイカダに乗って川を流れているのが見つかった。

もとラウスの農場で働いていたハグバートが犯人として逮捕された。彼は、動物いじめが趣味のラウスに激しい憎しみを抱いていたのである。

また、その事件の数か月前には、男との浮名が絶えなかったメイヴィス・トレントという女が、川に落ちて溺死するという事件も起きていた。現場の状況には殺人を疑わせるものもあったが、確実な証拠は何もなく、インクエストでは事故として処理されていた。

ラウス事件から二か月ほどたったある日、フェンが村で親しくなった退役軍人の大尉と居酒屋にいると、パドモアという新聞記者がやってきた。彼はラウス事件を題材に本を書いているところで、現地の関係者に取材に来たのだ。とりあえず居酒屋にいた少々頭のおかしい老人にインタビューしてみると、事件当夜、まさに殺人の行なわれた時刻に、老人はハグバートと話をしていたという。それでは、ハグバートは犯人ではなかったのか？

フェンと大尉もパドモアと行をともにして関係者のインタビューを始めたが、老人の証言を真っ向から否定する者もいて、結局はっきりしたことは分からずじまいだった。

その日はちょうど、毎年の恒例行事である村の教会のお祭りだった。近隣からも人がつめかけて賑わう中、新たな事件が発生した。

祭りの出し物の一つ、「ボッティチェリの名画」を見せるという触れ込みのテントの中で、またもや首なし死体が発見されたのである。腕と脚もやはり切断されていたが、今回は頭部のほかに腕も一本見えなくなっていた。

検死の結果、首は十二時間前すなわち昨夜遅くに切断されたが、腕と脚はわずか一～二時間前に切られたものであることが分かった。

一～二時間前といえば、まさに祭りの最中、人々が周囲を埋め尽くしていた時間帯である。そのテントには一人ずつ、十分間しか入れなかったから、入れ替わりテントに入った十人ばかりの人間の中に犯人がいるのか？しかし、人間の腕のような大きなものをテントから持ち出した者は誰もいなかった。いや、牧師が持ち歩いていたクリケット・バッグになら隠せたかもしれないが……。

その日の夕方、前夜切断されてから行方不明になっていた首も、思いがけない場所（実際これにはギョッとさせられた）で発見され、警察に回収された。しかし、顔面はめちゃくちゃに損傷され、これから身元を割り出すことはきわめて困難だった。

容易ならざる事件の展開に、ラウス事件も担当した地元のウィッジャー警部のほか、州警察からリング警視も派遣されて捜査にあたることになった。しかし、被害者の身元すら判明しない状況では、手のつけようがない。損傷された頭部が少しでも復元可能であれば大いに捜査に役立つので、翌日の夜、変死体のエキスパートである検死医のジョン卿のもとに首を届けることになった。

ところが、その首も何者かに奪い去られてしまったのだ。この失態に州警察本部長はカンカンに怒り、リングらに事件解決まで一週間の期限を申し渡す。

徒労の一週間が経過しようとする日、疲れきったウィッジャー警部は、フェンにすべての事情を打ち明けて助けを求めた。フェンが被害者の身元の捜査方法についてアドヴァイスすると、警部の目には希望の光が宿るのだった。……

物語の三分の二くらいまでの粗筋をまとめてみたが、これのどこが「ユーモア・ミステリ」なのかと疑問を抱かれるかもしれない。それどころか、陰惨きわまりない話なのではないかと。実際、バラバラ死体一つとってみても非常にグルーサムで、こんな話にユーモアを感じるのは悪趣味だと非難されかねない。

もちろん筆者とて、この血にまみれたプロット自体を面白がっているわけではない（むしろスプラッタの類は大嫌いである）。愉快なのは、何がどうしたという粗筋では表現しきれない部分――どの一人をとっても個性的な登場人物たちの性格、彼らが織り成す喜劇的状況、それらを描く作者の筆づかいなどであり、それらの印象が強烈で、事件の陰惨さを覆って余りあるのである。

特に、物語の残り三分の一は、クリスピン得意のスラプスティック・コメディが前面に出てきて、大小のドタバタが波状攻撃で押し寄せる。その執拗なまでの狂騒は、過去の諸作のドタバタ場面を総動員してもかなわないほどである。

ここに繰り広げられるのは単純素朴な笑いだけではない。警察のいささか間の抜けた捜査ぶりを描く筆致にはかなりの毒が感じられるし、その毒は多かれ少なかれ登場人物のすべてを侵してもいる。また、リングとウィッジャーが検死医に届けようとする首を、新聞記者に奪われまいとしてラグビー・ボールよろしくパスする場面があるが、こうしたグロテスクなユーモアには辟易する方もいるだろう。一度も顔をしかめることなくこの作品を楽しむには、「死をも笑う」一回り大きなユーモア感覚が必要であるかもしれない。

ユーモア・ミステリといっても、本書はミステリとしての仕掛けの部分もおろそかにはしていない。読者が与えられたデータに基づいて犯人を推理できるという書き方にはなっていない（本書のプロットでは、それは難しい）が、最終章での事件の解明は、それまでの伏線の網をすべて引きしぼって興味深い事件の真相を提示している。特に、章名にもされている Chesterton Effect ——チェスタトン流の逆説を土台にした解明の論理は、ミステリの醍醐味を十分に味わわせてくれる。ジョイス・ポーターの某有名作における死体の切断に重要な意味があったように、本書におけるバラバラ死体も無意味にバラバラにされていたわけではないのである。

全体として見て筆者には大変満足のいく作品であり、『消えた玩具屋』『お楽しみの埋葬』とともに（あるいは、それらを超えて）クリスピンのベストに数えてよいと思う。本書が、四半世紀の沈黙ののちに一段とたくましい筆力と構成力を身につけて帰ってきた作者の「白鳥の歌」となってしまったのは、返す返すも残念なことである。

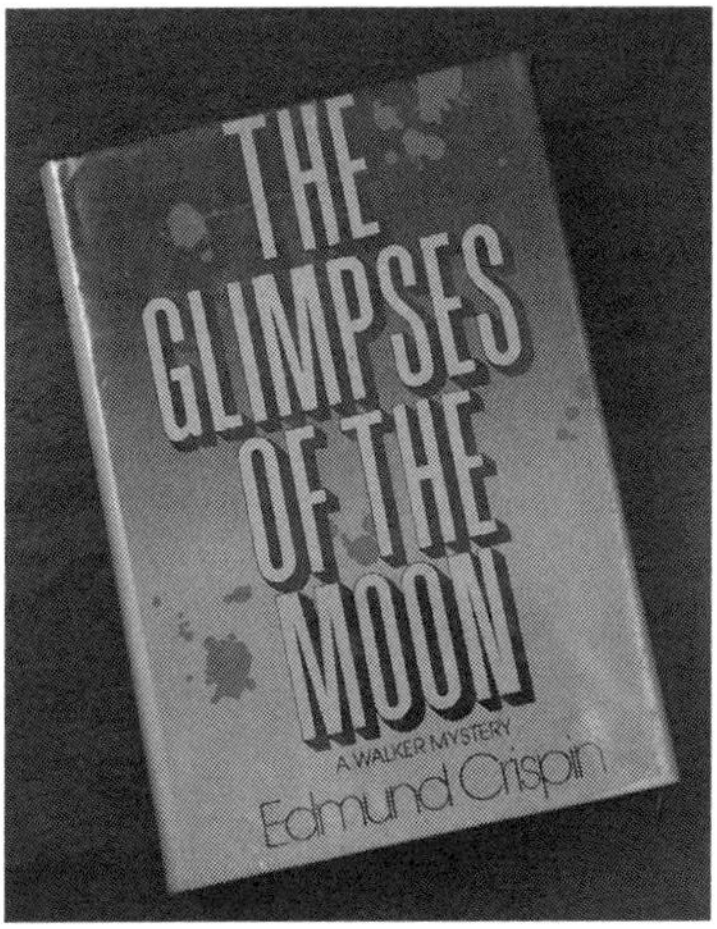

Walker（1977）

［付録］

探偵小説に魅せられた50（マイナス5）年
——真田啓介インタビュー

（インタビュー構成／土方正志（荒蝦夷））

初出：「Re-ClaM」Vol.9（2022年11月）

生い立ちから

昭和三十一（一九五六）年二月十四日生まれ。六十六歳（二〇二二年十一月現在）です。生まれたのは東京阿佐ヶ谷の病院だったらしいです。父親は会社員で転勤族、母は専業主婦でした。父が勤めていたのは日商岩井のグループ会社みたいなところで、チェンソーとかワイヤーロープなど林業関係の資材を扱っていました。全国あちこちに支社や営業所があって、仙台に落ち着くまでに七回くらい引っ越ししています。仙台に来たのは私が小学校三年の三学期。父親はそのあとも単身赴任で転勤を繰り返しましたが、家族はそれから仙台を動きませんでした。仙台は母の故郷なんですよ。

小学校は向山小学校。仙台市内の山側です。虫取り少年でした。きっかけは、夏休みにデパートで「世界の昆虫展」みたいなのをやっていて、そこでカブトムシとかクワガタに魅せられた、魂を掴まれた（笑）。六〇年代半ばくらいの向山は、すでに住宅地として開けてはいましたけれど、まだまだカブトムシとかいましたね。夜、街灯に集まる虫を朝早く起きて拾いに行ってました。東北放送とか八木山の道路沿いを歩きながら採っていた。適当に山があったんで、そこから飛んでくるわけです。昆虫採集っていうと健康なイメージですけど、朝早く起きて街灯の下を歩きまわってるっていう感じです。昆虫採集は小学校高学年から始めましたけど、いちばんよく行ったのは中学時代かな。

小学校ではほとんど本を読みませんでした。活字の本は二冊だけしか読んだ記憶がない。誕生日に友だちがプレゼントしてくれた『小公子』とディケンズの『オリバー・ツイスト』です。二冊とも子ども向けにやさしくリライトしたやつです。この二冊は繰り返し読んで、読むたびに感動して泣いてました（笑）。どうしてその本を友だちがくれたのかわからないんだけど、あの子、本好きだったのかな。おかげで面白く読んだのに、ほかの本に手を出す気はまったくなくて、あとは強いていえば『ファーブル昆虫記』とか昆虫図鑑とかは図書室で眺めていました。ほら、虫好きだから。

本といえば、活字よりもマンガでした。浴びるように読みました。『鉄人28号』とか『鉄腕アトム』の連載をリアルタイムで読んでいた。ロボットの次は水木漫画の妖怪です。小学校六年生のときに「週刊少年マガジン」の鬼太郎似顔絵コンテストに投稿して、水木先生に褒められたのが自慢です。そのころは石森章太郎の『漫画家入門』とか買って、漫画を描く真似事とか始めてたんですよ。ペンとインクとかもそろえて。そうしてたところに募集があって。石森章太郎が地元の漫画家だってその時は全然知らなかった。あとはやっぱり怪獣ですね、「ウルトラQ」とか「ウルトラマン」のリアルタイム世代ですから。「ウルトラQ」は私が小学校五年くらいのころかな。「ウルトラマン」が始まったときは「ウルトラQ」より落ちるななんて思って見ていましたよ。

中学校に入ると、漫画はパタッと読むのをやめました。「マンガって子どもの読むものだ、中学生はもう子どもじゃないから読むのやめなきゃ」みたいな。親からもそれらしいことをいわれて、ほんとに素直な優等生だったものですから、そうか、なるほど、と。あのころは世間的にもそんな意識があったのは確かですけれど、ちょっと私のマンガ好きも行きすぎていたかもしれません。小学校高学年で三大少年マンガ誌「サンデー」「マガジン」「キング」を毎週欠かさず買っていたんです。ところがそれがある日みんななくなっていて、母に「あれみんなクズ屋に出したよ」っていわれて、ものすごいショックを受けたんですけど、「マンガにばっかり夢中になっていて、この子はだいじょうぶか」と、親も心配してたんだと思うんですよ。

あ、そういえばこんなことがありました。両親もまったく本を読む人たちじゃなかったんだけど、いっぺんだけ小学六年生だったかな、本屋に強制的に連れていかれて、なんでもいいから買いなさいっていわれました。もちろんマンガ以外ですよ。そこで、興味もないのに偉人の伝記全集を買ってもらいました。たぶん、これ読んでない（笑）。いま思えば、親がそこまでしなきゃと思うくらいマンガばっかりで本を読んでなかった。

活字の本を読むようになったのは、中学生です。それでもそんなに読書に夢中な「本の虫」ってイメージじゃありません。最初はホームズだったのですが、これはマンガ繋がりです。「鉄腕アトム」にホームズをモデルにした探偵が出てくる話があって「なんだ、このホームズって」と手に取った。あと、そのころ旺文社文庫が創刊されたんですよ。あれはなんだったのか、学校の共同購入みたいのがあってね。みんなで好きな旺文社文庫を注文しなさい、みたいな。あのころ、旺文社って学年誌とか入試関係の本とか出していて、学校や親のウケがよかった。みんな申し込んでいるので僕もなにか買わなきゃと、いちばん面白そうな『黒猫・黄金虫』を買ったら、これがたまたまポーだった。中学校のクラブ活動はブラスバンドです。トランペットを吹いていましたけれど、中学時代だけですね。スポーツ関係は一切なにもしませんでした。

あと、クイーンに出会ったのも中学生です。夏休みに旅行に出かけるときになにか読むものが欲しかった。父の実家が長野だったのですが、そこに行くときだったんじゃないかな。東北新幹線などない時代、ほとんど一日がかりの旅ですから、列車で読む本ですよね。本屋に買いに行ったら、たまたまクイーンの「XYZ」三部作を手に取ってためつすがめつしている美少女がいたんです。彼女が本屋さんにたたずむ姿がすごい絵になっていて、タイトルもなんだか大人っぽい感じがして、この本、僕も読んでみたい、と。動機が動機だったからか、このときは結局、三部作止まり、あとは続きませんでした。

本格的にミステリに目覚めたのは高校時代になります。私、学校の成績はずっとよくて、高校も宮城県では難関の仙台一高だったのですが、ミステリを読むきっかけは乱歩、それもポプラ社の子ども向けのシリーズだったんです。子どもっぽいのはイヤだとマンガをやめたのに、進学校の高校生が「少年探偵団」です。なんだかおかしいですよね。それまでウチにそのテの本がまったくなかったんです。ところが弟が友達から借りてきて読みはじめた。どれどれと横から手を出したら、これがやたら面白い。新鮮でした。やがて子ども向けに飽き足らなくなって春陽文庫の乱歩をすべて読破しました。ちょうどそのころ講談社が全十五巻の全集を出していたんですよね。春陽文庫に入っていなかった『幻影城』や『探偵小説四十年』はこれで読んだ。そこで一気にミステリの知識が広がったんです。ミステリに関する文章を読む面白さを知ったといえばいいかな。ここでいまに繋がる下地ができたんだと思いますね。

小説に関しては乱歩から創元推理文庫のカーを読んで、やっぱりおもしろかった。あとはクリスティーとか、なぜかフレドリック・ブラウンも好きでした。ポケミスやミステリマガジンは知ってはいましたけれど、自分にはまだまだ遠い存在でした。これには本屋さんの環境もあったのかもしれません。町中の大きな本屋さんに行けばいろいろとありましたけれど、中学や高校の通学路にあったのはほんとの町の本屋さんです。かろうじて並んでいたのが創元推理文庫だった。ハヤカワ・ミステリ文庫はまだ出ていませんでした。

東北大学へ

仙台一高では勉強はそれなりにしたので、成績は悪くなかったです。勉強は好きってことはないけど性格的に与えられたものはきちっとこなすタイプなんです。好き嫌いじゃなくてやらなきゃいけないと思ってやっていたわけです。あまり意識はしていなかったのですが、社会に出てから「そうか自分は勉強が好きだったんだ」と気がつきました。ただ、英語とか国語ばかりで、数学は一貫してできなかったですね

それと、高校時代に書いているんですよねえ、小説。旺文社の学年誌『高二時代』の小説コンテストで「がま」と題した短編で二等入賞しています。ほら、あのころあった挟み込みの別冊小冊子に掲載されました。ミステリじゃありません。それこそ「がま」の視点から描いたオチのあるコント風の物語で、がまが主人公なのは虫好きの名残りかな（笑）。芥川をちょっと読んでいましたから、その影響もあるかもしれません。

小説を書いて投稿していたなんて、すごい文学青年だったみたいな印象かもしれませんけど全然そんなことはなかったんです。なんでこんなの書いたのかいまや自分でもよくわからない。掲載誌の頁の余白に「この話は半年前から頭にあって書こうと思いながら果たせないでいた。春休みを利用して一応書いてみたがやはりまだ筆足らずの感は否めない、だがそれはそれとして今は入選を喜びたいと思う」なんてメモがあります（笑）。そういえば、これが出たので、文芸部の雑誌になにか書けっていわれて書いた記憶があります。

高校を卒業して東北大学法学部へ進んだのは一九七四年です。ただ、法学部は別に志望したわけじゃなかった。自分がなにをやりたいのかが全然わからないままに受験を迎えてしまって「偏差値でいけばお前はこのくらいだからここだな」って先生にいわれるままに素直に従っただけでした。主体性がなかったですねえ。いま思うと文学部にでも進んでそっちの道を極めたらよかったんじゃないかみたいな気もするけれど、当時はそういう意識は全然ありませんでした。大学は学生運動がまだくすぶっているころでした。騒いでる連中がいましたね。僕はまったくノンポリで、関心なかったですね。

それどころか法学部の勉強にも関心が持てなくて、まったく面白くなかった。最低の単位のための勉強しかしなかった。自分がなにをやりたいのかがずっとわからなかったんです。やる気のない無気力な学生でした。大学は一年留年しています。自主的に留年した。成績優秀でここまでスムーズに来たんだから、一年くらいゆっくりする時間があってもいいよなって、モラトリアム期間を一年予約してみた。一年くらい好きな本を読んでくらしたいなって気持ちもありました。当時の法学部は四割くらいの学生が留年してたんですよ、司法試験のためですね。だから留年そのものはめずらしくなかった。ただ、教務課に出した留年届に、留年の理由を「古典を読むため」とかって書いたら呼び出しをくらって怒られました。「これはなんだ、こんな学生いないよ」って（笑）。

大学に入ってからは本を読む量がぐんと増えました。ミステリなら創元推理文庫からポケミスまで、手当たり次第に読みました。カーが好きになって読みたいんだけど、そのころ新刊が出ていなくて、古本を漁り始めた。これでだんだん深みにはまっていったんですね。ミステリ以外も読みました。好きだったのはあのころ「第三の新人」と呼ばれていた吉行淳之介とか安岡章太郎とかを読んでいました。ミステリと純文学の二本立てです。

神保町へ遠征に行くようになったのも大学に入ってからです。仙台にも古本屋はありましたが、なかなかめずらしいモノは見つからない。それなら神保町へ行ってみよう、と。そんなにお金もなかったので年に一回か二回くらいでしたけどね。古本屋めぐりはほとんどミステリ関連でした。純文学は新刊で間に合ってたんで、古本を漁るのは、たとえばカーとか、ミステリばかりでしたね。

カーの場合、本が手に入らなかったというマイナスの要素のためにそのボルテージが上がったところがあります。同じころにバークリーにも惹かれました。アイルズ名義を含めて創元推理文庫の四冊しか読めなかったんですけど、それを大学時代に立て続けに読んで、これはすごい作家だと思った。だけど、ほかに本が全然なかった。あとはイギリスの古典的な本格作家はたいてい読んで面白かったですね。ノックスとかクリスピンの本もあまり手に入らなかったけれど、ほかとは違った熱度で読みました。このふたりは特別に好きになりました。

「謎謎」から「書斎の屍体」へ

サークルは文芸部でした。やっぱり書いているんですよ。文芸部の「異土」って同人誌に、短編小説や詩まで、盛んに書いていています。なにか書きたい気持ちがあったんでしょうね。ミステリっぽいのもありますが、こちらはどちらかといえば私の純文学志向が出ているかな。詩に関してはね、実は私の若いころの読書傾向は、ギリシャ哲学と詩とミステリの三本柱だったんです。大学から就職してしばらくくらいの間ですね。詩は昔から好きでした。国語の教科書に出てくるような名作はほとんど暗唱できるくらいでした。それが深まったのは大岡信さんの本との出会いです。朝日新聞に『折々のうた』の連載が始まったんですよ。毎日それを読んでいるうちにおもしろくなって、さらに同じころに大岡さんの『四季の歌恋の歌』が出た。古今和歌集の入門書です。この本が決定的でした。おかげで和歌に開眼して、日本の古典詩歌の世界にハマって、これはずっといまに続いています。ギリシャ哲学にハマったのは『ソクラテスの弁明』を読んで感動したんです。プラトン全集も、若いころにほとんど読みましたよ。

ミステリ関係では学外の同好サークル「謎謎」に参加していました。宮城県図書館に勤めておられた萱場健之さんってすごいミステリマニアの人がいて、最初はその人が「探偵小説図書館通信」なる個人誌を出していたんです。それが大学生協にあった。仙台でこんなのを出してる人がいるんだと思って連絡してみたら、ちょうど萱場さんが「謎謎」を立ち上げるところだった。そこで僕も仲間に入れてもらったわけです。ミステリ関係の仲間があまりいなかったもので、ほかの人たちと繋がりたいと思ったんでしょうね。「謎謎」はやがて同人誌「謎謎」を刊行したり、メンバーも最初は十人もいなかったのが、最盛期には二十人から三十人くらいになりました。現仙台市広瀬図書館長の菊池雅人さんもそのひとりでした。

ただ、この「謎謎」はミステリのサークルではありましたけれど、いわゆるミステリマニアが集っていたわけではなく、ミステリを媒介にした社交サークルみたいな傾向が強かったんです。「ミステリを楽しむ」よりも

「ミステリで楽しむ」みたいな感じでしょうか。そこが僕にはちょっともの足りないところではあったんですけれど、仲間ができたのは楽しかったですね。実は妻と出会ったのも「謎謎」です（笑）。

それでも、私がもの足りなかったところをなんとかしたいと。ミステリをもっと本格的に論じたかった。そこで、一九七八年の第三回「幻影城」新人賞の評論部門に挑戦しました。「謎謎」仲間のひとりが第二回に出して、そこそこいいところまで残ったんですよ。それに刺激を受けて、よし、やってみよう、と。「ジョン・ディクスン・カー論　華麗なる偏見を守りし者」と題した三十枚くらいの評論を書いて送りました。第一次予選は通過したのですが、最終選考までは行きませんでした。ただ、選評で大内茂男さんにコメントをいただけて、うれしかったですね。とはいえ、書きはしましたが、評論活動で食べて行きたいなんて幻想はなかったです。あくまで趣味の領域でやれればいいな、と。

それが個人評論誌「書斎の屍体」に繋がったわけです。「書斎の屍体」を出したのは大学を卒業して数年たってからです。この「書斎の屍体」がきっけで小林晋さんをはじめとしたほんとうのマニアの人たちとの繋がりが開けてきたわけです。「謎謎」仲間の菊池さんには「なんだよ、ひとりでこんなの出して」みたいにいわれましたけどね。まあ、そのあと彼には私たちの結婚式の司会をしてもらいましたが（笑）。

ミステリマニアの仙台市職員

話が「書斎の屍体」まで飛んでしまいましたが、この前に東北大学を卒業して、公務員として仙台市役所に入りました。かつては民間企業に入ると夜のつきあいも仕事のうちとか、そんな文化があったでしょう。私は当時は酒がほとんど飲めなかった。これは遺伝かな、父も飲めない人でした。大学の新歓コンパではじめての酒に意識を失って、目が覚めたら警察署のトラ箱にいたなんてこともありました。変な話ですが、酒が飲めなかったっていうのが就職にもかなり作用しましたね。下戸が酒を無理に飲まなきゃいけない苦痛っていうのは大変なものなんですよ。酒が思うように飲めないっていうところで進路もかなり制約されました。だから酒席なんてとんでもない、おまけに自分の時間もないような生活をとってもする気になれない。あと、父を見ていて転勤であちこち動くのが嫌だったから、それじゃあ地元の公務員がいいかな、と。消去法ですね。家族とか親戚からは顰蹙でした。せっかく東北大を出たんだから、どうせなら国家公務員くらい狙えばいいじゃないかってわけですね。僕はその気がなかったんで黙ってました。酒に関しては市役所ですら最初のうちはかなりつらい思いをしましたけれど、上司に誘われても一切断るという態度をとり続けた結果、あいつは誘ってもダメだということになって助かりました。

ミステリに関して一気に熱量が上がったのは社会人になってからです。なにせ自分で稼ぐようになったでしょう。おまけに結婚前で実家住まいだったから経済的に余裕があった。給料の半分くらいは本に注ぎ込みました。三十一歳で結婚してからはそれほど無茶はできなくなりましたけど、二十代で年間でいえば百五十万くらいは本に使っていたかな。

実家住まいは経済的には楽だったのですが「お前、また本を買って来たのか」と、両親に折に触れてちくちくいわれる。「なんだか殺人とか死体とかそんな本ばっかりだなあ、あんまり人には見せられないなあ」なんて（笑）。なんとかそれを回避するために古本屋さんから本を職場に送ってもらってちびちびと少しずつ持ち帰っていました。いちど持ち込んでしまえば本が増えてもなかなか両親にはわからない。まとまって家に荷物が届くとまずいけど。

ミステリの読書領域も広がりました。もちろんメインは本格ものの古典でしたが、ハードボイルド、警察小説、サスペンス、古典だけでなく現代作家まで、全般ですね。ただ、本格以外のジャンルはだんだん飽きてきた。読んでもあまり面白いと思えなくなって、やっぱり古典がメインになりました。

社会人三年目に一年間の研修に霞が関に出ました。当時の自治省に派遣されたんですね。神保町に通えるのがとにかくうれしかった。一年間で千冊を購入して、二百万円くらい使っちゃった。どうかしてますよね（笑）。もちろん仕事も浴びるくらいしていましたよ。研修といっても実際は実務の下働きですから月百時間以上残業してました。東京でめいっぱい働いて仙台に帰ってきた。ここらで少し思い切って好きなことをやってみようと。なにをやろうって考えて、自分の雑誌出してみよう、と。これが個人誌「書斎の屍体」でした。一九八四年と一九八五年に二冊を出しています。

実は「書斎の屍体」の前から「探偵小説の愉しみ」と題したノートを作っていました。読んだ本の感想ノートですね。大学ノートに、結構、細々と詳細に書いています。やたらと読んでいたわけですが、それだけじゃもったいないな、と。評論的な感想的な文章を書き連ねています。あと、ミステリ関係の気になった新聞記事を切り取って貼り込んだりもしています。このノートがどんどん溜まってきたものですから、これを基にして誰かに読んでもらいたくなったところもありました。

ただ、個人誌といってもすべて自分で原稿を書いたわけじゃなくて、「謎謎」のメンバーにも依頼しています。「謎謎」はさっきもいったように社交クラブ的な空気が強かったので、そのなかで話が分かると思った人に声をかけた。有志を集めたってところでしょうか。私はペンネームの那柴研夫と真田啓介、そして本名の土屋政一で書いています。第二号には小林晋さんにもお願いしています。個人誌ではありましたが、「謎謎」メンバーも含めて原稿をいただいたみなさんに薄謝ではありましたが原稿料は出しました。印刷製本も含めてお金は冬のボーナスが飛ぶくらいでした。四十万円くらいはかかった記憶があります。

とにかくミステリ愛好熱が溢れんばかりになっていたころです。いまもたくさんミステリの同人誌や個人誌はありますが、印刷技術もよくなっているしお金もかからなくなっていますよね。「書斎の屍体」のころは、ガリ版とか和文タイプをコピーとか、そんな時代です。そこに本格的な印刷で、しかも個人誌でってことで、手にしたみなさんにびっくりされたんじゃないかと思います。めずらしかったんじゃないかな。第一号をお送りしたのがきっかけでおつきあいが始まった小林さんに第二号で原稿をお願いしたり、さまざまな人たちとの交流が始まりました。

小林さんはそのころすでに評論活動を始められていて、創元推理文庫のフィリップ・マクドナルドの『鑢』の解説を書いていた。それがすばらしい解説で、同世代にこんな人がいるのか、この人に読んでもらいたいとお送りした。すると、小林さんから「いいものを作られましたね」ってお返事をいただいて、そこから交流が始まりました。小林さんは大学に籍を置いていたはずです。仙台に学会でいらしたときに会いましたから。小林さんと出会ったころ、加瀬さんの「ＲＯＭ」にも入会しました。「謎謎」よりももっと深いところに行きたかった、仙台では出会えなかったような人たちと知り合いたかった。小林さんとか加瀬さんは、私にとっては仰ぎ見るような存在でした。おふたりだけでなくそれこそ目に入ったミステリ同人誌の類は片っ端から集めて入会しました。「ＳＲの会」にも入ったし、数藤康雄さんがやってた「クリスティ・ファンクラブ」、山前譲さんや長谷部史親さんがやっていた同人誌・個人誌もありました。あとはもちろん小林さんの「レオ・ブルース・ファンクラブ」の「Aunt Aurora」です。もちろんメインは小林さんと加瀬さんとの繋がりでしたが、とにかくあっちこっちに申し込みました。年齢的にいえば二十代の終わりくらいからかな。エネルギーがありましたね。まわりにそれほどマニアといえる人たちがいたわけではないし、ミステリを深いところまで存分に語れる環境ではなかった。僕の場合、ミステリに関していろいろな意味で奥手だったので、なおさら新鮮だったところもあるかもしれません。

第一号は二百五十部を刷って、第二号は四百部です。「ミステリマガジン」と「EQ」の読者のページで紹介してもらって、全国から百人くらいは申し込みがありました。いま思えば意外な人が読んでいてくれたおどろきがあります。『古典探偵小説の愉しみ』全二巻が出たときに、作家の三津田信三さんが「自分も若いころ「書斎の屍体」を手に入れて読んだ」なんて。びっくりしました。

そんなことをしながら、仕事はいそがしかった。残業も多くて、夜十時過ぎに家に帰って、それからご飯を食べてひとっ風呂浴びて深夜二時ころまで「書斎の屍体」をやるとか、そんな感じでした。若くて体力もあったからできたんでしょう。市役所の上級職の同期は十人くらいだったかな。いわゆる幹部候補生です。私は最初の五年くらいは税金の関係でしたが、法学部卒ですからだんだんと法律の絡む部署になりました。市役所職員っていっても公務員として地域に貢献したいみたいな志があったわけじゃなかったから、結構、キツいこともありました。だから逆に自分を解放する時間がとても楽しかった。おかげで仕事も趣味もがんばれたんでしょうね。趣味がなかったらむしろ仕事もダメになったかもしれません。

ただ、この「書斎の屍体」が二号で終わったのは、行き詰まっちゃったんですよ。エンジン全開で飛ばしていたのですが、三十代に入って、公私共に同じ調子ではとても続けられなくなった。まず、結婚した。そして子どもが生まれた。娘がふたりです。仕事もそれなりに責任ある立場になりました。妻はなにせ「謎謎」仲間でしたから、趣味には理解があったのですが、とはいえまずは仕事と家庭です。これは私に限らず、三十代ってみんなそんな年ごろですよね。それでもミステリをメインに本は読み続けました。仕事に対する補償行為としてこれはどうしても必要だったんでしょう。やがて、家中に本が溢れてしまった。

リビングに図書館風に本棚を建てて並べるまでになり

ました。生活空間も本だらけです。娘たちが小学生くらいになると、これが異常だってバレちゃった。ほら、ほかの子の家に行くとリビングには応接セットとかがあって居心地よさそうじゃないですか。なのにウチは本棚がいっぱいで汚い本がたくさん詰まっている。ウチはもしかしてヘンなんじゃないかと不審の目で見られるようになった（笑）。これは、もうダメだな、と。プレハブの物置を庭に作って、本を移しました。

同人誌から商業出版へ

三十代はそんな感じで、仕事と家庭にいそがしくてほとんどほかのことができなかった。だけど、いままでみたいにはできなくても、なにかやりたい、続けたい。好きなものに絞ってそれを掘り下げるのなら続けられるのではないか。自分はなにを掘り下げたいかと考えて、ならばやはりイギリスを中心としたクラシックミステリだと思い定めました。ちょうど同じころ、盛んに小林さんに「原書を読まなければいけない」と刺激されていました。実は小林さんに出会う前から、いずれは未訳の幻の名作を自分でも読みたいって気持ちがあって、英語の再勉強をしていたんですよ。小林さんの勧めはいわば最後のひと押しでした。最初に手に取ったのが小林さんお勧めのレオ・ブルースでした。最初に原書で読んだのは『ロープとリングの事件』です。あのころブルース作品で翻訳があったのは『死の扉』だけでした。続いて前から気になっていた未訳のバークリーを読み始めて、やがてノックスやクリスピンへと進みました。原書を読むってすごくエネルギーを使います。せっかくだから読んだものをなにかのかたちで紹介したいと「ROM」やほかの同人誌に原稿を書くようになりました。だから、最初のころは原書で読んだものの感想から書き始めたんです。

その延長に「ROM」の「バークリー特集号」があります。一九九二年ですね。「ROM」は基本的に加瀬さんの編集発行ですが、ゲスト・エディター制度っていうのがあって、メンバーが自分の好きなかたちでその号を編集できた。そこで加瀬さんに申し出て「バークリー」特集をやらせてもらったんです。自分のミステリライフの中間決算みたいな気持ちでかなり力を入れて取り組みました。結果、発行までに八か月くらいかかったかな。それだけのものはできたかなと手応えはありましたね。

そして、これがさらに次の世界に繋がった。バークリーがこんなに好きなやつがいるんだと知られたわけですよね。藤原義也さんが国書刊行会で「世界探偵小説全集」を始めたのが二年後の一九九四年です。この全集の第一巻がバークリーの『第二の銃声』です。藤原さんが加瀬さんとか小林さんに相談したら、バークリーとブルースの解説なら真田啓介がいいと推薦してくれたらしい。藤原さんからある日、原稿依頼の手紙が届いた。胸が躍りました。これがはじめての商業出版への原稿執筆でした。それからどんどん原稿依頼が増えてきたんです。同人誌や同人出版をのぞいて、いわゆる商業出版に寄せた解説原稿は三十四本になります。

その後も併行して「ＲＯＭ」などにも書き続けていましたが、「ＲＯＭ」の原稿で最も力が入ったのは、塚田よしとさんとの往復書簡による「黄金時代英国探偵小説吟味」ですね。黄金時代の名作を一作ずつ詳細に批評していく試みでしたが、主に私の側の事情で七作しか取り上げられずに終わったのは残念でした。でも毎回全力投球でしたから、一作やるとヘトヘトになりましたよ。塚田さんという最高の「論敵」を得られて、私としてはミステリの読み方について啓発されるところが多かったです。

趣味と仕事

仙台市役所でも私がこんなことをやっているって知っている人は知っていました。「書斎の屍体」を出したら、なにかおかしなことをやっている仙台市職員がいるぞって、朝日新聞のローカル版で紹介されて、みんな「お前、あんなことやってるのか」なんてことがありましたから。けれど、別に問題になったことはありません。ただ、公務員として原稿料はもらいませんでした。最初はいくらかもらったんですけれど、まったく仕事の意識はなかった。それまでは同人誌でしか書いたことがなかったわけですから、逆に「え、お金もらっていいの」とおどろいたくらいです。そんなことがちょっと続いて、これが頻繁になったらまずいかもしれない、兼業届を出さなくてはならないかもしれないと思い至りました。

だけど、ミステリの原稿は私にとってあくまで趣味でした。「業」というほどの仕事の意識はなかった。仕事として公務員の給料はちゃんともらっているわけです。趣味はみんな自分のお金使ってやるものじゃないですか、普通。だから、趣味としての楽しみにお金をもらわなくていいと思いました。むしろ好きなことやってるだけなんだからお金なんていらないじゃないか。それに、いくら商業原稿とはいっても、私は書きたいと思った原稿しか引き受けませんでした。頼まれて無理に書いたものはひとつもありません。ましてや依頼が増えたといっても年に二本か三本でしたからね。これはやっぱり「業」ではなく趣味ですよ。「兼業」なんておこがましい（笑）。そんなわけで、これはあくまで自分にとっては趣味なんだと決めて、以来、原稿料はすべて辞退しました。

ただ、商業原稿を書くようになって、勉強になったことはいろいろあります。たとえば、自分が面白かったからといって独りよがりに書いてはいけない。同人誌なら好きなようにいくらでも書いていいんだろうけれど、お金を払って本を買ってくれた人たちに読んでもらうんだから、それなりの客観性とか節度は意識するようになりました。単に自分が好きだとか面白いとかだけではなく、読む人が私の原稿からこの本についてなにか得られるようなものを書かなきゃいけない。もちろん、最初からそう思っていたわけじゃありません。原稿を書き続けるうちに、だんだんいろいろと考えるようになりました。

私の「発明」とされるのが、解説の途中に「本書の物語の細部に触れていますので、未読の方はご注意くださ い」と注意書きを付すいわゆる「ネタバレ注意」があります。これは実は商業出版以前の「ＲＯＭ」の原稿でも使っています。私も昔は解説のネタバレには批判的でした。けれども、同人誌で書くうちに疑問が生まれた。文芸評論としてはどうなのか、これでいいのか。結末まで含めて作品の価値を論じなければ、評論とはいえないのではないか。そこで、自ら解説に手を染めるようになって、この手法を使ったんです。本編を読んでいない人はここからは読まないで下さい、本編を読んでから読んで下さいと、このスタイルならば、作品について自由に詳細に論じられる。クラシックミステリに限らず、いままは日本作品の文庫解説などでも見かける手法ですが、私は『第二の銃声』からこれを使いました。みなさんおどろかれたようで、最初はちょっと批判的な意見もありましたが、藤原さんは平然と受け入れてくれて、さらに批判にも堂々と対応してくれたのがありがたかったです。

もうひとつは「多重解決」です。ひとつの事件に対して複数の探偵役がそれぞれ合理的な解決を推理してみせる。さて、そのどれがホントの解決なのか、事件の真相なのか、推理合戦的なミステリの手法を「多重解決」と命名しました。これも一般的なミステリ評論のタームとして受け入れられているようです。もともとはイギリスのある評論家が使っていて、それに相当する日本語として「多重解決」としたので、完全な私のオリジナルではありません。だけど、まあ、日本語としては私のオリジナルかな。「多重解決」って、カッコいいですよね。私、ネーミングの才は結構あるんです（笑）。

私にしてみればどちらも別に新機軸を狙ったわけではないのですが、思えばこれも趣味を追求した結果として生まれたものかもしれません。それと、「業」としてではなく、好きな原稿だけ書いてきたといいましたが、これは藤原さんをはじめとして編集者のみなさんが「これは真田啓介に書かせよう」と、私に合った原稿を依頼してくれたためでもあったかもしれません。自分の文章を振り返って思うのは最初のころの文章って饒舌すぎる気がします。年を経るにつれて、その辺は多少しまりが出てきたかな。

断筆の日々

ミステリ一辺倒からちょっと読書傾向が違ってきたのは四十代のころでした。仕事も家庭もいそがしかったのですけれど、ミステリ関係の原稿は苦にはなりませんでした。それどころか、楽しかった。この時間があるから日々の仕事が耐えられる、みたいな（笑）。年齢的にも職責が重くなって精神的な負担がどんどん重くなりました。ほら、なにか不祥事があると、幹部がずらりと記者会見で「申しわけありませんでした」ってやるでしょう。あんな立場です。私は謝罪会見で六回もテレビに出ました。議員さんに「きみは頭を下げるのがうまい」なんて褒められたりしましたよ（笑）。そんな日常からの避難の意味もあって、ミステリがなければほんとうに辛かったと思います。

ただ、四十代になって、気持ちがかなり不安定になってしまった。不惑といいながらかえって迷いが深くなる思いがあって、ミステリの楽しさだけでは隙き間を埋められなくなってきた。そんなところにほかのジャンルの本が流れ込んできた感じかな。まずは夏目漱石でした。きっかけは谷口ジローさんと関川夏央さんの『「坊ちゃん」とその時代』です。子どものころにマンガは卒業していましたが、それでも機会があれば気になるマンガは読んでいました。これもそんなマンガだったのですが、読んでみたら面白くて、漱石をきちんと読んでみたくなりました。全集を読み、関連書籍を読み、明治文学にはまりました。明治文学以外では英文学ですね。ディケンズやジェイン・オースティンはいまも好きです。

そんな日々だったのですが、それがミステリがまったく読めなくなってしまったんですよ。ミステリそのものにまったく関心がなくなってしまった。もちろん原稿もまったく書けなくなって、断筆状態です。きっかけは母の死でした。亡くなったのは平成十八（二〇〇六）年です。肺がんで半年くらい入院した挙句に、すごく苦しみながら亡くなりました。その介護をしながら看取ったんですが、そんな経験をすると、なんというか人生について思うところが生じるわけですよね。人間なんて結局は死ぬのになんで生きているうちに苦しい思いをしなきゃいけないんだとか、いろいろやっているけれどもそもそもこれにそんな意味はあるのかとか、そんな気持ちが強くなってきてしまった。人生に対する意欲が薄くなったとでもいえばいいかな。

かろうじて仕事は続けましたけど、ミステリとか、趣味の世界とかに対する意欲がまったく湧かなくなってしまった。なにしろミステリって物語とはいえそのなかで人がたくさん死ぬ、死そのものの本質的な意味なんかにまったく関わりなく物語が存在して、しかもそれを楽しむ。「なんなんだこれは」となって、おのずと遠のいてしまった。あれだけ集めた蔵書も、いっそ処分してしまおうかとまで思ったのですが、その気力もわかなかった。ミステリの「ミ」の字も目にしたくなかったんです。それでもミステリ以外の本は読み続けました。人生とはなにかみたいなことを改めて考えるようになって宗教とか哲学の本をもっぱら読むようになりました。ダンテの『神曲』に惹かれるようになったのもこのころです。

この間、原稿はまったく書きませんでした。

東日本大震災から執筆再開へ

執筆再開は二〇一一年の東日本大震災後です。あのときは都市整備局で次長をしてました。区画整理や再開発に伴う都市計画とか建築確認とか、技術系の企画部門ですね。技術職の次長と事務職の次長がいて、私は事務の次長でした。三月十一日は議会の開催中で、発生時は庁舎にいました。局長室にあるテレビで議会中継を見ていたらぐらぐらっ、と。デスクのそばのロッカーが倒れないように押さえました。個人的にはとうとう想定された宮城県沖地震が来たんだなと思いました。ただちに災害対策本部が作られてその統括下に入って、それから一週間は家に帰れなかった。幸い家族の無事は確認できていました。

市役所は緊急事態の司令塔です。宮城県沖地震の危機は以前から懸念されていましたから、いざとなったらとは思っていた。だから、あの日は「これまでの自分の役所人生が問われる日が来たんだ」みたいな気持ちになりました。高ぶるというのではないけれど「ここが働きどころだぞ」と。

あまり現場には出なかった。市役所内の災害対策本部のメンバーとしてさまざまな調整を担当しました。ただ、状況把握のために沿岸には行きましたよ。現実とは思えなかったですね。大変なことになったと思った。これをいわゆる復興まで持って行くにはどれほどの時間と手間がかかるのか、茫然としたのを覚えています。職員にも被災者がいましたから、なおさらね。

四月末に人事異動があって、選挙管理委員会の事務局長となりました。あの年は四月に市議選の予定だったんですが、当然延期です。こんな状態で選挙ができるのかどうか。選挙なんかしてる場合じゃないって声もあれば、こんなときだからこそやらなきゃいけないという意見もありました。辞令を受け取る席で、市長に「頼むわよ」っていわれて、ちょっとスッタモンダしましたが八月末に無事に選挙を終わらせることができました。

そんな毎日ですから、本なんか手に取る余裕はなかった。やっと読めたのは愛読書の『吾輩は猫である』くらいのものです。あと、震災から半年くらいの夏ごろだったと思うのですが、営業再開していた本屋さんに立ち寄りました。ふと目に留まったのがケイト・サマースケイルの『最初の刑事』だったんです。ウィルキー・コリンズの『月長石』のモデルになった現実の事件「コンスタンス・ケント事件」を追った犯罪ノンフィクションです。『月長石』は私にとってオールタイム・ベスト級の作品です。面白そうだなと手に取ったのですが、よかったのは、この本、ミステリじゃなくてノンフィクションだった。探偵小説に辟易していた私も、ノンフィクションとして興味を惹かれたわけです。純粋なミステリじゃなかったから、結果的にすっと抵抗なく入れた。読んでみたらとっても面白かった。『月長石』との関係もあって、忘れていたミステリ熱が久々に私に湧いてくるような感じがありました。

これはなにか書けるかもと、感激冷めやらぬままに「魔神アスモデの裔」と題した評論を書き上げました。発表のアテもないままに一気に書いたのですが、書いてみたらとても楽しかった。原稿を書いて、それが楽しい。しばらくぶりにそのうれしさがこみ上げてきた。高揚感がありました。

せっかくしばらくぶりで書いたのだから、誰かに読んでもらいたくなった。そこで藤原編集室の「本棚の中の骸骨」に送ったんです。実は断筆期間中に、藤原さんには不義理をしていました。藤原さんからの原稿依頼までお断りしていたんです。そこに急に原稿をお送りしたのに、なにも訊かずに、なにごともなかったかのように、すっとさりげなく掲載公開してくれました。ありがたかったですね。「本棚の中の骸骨」の「魔神アスモデの裔」

を見て、すっかりご無沙汰していた加瀬さんや小林さんが「真田がまた書き始めた、復活した」と声をかけてくれるようになって、これが結局、いまに続く執筆再開へと繋がりました。ミステリも読めるようになった。

なぜあそこで大きく気持ちが変わったのか、自分でもよくわかりません。うまく説明できない。『最初の刑事』以前に、震災そのもので気持ちが変わったところがまずはあるんですよ。人間はなんのために生きるのかといった疑問が母の死からずっとあった。そこに、目の前であれだけの大災害です。あっという間にたくさんの人が死んだ。その現実に被災地の公務員として向き合って、生きているってことはそれだけで甲斐あることなんだなというか、私ももっとまともに生に向き合ってしかるべきなんじゃないのかって気持ちの転換がそこであったんですよ。トンネルを抜け出したんですね、気持ちの上で。いろいろな現実に対して一歩引いて斜に構えるのではなく、現実をそのまま引き受けて、それなりに楽しんだり、嫌ったり、もっと直接的に接触すべきなんじゃないかと、そんな気持ちに変わっていった。

そこにノンフィクションでありながらミステリとも深く関わる絶妙な本が現われた。結果、ミステリなど、かつて面白がっていたものをまた素直に面白いと思って受け入れられるようになった。いろいろ考えた末にじゃなくて、自然にそんな気持ちになったんです。母の死がミステリの世界から引っ込むきっかけで、震災が出てくるきっかけになったというのかな。大量死理論みたいなものでもないんですよ。そこをうまく説明しようとすればするほど嘘になっちゃう気がしてしまうのですが、私にとってはものすごく大きな意味を持った体験なんですよ。

選挙管理委員会事務局長から仙台市の会計管理者に移って三年、私の公務員生活は終わりました。会計管理者って、昔の収入役ですが、今は局長級の一般職です。六十歳で定年退職して、市の外郭団体である仙台市建設公社の副理事長を三年間、いまは無職です。傍目には順調な公務員生活といえるかもしれませんが、逆にいえば趣味の世界がなかったらとてもやり切れなかった仕事かもしれません。

職を完全に退いたところで〈荒蝦夷〉の『古典探偵小説の愉しみ』全二巻の取りまとめにかかりました。実は菊池さんの紹介で〈荒蝦夷〉の土方さんから書籍化の話が最初にあったのは断筆期間中でした。「ミステリとは縁を切った、出す気はない」とお断りしました。土方さんと再会したのは東日本大震災後、私が市役所を退職するころでした。「執筆再開したようですが、今度はいかがですか」といったような話があって、私は承諾したつもりでいた。だけど、土方さんには私がまだ迷っているように見えたようです。そのまま連絡が途絶えてしまって、私は「なにもいってこないなぁ、あの話、流れたのかなぁ」と（笑）。

完全にリタイアしたところで、私が関わっている読書会「せんだい探偵小説お茶会」の関係でふたたび土方さんと会いました。〈荒蝦夷〉が経営する〈古本あらえみし〉のイベントスペースが「せんだい探偵小説お茶会」の会場となったのです。「あの本の話はどうなったの」といったら「いゃあ、断られたとばかり思っていました」なんてやり取りがあって、書籍化が動き出しました。最初は過去の面白い原稿を集めて一冊にと、そんな話だった。ところが、話し合いながら私が調子に乗って「あれも入れたい、これも入れたい」と提案すると、土方さん「あ、いいですね」とどんどん受け入れる。結果、あんなに厚い上下二巻になってしまいました。

実は私の弟、ある全国チェーンの書店の東海地方の店長を務めているのですが、本が出たので送ったらびっくりしていました。「こんな本を出してその〈荒蝦夷〉って出版社はだいじょうぶなの。いまどきこんな本、よっぽどじゃなきゃ出せないよ」って（笑）。だけど、少部数とはいえ初版は完売したようなのでよかったです。著者としても安心しました。おまけに日本推理作家協会賞（評論・研究部門）まで頂戴できました。私のように趣味で書いていた人間が、このような賞をいただけるなんて、ほんとうにおどろきました。もちろん、とてもうれしかった。

そういえば、最近、ヘンなものを見つけました。『財界とうほく』って、仙台で出ていた月刊誌です。私、真田啓介の名前で書いているんですよ、小説――といってもショート・ショートですが。「掌のミステリー」と題した連載です。昭和六十三（一九八八）年ですから、商業出版で原稿を書き始める前です。私がこんなのが好きなのを知ったこの雑誌の旧知の編集者に頼まれて書いた記憶があります。どれくらいやったのか忘れましたが、なんだか旧悪が露見したみたいな気分です（笑）。やっぱり書きたかったんでしょうね。

最後に、補足の意味で二つのリストを掲げておきます。リストAは、私のお気に入りミステリ一ダース（年代順）。世評やバランスなど気にせずに私の趣味全開で選んでみました。Bは、お気に入りの範囲を文学一般に広げたもの（順不同）。この先蔵書を徐々に減らしていくつもりですが、最後まで手放せないのはこのあたりかという予想です。

A　偏愛のミステリ12選

○ウィルキー・コリンズ『月長石』
○R・L・スティーヴンスン&L・オズボーン『箱ちがい』
○G・K・チェスタトン『ブラウン神父の童心』
○F・W・クロフツ『製材所の秘密』
○ロナルド・A・ノックス『閘門の足跡』
○アントニイ・バークリー『最上階の殺人』
○ドロシイ・L・セイヤーズ『殺人は広告する』
○イーデン・フィルポッツ『医者よ自分を癒せ』
○ジョン・ディクスン・カー『死人を起す』
○レオ・ブルース『結末のない事件』
○エドマンド・クリスピン『消えた玩具屋』
○ジョルジュ・シムノン『メグレと若い女の死』

B　生涯の愛読書10選

○夏目漱石『吾輩は猫である』
○正岡子規『病牀六尺』
○内田百閒『百鬼園随筆』
○『萩原朔太郎詩集』
○『万葉集』
○ジェイムズ・ボズウェル『サミュエル・ジョンソン伝』
○ロレンス・スターン『トリストラム・シャンディ』
○ジェイン・オースティン『高慢と偏見』
○チャールズ・ディケンズ『ピクウィック・クラブ』
○G・K・チェスタトン『ブラウン神父の童心』

［インタビュー構成：土方　正志（荒蝦夷）］

〔解説〕或る精神の軌跡

小林 晋

本書『フェアプレイの文学』は仙台の書肆荒蝦夷から二〇二〇年に刊行され、第七十四回日本推理作家協会賞（評論・研究部門）を受賞した〈真田啓介ミステリ論集〉第一巻の増補版で、著述活動の最初期一九八六年二月にミステリ・クラブ「謎謎」会報「謎謎通信」第一一六号に発表された「レディに薦める殺人物語」から、真田の活動初期の同人誌ＲＯＭ掲載の評論を中心に、その後の古典翻訳ミステリ単行本の解説、『黒猫になった教授』に寄せた最新の解説「パークリー以前――ユーモア作家Ａ・Ｂ・コックス」に至る、四十二編の評論・随筆が収められている。さらに付録として、「メイキング・オブ・真田啓介」ともいうべきインタビュー記事「探偵小説に魅せられた50（マイナス5）年」が掲載されている。第二巻と合わせれば、実質的に真田のミステリ評論の現時点における集大成と言っていい。これまで長く公務員として勤めてきた真田は、すでに定年退職してからも評論活動を続けているから、いずれさらなる続刊が出ることが期待される。

なお、初出以降、翻訳が出版されたために原題表示だったものが訳題に変更されたり、新たな事項を注で補足したりすることはあるが、本文については基本的に初出の文章に手を入れずに掲載されているとのことである。

真田には『書斎の屍体』という個人誌に発表した評論もあり、その第二号に発表された江戸川乱歩に関するもの三編（那柴研夫《なしばとぎお》名義および本名による文章を含む）は第二巻に収録されている。

筆者が真田氏――以後、評論家として客観的な意味合いを与えたい場合には真田と表記し、私的な意味合いが強い場合には真田氏と表記する――と交流するきっかけとなったのが、この『書斎の屍体』創刊号（一九八四年一月発行）だった。評論集の解説にはそぐわない思い出話になってしまうが、このことを語らないわけにはいかない。

或る日、郵送されてきた同誌を手にした時の驚きは筆舌に尽くしがたい。幸運にも実物を目にされた方はご存じのように、商業誌として書店に並べられていても違和感のない装丁で、表紙をめくるとクリーム色の用紙に活字で印刷してあった。

今でこそワープロが普及して珍しくも何ともなくなったが、当時は同人誌（個人誌）と言ったら手書きか、せいぜいタイプ印刷であり、ましてや『書斎の屍体』のように落ち着いた色彩の表紙などはほとんどなかったのではないだろうか。

それ以上に、内容がすごかった。〈特集／探偵小説全集〉と謳って、「探偵小説全集の魅力」というユーモアあふれる対談、「夢の探偵小説全集」として那柴研夫選のリストがあれば、「目録のたのしみ」という真田の文章、「戦後翻訳探偵小説全集叢書目録」（萱場健之編）という資料性の高いリストもあるといった具合である。これだけのものを出すには相当な資金が必要だったはずで、後の機会にお尋ねしたところ、案の定、数十万円の自腹を切ったということだった。

一読三嘆も四嘆もしたものだ。そして何度も繰り返して読んだ。いま思い出しても、何という幸せな時間を過ごしたことだろうか！　ここには心から探偵小説が好きでたまらない人がいる。真田氏には迷惑だったかもしれないが、心の友を見いだした思いだった。盟友と言ってもいい（白状すれば、その時までに探偵小説に関連してそのような思いを抱いたのは、真田の評論でも言及されている加瀬義雄氏だけだった）。他の人のことは知らないが、人生においてそのような友が一人でも見つけられるとしたら、幸運というべきではないだろうか。

あれから何度読み返したことだろうか。そのため同誌はぼろぼろとは言わないまでも、かなり使用感のある状態になっている。最近では稀になったが、数年に一回くらいは書庫に安置されている『書斎の屍体』創刊号を手にすると、その時の感動がよみがえり熱い思いがこみ上げてくるものだった。実は本稿を書くために書庫を探したのだが、行方不明になって狼狽した。単に筆者が老化して置き場所を勘違いしたか、場所を移動したことを忘れただけだろうが、我が家の書庫では近年こういう現象が珍しくない。真田氏からデータをいただいて、なんとかしのいでいるといったところである。

「野に遺賢なし」という慣用表現があり、有為な人材は必ず取り立てられて民間には有為な人材が残っておらず、その結果として国が平和で安定しているというのが本来の意味である。その本来の意味からはずれる誤用、あるいは牽強付会になるが、探偵小説の分野では古くは西田政治や井上良夫の例があるように、現実には地方に傑出した愛好家がいることは珍しくない。それでも戦後はなんとなく大都市部に集中しているようなイメージを抱いていたが、さすが文化都市仙台、東京のマニアたちに比較しても遜色ない逸材がいたのである。野に遺賢ありだったのだ。

こんな凄い人とは一度はお目にかかって親しくお話を伺いたいものだと念じていた。当時金沢に勤務先があった筆者は、たまたま出張先が仙台になった時──たぶん入試業務だったと思う──に連絡を取り、ようやく長年の願望を果たすことができた。この時の事情は本巻収録の「レオ・ブルースとの出会い」に述べられている。

初めは真田氏の職場をお訪ねし、市内のレストランで食事をしながらしばし歓談した。筆者の記憶では、その後場所を真田氏の生家へと移して第二ラウンドに突入したとばかり思っていたのだが、実際には日を改めてだったようだ（真田氏の文章はほぼ一年後のものなので、こちらのほうが信憑性が高い）。筆者は生来無口であり、真田氏も冗舌というわけではないので、当時いったいどんなことを話し合ったものかはすっかり忘れてしまった。筆者の方はおそらく、当時夢中になって、人に会うと誰彼かまわず薦めまくっていた探偵作家レオ・ブルースのことばかり話して相手を閉口させていたかもしれない。「意外かもしれませんが、アメリカ作家ではシャーロット・アームストロングが好きです」なんてことを口走ったことは不思議と記憶に残っている。

それまでの手紙でのやりとりから、ユーモアを解する几帳面で教養のある紳士という印象を受けていた（手書きの文字の読みやすいことは、筆者とは対極にあった）。実際にお会いしての印象も、手紙や発表された文章から受ける印象を裏切らなかった。ご当人も述べておられるように「しょせんユーモアというのは──そしてまた、文章も──人品の問題なのである」（『ピカデリーの殺人』覚書、P.八八）という側面があり、文章から受ける印象は真田氏の人格を正しく反映していた。

以上のような経緯と、当時ワープロが普及してきたことが大きなきっかけとなって、筆者はついにレオ・ブルース・ファン・クラブなるものを勝手に立ち上げ、その会誌を出そうと決心した時に、真田氏に文章を寄せてくれるよう頼んだのは自然な成り行きだった。それが本巻の中では発表時期の早い「レオ・ブルースとの出会い」である。

＊

本巻の内容は、〈1〉アントニイ・バークリーの章と〈2〉英国余裕派の作家たちの章の二つに大別されている。もともと真田はバークリーという作家に対して相当な思い入れがあり、そのことが自ら編集を買って出たROMにおけるアントニイ・バークリー特集（一九九二年一月）となって結実した。そのうちの四編が〈1〉に収録されている。

それより約十年前、東京創元社から〈探偵小説大全集〉というキャッチフレーズで、フリーマンの『赤い拇指紋』、フィリップ・マクドナルド『鑢』、ノックス『陸橋殺人事件』、バークリー『ピカデリーの殺人』などがゆっくりとしたペースで刊行され始め、われわれクラシック・ミステリ愛好者の渇を癒していたが、そのうち刊行が途絶えてしまった。

しかし、一九九〇年になると、今はなき社会思想社の現代教養文庫から〈ミステリ・ボックス〉のシリーズ名で、オーストラリアの現代作家ジェニファー・ロウの『不吉な休暇』を皮切りに、エリス・ピーターズの〈修道士カドフェル・シリーズ〉（その後、光文社文庫に編入）を中心として、レオ・ブルース『ジャックは絞首台に！』（『死の扉』以来、三十五年ぶりの商業出版）が紹介され、さらにマニア垂涎の的だったマイクル・イネス『ある詩人への挽歌』まで翻訳されたため、クラシック・ミステリ紹介の機運が高まってきた。

ちょうどその時期、国書刊行会から当時入手困難となっていた戦前の日本作家の作品を中心にした〈探偵クラブ〉という叢書が刊行されて好評を博していた（前述の井上良夫の評論をまとめて『探偵小説のプロフィル』として刊行したのはこの叢書の大きな功績と言える）。海外でも、いわゆる黄金期の探偵小説リヴァイヴァルの波が打ち寄せていた。〈探偵クラブ〉の仕掛け人でもあった編集者藤原義也氏は、次なる一手として〈世界探偵小説全集〉と銘打ち、海外の古典探偵小説（未訳作品ばかりか、戦前訳しかない作品の新訳も含む）の出版を計画していた。ROMを購読されていた藤原氏は、真田の実力を見込んで、第一回配本となるアントニイ・バークリーの『第二の銃声』の解説を依頼したのである。

刊行された『第二の銃声』は大きな話題を呼んだ。それは作品そのものの力もあるが、真田の情熱を秘めながらも、作品の美質を的確に読者に呈示した明晰な文章の力も大きかったのではあるまいか。これまできちんと論じられることのなかった序文の意味をここまで深く読み解いたのは、筆者の知る限り、海外を含めて初めてのことである。この作品によって、半世紀以上前の作品ながら、いま読んでも魅力を失っていない作品があることを、多くの読者は認識したはずである。翌年出版された『このミステリーがすごい！ 1996年版』（宝島社）では、海外部門で堂々の第五位の座を占めた。戦前作品の翻訳、それも新訳がベストテンに入った例はそれまでになかった。

『第二の銃声』の成功が大きな呼び水となって、〈世界探偵小説全集〉は第四期まで続いたが、それぞれにバークリー作品が必ず一巻は充てられることになった。第二期以降のシリーズは、すべて本邦初紹介の作品で占められた。

『第二の銃声』は〈世界探偵小説全集〉の強力な推進剤となったばかりではなく、評論家真田啓介の公式デビューとなった意味でも重要な仕事である。

その後の真田の活躍が、いかに華々しいものであったかは、本書および第二巻に収録された評論の数々を読んでいただければおわかりいただけよう。

〈2〉英国余裕派の作家たちの章では、英国作家、とりわけレオ・ブルースやエドマンド・クリスピン、ロナルド・ノックスといった、ユーモアが一定の比重を占める作家についての文章が集められている。英国余裕派というのは真田の造語だと思うが、なかなかの命名だと思う。というのも、初めて聞いたとしてもどういう作家が該当するのかイメージが浮かぶからである。全二十四編のうち十二編が書籍の解説で、依頼原稿だろうからそれが必ずしも書き手の嗜好をストレートに表すとは限らないが、依頼を受けて引き受けた以上、およその嗜好を反映すると考えられる。

増補版で加えられた「ベントリー『トレント最後の事件』を論ず」は特筆すべき文章である。これはＲＯＭ誌に連載されたシリーズの一つであり、古典的名作についてあらためて真田と秋田県在住の探偵小説研究家塚田よしとが往復書簡の形式で吟味し論じたものである。塚田の返信も加えて、完全な形での単行本化が切に望まれる。

なお、ノックスの『閘門の足跡』の解説「フェアプレイの文学」があることにこと寄せて、筆者は最近遭遇したレオ・ブルースの文章を引用したい。「犯人当てミステリがクロスワード・パズルのようにフェアで公明正大なものでなかったら、その核心がどこにあるのか私にはわからない」（レオ・ブルース『笑って死ね』（仮題））。レオ・ブルースは当時フェアプレイの探偵小説にこだわり続けた希有な作家だった。

第二巻を含めて全体を通じて注目すべきはやはりイギリス作家が多いことで、数少ない例外のアメリカ作家五名のうち二名は何らかの意味でイギリスと関係がある。リリアン・デ・ラ・トーレについては真田の関心が高いジョンスン博士を探偵役にしているし、カーはもちろん、一時はイギリスに在住し、主要探偵のフェル博士とH・M卿はイギリス人で、作品の舞台も必然的にイギリスが多い。増補版に対する解説に手を加えるに際して、いかにも真田が取り上げそうな作家シリル・ヘアの文章が欠落していることに気づいた。この状況はなんとしても打開されなければならないと考える。

注意深い読者はお気づきかもしれないが、本巻で言えば二〇〇五年から二〇一一年の間は真田の活動の空白期間になっている。この時期の事情については第二巻所収の「加瀬さんの最後のご好意」に述べられている。「ある時期――二〇〇六年頃からの数年間、私はミステリに背を向けていた。その頃、私はある人生的問題に悩まされ、精神的なクライシスに見舞われていた。ミステリに対する興味関心は急速に失せた。それは私の抱えていた苦しみとは無縁の、お気楽な読み物としか見えなかった」（第二巻、P.四二六）

筆者は真田氏が明治関係の文献を集めていたことを知っていたので、興味の中心が探偵小説から移ってしまったのだろうと推測していた。しかし、あれほど探偵小説に深い思い入れを持った人がそう簡単に興味を捨てることができるとは思えない。いずれ時が来たら戻ってくるだろう、くらいに楽観していたが、実際には深刻な精神的危機に襲われていたことを、この文章を読んで知ったのである。

たまたま、藤原編集室のホームページに掲載された「魔神アスモデの裔」（第二巻、P.一一三）を目にした筆者は、真田氏がとうとう帰ってきたのだと確信し、早速、ＲＯＭ編集長の加瀬氏をつついて原稿を催促してもらったと記憶している。心の中で「お帰りなさい」とつぶやきたくなったものだ。

＊

以後、論創社が刊行する論創海外ミステリの解説や、ＲＯＭとＲＯＭ終刊後の後継誌ＲＯＭ-ｓ（二号まで出して終刊）、そして創刊されたばかりのRe-ClaMなどを舞台に評論活動を続けて今日に至っている。

こんなことを書くと真田氏は照れくさがるかもしれないが、全体を通してどの評論にも探偵小説が好きだ、というこのジャンルに対する愛を感じる。それもそのはず、本巻に収録された評論の半数近くはＲＯＭなどの原稿料の発生しない同人誌等のために執筆されたもので、無償の愛の結晶とも言える。真田氏は実生活においては公務員として働き、ミステリの評論執筆は趣味あるいは余技であるが、ラテン語 amator（愛する人）を語源とする言葉の真の意味においてアマチュアの評論家なのである。

しかし、なんというアマチュア評論家であろうか！　全体を通して読めば、真田のスタンスが一貫していて、ぶれがないことがわかるだろう。そして、その内容は何年経っても価値を失わないように思われる（例えば半世紀後に、ここに述べられていることが価値を失うなどと想像できるだろうか）。世に推理小説の評論家と呼ばれる人は少なからずいるが、果たしてその中の何人が、ここに上梓されるのに匹敵する仕事を成し遂げたと言えるだろうか。もちろん、プロはプロで大変な事情があるのは想像できるが、真田がアマチュアの強みを生かして優れた評論活動を続けてきたとだけは言えるだろう。いずれもイギリスの探偵小説専門誌 CADS（Crime and Detective Stories）に掲載されても不思議ではない高い質を維持している。本巻収録の「「The Avenging Chance」の謎」などは、英訳して投稿したら、日本にも優れた評論家がいることを知らしめることができよう。筆者のささやかな夢の一つは、日本の誇るミステリ評論家真田啓介――ちなみに、この筆名は murder case に由来する――の評論を英訳して世界に紹介することであった。残念ながら、ＣＡＤＳは惜しまれつつ本年七月刊の第九十二号をもって終刊となり、筆者の個人的な夢は果たせずに終わった。

本評論集を読めば、一人の探偵小説愛好家のたぐいまれな精神の軌跡がたどれるだろう。

（二〇二四・七・一二）

真田啓介解説書籍一覧

※本書掲載の評論（解説）が掲載された書籍は以下の通り（同人誌・同人出版は除く）。

第二の銃声／アントニイ・バークリー（西崎憲訳）／国書刊行会／1994.11.25
ロープとリングの事件／レオ・ブルース（小林晋訳）／国書刊行会／1995.3.10
ロイストン事件／D・M・ディヴァイン（野中千恵子訳）／現代教養文庫／1995.5.30
カリブ諸島の手がかり／T・S・ストリブリング（倉阪鬼一郎訳）／国書刊行会／1997.5.20
地下室の殺人／アントニイ・バークリー（佐藤弓生訳）／国書刊行会／1998.7.25
三人の名探偵のための事件／レオ・ブルース（小林晋訳）／新樹社／1998.12.1
悪魔を呼び起こせ／デレック・スミス（森英俊訳）／国書刊行会／1999.11.10
死体のない事件／レオ・ブルース（小林晋訳）／新樹社／2000.3.24
サイロの死体／ロナルド・A・ノックス（澄木柚訳）／国書刊行会／2000.7.25
結末のない事件／レオ・ブルース（小林晋訳）／新樹社／2000.9.25
救いの死／ミルワード・ケネディ（横山啓明訳）／国書刊行会／2000.10.5
顔のない男／ドロシー・L・セイヤーズ（宮脇孝雄訳）／創元推理文庫／2001.4.27
最上階の殺人／アントニイ・バークリー（大澤晶訳）／新樹社／2001.8.10
被告の女性に関しては／フランシス・アイルズ（白須清美訳）／晶文社／2002.6.10
ロジャー・シェリンガムとヴェインの謎／アントニイ・バークリー（武藤崇恵訳）／晶文社／2003.4.20
テンプラー家の惨劇／ハリントン・ヘクスト（高田朔訳）／国書刊行会／2003.5.20
大聖堂は大騒ぎ／エドマンド・クリスピン（滝口達也訳）／国書刊行会／2004.5.20
閘門の足跡／ロナルド・A・ノックス（門野集訳）／新樹社／2004.9.24
エムズワース卿の受難録／P・G・ウッドハウス（岩永正勝・小山太一訳）／文藝春秋／2005.12.15
狩久全集第5巻　追放／皆進社／2013.2.10
探偵サミュエル・ジョンソン博士／リリアン・デ・ラ・トーレ（中川みほ子訳）／論創社／2013.11.10
霧に包まれた骸／ミルワード・ケネディ（西川直子訳）／論創社／2014.10.20
だれがダイアナ殺したの？／ハリントン・ヘクスト（鈴木景子訳）／論創社／2015.7.25
雪の墓標／マーガレット・ミラー（中川美帆子訳）／論創社／2015.9.30
極悪人の肖像／イーデン・フィルポッツ（熊木信太郎訳）／論創社／2016.2.25
守銭奴の遺産／イーデン・フィルポッツ（木村浩美訳）／論創社／2016.6.25
ハイキャッスル屋敷の死／レオ・ブルース（小林晋訳）／扶桑社ミステリー／2016.9.10
二壜の調味料／ロード・ダンセイニ（小林晋訳）／ハヤカワ・ミステリ文庫／2016.11.25
霧の島のかがり火／メアリー・スチュアート（木村浩美訳）／論創社／2017.8.20
三人の名探偵のための事件／レオ・ブルース（小林晋訳）／扶桑社ミステリー／2017.9.10
三つの栓／ロナルド・A・ノックス（中川美帆子訳）／論創社／2017.11.20
盗まれたフェルメール／マイケル・イネス（福森典子訳）／論創社／2018.2.20
四つの凶器／ジョン・ディクスン・カー（和爾桃子訳）／創元推理文庫／2019.12.20
ヨーク公階段の謎／ヘンリー・ウェイド（中川美帆子訳）／論創社／2022.9.10
黒猫になった教授／A・B・コックス（森沢くみ子訳）／論創社／2023.9.15

初版あとがき

「古典探偵小説の愉しみⅠ」として、本書には、英国探偵小説黄金期の巨匠アントニイ・バークリーとその周辺の作家たち（これを筆者は〈英国余裕派〉と称しています）に関する文章を収めました。

この巻は、二〇一二年にＲＯＭ叢書で出してもらった『英国古典探偵小説の愉しみ――アントニイ・バークリーとその周辺』の新版といってもよいのですが、単純な再刊ではなく、大幅に増補改訂を行っています。前著は少部数の同人出版で分量にも制約があったため、各原稿のサワリを抜き出して再編集するというやり方をとっていましたが、今回は〈凝集〉でなく〈集成〉の方針で、関連原稿を基本的に元の形のますべて収録しているので、分量的には二倍以上にふくらんでいます。中身も二倍濃くなっているとまでは申せませんが、同人誌掲載のままだった珍しい原稿なども含まれているので、前著をお読みくださった方にも楽しんでいただけるのではないかと思います。

「フェアプレイの文学」というタイトルは、ロナルド・ノックス『閘門の足跡』解説のそれを採用しました。その意味合いについては同稿をご覧いただきたいのですが、〈フェアプレイ〉というのが黄金時代の探偵小説の技術と精神を支えるキーワードであったと思うのです。

解説を書いていただいた小林晋氏は、その精力的な活動で私のミステリ人生を先導してくれた畏友。「レオ・ブルースとの出会い」の稿に記した小林さんとの出会いがなければ、今この本が世に出ることもなかったでしょう。

増補版あとがき

本書の元版（二〇二〇年六月荒蝦夷刊）は、第七十四回日本推理作家協会賞（評論・研究部門）受賞の栄に浴しましたが、その時点で初版五百部は完売していました。受賞を機に再刊の企画が立てられたものの、諸般の事情で（主たる原因は著者の体調不良でした）準備に思いのほか時間がかかり、ようやく刊行できたのがこの本です。

この機会に未収録原稿をかき集め、第一巻には次の九篇を追加しました。

○バークリー以前――ユーモア作家A・B・コックス
○レディに薦める殺人物語
○バークリー豆知識
○ベントリー『トレント最後の事件』を論ず（各論部分を追加）
○『死体のない事件』を読んで
○レオ・ブルース『Case with No Conclusion』ご紹介
○『死者の靴』読後感
○『怒れる老婦人』読後感
○エドマンド・クリスピンの『お楽しみの埋葬』

何十年も前にサークルの会報に書いた原稿などまで引っ張り出してきましたが、いま読んでもさほど違和感がないのは、我ながら進歩がないというべきか。本当は新規原稿の力作を用意して（たとえば「バークリー問答」、「クロフツ問答」など）お目にかけたいところですが、どうも体調が思わしくなく、それがかなわないのが残念です。

本巻にはさらに、付録として著者のロング・インタビューを掲載しています。半世紀に及ぶ私のミステリ・ライフ・ヒストリーを、土方正志氏が浮き彫りにしてくれました。

【ヨ】

【ラ】

【リ】

【ル】

【レ】

【ロ】

【ワ】

【ハ】

【ヒ】

【フ】

【タ】

【チ】

【ツ】

【テ】

【ト】

【ナ】

【ニ】

【ノ】

【サ】

【シ】

【ス】

【セ】

【カ】

【キ】

【ク】

【ケ】

【コ】

索　引

【著者】真田啓介（まだ・けいすけ）
探偵小説研究家。1956年、東京生れ。東北大学法学部卒。宮城県仙台市で地方公務員として勤務する傍ら趣味の探偵小説の蒐集・研究に取り組み、特に古典的な英国作家の作品に親しむ。1990年代後半からの古典ミステリ発掘ブームに際し、「世界探偵小説全集」（国書刊行会）、「論創海外ミステリ」（論創社）等で解説を多数手がける。著書に『英国古典探偵小説の愉しみ　アントニイ・バークリーとその周辺』（2012、ＲＯＭ叢書）、『真田啓介ミステリ論集　古典探偵小説の愉しみ（全２巻）』（2020、荒蝦夷）があり、後者で第74回日本推理作家協会賞評論・研究部門を受賞した。

※本書は2020年6月12日に荒蝦夷より刊行された『真田啓介ミステリ論集　古典探偵小説の愉しみⅠ　フェアプレイの文学』の増補版です。

真田啓介ミステリ論集　古典探偵小説の愉しみⅠ［増補版］
フェアプレイの文学

2024年12月10日　初版第1刷印刷
2024年12月25日　初版第1刷発行

著　者　真田啓介
装　丁　奥定泰之
発行人　森下紀夫
発行所　論 創 社
〒101-0051　東京都千代田区神田神保町2-23 北井ビル
電話　03-3264-5254　振替口座　00160-1-155266
http://www.ronso.co.jp

編集　土方正志（荒蝦夷）
表紙カバー・本文写真撮影　小野みのる
本文入力・デザイン　秋山仁
印刷・製本　中央精版印刷
組版　フレックスアート

ISBN 978-4-8460-2469-7